亲历中国丛书 ｜ 李国庆　主编

北京与北京人

[英] 芮尼 ———————— 著

李绍明　李国庆　译

九 州 出 版 社｜全国百佳图书出版单位
JIUZHOUPRESS

图书在版编目（CIP）数据

北京与北京人 / （英）芮尼著；李绍明，李国庆译.
北京 ：九州出版社，2025. 1. --（亲历中国丛书 / 李
国庆主编）. -- ISBN 978-7-5225-3532-6

Ⅰ．K291

中国国家版本馆CIP数据核字第2025YT7556号

北京与北京人

作　　者	［英］芮尼	
译　　者	李绍明　李国庆	
策　　划	李黎明	
责任编辑	张艳玲	
出版发行	九州出版社	
地　　址	北京市西城区阜外大街甲 35 号（100037）	
发行电话	(010)68992190/3/5/6	
网　　址	www.jiuzhoupress.com	
印　　刷	北京捷迅佳彩印刷有限公司	
开　　本	880 毫米×1230 毫米　32 开	
印　　张	15	
字　　数	350 千字	
版　　次	2025 年 5 月第 1 版	
印　　次	2025 年 5 月第 1 次印刷	
书　　号	ISBN 978-7-5225-3532-6	
定　　价	88.00 元	

PEKING AND THE PEKINGESE

DURING THE FIRST YEAR OF THE BRITISH EMBASSY AT PEKING.

By D. F. RENNIE, M.D.,

STAFF-SURGEON,
ON SPECIAL SERVICE UNDER THE GOVERNMENT OF INDIA;
AUTHOR OF "THE BRITISH ARMS IN NORTH CHINA AND JAPAN."

THE BRIDGE AT YUEN-MING-YUEN.

IN TWO VOLUMES.—VOL. I.

LONDON:
JOHN MURRAY, ALBEMARLE STREET.
1865.

⊙ 原著第一册扉页

⊙ 从西山看圆明园湖。乔治·林·温德姆绘制

总　序

　　《亲历中国丛书》的策划始于 2002 年，那时国家图书馆出版社还叫北京图书馆出版社，时任社长郭又陵先生来我校访问，我带他浏览了本馆所藏的大批与中国有关的西文旧籍。其时自改革开放后兴起的又一次"西学东渐"热潮正盛，域外汉学和中国学的经典作品在被有系统、成体系地引进。我们觉得，东西方文化的接触和交流，离不开旅行家、探险家、传教士以及后来的外交、商务人士和学者。这些来华外国人的亲历纪实性著作，虽然不是域外汉学的主流，也是与汉学和中国学紧密相关的材料，值得翻译出版。郭社长回去后邀请中国中外关系史学会会长耿昇先生担任共同主编，获得首肯。耿先生并为丛书作序，确立宗旨如下："《亲历中国丛书》只收入来华外国人的亲历纪实性著作，包括探险记、笔记、考察报告、出使报告、书简等。内容力求客观、公允、真实，并兼顾其科学性和可读性。在允许的范围内，力求满足中国学术界的需要，填补空白和弥补不足之处。"也就是说，集中从一个方面配合方兴未艾的对西方汉学（中国学）的研究，提供国内难得一见的资料。

经过 2 年的运作，第一批 2 种译作于 2004 年面世，反响颇佳。至 2010 年，《丛书》出满 10 种，耿昇先生退出，改由郭又陵社长共同主编，笔者写了新序，装帧也更新了。接下来的 6 年又出版了 10 种，郭社长荣休，出版社领导更替，此后只履约出版了 3 种签了合同的书稿，《丛书》的出版于 2019 年告一段落。

回顾历程，必须感谢郭又陵社长作为出版家的远大眼光和胸襟。这部丛书的经济效益或许并没那么好，社会影响却出乎意料的好。《丛书》中的《一个传教士眼中的晚清社会》获 2012 年度引进版社科类优秀图书奖，《古老的农夫　不朽的智慧——中国、朝鲜和日本的可持续农业考察记》被评为第十三届引进版社科类优秀图书，于 2002 年正式启动的国家清史纂修工程曾有意把它纳入，因技术原因未果。学界热烈欢迎这类域外资料，从中发现不少有用的材料。比如《我看乾隆盛世》，书名几成口号，内容被多种著作引用。即便是民间，该书也引起一些有趣的反响。比如《我的北京花园》中立德夫人客居的到底是哪个王公的园子，一批网友曾热烈地探讨过。其作为史料的意义，更是突破了最初设想的汉学范畴，日益彰显丰富。简而言之，因为《丛书》所选的西文旧籍都是公版书，当初截止于晚清，目前已扩展至民初，差不多涵盖整个近代。

近代史料的形式多种多样，过去相当一段时期，学界对与政治史相关的档案文献关注较多，其他，尤其是与当时中国的地方政治、经济、社会、文化、人物等相关的记载被相对忽略。本丛书所收集的纪实性著作的作者包括政府官员、军人、商人、传教士、学者、旅行家等。他们游历经验丰富，受过良好教育，在中国的时间少则半年，多则几十年，其中许多人还对中国社会的发展产生过重要的影响。他们对在中国的所历、所见、所闻做了细致深入的观察和记录。因为记录者是外来人，从而对中国人习以为常的事物天然地怀着某种好奇，对中国人无意识或不屑记录的内容的转述，到今天恰恰成为极为珍贵难得的史料。又因为近代中国天翻地覆的变化，当年各地的山川风物和社会百态多已烟消云散，却被凝固在这些西方人的著述当中了，就像琥珀中的昆虫，历尽岁月，依然栩栩如生。它们不但是研究中外关系、中外文化的互动等方面的极其重要的第一手资料，还是研究中国近代社会生活史方面的重要资料，正可以补上述之阙。换言之，这类旧籍有如一个包罗万象的宝库，不但人文社会科学的不同学科都有可能从中发掘出有用的材料，一般读者也可把他们当作 Citywalk 的指南，据以追怀各地的当年风貌，得到有趣的阅读体验。

我们还要再次强调，整理、翻译、出版这一系列丛书的目的，是为了保留历史资料，因而尽量少做删节，也不在文中横加评论。但是这些书的原作者，都来自 100 多年前，那样的时代，身份各异，立场多样，有些人免不了带有种族优越、文化优越和宗教优越的心态，行文当中就表现出对当时的中国、中国人、其他宗教、其他文化等的歧视。也许还有个别人是怀着对中国进行宗教侵略、思想控制、殖民控制等目的来到中国的。希望读者在阅读这些文字时，既有海纳百川的胸怀，也有清醒的认识；既要尊重他人的善意旁观，也要站稳自己的立场；对一些恶意的观点，坚持批判的态度。

因此，同样非常感谢九州出版社同仁的眼光和胸襟，愿意接过这套丛书继续出版。我们的计划是一边先再版早期的反响良好的译作，一边逐步翻译新书。再版的译文都请原译者修订一过，唯当初的翻译说明或序言之类一仍其旧，以存历史，特此说明。

李国庆

2023 年岁末于哥伦布市细叶巷

译　序

　　1860 年英法联军入京，火烧圆明园，并逼迫清廷签订条约，除赔偿、开放通商口岸等之外，还要求在京设立使馆。本书的开始便是英法使团连同军队一干人等从天津前往北京，入城进驻使馆。

　　本书是日记体裁，记述英国在北京设立使馆后第一年内，作者认为值得记述的事和对事物的观察。这是中外交往史上第一次有外国使团长驻北京，对于这些外国人，北京人怎样看他们？而他们又怎样看中国人？作者透过对事件的叙述，展示他们的观点，读来颇饶趣味。

　　日记为时一年。就在这一年里，中国政局发生了一件有深远影响的大事——祺祥政变。这个政变造就了慈禧垂帘听政，专权中国达 40 年之久。在书中，政变前的蛛丝马迹，读来耐人寻味。

　　另一宗当时在中国发生的事件是太平天国运动，是时正如火如荼。太平军武力威胁上海外围，清朝守力不济，欲谋求外国协助。此点在本书中亦有提及。

　　作者芮尼医生（Dr. Rennie）以非常同情的眼光看待中国人和中国文化。他的偏向中国的阐释，有自省能力的中国人可能未必同意。但无论如何，这给予我们对自己的民族性格有一个重新反省的机会，也知道在 160 年之前有一个外国人尽力在给我们说好话或为我们的乖异行为辩护。

原著出版于 160 年前，用语和今天的有所不同，比较困难的是语句结构，往往一句话有五六行之长，需要分析和解读。另一个困难是名称，特别是人名和地名，因为书中所用的并非今天的拼音系统，而当时也并无系统可言。（最早期的威妥玛拼音法尚未出现，而事实上威妥玛正是本书频繁出现的人物之一。）不少人名地名虽费了许多时间仍然未能解读。在这方面，幸有本丛书的主编李国庆先生的帮助。李先生的渊博，我十分佩服。

译书现在呈献在读者眼前，尚望不吝赐教。

李绍明

原　序

　　本书内文所呈现给读者的，其内容实无须特别在前言中加以介绍。因此我在这序里所说的，会十分简短，同时主要限于介绍撰写时的背景，以及解释是书延迟出版的原因。

　　当英国使馆在北京设立了几个月之后，使馆人员普遍有一个感觉，便是应该在使馆设立并长驻在中国首都的初期（这是中英现代交往史中最重要的一页），便把每天发生的大事作记录，以备将来印行。我于是向普鲁斯爵士①提到我存有一本日记，把每天我认为重要的事记了下来。普鲁斯爵士听后觉得很好，并毫无保留地准许我在建议的方式下加以利用。此后我便更加用心记述每一件事，即使很琐碎的事也是如此。我的用意是增加我在远方的同胞的知识，让他们知悉一个遥远而稀为人知的国家和人民的风俗习惯、日常生活和心理特征，而这个国家在它的历史上，是头一次有一小群英国人在那里居住。除了自己的所见所闻外，我同时

---

　　①　普鲁斯爵士（Sir Frederick William Wright-Bruce，1814—1867），一译卜鲁斯或布鲁斯，第二次鸦片战争中英国侵华全权代表额尔金之弟。1844年任香港总督殖民事务官，1846年任驻纽芬兰副总督，1848年和1851年分别调任驻玻利维亚及乌拉圭代理公使，1853年充驻埃及总理事。1857年，额尔金率特别使团来华，他随任秘书。1858年英法联军进犯大沽、天津，为中英《天津条约》的英方谈判代表，同年被任命为驻华公使。1865年改任驻美公使。卒于波士顿。——译注

也记述了其他人遇到的有趣和令人诧异的见闻。这些见闻，因我的特殊身份和地位，是无法亲身遇到的。

但是，随手写一本日记，并要它不加修改便可出版，不是易事。因此我清楚地知道，每天写日记意味着在为自己日后的工作作积累，因为我需要在公开它之前重新拟写。这重订的工作，本打算在随军绕过好望角回到英国的航程中进行，因为那时我已积累了 12 个月的日记，同时亦估计有足够的空闲时间去修订。可是事态的发展改变了这批英国军队从天津撤出后的目的地：它原定返回英国，现改为驰往江苏省执行军事行动。而当军士正疲于拯救上海附近的区域以免落入太平军之手时，一场霍乱瘟疫竟在士兵之间发生了。在这调防的整个过程中，皇家炮兵团、皇家工程兵团、第 31 团及第 67 团总共有 220 名士兵死亡，其中因战事死亡的只有 9 人而已。换句话说，在稍多于 6 个月的时间里，在参与战役的欧洲部队中，每 100 人中便有 16 人死亡①。这情况，再加上其他有关的事务，使我不得不延搁这修订日记的额外工作。我一直等到 1864 年的夏天才有足够的空闲时间，把这部日记修订得适宜出版。而我还要补充的是，这不定时的空间还得在我的医务工作的间隙中挤出来。

在一部不打算原封不动便发表的日记里，必然包含了许多项目，这些项目在日记正式出版之前必须予以删除。因此，当我完成了修订工作之后，我感到诧异的是，除了两三处之外，我基本上可以一字不易地重抄日记的内容。有些人或许会认为，我把中国人的性格涂抹得太美丽了。说我对中国人有偏爱，我绝对承认，

---

① 正当这可怕的死亡率出现的时候，医疗界中一些人士竟然放言告诉英国的公众，说通过恰当的医疗，军人在中国服役所面对的危害，不会高于在英国本土服役。——原注（下同，除非特别说明）

因为我认为中国人作为一个民族，外间所知甚少，而且对他们的描绘，可称错误百出。既然我自知对中国人有好感，我因此小心翼翼地不让这些偏见影响到我，使我对不利于中国人评论的事情视而不见。我这样做的目的，是尽可能从我每天和中国人的交往中，描绘出中国人的真正面目。

在以下所叙述的事情中，全都可以反映中国人的性格。以我所知，只有一个例外，这例外恕我不能描述。如果读者有质疑的话，请容我问一句，有哪一个国家对相同的事的报道没有限制呢？罪恶是一个世界性的存在，区别只是有些国家比其他的更为猖獗，而很多时候，在一个社会内，它较多集中于某个阶层。我曾在中国服役两段时期，中间相隔 8 年，当我离开中国的时候，我的判断给了我一个信念，便是中华民族作为一个整体来说，绝对不是从那些有限的和不公平的观察中所得出此结论那么邪恶。相反，比较我们国民的下层和他们社会的下层来说，他们无疑更为守礼、严谨、勤劳和聪慧。我这个说法可能会招来讪笑，但这是我的信念，而我知道这也是许多比我更有经验和更有资格对这问题作出判断的人的信念。中国出现过残暴事件，而且许多时候规模很大，但世界上所有有坏人和有政治不满的地方都同样会出现这些事情。我们不能因为在一个幅员广大的国家里，有二三十万这样的坏蛋存在，便认为 4 亿的人都会犯上同样的罪恶，犹如中国人不能基于 1864 年的贝尔法斯特暴动便指控英国民众都是暴徒，或基督教信仰同样嗜血。因此，如果阅读本日记能够让人们用较为亲善的眼光，去看待以北京人和北直隶农民为代表的中国人的性格，那我花在这本日记上的时间就没有白费。

在本书的叙述中，我已很小心地交代所有消息的来源，读者将没有困难察觉它们的出处。对于日记中一些有趣和发人深省的事件，我非常感谢提供信息的朋友。如果我这试图填补关于中国文献某些空隙的努力能够得到广大公众称誉的话，我想这主要归功于那些就职于英使馆和法使馆的资深语言专家的帮助。我很高兴能够有幸结识他们。我特别感谢文翰先生（Mr. Wyndham），他现在是英国柏林使馆的二等秘书，是他鼓励我完成这部日记。他也很慷慨地提供了他的逼真的素描，让我用作本书的插图。

于加尔各答
1864 年 11 月 8 日

目 录

第一章　北京最早的外国使馆

1861 年 3 月 22 日　　　星期五

与 1860—1861 年的中国有关的政治剧揭开了最后一页，当天英国和法国的大使从天津出发，前往北京，准备建立各自的使馆，并在中华大地的政治历史上开启一个新的时代。

正午时分，普鲁斯先生、布尔布隆先生（M. de Bourlon）、威妥玛先生（Mr. Wade）和我从天津骑马出发。天津是前一年 11 月战事结束后，英法联合使馆的暂驻地。英国使馆秘书尼尔中校（Lieutenant-Colonel Neale）、副官克莱尔中士（St. Clair）和文翰先生，以及法国使馆的马日坦男爵（Baron de Meritens）已先期出发。他们由 31 团的一部分骑兵护送，用当地的板车运送行李，并由锡克骑兵团护卫，正在距北京城 12 英里的通州等候我们的到来。

布尔布隆先生由宪兵队和法国炮兵团组成的特务团护卫，他的夫人也同行。她大病初愈，还未完全康复，乘坐着由中国轿夫抬的轿子。她的女仆伊塔特则乘坐另一台轿子陪同。这两位女士将是在北京居住的西方妇女，也是除了法国军队随团的女兵外，最先来到北京的西方女性。

白河上有一道桥，连接天津和对岸，过了这道桥便是北京郊区，现由法军把守。从这里有路直达北京。这里有一排由泥土堆积而成的工事，构成天津的外围防线。我们现在管它叫"僧格林

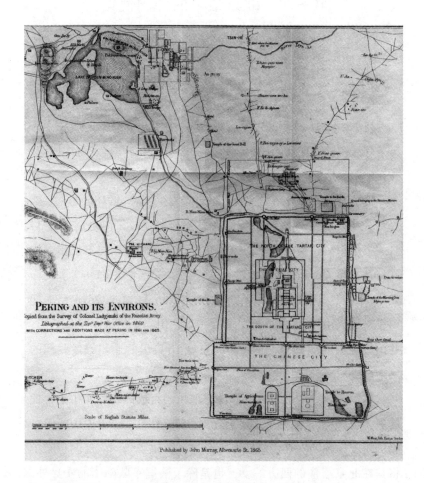

⊙ 北京及其周边，根据俄军拉德仁上校的测量结果（1860 年平版印刷）复制，
对北京城 1861 年及 1862 年的变化做了相应的更正和补充。

沁防线"。在这里，纵目所见是一片由堆积土形成的平原，望之不尽。平原上散布着三数小村落。这些小村落都筑在高地上，路边都筑了堤，说明这里会有河水泛滥。第一天的路程跨越23英里，但所见景色并无异致。农村耕作此时只限于犁地，朝什么方向看都是如此，而所用的耕种方式整体来说都是因应土地的特质而定。其中一个方式是三个人一字排开牵引着犁，他们胸前搁着木板，木板用绳系牢在犁上。另有一人置身于犁的两旁木杠之间，协助牵引。至于第五个人，则用一个垂直的手柄，引导犁的方向。这种方式可称十分原始。

见到的另外一个方式，是用一头牛或两匹平排的小马，由一人驱赶，另一人控制犁的方向。犁刀约在犁头的前面5尺。这工具似乎很轻松地便能剖开土地的表面。犁头主体是一块箭状的阔铁片，固定在一条木杠的尾部，两边各有弯金属片。这种犁具可以翻开大片的泥土，形成有规则的犁沟，而我相当肯定，不论是因为这种犁具的优越性，或是因为泥质松软，这白河岸边的犁土速度都比我所见的其他地方为快，即使在泥土更为松软的地方也是这样。

当我们经过村落的时候，一群群的农民在路旁聚集起来注视我们。他们十分安静，没有轰动，也没有表示惊讶之态。唯一的例外是当他们瞥见坐轿的两个人物时，他们表现出相当的好奇，要看清楚这两个女子的样子。

下午5时，即离开天津整整5个小时之后，我们接近杨村。它的佛塔标志，在远处已可望到。10分钟后我们进入杨村。杨村沿河建成，绵延一段不短的距离。3个骑马宪兵在前引路，我们随着前进。村民在两旁群集观望，然而没有什么表示，直至他们发现我们队伍中有妇女为止。此时他们的情绪突然高涨，大群人紧跟我们，渴望看看"洋妇"是什么样子。

我们差不多花了半个小时才走完这个窄长的小镇，到达一个空置的官衙。这个地方是当地官员匆匆忙忙布置起来，以迎接使馆人员的。我们一到达，镇长便立即赶来呈上他的名片，并向我们问候致意。这位镇长身形矮胖，一把年纪。他身穿官袍，系着有水晶纽扣的腰带。威妥玛先生和他见面。不多久，送进来一道中式宴席用品，包括大小 56 碟，据说这还只是一半。威妥玛先生恳请不要再送其余的过来，因为这已超过我们的需要了。细看菜式，烧猪和烤鸭是主菜，小点心也很美观。较精巧的菜肴中，燕窝显然最为特出。糕点也很可口，符合欧洲人的口味。56 碟食物安排得很整齐，看起来也烹调得很认真。由于我们自己已准备好食物，所以对中国人送过来的盛宴，我们只享用了一些果品糕点之类而已。这些食物的大部分我们都转送给我们的中国仆人，从他们狼吞虎咽的样子，可知这些食物是很受欢迎的。

3 月 23 日

杨村的一般建筑和天津的十分相似。这里的商店和天津城里的也是同一格调①。白河在这里呈南北流向，杨村建在河的两岸，而以南岸的面积较大。

我登上暂住的衙府附近的一座小山，清楚看到了杨村的全貌及其附近景色。朝西看，像是一大片沙漠平原，有远远近近的小树丛点缀着，因而不致太过单调平淡。平原之上满布圆形的土堆，这是华北流行的墓冢。在这里拔地而起有 3 个像纪念碑的建筑物，与周围景物极为不同。它们呈螺旋形，顶部金色，位置接近一座

---

① 在天津，最好的商店都在城郊。

离镇不远的寺庙，这个我估计是座清真寺。这些寺庙在中国北部极为常见。

这个现在看起来像是沙漠的大平原，将会在很短的时间内变成一个密集的谷物耕作场，因为如果你仔细观察的话，你会看到有许多犁具在各个方向移动。向东方望去，景色无大分别，只是林木多了一些，而村落也相互靠近一些。

回到府衙之后，我发觉有大群人聚集在布尔布隆夫人及其女仆居所前的空地和门外。他们希望一睹两位女士的风采。恰在此时，女仆有事走出来。当她逐步走近这黑压压密不透风的人群时，突然之间，这群中国人好像一致行动似的，只一瞬间便空出一条通道来，让她走过。而女仆也从容地走过他们。她只默默地、惊奇地向人群瞟了一眼，此外也没有表现出什么不愉之色。对我们来说，这些中国人的举止行为是一个很好的实例。也难怪，因为她是第一个出现在天津以外的西方妇女，而且打扮得像西方的妇女那样——那些随团的法国女兵，因为穿着只是稍微改动的男兵制服，从来就不被认为是女性的一分子。

天气仍然很好。我们在第二天午前 11 时 30 分离开杨村。而我们的离去和前一天的到来一样，都惹起了当地人的注意，特别是妇女。我见到她们为了一睹西方姊妹的容颜，兴奋地用她们变了形的小脚跑来跑去。这恐怕是她们有生以来的第一次奔跑。

出了杨村，我们的队伍又走过了 10 英里的田野，其景色和昨天所经过的一样。不久，我们进入南蔡村，约 5 分钟我们便走过了这个村。南蔡村像我们见过的其他村落一样，建在高堤上。村的北边有一座大佛寺，藏身在树林中。我想当树上长满叶子时，这里的景色必然十分美丽。可是，树木现在才开始长芽。大约在到达这个村子的前一个小时，布尔布隆夫人离开她的轿子，改乘一部单座有盖的四轮车。这部车是由在北京的俄国使馆特别派来的。它原来是俄国大帝赠送给达赖喇嘛的礼物，经西伯利亚运送到中国，可是在到达之前，达赖喇嘛已经去世了。最后它被送到北京。我相信现在是它的第一次投入服务。

离开南蔡村后，景色便不同了。田野较为起伏，林木也较多。沙丘随处可见，这些高地便成为灌木丛和小型植物聚集的地方。约下午 2 时我们到了白河岸边。行进不久我们便又离开河岸进入丛林深地。半小时后我们在一丛树林中暂停小憩。

接近下午 3 时半的时候，我们与军医加尔布雷思医生（Dr. Galbraith）和副军医莫菲特先生（Mr. Moffit）见面。他们两人正从北京返回天津。他们是 5 天前和军粮部的副负责人房布兰（de Fonblanque）一起护送军用物资到北京的 ①。他们在北京逗留了两天，现正赶回去。在北京时，他们住在中国人的客店里。在这短短的居留期间，他们基本上受到了文明的招待。在军旅生活中，我们时常记着哥伦布在发现美洲后回程时对费迪南德（Ferdinand）和伊莎贝拉（Isabella）说的话："世界不像有些人所说的那么大。"加尔布雷思医生快要返回英国了，这是我第三回和他说再见，以后很难说是否还有机会和他再见面。这三次说再见的地方都是难以牵扯在一处的：一次是在西澳洲的费里蒙图尔（Fremantle），一次是伦敦滑铁卢火车站，而这次则是在去往北京的路途上。

在我们经过的村庄里，许多商店都关上了门。威妥玛先生数次询问原因，回说都是："近来的战争，使资金周转不灵。"在南

---

① 31 团的 12 名官兵被派到北京，负责使馆的保卫工作。房布兰是天津军粮部的主管，他认为有必要派特遣队先期到北京，以与当地中国的供应商安排新鲜食物的供应。房布兰在 3 月 18 日清早带着一些补给品出发。随他出发的有军粮部的翻译狄克先生（Mr. Dick）。加尔布雷思医生和莫菲特先生因从未到过北京，也要求同行。这个要求被批准了。

蔡村我们见到一群建筑物，后来知道是一个姓钟的地主乡绅的房屋。他是该村最有势力的人。

在今天的路程中，我们数次路过白河。而过了南蔡村这一段，这里的白河令人强烈地想起尼罗河。这里的景色，也愈加使人想起埃及。我们现在所经过的田野，随处可以见到墓冢，其中有些形格颇大，众星拱月般地被较小的坟墓包围着。这些是族中长老的墓葬。然而华北这一带的葬仪，没有南方那么严格，大概是受了蒙古地区和回教风俗的影响。

下午4时半我们到达河西务，约距离杨村20英里。这里有一座大佛寺，我们被安排在佛寺内过夜。该地的巡抚以及一位被责成照顾使团交通的蓝顶戴清朝官员在迎候我们。

我们到达后不久，晚饭便随即送来，其形格和规模与早前在杨村招待我们的一样。这座佛寺是很好的住宿地方，这亦是额尔金勋爵（Lord Elgin）一度在河西务的留宿地方，那时部队正向通州推进，他在这里静候事态发展。也是在这里额尔金勋爵得到张家湾战斗以及虏获战俘的消息，时间是1860年9月18日。这之后他便立即乘马与格兰爵士（Sir Hope Grant）会合，并于翌日抵达后者的总部。

3 月 24 日

河西务是沿白河右岸建立的市镇。镇里有一簇簇的房屋和寺庙，建于宽平的沙地上。这些房屋和寺庙被三三两两的由泥沙堆积而成的小山和小树林疏落地隔开。一阵强风吹起，沙尘四处飞扬，使人对这里感觉欠佳。四周灰蒙蒙一片，阳光被挡隔着，风沙乘时而起。

我走上了其中一个最高的山丘。在山丘顶处我见到一列有刺的篱笆，长在一道矮墙上，围绕着一个园子。我走上矮墙，掏出记事本，正想作些笔记。这时一个农民刚巧经过，他走过来看我写些什么。当我准备走下泥墙的时候，他指指我的衣服，作出手势表示树刺有危险，并坚持要扶我下来。我给了他6个便士，他也继续他的路程。可是当他见到我越过田野向河那边走时（河并不远，因为可见到河船高过堤岸的桅杆顶），他回过来一定要帮我走过中间的崎岖不平的路，直至我爬上河岸为止。他陪我走到一个泊船的地方，在那里我见到有几十人麇集在一个屋棚附近。很明显这个屋棚是一个交收货物的地方。这些人见到我立即围拢上来，很认真地审视我的衣物，尤其是我穿着的那一条灯芯绒西裤，更引起他们莫大的兴趣和羡慕。他们似乎从未见过灯芯绒的布纹，用手摸了又摸。我觉得他们的举止安静，全无恶意。他们只是好奇，而没有伤害或妨碍他人的意思。

河西务整个市面的情况，显示军队经过所造成的破坏很大。许多人都逃跑了，房屋弃置，内部破烂。这说明战事和军人占领施加于该区的蹂躏是多么的严重。我见到一个联军驻守的遗迹。我顺着镇里的大街走到尽头，那里是一个山坡。在这里我看到一个孤零零的官府建筑物，其外墙被白油髹上表示"膳堂"的英文简写。我在镇上到处游荡了好一会儿。镇大街上有些贸易在进行着，主要是谷物和农具。至于商店所陈列的，仅是日常生活的必需品而已。在这里有个老人走近我身旁，捉着我的膀子，亲切地对我说了一些话。根据我所能了解的，他大概是说我们的胡子颜色不同。

回到佛寺后，见到掌管杨村事务的县官已经到来。他专程来到河西务，视察使团经过他的辖区的情况（他管理的区域是武清，与天津接壤）。这位县官的名字叫善恩（See-ong），五短身材，体格魁梧。我给他作了一幅素描。这素描被他的一个下属看到，向他作了报告。他立即要求一看，看罢连说："好，好！"善恩看起来是一个十分聪明和常识丰富的人。我通过威妥玛先生向善恩了解中国关于接种牛痘的事情。这个地区的人在儿童3至4岁时才给他们防疫，因为这是最多人感染牛痘的年纪。其实牛痘可以在任何年纪发生，只不过在成人中不常见罢了。出生后18天给婴儿服食一剂由脐带和草药煎成的汤药，据云可以预防牛痘。此说为许多人相信。善恩请我替他把脉。我给他按了脉，对他说情况很好。他接着把另外一只手递给我，也要检查这只手的脉搏。威妥玛先生告诉他，人的脉络只有一条。善恩说这比他们的方便多了。中医的脉理非常复杂，脉络众多，总共有401条。

当我们和善恩正在谈话的时候，我们车上的一个搬运工人被带到我面前。他的一只手指受伤，破了。我替他清洁，并用麻布绑好。可是他还站着不走。我问为什么他还不离开，人们告诉我这个工人不信他的手指已经料理好了，或他的手指这样便会好起来，因为我只是给他皮外处理。他认为我也应该给他开一些药，让他吃进肚子里去。

下面的一个例子，可以说明中国北方人的驯良和听从命令。在我们这个下午将要离开河西务的时候，威妥玛先生和我到停靠在佛寺空地上的俄罗斯马车上以躲避太阳。我们坐进去后不久，一群为数不少的中国人把我们包围起来。由于人数越来越多，甚而阻碍了搬运行李的工作，于是威妥玛先生让他们退开。他们不吭一声，立即散开，唯一的反应只是一种有礼貌的惊奇："哦！他懂得说官话。"

正午时分，我们又从河西务起程，行李则早我们一小时开拔了。到达6英里外的安平村时，我们见到所有的行李车都停在那里等候，原因是当地官员为使团准备了午饭，搬运工人认为应在这里等候使馆人员的到来。威妥玛先生大为不满，加以谴责，于是大伙儿继续行程，而我们也婉辞了安平官员的好意。离开安平后，田野景色又有所不同，这里树木较多，路面也较为崎岖不平。

大约下午2时，我们到了一个叫全平的小村。它距离我们的下一站马屯（Ma-tan）10华里或3英里，我们于下午3时半抵达。

进入马屯镇，在左手的地方我们第一眼就看到"第60来复枪团"几个大大的字。在行进当中，我们充分感受到当地遭到的破坏和悲凉。

我们走过的那条大街，两旁都堆满了烧焦的砖块和木头。从这些颓垣败瓦，可以推知这里的房屋受到很大的破坏。这个不幸的市镇因邻村有一些人向联军射击而付出沉重的代价。被袭击的士兵，据云擅自行动，搜劫财物。联军总司令部收到报告，说有人从某村枪击联军。为了防止以后再有同样事情发生，司令部下令将该村消灭。由于没有人确切知道放枪的是哪一个村，执行命令的将官遂决定把附近地区最大和最富庶的村镇烧毁。这造成了马屯的悲惨命运。如果格兰爵士在场而又掌握了基本事实的话，他众所周知的善良性格会阻止这道命令的发出。然而，由于这项命令的彻底执行，千万人的家园遂化为灰烬。我曾取笑此事，称之为战争中的"闹剧"，因为不知道该烧毁哪个村，便随便找一个村代替。我也曾因这事讽刺一个锡克骑兵团的军官。他在全村被破坏的几个月之后路过本镇，向人夸夸其谈，把这个甚有问题的行动说得口沫横飞，夸耀自己有份参与。他从这个回忆中得到很大的满足。给我报信的人说，这个军官希望还有机会去刺杀那些没有抵抗能力的镇民，可见他的虚荣心是多么的重。

过了马屯镇（此镇有半里长），我们休息了一会儿。休息的地方是两个山丘之间的一道小沟。一群农民很快又在其中一个山丘上聚集起来，静静地打量着坐在马车中的"洋妇"。我们停留的地方不远处，有一间差不多烧毁了一半的屋舍，它门前有一个磨坊，可以看到石磨弃置之前仍在工作中。屋舍附近是一所废弃的寺庙，半破坏的神像东歪西倒。当我在这随处是荒凉、一片悲伤的环境中闲荡时，我不禁想到：这可能是基督徒所做出来的吗？他们希望在一个国家建立信仰和传扬福音，但在此之前却没有必要地先把这个国家破坏了。

我爬上一个山坡，看看四周的景色。远处都是大片的矮树林，其中有好几处可称浓密得化不开。这里的土壤，其特点和天津周围的一样。农地上翻土的工作正在大规模地进行。白河其实很近，但是由于附近地势平坦，河面的宽度又窄了许多，我直至走到近岸数码才陡然发觉它原来是这么近。

以下经过的村庄是平崇（Pien-chung）与和屯（Woo-tien）。5时15分我们进抵张家湾。在这之前我们还走过了上年9月18日战斗发生的地点。这是一处平地，上面点缀着几丛灌木。张家湾曾经是重要的市镇。它由两部分构成，中间被一条小溪分开，溪上有一坚固的石桥。小溪是白河的分支，在张家湾这里转了一个弯。张家湾的"张"姓，从人口统计的角度看，就像我们英国"史密斯"那样普遍。张家湾像马屯一样，都是灾情处处，虽然情况不如马屯那么严重。据云这里的战事是搜劫过程中无意触发的。进入张家湾之前，我们远远望见了一列高耸的山脉，而距我们约8英里之处，便是通州的宝塔。通州是我们当天过夜的地方。

接近日落时我们到达通州的城墙边。属于费恩（Fane）骑兵团的两个骑兵正在城门外等候我们。他们把我们带到接待我们的佛寺。这个佛寺正是威妥玛先生接见为巴夏礼先生所掳获的怡亲王和穆荫之处。尼尔中校和使馆的其他人员，连同他们的骑兵护卫团，比我们先期自天津出发，现在则驻扎在近河的另一座佛寺里。

3 月 25 日

我大清早便出门，看看周围的环境。我发觉所住的佛寺的位置是在距离城墙大约一英里的郊外，离河也不是太远。我走到河边，见到自天津来的船只在这里停靠和卸货。这些货物用车运送到不远处的运河，再转船直达北京。我接着朝相反的方向走，直走到近郊，见到一个像是农产品市场的地方。这是一间屋，陈列着一袋袋供出售的不同种类的小扁豆。门前两边各挂着黄色的条幅，上面写着表示买卖的黑字。

早餐后，我探访通州城墙。到达城墙之前，先要走大约一英里长的市郊路。当我去到城墙其中一个入口的时候，刚巧碰到一队骆驼运载木柴出城门。在城门通道里，一个卖槟榔的贩子已经摆好摊档准备营业。他利用一把巨剪，把槟榔剪成小块，以便客人咀嚼。城墙大概 45 英尺高，两边搭了木板道可以走上去。城墙通道两面各有圆形工事，以作守卫之用。中国护墙体制多是如此。我走上城墙，护城的守卫并无阻止。我站在城墙上观看周围环境，见到四周有好些小村落，林木掩映。一两个月后当叶子长成时，相信这些疏落的丛林会看起来更加美丽。

通州似乎是一个面积不小的镇，但形状不很规则。城墙有些是圆的，因要配合流在它下面的白河河道。城墙上部宽 24 英尺，向下斜开，到墙根时则是 30 英尺。像中国其他城市的城墙一样，通州城墙包括内一层和外一层的砖墙，各约 2 英尺宽，中间堆积压缩的泥土。城墙顶部铺了四方的砖块。墙边有 1.5 尺厚的矮墙。

这便是城墙的整体格局。城墙有许多地方失修，矮墙的许多部分都丢了。有好几处的破坏是这样严重，内墙倒塌，泥土流失，你根本不能往前走。当我走到其中的一个陷坑时，有个村民在下面叫我，指出一条可以走下来的通道，以及另一条可以绕过塌陷的地方重上城墙的路。当我这样在完全没有保护措施的情况下在城墙上下走动，在村镇里四处游览的时候，我从来没有遇到恶言恶语或不礼貌的对待，即使我很明显是身处于社会的下层人中间。相反，我得到的是善意的帮助，以让我满足我的好奇。在镇里的一些空地上，我看到人们制作干粪肥，方法是把粪料加水调成糊状，把它造成圆形，然后在太阳下晒干。

再爬上城墙后，我沿着堤道向前走。触目所见，是战败如山倒的痕迹。数以百计的土制小火炮撒了一地。在北面城墙通道之上的火药库里，我数到超过 300 条大大小小的枪支，胡乱丢在地上。此外，在火药库里还看到几口后膛炮，这应该是城墙上的攻击武器。距这座城门不远是我们昨天进抵张家湾时在远处望见的塔。塔身有 13 层，看来颇有历史。它建在邻着城墙的小山丘上，只有四道门可以入塔，东南西北各一道。这些塔门离地有 30 英尺高，门和地面没有任何连接，只能用长梯攀上。塔用砖建成，外部有绘彩，但现在许多已褪色了。我想，这塔当它仍是新建的时候，必然色彩缤纷，非常美丽。

当我绕着城墙走的时候，我身后逐渐形成了一大群人。有几次我走到城墙被破坏的地方要小心翼翼地过去时，他们都无例外地伸手扶持。他们是这样热心地争相帮助我，反而一个不小心就可能让我跌下 40 英尺的深渊去。城墙下是一个 30 英尺宽的沟渠，但河水没有流到这里。城墙破坏的原因可能是地基下陷，导致砖砌的部分塌落。

我走下城墙，约距我登墙的地点大概两英里。我沿着运河走过市镇。运河两边有好些小生意进行着：剃头师和并排的赌档的经营者吆喝着以吸引顾客，而各类小贩和流动食店也不甘后人，竭力推销他们的商品。通州由于是北京的港口，不可避免地享有重要的地位。所有来自南方供应首都的物品，都得经过这里。但是目前当地的经济，不能称之为繁盛。由于战乱的影响，许多商店仍然关门。此外，白河仍然结冰，航运全面停止。这也在某种程度上导致商业的不景气。大街上的商店有些门前有华丽的雕刻，曾几何时它们应该非常漂亮和吸引人，但现在看起来却颇为破旧和俗气。在一条大街上，我看到两个犯人。他们同被关进一个只容一人的囚笼里，露出头顶在外面。他们这是被示众，地点在一个巡捕房的前面。市镇东西和南北都有大街，大街交遇的地方便是市中心。大街用大块的石板铺成。

返回寺院途中，我碰到法国使馆的秘书克利科斯基伯爵（Count Kleiskousky）。他刚由北京过来。过去3个星期，他都在北京，为使团的到来做准备。

经商定，两个使团应该分开时间进入北京。法国使团先行，因为普鲁斯先生在1860年11月联军退出北京前一天已曾到过北京，并由额尔金勋爵引见给恭亲王。至于布尔布隆先生，则由于没能及时到达白河，而未能由葛罗男爵（Baron Gros）予以引见。在普鲁斯先生同意之下，我陪法国使团进入首都。我们在下午2时离开通州，半小时之后便到了通往北京的大路。大路的起点是在两个路堤之间，路面非常破烂，处处坑穴。我走上其中一个路堤观望，只见四处都是墓冢，一望无际。过了山堤，道路变得开扬，除偶或有一些石头之外，泥土的路面没有什么变化。这里我们碰到一支骆驼队，运载石灰往通州方向前进。

下午 4 时半，我们抵达八里桥。在这之前我们经过了一片丛林，这正是 9 月 21 日联军与中国交战时中方火炮埋伏之处。八里桥外形美观，由石建成。因为战事，在矮墙上可以见到很多的圆形弹痕。

过了八里桥，路开始慢慢斜上。行了一小段后，只见在我们的右方有一座大的庙宇，坐落在浓密的杉树丛中。约 5 时我们到了一个下面是烂泥的深谷，并在一道石桥上走过了一片湿地。自从离开八里桥后，路面一直是向上，到了这里才见放平，同时有较多的树木。道路所经之处住了许多人家，看来都是贫民。他们的住所紧靠在一起，形成一个个小小的村落。这些村落之中很多都有小型的客店，门前有露天的茶寮。搬运夫和较穷的路客可以在这里用膳。在前往北京的路途上，我们一般所得的观感并不太好，虽然这里有安静的环境和彬彬有礼的人。而除了郊野景色有所不同，我们甚至感觉不到已经离开天津的郊外了。

5 时半，布尔布隆夫人乘坐的车车轴断了，大概是经过了许多山路的缘故。她不得不弃车乘轿。如其他时候一样，大群的人聚集起来要看看洋妇的样子，其中以当地妇女最为热切。6 时 20 分我们行进到了地面情况甚为恶劣的郊野，这里的环境，与其说是道路，不如说是河底。正当我们越过这片烂地时，我们在前方隐约看到一段有炮眼的墙，而墙通道上的塔楼也越来越大。这告诉我们旅程终点快要到了，北京在望。

6 时 45 分，我们临近这个城市的北面的角落。这里我们又见到一个寺院的残迹，地上卧着几尊石像和一截断了的大理石柱子。护送我们的军队，此时在默塔耶中尉（Lietanent Metayer）的指挥下列队成形。我们从城墙一角的塔楼下进入，上了一段倾斜的堤道，然后走过一道跨越运河的石桥。过了桥，我们又走上了一条破烂的道路。这条路沿着城墙而进。我们向前走了一段路，在一道门前不远的地方停下。默塔耶中尉旋即发出号令："立正！向前走！吹号！"于是吹号手走上前，鸣号三响。中国官员和克利科斯基伯爵在城门外迎候。大队人马被引进城门，这时天色已开始昏暗。我们入城的城门叫"东便门"。经过这阔大的城门后，迎面是一条普通的街道，两旁有商店。街道上挂有宽大的旗帜。我们在这条街道前进约150码，然后向右拐一个弯，走进一个空地。空地右边是高墙，左边则是一条干涸了的运河，运河的另一边是密密麻麻的低矮破旧的房屋。右边的墙其实是北京旧元大都① 南面的外围，而左边的运河则是它的护城河。我们沿着城墙走了约15分钟，便到达元大都的城门。

王城在日落时会关闭，但因为法国使团的到来，现在仍然城门大开。天色已经相当昏暗了，我们继续走了10分钟，最后到了纯公府，即淳亲王的王府。这是法国从中国政府租来的驻华使馆的永久馆址。在我们到来前的三个星期，这里正大兴土木，进行庞大的装修工程，使其适宜于西方人居住。

---

① 原文如此。元大都的位置在今北京市市区北部。——译注

第二章 恭亲王

3 月 26 日

早上我大约 7 时醒来。望向我昨晚住宿的那座法国使馆的院子，我发觉满院子都是木工的工作台和各阶段未完成的木制品。我对北京人的第一个印象是，他们许多都懒洋洋，好像无所事事，因为院子里站着的都是闲散的人。他们吸着烟筒，无精打采，双目无神。但令人惊奇的是，只一瞬间，情景完全不同。那些无精打采的人突然充满生气，拿起装着工具的篮子奔向各处去继续他们前一天停止的工作。几分钟之后，这地方便满是说话的声音，生气勃勃，木板声、钉凿声和锯齿声构成一首不协调的奏鸣曲。

这些人后来我知道是雇用来装修的工人，约有 600 之众。他们在布维尔上尉（Captain Bouvier）和法国工程兵团的两个士兵监督之下工作。这些工人在工地上吃早饭，由一个伙食商供应。这个伙食商在工地上临时架设一个食堂作为工人吃饭的地方。早饭后工人吸一筒烟，然后开工。上午工作时间是 7 时半至正午 12 时。之后他们休息一小时，用以吃饭和吸烟。接着他们继续工作至 5 时半，然后是吃晚饭，吃完饭回家。

在这些木匠之中，我留意到其中一个皮肤有明显的黑斑。他的面部和颈部有一些地方有很深的古铜色，而其他地方则颇正常。他的斑驳颜色显得非常不自然。简言之，这人有严重的雀斑问题。他受感染的皮肤，其颜色和华北地区的劳动工人的面部颜色并无二致，问题是他身体露出的部分变黑的过程并不平均。我让他给我看惯常受遮掩的皮肤部分，则那里的颜色就如西方人一样白。

北京的手艺人根据行会来划分，聘请他们的人并不容易管理他们。裱墙工人是出了名的难缠，因为他们工作不认真。水泥工和木工被认为是这里最好的艺工，但比之于南方的工人，他们的技术仍是逊了一筹。但这可能是环境的影响。这里有许多对他们新鲜的事物，令他们精神不能集中。他们所用的工具，其构造和南方的很相近。他们有一个很有效的在木板上画线的方法：用一个 10 英寸长 2 英寸宽的盒子，盒子内有一个转轴，转轴上捆着线，可以用手柄搅动。线的另一头穿过一个放满布屑的格子，格子浸满了黑墨。把线拉出来时，它自然蘸满墨汁。画线时，线的一头固定在木材的一边，另一头则拿到木材的另一边，把线拉紧，然后轻轻在木材上一弹，一条整齐的线便出现，木工可以沿线锯开木材。这个方式比我们木匠所用的间尺和黑笔为快速简易。中国工人所用的做细活的锯，是一条圆的绷得紧紧的有锯齿的铜线。他们用这简单的工具便可按线图锯出细致的木型来。

早餐之前我探访淳亲王府。这个王府已被选为英国使馆的馆址，而艾德坚先生（Mr. Adkins）因为要照顾设立使馆的事，在上个冬天便已开始在北京居住了。淳亲王府原本是皇宫，由康熙帝赐给他 33 个皇子[①]中的一个，其世袭爵位即淳亲王。现在这个家族的领衔人，亦即淳亲王府的主人，在长城附近拥有食邑。淳亲王把他的王府长期租给英国，年租金是 1500 两银子（约 500 英镑），前两年是免租装修期，因为要改装和修理的地方太多了。

我从法国使馆走出来，前面是一条大街。这条大街和元大都

---

① 康熙帝一生共有 35 个儿子，其中 24 个儿子活到成年。——译注

的南墙平行。街上的商店外表并无可恭维之处，它们主要售卖日常生活所需的物品。根据人们给我的指示，我往西走约半英里，直到一道架在一条干涸的运河上的石桥。过了桥，沿着河岸往上行，约 500 码后到了一个院子。院子有一府第，门的两边各有一只石狮子。这便是淳亲王府。我和艾德坚先生谈了一会，便返回法使馆了。在法使馆，我见到总理各国事务衙门帮办大臣恒祺和户部左侍郎崇纶，他们代表恭亲王对布尔布隆先生的安全抵京致以祝贺。

下午，我回到我们前一天进入北京的元大都的城门，它的名字叫哈德门①。城门的出入口都建筑了马道让人们可以走上城墙，而城门则在城墙下面。城墙每边各有一门，也各有士兵把守。我向其中一个士兵做手势，示意想上城墙。他没有怎样考虑便同意了，并陪我走上城头。我于是有机会看到北京的容貌——而且是从城墙上向下观看的。

哈德门是元大都南面三道门最东的一道。从这里向北望，是一条又长又阔的街道，街道上满是人。所有的商店和房屋都是平房式的，也都是普通的中国式建筑。朝右望，触目是一片与树混杂的屋顶。树这时没有叶，树枝都是光秃秃的。再望远一点是一堵有炮孔的城墙，其上有几座巨大的炮楼。这是远景，近处则是屋顶和树桠。在这里看不到北面的城墙。

稍为向左望，远处有一座高大的建筑物，位置似乎是在市的中心。这座建筑物叫鼓楼，它后面是另一座巨大的建筑物，叫钟楼。再把眼光移向左方一点，地平线上出现一座有树木覆盖的山。这座山据云是人工堆积而成的，上面有三个佛塔，在树丛中若隐

---

① 即今崇文门。——译注

若现。在皇城中心的皇宫，其内有庙宇和休憩之地，而皇城则处于元大都之内。山的靠左一点，在邃密的丛林中，可以见到一个樽形的像纪念碑的浅色建筑物。中间地带则又被房屋和树木所占领，其中最瞩目的是皇宫的黄琉璃瓦顶。再过一点左面，可清楚见到长长的高耸的山脉外形。

我站在北京的城墙上（约有 50 英尺高）看北京，对这个城市只能作有限的描述。但仍希望对北京幅员广大的领域，提供一个简单的概念。

当我在记事簿上匆匆写下以上的笔记时，我背后又站了许多人，他们要看我写些什么。他们表现得十分有礼和文明，其中一个甚至当我把记事簿贴靠在墙上写字时，帮我抓紧记事簿。

返回法使馆的路途上，我见到街上有类似英国木偶剧的表演。主角是中国戏曲中的流行人物，而整个演出也很像我们的木偶剧。此外，我也看到一些骆驼，驮着一袋袋的石灰出城。探问之下，原来它们的目的地是离北京数里之外的皇帝下葬之地，叫东陵。这些陵墓正在赶修之中，因为皇帝说在回北京的路途上顺道到东陵拜祭。

下午 3 点钟，普鲁斯先生、尼尔中校和英国使团的其他成员在锡克骑兵团一个特遣队的护卫下，到了北京。这天早上，法国的国旗在纯公府门前升起，而普鲁斯先生抵京之后，英国国旗又将在淳亲王府的入口处飘扬。这样，英国和法国的驻北京使馆的建立便大功告成了。

3 月 27 日

对于英国在北京建立长期的据点，现在可能是到了最困难的部分了。这便是让中国人相信我们怀有善意，尽可能不会伤害他们。我们愿意和他们友好共处，避免生事，而我们政府也希望她的子民能够在合理的范围内尽量尊重所在地人民的民族特色。

普鲁斯公使抵达北京后第一份收到的文件，来自恭亲王。内容说宛平县县长曾亲自向他投诉："有一个叫汤玛士·迪克（Thomas Dick）①的英国官员坚持要他提供车马，以便到长城的居庸关狩猎。"恭亲王接着在信中指出："根据商务条款第9条，英国人可以在中国旅行，但需要有由公使和中国地方官员共同签发的旅游证明。请问公使阁下是否知悉这位官员的目的？由于他没有旅游证件，也没有地方官员陪同，我担心他在路途中或许会被当地不知情况的民众所伤害。"恭亲王最后请求："恳请公使阁下查明此事，并予赐复。"事实上，当恒祺和崇纶早上会见普鲁斯先生给他接风的时候，他们口头上也提出过同样的投诉。他们说房布兰和迪克扛着枪到圆明园的门口，要求入内，但最后被拒绝了。

其实引起中方投诉的，主要是因为上述两人向县长要车前往长城。他们以为根据新的中英条约，他们有权在中国旅行，但却不知详细的程序。他们因此在没有所需的英使馆和地方政府合签的证件的情况下到了长城。他们并非有心破坏规矩。至于探访圆明园，虽然意思是好的，但鉴于此园最近所受到的蹂躏，时间似非适宜。从投诉的语气中，可见中国人对此仍然十分敏感。

考虑了所有的情况之后，公使作出决定。他要求斯塔佛利准将（Brigadier Staveley）暂时不要批准官员探访北京，以免那些为了满足好奇而作闲游的人影响两国建立和谐的关系，特别是在两国关系正开展一个新的时代的当儿，更是如此。

这个上午，在北京的俄罗斯教士团的首长——希腊东正教主

---

① 他是军粮部的翻译，陪同军粮部副主管房布兰先生前往北京，以便为使馆守门安排所需物资。

教，穿着隆重的宗教袍服来拜访法国公使布尔布隆先生，欢迎他莅临北京。

今天的天气，较早的时候有云，气温华氏47度。到1点钟的时候开始下雪，之后太阳时隐时现，天色变得较好。我利用这个机会外出遛遛，信步至我昨天提到的那条从哈德门往北去的大街。这条街十分宽阔，约90英尺，中间有两排临时的营业摊档。这个营业的地方是在街中间高出的堤道上，有商店、摊铺、食店等。这些营业店铺背靠背，面向另一边的街道，其阔度仍可让车马经过而绰绰有余。摊贩主要售卖旧衣服，像一个旧衣市场，虽然其中也有些摆卖新衣服。在不远处的街道上，则全是商店，门前有雕刻的装饰，且髹着艳丽的颜色，备极辉煌。此外，在较为开阔的地方，有许多食店，那里人们可以吃点心和听说书。菜馆也很多，我曾驻足其中一间前面，观看他们烤面包的过程，也观看他们怎样在一个像苏格兰常用的圆形铁板上烧烘。

北京的街道，除了较宽阔和商店较漂亮之外，跟我在天津所惯常看到的差不多。闲荡的过程中，我碰到好几个喇嘛。他们穿着黄色的袈裟，戴着黄色露出棕色皮、上有一深红色丝球的僧帽。我也遇到很多煤炭工人，肩挑着满载煤料的箩筐，在街上走着。当我在闲逛时，我唯一感到不方便的是无论我在哪里停下来看东西时，总围上一群人。

回程时，我特别走到元大都的东南城墙哈德门，一看它巨大的、有防卫设备的闸门。这道闸门有4排炮眼，每排12孔，上有木门掩盖。这些门需要时可以打开，放下来的时候，可以见到中间髹了油漆，表示枪口的位置。在哈德门附近有成群的乞丐。他们行乞的手法非常讨厌，总是对你纠缠不休。他们老是赶在你的前面，不断叩头，双脚踢起泥尘，令你不胜其扰。很明显，他们认为越使你感到不便，你便越快付钱打发他们走开。

这个傍晚，我有机会观察在淳亲王府工作的工人吃晚饭的情况。他们在下午 5 时收工，而正如我说过的，回家之前在这里吃晚饭。晚饭主要有热饭，任吃。煮饭用的水保留在一个木桶里，饭则是盛载在一个大平底容器里，放在工人中间。工人用碗盛满饭之后，便用这些米水弄湿他们的饭才吃①。晚饭还有咸鱼和腌菜。这些都放在不同的盛器里，工人们用筷子轮流在这些盛器里夹取食物。

这些工人的工资现在是每 5 个人 1 元，即大约每人每天 10 便士。工人把工资的三分之一付给膳食供应商，换取每天三餐饭菜。中国工人这个膳食安排比我们的好得多了。我们的工人要不是拖着疲乏的身躯回家吃饭，匆匆吃过之后又急着赶回工地，便是（如果他的家居太远不能在中休有限的时间来回一趟的话）由他的妻子或儿女送饭过来，而在这种情况下饭菜通常都是冷且难以下咽的。中国工人这种聪明的膳食安排，在今天讲卫生改革的时候，值得我们参考。我们对公众卫生问题吵吵闹闹的先生们，他们费尽心机，说了很多什么为穷人提供清新空气的话，但我怀疑他们有没有花同样的气力想想改善其他和提供清新空气同样重要的事情。

3 月 28 日

下午，我陪伴布尔布隆先生和法国使馆的其他人员首次拜访恭亲王，由和我们一起从天津出发的炮兵队和宪兵护卫。喇叭手在前开道，每隔一段时间便吹奏一些花号。布尔布隆先生坐着八人大轿，

---

① 这里观察似乎有误。事实可能是，木桶装的是清水，工人把盛饭用的勺子浸在水里，以免沾饭。——译注

那是代表君主的坐仪。他有意做出一个先例，因为照中国政府的礼法，任何不是皇室成员的人，不能坐超过四人扛抬的大轿。克利科斯基伯爵和马日坦男爵也乘轿随行。他们坐的是四人大轿。我们沿着淳亲王府这一边的运河路而行。

我们出府不久便过桥（桥是石桥，有栏杆），然后绕过皇城的东南角。皇城有红色的墙围着，屋顶是黄色。

我们沿着一条和皇城的东墙平行的街道往西北走，约走了半里，到了东门的入口。进了东门后是一条宽阔的街道，街道的尽头是围绕皇宫上有雉堞的城墙。铺了黄色琉璃瓦的屋顶突出在墙上面。这条街道一直引至皇宫的东面入口。往前走了大约100码之后，我们转上一条往北走的街道。这一街道在皇宫的东墙前面，与一条宽阔的、铺了砖边的干涸了的水渠平行。

走到这条街的尽头之后，我们绕过皇宫北面的墙。此时我们才有机会看到，原来皇宫城墙每一角都有一个形状奇特的塔，而四面城墙的中间部分有漂亮美观、稍微高过城墙的巨大建筑，构成城墙的入口部分。

整个皇宫由护城河围绕，河的周围目前正在种植绿草。这条护城河似乎保持得很好，铺上砖的墙身也已彻底修复。由皇宫往北拐，是人工堆积而成的山和山上的塔。它们虽在皇宫外面，却是咫尺之近。这些地方是禁止直通皇宫的。当见到外国人远远走来的时候，门便立即被关上，只有当值的中国官员才准通过。

我们继续在红墙黄瓦的外围行进，绕过那座人工堆造的山，直走到东北的角落。在这里我们又拐弯往西，直至走到一条很宽阔的向北的街道，街道的南端两边各有一排构造一般的建筑物，被分成约60个厢房。这是分驻在皇城不同地区的八旗军的办事房。我们沿着这条街道再往前行，在尽头的地方有门出皇城（此门上方有一塔形的圆拱）。出门后我们转往西走，沿着皇城北面的墙直走了约一英里，到了一个寺院。这便是总理各国事务衙门的临时办事处。

我们进了一个院子，下了马，并把马和轿子留在那里。这里，总理各国事务衙门的文祥[①]、恒祺和崇纶已在等候，并以中国的礼仪接待布尔布隆先生。我们一起进入衙门，行不多远，年高德劭、慈眉善目的桂良[②]由两个侍从搀扶，出来迎接布尔布隆公使。而在一条连接另外一个院子的通道尽头里，站着恭亲王。当布尔布隆走上前时，他立即趋前亲切地迎接来客，并引领他们到会见的房间。

这个房间没有什么特别可记之处。它只是一个普通大小的会客室，是一般办公室所常有的那一种。在适当的地方放了一张桌子，桌子上铺了鲜红色绣着富丽图案的布，上面放了大约 50 碟果品糕点。恭亲王在桌子后面坐下，布尔布隆坐在他的左手边（这是中国的贵宾位），克利科斯基伯爵坐在右手边。桂良坐在布尔布隆左边，再次是崇纶。至于克利科斯基的右边，则是文祥。在恭亲王和布尔布隆之间的后面，则坐着马日坦男爵和恒祺（他们是

---

① 文祥是总理各国事务衙门的一个要员。他是满洲人，很早考取功名，从 28 岁起就在清廷担任公职。他现年（1861 年 3 月）44 岁，已凭着他的才能升至户部左侍郎及总理各国事务衙门大臣的高位。

② 奥里芬特先生（Mr. Oliphant）叙述额尔金勋爵在中国的第一个任命时曾这样描述桂良（时为 1858 年，地点在天津）："大学士桂良是个德高望重的人，他言谈温和，待人亲切，知识丰富，虽然因为年老他的眼光已经失去光泽，双手也震颤不已。但他温文有礼，大方得体，表现得像一个完美的君子。他是满人，在爬到现时的高职之前已在官场摸爬滚打多年。当包令爵士（译按：John Bowing，当时为英国驻华公使兼香港总督）于 1854 年来华时，他是直隶总督。他是中国当朝的第二号人物，次于首相裕诚。但裕诚在谈判期间逝世。桂良在签约时的全称职衔是东阁大学士、正白旗都统、总理刑部事务。"桂良在谈话中回忆了 1793 年马戛尔尼勋爵来北京时的情景。

翻译）。其他随团的人和我，则被安排坐在外围，在桂良和崇纶的后面。身穿代表不同职级官服的中国官员，四处站立，而不少下人也涌进客厅里，渴望看看开会的情况。

主客坐定后，侍仆立即奉上茶。一切停当后，布尔布隆公使向恭亲王宣读一份法文文件，由马日坦根据他手上的中文本逐句翻译。恭亲王细心聆听，注意马日坦的每一句话，每隔一些段落便以很诚恳和高兴的神态表示同意文件的内容。布尔布隆念过文件后，恭亲王对文件所传达的友好性表示谢意，并要求取得一份副本。这份副本文祥于会见完毕后私人告诉克利科斯基，是为了呈报给现在热河的皇帝的。

这之后开始寒暄。主人向我们递送茶点，并劝酒。酒是烫热了的米酒，装在一个金属的壶里。饮酒用的是西洋玻璃酒杯。我们用刀、叉和匙，而恭亲王和他的同僚则用象牙筷子。亲王向布尔布隆公使祝酒。他祝酒的方式是西洋式的：举起酒杯，略向前递出，饮酒时向对方致敬鞠躬。其他人都一样，在谈话的适当期间向客人敬酒。在谈话中，我留意到了桂良对崇纶静静地讲了一些话，而从后者的面部表情看，我怀疑所说的是一个笑话。克利科斯基伯爵衣服上挂着好些徽章，这吸引了恭亲王的注意。他说他也有很多[1]。他也观赏伯爵的佩剑，说太轻，难以上阵杀敌。我们向他解释佩剑是装饰，并无实用。他听到伯爵是文官，不是武官，觉得很惊奇。文人佩剑在他眼中是很奇特的事——因为在中

---

[1]　在布尔布隆公使抵北京前不久，克利科斯基伯爵和恭亲王也曾见过一次面。在这次会面中，伯爵的徽章也曾引起亲王的注意。亲王说他以为这是功绩的勋章，因此他感到很奇怪有些勋章竟可以是由另外一个国家颁赠的。伯爵说如果亲王能够给驻华法使馆的人员说好话，称赞他们的表现，那么法皇也可给他一个勋章。他听后更加觉得惊异，特别是两个国家刚发生战事不久，而他竟可以帮助敌国的臣民取得荣誉。

国，从军并不是特别光荣的事。

恭亲王表现得非常和蔼。他的五官是典型的满洲人的，右颊有两个小疮疤。他的面和手都属小型，手指更纤细得像女子的一样。他的右拇指戴了一只大而宽的玉指环，通体白色，环面则是带红的棕色。他中等身材，身形修长。衣着方面，主要是一件海獭皮的皮袍，内面是紫色的丝质衣服，饰以貂皮的衣袖。他的帽子是一般满人戴的那种，卷起的部分有黑色的丝绒衬里。帽的顶部有一颗鲜红色的丝质小圆球，与一般贵族阶级所配的其他圆纽球或孔雀翎毛不同。他颈部挂有两串珠子项链，其一是琥珀色的，另一则是红珊瑚的大珠子。每串项链都有一条带，带的末端绑着一块宝石，在他的颈部背后垂下来，像他的发辫一样。再配合一双黑缎子靴，便是他的全部装束了。

桂良和其他三人也是穿了毛袍褂，内配丝质衣服。他们全都佩珊瑚顶戴，官帽则有三眼花翎。桂良，让我补充一句，是恭亲王的丈人，而据说他的另一个女儿是皇帝的一个妃嫔。

布尔布隆公使告辞的时候，总理衙门全体官员一路送他直到外院的大门。高龄七十二的桂良，即使步履维艰，也坚持亲自送客，虽然克利科斯基多次用流利的中国语请他留步。恭亲王在布尔布隆离去时热烈地和他握手，而整体来说这次会面气氛十分和谐。

在回程时布尔布隆公使顺便到俄国使馆作一回访。俄使馆和法使馆同在一条街上，相距仅半英里。使馆大主教身穿教袍戴着高冠帽，率领教区成员在使馆外迎接[①]。我们被引进一个有着欧陆式布置的会客间。吃过茶之后，我们前往参观使馆内的一个小教

---

① 俄国当时政教合一，故此使馆要员由神职人员担任。——译注

堂，这个小教堂的安排和装饰与罗马天主教国家的似乎没有不同。希腊东正教和罗马天主教，主要的分别是前者不承认罗马教皇的最高权力，同时它容许它的教士结婚。现时在北京的俄使馆有 4 个神职成员和 6 个非神职成员。我发觉他们室内有一张弹球桌子。整体来说，俄使馆的建筑安排得整齐舒适，但却不特出，虽然俄人在北京已有 200 年的历史。

3 月 29 日

与布维尔上尉骑马到元大都的西北城门，探访旧葡萄牙教堂。这教堂现在是法国的产业，这是在最近中法所签的和约中订明的。当教堂仍然被耶稣会管理时，它叫南堂，以别于另一座叫北堂的教堂（北堂是耶稣会座堂的所在地）。现在这些教堂都恢复旧称，而南堂奇怪的地方是，自从耶稣会被逐出北京之后①，它是这个教会唯一保存完好而没有受到破坏的建筑物。它距离元大都的南城墙大约有几百英尺，在西城门之内而稍近东面。这座教堂建筑属一般水平，所有天主教国家的教堂都莫不如此。它现在被墙板围起来，以做彻底的装修。教堂的外形，除了必须修补的破旧之处，似乎没有改动。教堂内部原来的装饰十分漂亮，现在都已经颇为残旧了，有些地方也经不起气候变化所带来的腐蚀。我们进入教堂后，看到一个中国人跪在圣坛前，从一本中文经书中念诵祈祷文。他没有理会我们，继续他的祷告，像我们不存在一样。教堂由石头建成，进口处有中文，而经过入口后，有 "Via Regia Coeli ② 1657" 字样。这个教堂已经有许多年没有使用，最近一次的使用在 1860 年 10 月，是为了死于中国人手里的法国囚徒而举行的追

---

① 关于这一点的更详细情况，请参阅 10 月 5 日的记事。
② Regia Coeli，拉丁文，圣母，南堂的主保。——译注

思弥撒。目前南堂有定期的崇拜，参加者是住在城市南部的中国教徒。原来被悬挂起的葡萄牙大型箔金木造皇室纹章已经除下来，让位于法国的皇家徽章。

接着我们往北走，上了一条很宽阔的街道。这条街道从元大都南面的西城门一直通往北面城墙的同一出口（这个出口叫东直门）。我们沿着这条街走了整整 1.75 英里，便转了一个直角进入另外一条向东的街道，这便是皇城内的皇宫北面。在这里，我们参观了距此不远的光明坛①。这是一个大型的宗教建筑群，包括好些院子和寺庙，前后相连。但和我们所见过的寺庙不同的是，这里在入口处有一个颇为美观的圆塔。塔的顶部被铺上浅蓝色有光泽的屋瓦，最顶处有一个金色的圆球。塔的底部有两层大理石的平台，一上一下，平台周围有 6 段同样长短的大理石梯级连接上下两个平台。每段梯级有 12 级，故此这两个平台的总石级数是 144。塔的内部有一尊佛，端坐在圣坛上，两边有精工雕塑的柱子，刻的是一条龙缠卷在柱子上。主梯级面向北方。大理石梯级的正中有一个部分是斜坡，斜坡上浮雕着一条美丽的五爪金龙。平台有大理石的栏杆围绕着，十分美观。塔的南面紧接着第一个院子，我们进入这个有树荫的院子，所见到的建筑与中国其他地方佛教圣地的并无不同。

与光明坛相隔不远，也同属于这个地理区域的，是北堂。正如上文所说，这是过去耶稣会座堂的位置。像南堂一样，北堂所在的土地已经在《北京条约》中拨给法国，而法国罗马天主教教会亦已进驻该地。在这短短的时间里，他们动用了一切力量把该地上的普通中式建筑改变成教会用地，现在唯一没有更动的，只

———————————

　① 疑为大高殿。——译注

是原教堂的梯级而已 ①。一个临时的小教堂已经建成，当教区主教在北京时，这里便是他居住的地方。

这个参观很有趣味。北堂现在的负责人是司牧灵神父（Abbe Smoringburgh），由狄仁杰神父（Abbe Thierry）协助。有 40 个中国青年学生在这里居住，其中 15 个是教士生。北堂有一栋楼房被辟作宿舍和图书室。宿舍的床位是 2 英尺宽，床位之间由高的木板隔开，木板上留有空间以便空气流通。床位前面有蓝色的帘子遮掩。连着宿舍但分隔开的是一个长形的房间。这是司牧灵神父的起居室。与宿舍间隔的墙上有一个窗洞，神父可以在这儿监察宿舍内的活动。整体来说，学生在这里生活可称舒适和安逸。

我们接着参观小教堂。由于今天是复活节的耶稣受难日，所有的学生都齐集在教堂里，包括那 15 位穿白袍的教士生，他们正在唱颂圣诗《圣十字架的道路》。

司牧灵神父告诉我，现在北京有 9 位中国籍传教士，而在全中国则有 19 名。北京有 5000 个原基督徒，而有好长的一段时间都没有人从其他的信仰转过来了。自从签了《北京条约》之后，情况有所好转，改信基督教的人渐多 ②。目前北京有四个罗马天主教的组织，分别设在元大都内东南西北四个区域。妇女不到教堂，教会需要采取特别措施以适应中国的传统习俗，因此他们在市内各区设立了 6 个聚会地点，以便女性教徒可以集会，并由特派的教士主持礼拜。

我们也参观了餐厅和图书馆。餐厅的餐桌安排根据西方标准，

① 南堂据说是因俄国人的干涉才被拯救回来的，因此俄人说他们应该有权使用。

② 北京的基督徒似乎和行业有关。我发觉（这是后来的事）钟表修理工人和他们的家属全都是基督徒。原因很容易明白：他们跟从耶稣会传教士学得钟表技艺，因而和耶稣会产生密切的关系。

可坐 11 名教士，其中有 9 名是中国人。通常这里只住有 5 名中国教士，但因为现在是复活节期间，他们全都集中在北京以便进行礼拜活动。

司牧灵神父和狄仁杰神父都改作中国装束。他们剃光了前面的头发，后面束了发辫。两位神父很客气的款待我们，并捧出各类点心，包括水果、蜜饯、糖果等。他们也给我们品尝一种像酒的饮品。这种酒用小米酿制，味道像果仁白兰地。司牧灵神父是荷兰人，他精神奕奕，神采飞扬，看来很擅长实务工作。除了照管教会事务，他现在也忙于筹措建筑材料，以做装修之用。在我们参观教堂的时候，他正赶急地为圣坛的一个雕刻进行油漆工作。这个雕刻的主题是："圣灵怀胎"。至于中国籍的教士，他们都很有绅士风度，教人喜欢。

离开北堂之前，我们到从前耶稣会的所在地看了一下。这里正在修复之中。我们特地去看了耶稣会曾在这里活动过的唯一遗迹——大教堂的石阶。至于他们所建立的玻璃工厂，现在是完全没有痕迹了。

3 月 30 日

晚上，我们被周围许多的炮火声所惊醒。早上查问之后，知道原来这是北京的团练演习。团练可以说是中国的来复枪志愿军。他们选择在晚上演习，认为晚上更深人静时，枪声的阻吓效果更大。他们阻吓的对象是盗贼和劫匪。据云，北京附近正受这些坏人滋扰，北京和热河之间的道路现在不通。这些盗贼他们叫"土匪"，有别于"乱匪"，即造反者。对于"乱匪"，我想提提今早威妥玛先生给我讲的一件事，这事可反映中国官员对别处发生的事情的熟悉程度。事缘两天前威妥玛有机会和恒祺谈话，说到欧洲的事情时，威妥玛问恒祺是否知悉美洲近来发生的事，他立即回答："哦，他们正在闹分裂。说实话，他们的情况和我们的相似，都是乱匪生事。"[1] 这显示他对西方政治事务有一定的认识。

克利科斯基伯爵今天也向我提及中国人对"智慧"的认知。他最近曾探访崇纶，刚巧后者的儿子也在。伯爵称赞他儿子年纪轻轻，但看起来非常聪明。"是的，"他父亲说，"他确属不错。我让他给你露一手。"接着，他命儿子显一显他的才华。儿子遵命离开房间，不一会回来，手上持着一个他刚写下的"寿"字。从他们所赋予的重要性，这个文字技巧应该被认为是困难的事，尤其是对于一个 18 岁的小伙子而言。

下午，我策马到元大都内墙的东边角落，并沿东墙向北而行，直到见到一个城墙上的建筑。这里设有一个浑天仪，再加上其他的装置，它应该便是北京的观象台了。这座观象台由康熙帝颁令建造，而由耶稣会教士监工兴建。现在观象台完全由中国人自己管理，台内有一组专业人员。

从观象台回王府，我为了缩短路程，试图按着一个方向横越市区而行，而不再沿着城墙返回。由于街道狭窄弯曲，我需要缓慢而行。不多久我后面又聚集了许多人。我向他们做手势，表示想去南面的城墙。人群中有些人给我指示，让我知道在什么地方转弯。逐渐人声开始鼎沸，愈加吵闹。就我的判断来说，吵声主要来自儿童。当我最后走过了房屋区到达城墙，而路面也比较宽阔的时候，我开始让马儿跑起来。就在这当儿，有五六颗石头从我身边飞过。我立即勒停马儿，回头看时人群已走散了。我相信向我扔石头的是人群中的儿童。大约 5 分钟之后，我的马儿给石

---

[1] 其时正值美国南北战争。——译注

块击中，石块是从我经过的一条巷口掷出来的。马儿受了惊吓，立即飞奔起来。幸好我现在是在城墙边，没有人。倘若这发生在人多拥挤的街道上，后果便不堪设想了。我在记事簿上记下地点，以便有需要时把事件告知中方。无独有偶，克拉尔先生（Mr. St. Clair）的马儿今天下午也受到同样的攻击，而发生的地点则在城的另一个区域。

同在这一天，布维尔上尉骑马到城市的西面，竟意外地到了一个行刑的地点。这地点是在两条大街的交会处。一个无头的尸体横卧在大街上，旁边是围观的人群。附近，有三个人头被装在挂在高处的木笼里。

3 月 31 日

这个早上我听到一个有趣的关于翻译的事情。这源自翻译中文的困难，因为同一音可以有许多不同的意思，分别在于音调不同而已。例如"ping"①音，可以是兵、冰、瓶、病、平、饼等字。额尔金勋爵在北京的时候，他对蒙古地区出产的马铃薯十分喜爱，认为品质很好。因此他请艾德坚先生给他订购 200 斤（约合 240 磅）。山芋是马铃薯的名称，可是如果你略微转音，可以说成是鳝鱼，结果 200 斤的鳝鱼被送到额尔金勋爵的面前，因为很不幸艾德坚把"山芋"念成"鳝鱼"。

今天普鲁斯公使发了一封信给文祥，请他留意昨天发生的吵嚷和掷石事件。

这个下午我第一次参观市容。我在主要大街上闲荡。这条街从元大都的中门向南面伸展。它相当宽阔，中间有一个筑起的堤

---

① 这是韦氏拼音，现代拼音当作"bing"。——译注

道，把街道分成两半。这里，堆满了很多零售的摊档，一如元大
都城内的大街一样。街的东头的摊档似乎全都是售卖家禽、蔬菜
和鱼类，供应也好像很充分。在蔬菜类中我注意到了有胡萝卜、
萝卜、白菜、马铃薯、洋葱、芦笋、扁豆、豆荚、小扁豆、甘薯
等，其中很大的部分是在冬天用一些特别的方法保存下来的。至
于鱼类，则主要有鲑鱼、鲱鱼、鳝鱼、牙鳕和蛤。街上的商店全
都是平房式的，门前大都有金色的雕刻装饰。如果这些装饰保持
得好的话，会让这些商铺看起来很美观，并各自有其特色。

　　这条街道自元大都算起，约长一英里，尽头是一条架在干沟
上的桥。桥的另一边是一条石堤道的开始，一直引向南城墙的正
门。在这条堤道的两边是两个面积很大的有围墙的建筑，右边的
是先农坛，左边的是天坛。根据传统习俗，皇帝每年交春都前往
先农坛拜祭，并在一块特别划出的农地上耕作一下，以示对农作
的重视及对农人的不忘。这个仪式斯当东①在描述马戛尔尼勋爵率
使团访华时曾加以描述：

　　皇帝在这里耕作了约一小时之后，一群农民围着他，唱颂赞
美禾稼的诗篇。接着，一班王公大臣照着皇帝的榜样，轮流拿起
犁子，在皇帝面前梳耙土地，造出一些犁沟来。所有人，包括皇
帝在内，都穿起下田种地的衣服。犁地挖起的农作物被小心地收
集起来，然后主其事者宣布，收成很好，比起其他同面积的土地，
无论在质或量方面这里都较佳。这个庆丰收的盛典，会被传送到

---

　　① 乔治·伦纳德·斯当东（Sir George Leonard Staunton，1737—1801），英
国探险家、植物学家、外交官，1793年在马戛尔尼率领的访华使团中担任副使。
回国后出版了出使报告，中译本名《英使谒见乾隆纪实》。——译注

国家最遥远的村落。它的目的是使最贫穷的农民喜悦，并在失收的时候得到慰藉。季节经常反复，农耕不一定顺利，在这个时候农民想到皇帝曾经很隆重其事地允诺他们的要求，敬拜农神，皇帝是和他们休戚与共的。另一方面，皇帝的祭典也产生一个作用，便是把他人数最多、用处最大的那群子民统一起来。

天坛在先农坛的正对面。它外面有红色、黄顶的高墙，把它团团围住。每年夏天当天气最热时，皇帝便率领王公大臣来拜祭，感谢上天的恩典。

我照原路折返使馆，即从元大都的正门返回（从正门的一个旁门进入）。在城墙工事的前面、炮楼之下有一道大门。这个门从不打开，除非是皇帝出城到先农坛或天坛拜祭的时候。从这个门开始有一条宽阔的、铺了石板的堤道一直引到皇宫的主要入口，这个入口与城墙大门北面的距离约400码。

第三章 京城游踪

4 月 1 日

淳亲王府的建筑布局，可以这样形容：它是两个平行的长方形的院子，南北走向，中间一条有荫的通道，把这两个院子连起来。院子中有一系列的建筑物，都是一般中国式的构造。东部的一组建筑是淳亲王府的宫殿，其中包括亲王的寝宫。这里的屋顶盖着琉璃瓦，由巨大的木梁支撑着。两边和背后的屋墙是坚厚的砖墙，但前面的屋墙砖砌的部分却只有 3 英尺高，其余是格子花纹的木架子，上面糊了壁纸。门的构造也大致如此。窗有大块的玻璃，镶在木框中，造型优美，尤以主要的房间为然。房间内部虽然有点年久失修，但是仍然非常堂皇华丽。王公寝宫的天花以蓝地金龙为装饰，图案是圆形，十分美丽。这圆形的图案镶嵌在绿色方格的中央，并以绿色和金色交替的小木条为浮凸背景，整个设计颇见功夫。

淳亲王府西部的建筑比较平实，但仍然十分优美和高雅。屋顶是普通的灰色瓦片。这部分的维修算不错，现在充作使馆人员的居所。所有庭院中的屋子，在进口的地方都挂有名称，大多是含道德性的，以金字写在一个牌匾上。这些名称威妥玛先生今天早上给我作了些解释。例如尼尔中校和我的寝室的名称叫"养德堂"，而给使馆管家雷诺太太（Mrs. Reynold，她将很快从上海到任）的，则叫"习礼堂"。类似这些道德格言的牌匾，除了挂在房间入口的上方外，还在内部墙壁上悬挂。整个王府由高墙围绕，南北长 760 英尺，东西宽 378 英尺。王府外表给人的印象是曾经一度辉煌非常，但现在却急速地走向衰落。

使馆已经和一个姓徐的建筑商作了安排，把整个王府彻底装修。计划是把王府的宫殿部分改为使馆人员的住所，并尽可能保持原来的中国特色。至于其他的部分有些改为使馆参赞的办事房，有些则用为翻译学生的宿舍（这些学生将在北京随威妥玛先生学习语言）。公府的装修和改建工程将由尼尔中校监督，并由一位翻译协助。这名翻译是北京人，曾在上海待了一段时间。他懂得一点英语，原因是他曾经给威妥玛工作过，也因为他曾随同埃特金牧师（Reverend Mr. Edkin）乘船到英国。他名叫卢涌泉，使馆的人都叫他"小的"。这名字的由来是当他在上海时，他习惯跟人说："'小的'是不是应该这样做？"他自称"小的"，其实是一个谦卑词。但由于这个名称已和他结下不解缘，我以后也用这个名字称呼他。

这个下午雷诺太太从天津来到北京，陪同她的是翻译吉布森先生（Mr. Gibson）。他们和运载行李杂物的车队从城市的西南城门进入。此地驻有胜保将军的军队，当士兵们闻讯有车队经过时，他们空巢而出看热闹。好在雷诺太太从上海带来了一对火鸡。这对外国的禽鸟吸引了士兵们的注意，在兴奋当中竟让雷诺太太轻轻地溜走了。这真是她的好运。很明显，这是白河上第一次出现火鸡。吉布森先生告诉我，他们从天津出发，一路上农人都对这类禽鸟啧啧称奇。胜保将军住在兵营附近的一个小寺庙里。他是 1860 年 9 月 21 日战事中中方的督军。在他的队伍败走时，就是他命令把布拉巴桑上尉（Captain Brabazon）和德勒神父（Abbe de Luc）斩首的。

4 月 2 日

今天普鲁斯公使前往总理各国事务衙门正式拜会恭亲王。尼尔中校、威妥玛先生、克拉尔先生、文翰先生和我随行。我们乘马出发，由高中尉（Lieutenant Gow）率领部分第 31 团的骑兵护卫。我们大约下午 1 时离开淳亲王府，所走的路线跟法国公使探访总理事务衙门时一样。我们下午 3 时抵达衙门，所受的接待也同 3 月 28 日法国使团所得到的一样。恭亲王从室内迎出来，很有礼地款接普鲁斯。桂良也在场，他倚在他的随从身上，也趋前迎迓客人。

一切的接见安排都和日前接见法国公使布尔布隆一样。宾主坐定后，谈话便开始。在此之前，普鲁斯逐一介绍我们给恭亲王认识。威妥玛负责翻译我们的名字和职位。这些名字有些需要扭曲一下以便可以用中文发音。他介绍我时称我是连尼医生，因为中文没有 R 音。恒祺连忙纠正威妥玛，说我是"大夫"，意即我的专业资格比"医生"为高。"医生"在中国是指普通医师。除了恭亲王、桂良和恒祺，文祥和崇纶也在座。他们全都换了服饰，与日前穿的厚重的皮袍不同，今天他们都是轻装上阵，穿了紫褐色的长毛绒大衣。

谈话由普鲁斯开始。对于一路上得到地方官员的照顾，英使团能够顺利自天津安抵北京，他透过威妥玛向恭亲王致谢。恭亲王询问我们住所的准备情况。他说淳亲王府面积颇大，我们不会觉得局促，但因为在租给英国使馆之前空置了两年，他恐怕维修方面有所不足。

普鲁斯探问总理衙门现在所用的寺庙是不是永久的办事处，亲王说不是，他们已有另一衙所，正在准备之中。他还说衙所的地方和其他政府机关接近，距离淳亲王府也不远。普鲁斯听说新的总理衙门近着英使馆，表示满意。恭亲王笑说是的，但对于衙门的官员来说，却要跑远些路，因为他们的住宅都在这一边，即靠近寺院这一面。

谈话接着转向学习中文的困难。恭亲王说学习基本口语最佳的方法是找一位老师，把每天所学习的文字用英语拼音记下来，字下面写上意思，而如果要加强记忆及方便查考的话，也把中文写下来。他还说如果有人编一个中英语的词汇对照表，特别是用满文的，那将会非常有用，因为这会帮助他们拼出英文字来。他说满文也是拼音文字[①]。

吃过茶和用过糖果后，主人接着捧出温热了的酒。饮酒时，大家又不忘互相祝好。使馆有些人尝试使用筷子，结果是引得满堂大笑。临近结束时，恭亲王对洋酒下了评语，他说若每天都饮用的话，酒力有些强劲。

当普鲁斯准备离开时，桂良和文祥表示如果方便，他们想明天回访，而恭亲王则会后天拜访。这确定了之后，英使团便告别离去，中方送别的礼节和给法国使团的一样。

整个会面的过程，处处表现出恭亲王和他的同僚都以极大的诚意款待我们。就我个人来说，既然我们已和他们建立起紧密和长久的关系，我看不到有任何理由怀疑他们的真诚。而且我们也不值得去作出这些怀疑。现在战争已结束了，我们亦已清楚展示我们的军力优势，我们便应该信任他们的好意，除非有清楚证据显示事实并非如此。另一方面，我们也应该有所退让，采取折中

---

① 满文和英文有同样数目的字母，只是少了 B 和 D。有说法指满文有 140 个字母，但这是因为加进了各个音节。B 和 D 两个音，由 P 和 T 替代。满文的缺点是，两个辅音字母不能连在一起，除非中间有元音字隔开。

和调和的态度，以便他们相信我们是真正文明的国家，采取武力和作出毁灭的行为并非我们的本意。

4月3日

天气一直都很好，但今天早上天色暗淡，有点微风，到下午1时，竟刮起大风沙来。下午外出的时候，有一个小孩向我搭讪，兜售一只小猫。他紧紧地跟着我直至使馆门口。我给了他18便士买了这只猫，交给卫士拿走。在另外一条街上，我见到一部车，车上坐着一位女士。车用绿色的布围着，并装饰得像乘轿子一样。

下午2时，桂良和文祥到达使馆。他们有一大群随从侍候着。文祥坐车子来。这是北京常见的一种车子，但他这车造得特别好，并有蓝色的布围着。他在使馆的闸门前下车，随即转乘一匹侍从牵上来的小马，直往接待室。桂良则乘肩舆而来。他的肩舆用绿色的布围着，下摆约一英尺高的地方用猩红的花布盖着，以免绿布被泥沾污。普鲁斯公使和威妥玛先生在接待室门前迎迓。此次会面只属寒暄，无特别事可记。

这个下午我都在观察内城某部分的城墙。我由南面的正门开始。由于这道门叫"午门"，我猜测它便是这城的主门了。另一个我认为它是主门的原因，我先前也说过了，是它的防卫工事前面有一道门，这个门除了皇帝要通过外，任何人也不给打开。在这个城门上有一座炮楼，炮楼的前方有4排炮孔，每排13口，另外两边各有4排炮孔，每排4口。炮楼的后面有一个密封的空间，由工事构成，两边各有一个门通向东面和西面，而第三道的门才是入城的门，亦即是开在城墙上的门。在这个门之上有一座大型城楼，高约60英尺，颜色艳丽，属典型的中国式建筑。在两道副门之上，各有一座小型炮楼，炮楼上有两排炮孔，每排6口。

　　城墙的南面有一条干涸的小沟，大概 100 英尺宽 12 英尺深。需要时这个水沟可以盛满水，只要升起水闸，水便从圆明园中的一个湖经运河流来。城墙设置了侧翼防卫，每隔一段空间便有一个四方形的工事。在城墙基部和水沟之间有空出的地方，约 120 英尺宽，水沟的另一边便是市镇的起点。正门前面的水沟有一座石桥，石桥上有大理石的栏杆。由于这里的工事建筑每一面都有所不同，我打算在这里介绍一下。

　　从正门往西走，不远处有一大型堡垒群，其阵式像一个四方形的三边。前面的堡垒有 12 个炮眼，旁边两个则各有 9 个炮眼。整个工事正面长 130 英尺，深度则从 45 到 50 英尺。过了这一组堡垒后，每隔一段距离便有一组由 5 个角形小堡垒构成的工事，每个小堡垒的三面墙都各有 6 个炮孔，每个炮孔相隔 7 英尺。过了这群小堡垒便是另一个大的堡垒群。这样大小相间下去，总数共有 3 大 15 小堡垒，一直伸延至南城墙的西面入口。这西面入口乃是相对于我们已描述过的叫哈德门的东面入口，不同的只是它是正门的另一面而已。

　　在正门和西门之间，有一条砖砌的运河（或水沟）流入城内。运河 12 英尺宽，深度也与此差不多。在入城的地方有两重水闸。但如果有战事时，我认为它会很容易被地面的炮火摧毁。敌人从这里便可入城，不必破坏城墙。

　　在西城门，堡垒群的公共入口朝向东面，而在东城门，则入口朝向西方。此外，城墙还有本身的城门，过了此门才能正式入城。东西两边均是如此。我沿着大路往北走了一段，见到一个江湖卖药郎中在一群人中表演功夫。他带着一个小孩，小孩好像柔若无骨一样，能够做出各种困难的姿势，但我不觉特别欣赏。

　　我返回使馆，再一次行经午门。由于城中心是皇宫禁地，东西不能直通，我只能往北或往南绕一个弯返回住所。皇室禁地由正门后北面约 400 码开始，跨度整整有 1.75 英里。行进期间，我经常停下来作笔记。这时每每聚集一群人，渴望着看我在写什么。就我所感觉到的而言，他们并无骚扰或取笑之意。

4 月 4 日

中午前得到正式通知，皇帝今天离开热河回宫，需要在路上 8 天才能返抵北京。下午 1 点钟，恒祺和崇纶来使馆通知我们，恭亲王无法照原定安排的时间于 2 时来访，因为总理衙门有事而须改到 3 时以后。据云恭亲王要同部属商量如何回复一道前天晚上收到的上谕有关。这个上谕恒祺给了我们一份，以下是威妥玛的翻译：

咸丰十一年二月二十二日（4 月 1 日），内阁敬奉上谕如下：

朕于一月曾发谕示，拟于二月十三日回宫。然朕因感染微恙，回銮日期须改为本月廿五日（即 4 月 6 日）。朕近旬体力已有所恢复，然为心安计，仍遵医嘱治疗。众王公大臣因朕体仍未痊愈，恳请朕暂缓回宫日期。其情恳切，朕毋弗其意。现将回銮日期延至秋后，届时朕将另发谕示。

下午 3 时，恭亲王乘坐他的肩舆抵达使馆。他的肩舆一直被抬到特别为了接待他而设的房间的前面。普鲁斯公使在此迎迓恭亲王，并亲自引领他进入使馆内。恭亲王面色凝重，不若两天前我们拜访他时那样从容。他对于不能如时前来表示歉意，并解释这与皇帝未能依期回宫都有关。他说此事令他颇为不安。喝过茶，他的一个随从（大约是一个下级官员）立即给他递上一个已点了火的烟筒。他连吸了数口，然后把烟筒交回随从。之后主人呈上香槟，亲王对此只是浅尝了一点，好像有戒心的样子。看情况他是对的，因为他刚从法国使馆过来，而那里可能也以香槟奉客。而据说，香槟和咖啡是亲王的爱物。

恭亲王环顾房中的设备，对一些他觉得陌生的家具指点了一下。地毯尤其引起他的注意。他漫不经意地说，北方人对石板地不像南方人这样抗拒，因为北方的潮湿和南方的完全不同，而且没有害处。

大约逗留了半个小时后，恭亲王便告退了。他的随从人员，约有三十之众。恒祺和崇纶也来作陪，并参加了这次会面。他们两人乘坐围了布幔的车而来，像文祥昨天所乘的一样。

下午我再去哈德门，目的是继续我昨天开始的对城墙的考察。墙底部的厚度是 88 英尺（城门在这里通过），而它前面的圆形工事则厚 62 英尺。从此门到内城东南角的城墙可以简单地描述为一个有 4 个大型工事的系列，每个大型工事之间有较小型的堡垒群隔在当中——较远的两边各有 5 个堡垒，处在中间的有 6 个堡垒。在东南角有一个炮楼，其形制像那些在城门前工事上方的炮楼一样。但它的特别之处是凸角形的，一面望向南，一面望向东，因而保存了这面墙最引人注意的特色[①]。

返回使馆的时候，我沿着城市旁边的水沟而行。这时，有一个小童以嘲骂的态度对着我高呼"鬼子"。此时刚巧有一个看来斯文的人经过，他立即纠正小童的粗野行为，让他停止叫嚣。也许

---

① 我后来在另一个时间量度内城南墙的台顶面积。在外垛墙和内垛墙之间，长度是 44 英尺。外垛墙高 6 英尺，厚 2.5 英尺。炮孔宽 1.5 英尺，深 3 英尺。这使墙的台顶总厚度为 52 英尺，并向台基部分逐步增阔。

我还应在这里提一下，这天下午当文翰和艾德坚两位先生在安定门附近策马漫步的时候，有人向文翰掷石，其中一块掷中了他的头部。他侥幸没有受伤，因为石块只擦过他的帽缘。石块是由一个小童掷出的。他们追逐这个小童，结果逮住了他，并用手杖给了他一顿教训。

今天发生了一件有趣的事，可以反映北京人对外国人的另类尊敬。普鲁斯先生有一条长毛垂耳洋犬，名叫查利。这是一条老狗，很喜欢跟着克拉尔先生，并时常走进他的房间去。今早，克拉尔的中国仆人费尽口舌向他报告某人的行为，结果花了半天克拉尔才弄清楚仆人所指的某人原来是查利，因为这位仆人老是说"查大老爷"。事实上查利已开始在北京的街道上越来越被人们所认识，人们称它为"洋毛狗"。

我今天证实了从淳亲王府所在的街道上正中流过的运河是高梁河，是把谷物送到皇宫去的运河。[①] 这条河通过皇城的城墙直达皇宫。它和闸河相连，而闸河则在通州和白河汇合。高梁河像大水渠一样，在南城墙下进出北京城。

4 月 5 日

今天天气晴朗清爽，我利用这大好的天气出外散步。我沿着和皇宫南城墙平行的一条街道而行，直到市东部主要大街的交会处。这里我转进大街，最后到了一个地方，那里的商铺全都是售卖马具的。我见到各种各样的马鞍和缰绳在这里陈列出售。经过几座大型的殡仪馆，也见到一些枪店，在那里我看到了火绳枪的制作过程。当我来到的时候，工人正在处理枪膛部分。他们正把

---

① 作者记叙有误，此处应该是御河。——译注

枪膛磨滑和定型，其方法是把一个手动的钻伸入枪膛内部大力地摩擦。

这条街往北约两英里，便和另一条街道相交，从这里可以去到城市东部的南城门。走到这道城门的时候，我见到接近内城门的一座建筑物搭了棚架正在装修，这应该和皇帝回銮有关——如果皇帝照原定计划回京，他大概会走这道城门。这道城门和它的防卫设计与上文描述过的南城门相同。

在一条大街上面有露台的圆的空地上，我见到一群成年人在玩踢毽游戏。毽子是一块半便士大的金属，用皮布裹着，并插上一些羽毛使它在空中飞动时能够稳定。玩时，人们用脚把它互相传交，你来我往。他们技巧高超，身形灵活，毽子很少跌落地面。

4 月 6 日

下午，我骑马到内城的西面，所走的路线是接近南城墙并和这个城墙平行的一条窄巷。一大群人走出来看我，很明显这个区域并未习惯洋人的出现。当我去到旧葡萄牙教堂后面附近的街道时，一颗大石块从后面打到我的身上。但是谁袭击我，我却看不清楚。由小巷走出大街后（这条街南北走向），我沿大街而行直到我昨天去到的交会处。这条路一直引我到城西的南城门，名叫平则门 ① 。这里我被一群人——主要是小童——包围着，令我感到十分懊恼。他们高叫"喂咯鬼子"，如此等等。想到退缩避开并不明智，我勒停马儿，面对他们。另一方面，我向一些看起来比较有礼的过路人作手势，请他们制止儿童的喧哗。这些路人立即作出有效的行动，使场面平静下来。于是我毫发无损地走过城门。

---

① 即今阜成门。——译注

我现在是在城西的外面。城门与我所见过的并无不同——除了它外围的水沟蓄了很多水之外。水沟的另一边，一直向北延展，是一大片郊野之地。我往北再走 1.25 英里便到了城市的北城门，称西直门。在这两道城门之间我经过了 6 道小型的四方形堡垒，其建筑情况和南城门的相同。我接着策马到城墙的西北角，见到它由一个凸出的城堡护卫着，其情况和我昨天在东南角所看到的一样。

转了这个弯，我选择了一条沿北面城墙而行的路线。这条路线在墙和水沟之间，路面相当宽阔。在城市北面的西北角和西城门（东直门）之间，城墙略微向外弯曲，而这是整个城墙唯一不规则的地方。其所以如此，原因可能是建城者要迁就墙后面的一条小河，并把它归并为护城河的一部分。城墙这里的外面，没有郊野。我本来打算从东直门返回使馆，但接近东直门的时候，我发觉我是在河沟的另一边，无法通往东直门，因为前路被一条在城墙下流过的大水沟所拦阻，我于是唯有原路折返从西直门——两道西城门较北的那一道——进城。在这里我追上了威妥玛先生，并和他一起返回使馆，走的路线是那座人工堆造的山的北面。

当我们慢慢地在街上蹀步的时候，一个站在门口架着眼镜的老人呼唤屋里的人出来看"洋鬼子"。威妥玛闻声后策马到他的面前，更正他不礼貌的叫法，并说我们是人，正常的人，不是鬼。老人否认他曾这样说，而围拢的人都同意这是一个不好听的名词。我相信这位老人知道这个名称是会开罪人的之后，大概以后再不会这样称呼我们了。当我们经过总理衙门附近的一些房屋时，突然有一些钱币撒向我们。这些钱币体积有半便士大，但不是流通的货币。它们发行时正值铜金属缺少的时候，而其发行也引起人们极大的不满，因此从来没有流通过。

吉布森先生是造诣很高的中文专家。他昨天在市区乘马的时候，一个小孩向他高叫"喂咯！"（Wei-lo），他截停小孩，向他解释 Wei-lo 不是英文，同时这也不是对人礼貌和恰当的称呼。他告诉这个小孩以后还是说回中国语，即使有所误会，也比用一些他不明白意思的外国语好。当吉布森这样跟小童解释的时候，又有一群人围上来。他们都表示同意吉布森的看法，并劝这个小孩以后还是用本国语文。"Wei-lo"是中文"Hugh-lo（去咯）"的讹误，源自第一次鸦片战争时对士兵的用语。由于中国人听得外国人最常说的便是这话，便把这跟英国人认同起来。"去咯"这话在华北念成 Chu-lo，而在华南，Li-lo（黎咯）意思是"来了"，因此这个南北混杂的讹误，使 Wei-lo 成为洋泾浜英语中"去"的意思。"He make-ee wei-lo"就是说"他已经去了"。

4 月 7 日

今天去参观一些大型古董店。这些商店集中在过了午门前面的桥不远处的市区右手边的一条横街上。这里的瓷器、景泰蓝和玉器令我叹为观止，比我在天津所见到的优胜多了。这些古董店中有一间颇为特别，它专卖枪支武器，包括欧洲造的已过时的剑、手枪和猎枪，其中有些已颇有历史。可是我在它们中间发现一支曲尺手枪，很可能是 1859 年大沽战役的遗物。在这些古董店的一个后铺中，我见到一个红木盒，装着伦敦阿诺特厂（Arnold，London）出品的一个望远镜。所有古董店都有一个院子，从院子可以进到后铺，那里收藏着价值较高的货物。这些院子都有严密的防盗设备，前面有一个很高的围栏，围栏不是用坚实的木材做，便是用铁丝网，上面挂了许多响铃，当有人碰到时，便会发出声响。景泰蓝器物相当可观，有花瓶、盒子、烛台、香炉、杯、水瓶、水盆、盥器，等等。

所有这些物品都有铜制的。这些商铺也收存有大量的贵重物品，例如玉石、水晶、玛瑙等饰物，叫价十分高昂。

4 月 8 日

昨天晚上大约 10 时，我们被许多叫声、锣声、鼓声和打竹简的声音所惊扰，好像这个城市到了大祸临头的样子。一小时之后，这些声音被密集的炮火声所代替，一直持续了好一段时间。今天早上 11 时，炮火声再次响起，大炮的轰隆声接连不断地发出。探问之下，原来是民兵在午门附近演习。这队民兵（北京民团）据说是由一个富有的绅士叫薛师培（Chout-soo-pay）最近才组成的，由于他对京城防卫的贡献，最近朝廷还给了他一个都督的称号。正是因为这位绅士，我们最近好几个晚上都不得安眠。当然，也不能把账全算在他的头上，因为胜保所领导的正规军近日也在城的西南角进行午夜操练。

中午前我在城市散步的时候，见到一群为数约 400 匹的小马在蒙古族人的驱赶下，走过市区，有如赶羊一样。我能够辨认出蒙古族人，他们阔面，五官晒得鬈黑，并戴着毛边帽子。我们一眼便可看出他们和汉族人、满族人的区别。在马群行进的时候，其中一匹突然脱队走出，奔上一条支路，并碰翻了一个售卖水果、食品的摊档。档主是一个老人，他立即抓着一只马儿的缰绳，把绳缠在手里。这匹马上坐着一个蒙古族人，老人要他赔偿损失，不然不准离开。蒙古族人看来明白他被扣留的原因，但却不懂汉语，听不明白老人的话。可是他倒也镇定，拿出烟杆，点了火，在马上吸起来，似乎听其自然。他的同伴已经走在前头，他也没有要挣脱老人束缚的意思。我没有看完整件事便先走了。

下午我策马到城市东部大街北面的尽头，目的地是安定门。

安定门是北面两道城门中较东的一道，也是在战事中联军驻守之地。可是到了街道尽头的时候，我发觉它不能通往安定门，而是要转过西边一点，经过离北城墙不远的一条窄巷，才能到达。当我在这条窄巷行进时，一个老妇举起一个手指向着我。我起先以为她在责骂我，后来发觉她原来是要吸引我的注意。接着，她做出手势表示痛苦，并指指她的心脏部分。至于她的苦是精神的还是肉体的，我却难以下定论。我给了她一些碎钱，她很清楚地表示感谢。这在中国人中并不多见。无论他们的感觉怎么样，中国人并不是一个收到恩惠后便清楚表达谢意的民族。

没多久我便到了安定门。出了城门，发觉出口是在它前面的防卫工事的东面。在工事中间的空地上，我见到好些圆形的记号。这是占领这个城门的联军在营寨周围所挖掘的战壕的印记。安定门的外表，和我记述过的其他城门一样。城门外面是郊野，至于它前面的护城河则已干涸。

我接着从安定门骑马到东直门，这是我本月 6 日想去而未能去成的地方。我发觉这是安定门在另一面的对照。城门外面有许多旧的马具出售，而附近的一棵树上挂了两个四方的木笼子，每个装着一个人头。这是罪犯被行刑后的遗留物。流过城墙西北角的河水在这里突然中止。返回使馆的路程中，我曾尝试从东直门进城，但我发觉城市西面的大路并不是我以为的直接去到这个城门，而是在它前面不远处的一些横街窄巷停止，像东面的那条对应的街道一样。

4 月 9 日

昨天晚上我们的好梦完全被锣声、竹简声、人声，等等，及随之而来的持续的枪声所打碎。薛师培都督又给他的民团进行训练。

他似乎是一个极度希望有所作为和精力十足的军官，一如我们的埃尔乔勋爵（Lord Elcho）或简尼拉勋爵（Lord Ranelagh）一样。

文翰、艾德坚两位先生和我骑马到城市东面的南城门去，目的是去看一看几天前新建起来的一个营寨。这个营寨的建立，和皇帝的回京有关。出了城门，我们从一道构造得很好的石桥过了一条流水淙淙的小河，然后到了一个颇为热闹的郊区。这里有一条铺了石板的堤道，并有一些很整齐美观的商店。这条石板路一直延至通州。1817年阿美士德勋爵和他的使团便是从这里走到北京的城门口，并由此转到北面的圆明园的。他的目的是和皇帝见面，但最后无功而返。

日坛的位置，刚好在这个城门的外面、堤道以南。它周围有宽阔的空地，外有高墙隔开，要走进这片空地得经过一条两边有墙遮蔽的长甬道。我们在城门外面两英里处找到了这个营寨，但渺无人迹，因为既然皇帝暂不回宫，士兵已于前一天撤走了。

回程的时候，我们特别绕城市的北面走，看看我们在地坛墙壁上所凿开的安放加农炮的孔眼。在战斗中我们用它爆开安定门的城墙。在加农炮位置和城墙间距离一半的地方，法军安放野战炮的堡垒仍在。在城市的东北角，设有防弹的凸角堡，这和城市的其他角落是一样的。在我们横越市区的时候，碰见一队运载车辆，每辆车上都插有一面小黄旗，上书"御用"两个黑字。很明显，这些载货车辆的目的地是热河。

4 月 10 日

中午前我和普鲁斯先生离开使馆的时候，一个穿着很整齐的男子和一个小孩正站在使馆的门前。他见到我们，向我们走来，并在胸前画十字，表示他们是基督徒。这在我们之间立即产生一种亲切感。这种情况并不鲜见。他们许多时候也说"法兰西"语，以显示他们所属的教派。穆斯林教徒有时也向我们画法号，以示在信仰上他们和我们是有关系的。

4 月 11 日

和文翰、艾德坚两位先生以及高中尉一起参观喇嘛庙。它的位置是在一个面积很大且宽阔的演兵场的对面，近着安定门面对的郊野。喇嘛庙规模庞大，外形美观，坐落在高墙之内、绿荫之中。它分成许多部分，前后相连，每一部分由各个从南到北的院子组成。喇嘛庙的组织形式和修道院相似。庙内有 104 个喇嘛，由一个大喇嘛领导。他们全都是蒙古族人，穿黄袍，戴黄帽，帽边翻起，露出皮毛。帽顶是一粒红色的丝质圆纽，和恭亲王所戴的一样。

我们进入的第一个庙宇富丽堂皇，有美丽的雕塑、绘画和箔金装饰。有 3 个神像，每个神像前面都有一个祭台，祭台中心是一个香炉。香炉两边各有一个插了金花的花瓶，最远处则是烛台。3 个神像左手食指都搭有一条白色的巾。而 3 个神坛的旁边有两个较小的神坛，坛后都有神像。殿内的两边门廊下，是 4 个神像，均以莲叶装饰。这里还放了些钟鼓之类的器物。这个佛殿处在院子的中央，两旁的进口处各有一座小佛塔，塔旁是树丛，而佛塔之后便是其他建筑。喇嘛庙前有一段大理石的梯级，外围有精美的木刻，图案大都是团龙。庙外的屋檐有网覆盖着，大概是用以赶走雀鸟。主殿的屋顶被髹上黄色，其他的则是鲜绿色，庙的围墙是红色，墙上有白檐和绿瓦。正殿的屋顶有金色的铃状装饰物。庙的后面有 3 组建筑，构成一个四方形的三边。

离开这个院子之后，我们还经过了好几个像这样的地方，其中的寺庙和我刚才所描述的十分相似，因此无须再费口舌重复。最后我们去到这组喇嘛宫殿的最西部分，亦即万福阁的所在。万福阁的下层部分，鸦片战争时军事火车团（Military Train）的战马曾停厩于此，当时大军正进迫北京城。阁的上层有一长形的房间，其天花板的油彩十分美丽。这里有 5 个神坛，大概是从其他地方迁移过来的遗物。每个神坛后面有 3 块大的黑色大理石，即总共有 15 块，上面刻了蒙古文。在这些神坛上面，有些不雅的组像①。这个殿阁外人是不准进入的，与喇嘛庙有关的僧人除外。这些神坛的主体，在联军退出北京之前，被一个军官下令砸烂了。这个行动是否需要或者明智，值得怀疑。较为合理的做法，应该是把寺庙锁起来。军人这种粗暴的打砸和破坏偶像的行为，和我们来北京的目的并不一致。

在万福阁前面有一块很精美的大理石碑，是纪念一位大喇嘛的。此碑大概 40 英尺高，形状像一个巨大的瓶，瓶的每一个角都有一个佛塔。瓶的底部是一个莲花座。大理石碑安在一个两层的平台上，下层的平台由黄色的和绿色的琉璃砖铺成，黄绿相间，多彩多姿。上层平台由大理石构成，有梯级可上，梯级的建筑材料也同样是大理石。平台的底部有一个大理石的拱形牌楼，至于纪念碑前面的每一角，都有一个乌龟背着两块大石板的雕塑。

现在在中国人中间传开了一个消息，说皇帝病重，热河正派人往北京拿取给死人穿着的内衣和法衣。按说这不大可能，因为总理衙门并无提及皇帝危在旦夕的事。不过皇帝现在身体非常虚弱，并且是在军人派系的掌握中，这大概没有疑问。当权的军人

---

① 应指欢喜佛。——译注

集团包括 8 个和皇帝有血缘关系的亲王，其中两个是兄弟，较小的那一个是肃顺①，皇帝的心腹。

尼尔中校每天都核对建筑工程的支出，这已成为他的例行公事。现在，超过 500 名装修工人在使馆范围内工作。尼尔很有系统地和徐姓承建商检查每一个项目。徐用中文表达，而"小的"则把他的话翻译为洋泾浜英语。今天傍晚我从喇嘛庙回来的时候，便发觉尼尔和徐及"小的"两人在查对账目。这在目前的情况下十分困难，尤其因为一切支出都以北京货币计算，而尼尔必须把这些转为英国官员所能了解的货币单位。北京流通的货币很为独特，那里货币的名称有如巴西的里亚（reas）。现时 15000 北京钱叫"千钱"，进位到"元"。北京流通的货币有纸币和铜钱，750 铜钱等如 1 元。中国普通的钱币，例如那些在广州和天津通用的，在北京并不流行。北京 50 个铜钱是 1 吊，15 吊便是 1 元。

4 月 12 日

今早的消息是，大约距离热河 130 英里的凤凰镇（Fung-whang-chung），被区内的乱匪占领。还有一个流传的消息是，山东的苗沛霖，一个颇有才干的人，已经加入了山西省的叛乱。苗以前曾在胜保麾下领兵，颇有将才。崇纶已受命随时前往天津和伊仑堡伯爵（Count Eulenbergh）谈判签订新的条约。伊仑堡伯爵将以普鲁士特使的身份，不日抵达天津。

① 肃顺是户部尚书。他上一次在北京的时候，曾经收过俄公使伊格那提叶夫将军（General Ignatieff）在返回圣彼得堡之前的礼物———些香槟。肃顺把其中的一部分献给咸丰帝，但却忘了告诉开酒瓶所必须注意的程序。当要开酒给皇帝品尝时，内监由于没法把瓶塞弄出来，于是他把酒瓶放在火炉上烤，引致爆炸，惊动整个皇宫。幸亏爆炸所造成的后果并不严重。这个消息在北京广为流传，艾德坚先生在北京的时候（他在冬天的时候曾独自在北京居住）也有所耳闻。

我和吉布森先生一起在市内游览，并进入一些商店参观。一群市民随着我们进入店内，有些则聚集在门前，使我们感到非常讨厌。在这里，有如在天津一样，店主拿这些人没有办法，不能把他们赶走。如果他们强行这样做，这些人会到衙门告状，衙门便会乘机敲诈。店主对这些作为已经非常熟悉，因此对这些滋扰（例如市民跟着洋人进入商店）唯有哑忍，而不给予官府干涉的借口。衙门大老爷的门差，即他的领班，一般来说对大老爷很有影响力，跟随大老爷出入。据云很多时候，他也是大老爷购买官位时的贷款人。

在我们进入的店铺之中，有一家是药材店。我请吉布森先生给我问一下牛痘现在是不是流行的症状。药材店主人是个手脚利落、精明灵活的细小身材的人，鼻子上架着一副大眼镜，他并不回答我的问题，却给我展示治疗牛痘的药。这种药包括一颗油光的大药丸，蓝色的一团。药丸要吞服，然后立即喝下由麝香叶熬成的汤药。药丸用纸包起，包上写了服用方法。麝香叶也是用纸包起，然后再用另外一张纸把这两个纸包包起来，包上写下该药主治什么疾病。这个药材店装修得很有条理，几个伙计都忙于依方执药（药方数量很多）。柜台上放着约 200 包药，每包都写了主治的疾病。

4 月 13 日

普鲁斯公使第一次公事拜访恭亲王，所谈的事涉及厦门的道台，据云他的处事作风有如旧广州的官员一样。投诉他的其中一项事务，是当省总督命他张贴《北京条约》的公告时，他故意把条约剪开两份，并把后面部分放到前面，使人难以阅读。恭亲王表现得很知情达理，说他会派人查究。会见时，桂良、文祥、崇纶和恒祺等均在座。

4月14日

今早我和威妥玛先生讨论中国政府是否会继续遵守我们签订的条约。他说孔子的哲学并不要求人们遵守在武力威吓下所作出的承诺，因此如果他们认为不对，并且用这个眼光去看条约的内容的话，那么他们是否会永远遵从这些条约，是有一定的疑问的，尤其是当我们把优势军力撤退的话（我们现在在天津驻扎着相当数量的军队）。

4月15日

天气仍然很好，但是阳光却开始发挥威力了。正午前有3个受聘于使馆的中国人来看病，其中包括孔师傅。他是威妥玛的老师，是中国境内最有学问和读书最多的人之一。但是他到现在都没有取得功名，因为他对中国经书的有些地方持有特殊的看法。

下午我和文翰及艾德坚两位先生骑马越过市内的大街，并穿过天坛和先农坛中间的道路，到了南城墙的正门。从这里我们直出郊外并向南走了两英里。这是一条宽阔而且建造得很好的路。这条路引领我们直至皇帝的狩猎场的入口。狩猎场被长40英里的以砖砌成的高墙围着，内里有许多鹿，其中有些我们站在墙外的沙丘高地上也可以看到。入口的附近，挂了4个木笼子，每个笼子里都装了一个被行了刑的罪犯的人头。门原来是打开的，但看门人见到我们走近时，便立即出来关闭了。很明显，他恐怕我们进去，给他惹来麻烦。回程时，我们走另外一条路线，这条路把我们引进了一个村子。那里正值墟期，路两边都搭起帐篷，供走江湖的剧团演出。路非常挤迫，人们都尽量让出路来给我们通过。

为了方便我们，他们甚至拆下了一个路中间的帐篷。事实是，我们骑马闯进了一个不准备让马儿通过的区域。但就我们来说，这全属无心之失，因为我们以为这里有路可通。

外城的城门和城墙比内城的为差。每个城门上面只有小小的炮楼，有两排炮眼，每排七孔，像内城堡垒旁边门上面的炮楼一样。外城城门通道前的防御工事都是前面开门。门总共有十道——南面有三道小门，东面有一道大门，西面也有一道大门，另外东西两面各有一道小门，称为东便门和西便门。

4 月 16 日

我和文翰及高中尉骑马到郊外溜达，取道外城的西便门。绕过城墙的西北角，我们便到了胜保驻军之地。这个地方附近有一寺院及佛塔，胜保便是驻扎在这个寺院里，并作为他的临时司令部。士兵分别驻守在一系列的土堡壕里，而寺院中间空地竖起了一些营帐、架起一些草房。士兵们穿着蓝色镶红边的上衣，其所属的军队番号则别在胸前和背后的一块圆形牌布上。

从内城的南墙外边返回使馆时，我们见到一群少年在沙丘上游戏。墙根经常见到这些沙丘。这群少年在这里练习功夫，他们或跳高，或打滚，或翻筋斗，好像江湖卖艺人一样。

4 月 17 日

受伤的蒙古族人今天下午从天津抵达北京①。接收责任完成后我信步前往紧贴在淳亲王府北面的翰林院。这组建筑现在已弃置

---

① 在白河战斗中，有一些蒙古人受了伤被我们俘虏。这些受伤人员整个冬天都在天津接受我们的治疗。现在他们已基本痊愈，身体情况亦已恢复，我们把他们送到北京，以便由普鲁斯公使移交给中国政府，再由中国政府遣送他们回家。

不用。像中国其他的衙门一样，它由一系列的院子组成，前后毗连，每个院子包括一些办公房，其排列有如一个四方形的三边。我也和艾德坚去看视那些官府重地。见到唯一仍然有些生气的，是刑部。它门外锁着铁链，铁链好像给人摇动过许多次。其他我们见到的衙署包括兵部、工部、户部、礼部、鸿胪寺、钦天监、太医院和宗人府等。

使馆最近曾发生敲诈事件。事情是这样的：普鲁斯先生近来请了一位叫龚孝拱的北京人做语言教师。近几天，普鲁斯让龚跟他出入，以便学些对他有用的中文字。这位龚先生利用这个机会，把自己装成是淳亲王府有影响的人物，并以此向工人讹诈。做木工人最先反抗，他们今天作出投诉。普鲁斯先生知道后，向龚先生提出警告。我想勒索的事可能会告一段落了，尤其是工人了解龚先生并没有得到上头的支持后，他的任何需索，都将会立即被举报。

下午，贺布海军上将（Admiral Hope）、斯塔佛利准将（Bragadier Staveley）和哥伯特上尉（Captain Corbett）率领皇家海军，随巴夏礼领事（Consul Parkes）从天津抵京。贺布上将和巴夏礼领事曾巡视扬子江，直至离江口 600 里的汉口。这个旅程十分有趣，可是他们带回的心情是不愉快的，因为他们看到了太平军所造成的破坏，导致四周一片苍凉。他们共同的看法是，这样的局面对交战双方都无好处，尤以太平军为然。巴夏礼领事告诉我，太平天国抄袭了帝国主义最恶劣的部分，"在楼梯底下过高等生活"。他们装腔作势，穷奢极侈，放肆无礼，褒渎神灵，荒淫无道。罗孝全牧师（Reverend Isachar Roberts），一位美国教士，正在南京，他穿起黄色的教袍，到处招摇。天王洪秀全把他收为侍臣。他之所以被洪秀全接纳，是因为他们是旧相识，洪秀全对他还有一点情义，但他对洪秀全是完全没有影响的。洪秀全最后一次接见他时，要他下跪，使他十分不满。这个疯子天王（他确实是个疯子），只接受女性的服侍，男性不准近身。多妻制是南京天朝盛行的制度。以下是天王最近发布的诏书（诏书以诗歌体写成），其内容可反映其人之狂妄，已到极点：

　　以下告示特晓谕天朝各王及大臣、六院主事、中华内外以至世界各地洋人，俾众所周知：

　　上天下地，天父无处不在。天父用万能之手，于六天内创造万物。上帝及基督现在世间。天父主宰万物，命我为天国臣儿。天国无远弗届，无瑕无损。敬畏上帝可上天堂。世界一体，家室一体，同为一体。

　　我们以前颁布了三个戒令，今再颁三个。天父工作六天，现在给你六个戒令。第一，彼此尊崇天恩天爱；第二，敬天重责；第三，崇敬上天，勿助洋人；第四，虽然暂居世上，不可作有害侵占；第五，不得晚上私自乘船出游；第六，遵守有关违禁物品命令。

　　除以前所颁布的真实戒令外，现在再加六条，总共九条。

　　谨记切勿背弃天父、基督、本王及天子。天父、基督、本王及天子慈光照耀全世界，万国一体，保佑万世万代永得安宁。此诏书昭告各地，远达西洋，仰各所知照。

　　天父天兄天王　　太平天国十一年一月廿七日（即1861年3月7日）

第四章　西山览胜

4月20日

今天一早恒祺便来拜访巴夏礼领事。中英发生摩擦时，他们在广州和北京曾有很紧密的接触。今天稍后威妥玛先生也到总理衙门拜会恭亲王，目的是安排贺布海军上将和恭亲王会面。恭亲王第一个问题是："他是不是要留在北京？"当知道不是之后，他似乎松了一口气。这次会面只是一次礼节性的拜访，时间定在明天下午1时。

以下的消息，见之于近期的官报：

江苏省学政请奏回京，理由是当地的战乱已令科举考试难以如常进行。皇帝认为该官在当地还有许多事情可做，并说如果所有学政都因为所管地区有战乱而请求回京的话，那做官便太容易了。因此他断然驳回了这个奏折。在一份文告中，皇帝着各省总督和负责官员在任命新职或推荐下属升职时，要加倍小心和利用个人判断，因为在现时各省都有叛乱和人心不安的情况下，只有真正的能者才能恪尽其职。直隶总督奏说有官员没有交纳所需军饷，他吁请皇上只奖赏那些尽责的官员。山东代总督清盛奏请更换一部分官员，因为他们不称职。皇帝准请所奏。礼部上奏请示当藩国朝鲜太子来北京时，是否按安南太子的前例（该太子于乾

⊙ 北京俄国公墓中囚犯的墓地。乔治·休·温德姆绘制

隆五十五年及嘉庆八年两度来华）准其前往热河参见皇上。苏州人李鸿藻被任命为皇太子的师傅。皇太子现年 7 岁，现在是应该读书识字的时候了。上海胡道台的儿子被荐升级，一方面因为他的超卓表现，另一方面也因为他父亲为朝廷立了殊功。胡道台去年遣派军队，装备洋枪洋炮，守卫上海，抗拒太平军的来犯。在此役中（1860 年 8 月），其儿子有份参与战事，并表现英勇。

下午我和斯塔佛利准将乘马前往查探胜保的军营，并视察他的堑壕。这些堑壕总共有 12 个。他们在堑壕保护墙的洞孔中，塞进了一些巨大的长筒枪，因而可以给开炮的士兵以完全的保护。我们见到一群士兵持着长矛在空地上操练。两个军官骑马在前面领队，后面一个军官压阵。后面这个军官见到我们，向我们拍马而来，给了我们一个友善的敬礼，同时以手势表示他是一个穆斯林教徒，即是和我们有宗教联系的人。这种事情我在中国已遇过多次，前文亦有提过了。这个团的士兵的纪律似乎颇为松弛，因为当他们在我们面前操过的时候，有几个居然向我们作"请请"状。而当他们注意到了后面的军官在和洋人谈话的时候，全团人竟然停了下来，有些还离开队伍走过来听我们说话。

4 月 21 日

斯塔佛利准将、哥伯特上尉、文翰和我前往俄国墓园。这个墓园位于安定门的西北面，和我们于本月 11 日参观过的喇嘛庙相去不远。在墓园之内有 5 个坟墓，分在不同位置，成掎角之势。坟墓用三合土建筑，髹了蓝色。这里下葬了安德森中尉（Lieutenant Anderson）、菲普斯二等兵（Private Phipps）、诺曼先生（Mr. Norman）、布尔比先生（Mr.Bowlby）和少校军官汤姆森医生（Surgeon-Major Dr. Thompson）①。一块白色的大理石纪念碑被置在坟头上，刻文如下：

庄严纪念布拉巴桑上尉（Captain Brabazon），皇家炮兵团；安德森中尉，费恩马兵团（Fane's Horse）；菲普斯二等兵，第一龙骑兵卫队（1st Dragoon Guards）；诺曼先生，英使馆参赞；布尔比先生；及8名锡克士兵。1860年9月18日，他们在休战旗帜下，被中方阴谋掳捕，并在囚禁中受到不人道的对待而失去生命。

纪念碑的内容，其遣词造句目的是要让人们对中国怀抱永远的敌意。我对此有所保留，何况我们现在和中国政府保持一种和平的关系，并希望这个关系能够维持下去呢。

俄使馆聘请了一些中国工人照顾这个墓园。当哥伯特上尉和文翰在为墓穴作素描的时候，我和斯塔佛利准将走进墓园进口旁边的一间屋子坐下。这是中国工人的住所。我们见到屋内有4名妇女，其中两个颇老迈，另外两个则较年轻。她们全都在吸烟，所用的吸烟器具是一个小型的有长木造烟杆的金属烟筒。她们把两支烟筒重新装上烟，递给我们尝试。斯塔佛利接过烟筒，吸了几下，发觉烟味十分香醇温和。我们见到墙上挂了一幅基督画像，便走过去看看是什么。此时一个妇人立即从怀内掏出一串附有一个十字架的念珠。她很虔诚地指指这个十字架。这个时候我们的聚会突然地被中止了，因为我们拴在屋外的马竟然摆脱了缰绳，

---

① 汤姆森医生因写了一本关于新西兰的书而为人所知。他的过世颇为突然，就在军队撤出北京的前几天他去世了。

向路过的一头蒙古马袭击。我们花了好大的气力，才把鬃毛和尾巴都竖起的马制服，以免它们继续冲击那匹蒙古马。

天气非常炎热和窒闷。我们策马到喇嘛庙，匆匆望了一眼，便转回家。在路上我们见到一群士兵在操练，他们在练习用火绳枪射击在城墙外工事上的标靶。

淳亲王府的一部分将改建为使馆职员的宿舍。这个工程进展得十分快速，已接近完成。我们把这部分称为使馆大院。现在要研究的，是建筑物前方要按照中国形式装修的问题，而一些油漆商也已递交了工程预算。以下是其中的一份标书，由吉布森翻译为英语：

大屋五个房间南面和西面油漆及上光工程估价（东面及北面不包括在内）

南面六条大柱刮除旧油至木底，抹油；扫五层石灰水，及油一层大麻料、砖粉、生桐油；上油脂，油一层广油（即熟桐油）；最后油一层朱砂油完工。内柱四边刮净，抹油，修理（破坏部分），再油一层广油。

五个房间内所有窗台、门框、门边及原有木工（天花除外）刮净，抹油，修理，再扫石灰水、油漆。先油一层广油，再加一层朱砂油。屋檐，包括柱顶、支柱、内部支柱、小支柱、屋檐横梁，箔金。

西面，上层木工，刮净，抹油，扫石灰水，油蓝色及绿色，如前；饰以金边及"大滴"（主柱箔金）；屋内檐板上、下两面，工程如前。屋檐下白色柱外面及西面瓦片，刮净，抹油，油绿色。屋檐上层横梁冲洗，油漆，以广油涂光，再油一层朱砂油。屋椽凸出部分油蓝色及金色，饰以龙目及珍珠图案。上层椽（屋瓦下面）油绿色及白色，金边，浮饰，抹清油。屋瓦边冲洗，油朱砂油。西面屋椽上面支柱，刮净，冲洗，涂广油，再油一层朱砂油。

全部工程共银一千零五十元，墨西哥币。

这份报价单是由崇纶介绍的一个专接政府工程的承建商报来的，毫无疑问索价的幅度已包括相当一部分的回佣，因为另一份由一个姓朱的油漆工程商同一时间报来的单，同样的工程，他们只开价 750 墨西哥元而已。

4 月 22 日

今早哥伯特上尉在巴夏礼领事的陪同下，前往午门为该建筑作素描。当他集中精神作画时，一群当地人自然而然又聚集在他的周围。虽然如此，这群人都小心翼翼，生怕影响他的工作。他们很有兴趣地观看着，其中有两个穿着比较斯文的人从人丛中挤上来。当他们见到哥伯特的画作时，都连说："十分好。"这是一个表示最高等级的词语，意思是"十倍第一"。哥伯特回到使馆后，向我们展露很高兴的神情，并对这群人的艺术品味和修养感到惊奇。他把他的画作向人群展示。这群人都显示出很强的好奇心，都要看看所画的内容。另一方面，他们也很小心，没有用手去触摸图画，以免弄脏。哥伯特也给他们看了一幅他昨天在皇城内、距离皇宫不远的一座喇嘛庙的素描。群众一下子便察认出来，并对画作如此逼真赞赏不已。

贺布海军上将今天如时前往拜访恭亲王。斯塔佛利准将一起前往，威妥玛先生陪同作翻译，哥伯特上尉和我也在座。此外还有卡内中尉（Lieutenant Carnac），他属于费恩马兵团，受命率领一队印度骑兵从天津护送贺布来京。会见的接待仪式和上两次英、法公使来拜访恭亲王一样，中方出席的官员也相同。他们现在是换了夏季服饰，那是浅黄褐色的丝绸衣服，手上都握着打开的扇。这些折扇，不用的时候，都装在很别致的绣花袋子里，吊在腰带下。他们腰带的左右两边，一边吊了鼻烟壶和计时器，另一边则吊了筷子盒、钱袋和钥匙袋——还有眼镜盒，如果需要戴眼镜的话。从这个安排我们可以看到中西文化不同的又一个例子——我们把随身携带的物品放在衣服的口袋里，他们则放在吊袋里，挂在外面。

会见时所谈的，完全是闲聊和互相恭维的话语，唯一可记的是恭亲王对贺布海军上将的外表很像陆上的士兵表示惊奇。很明显恭亲王对英国海军士兵的外形有先入为主的观念，而这一点贺布上将没有觉察到[①]。贺布上将和斯塔佛利准将将于明天返回天津。

4 月 23 日

今天大清早雷诺太太便到市区内的市场买菜，像她在英国时的习惯一样，"小的"陪她同往。但她的外表吸引了太多人的注意，结果她被一大群人包围起来。"小的"很乖巧地立即雇了一部有帐篷的马车，把她严密地送回使馆。

淳亲王府附近有一旁门可以进入皇宫。今天傍晚我散步时走向这道门，皇宫的守卫马上出来，向我表明不可以入内。当知道

---

①　俄国驻北京使馆的一位官员，在日记中叙记了 1858 年联军在天津时发生的事情。这本日记最近在圣彼得堡出版。在该日记中，作者说中国人对英国人的看法，是英人在水面上很强，有如海怪，他们的脚掌像鸭掌一样，脚趾相连，因此在岸上并不可怕。中国官员相信，英国水兵在陆地上行走时，其步姿像企鹅一样。

⊙ 带遮阳篷的马车

我只是想望一望里面之后，他把我带到中门的一个间隔，从这里我可以很清楚地看到皇宫的正门。正门的位置是在午门附近开始的一条有墙的甬道的尽头。皇宫前是一道大理石的桥，桥的两边各有两条高耸的大理石四方柱，柱顶是一个狮子座。正如我以前说过的，没有人可以进入这道门。要到皇宫西面的入口（即相应于我所在的东面入口），必须要绕一个约一英里长的弯儿。在我往西面入口走的时候，阳光相当猛烈，那些有篷的马车都在车把上架起了帐篷，保护车夫和马儿免遭日晒之苦。这些帐篷是一块蓝色的印花布，钉在一个木框上，然后由车把上的木条撑起。我也见到一部没有轮子的车，前后都是木杆，由两匹马拉动。对于不适宜车辆行走的路面来说，这种滑行方式似乎十分聪明。

4 月 24 日

普鲁斯公使今天上午递给恭亲王一个照会，是关于本月 17 日从天津抵达北京的中国伤兵的处理问题的。在照会中他说明这些伤兵除了最近几天之外，一直都在我们的军医院接受疗伤。现在他们的伤势已经痊愈，都表示希望回乡。他们要求普鲁斯公使通知亲王他们失踪的真实情况，以免引出误会。

我今天和吉布森先生到这些人居住的地方探望他们（他们现都暂留在使馆内），并为他们核实情况，如下：

（1）清胜（Ching-sheng）。他是驻热河的旗兵，在上年 9 月 21 日的八里桥战事中左肩、右腿和右脚受伤。年龄 35 岁，有一妻及俩儿女，与父母同住于热河。父亲是旗兵。旗人的风俗是武士的男丁从小学习射箭，至技艺成熟有需要时入伍成为战士。他从 19 岁开始便在热河旗营中生活，但只是在最近才参加战役。他最先是在僧格林沁麾下被派往河南打叛军，此事发生在我们于

⊙ 一群受伤的囚犯

1859 年 6 月大沽战败前不久。此后，由于中外战争似不可免，他所属的部队奉命北上热河，布防于大沽炮台后的营地。威妥玛昨天告诉我，此人北京话说得很好，也懂文墨，威妥玛曾建议他留在北京，替使馆工作。但他回说，他自己很乐意服务使馆，但他有妻儿在热河，而他父母同他们住在一起，他要就近服侍父母，这点比个人的意向更加重要。他说这是为人子者的责任，他没有办法。

（2）拖连（Toor-lin）。察哈尔蒙古族士兵。他在张家湾战役中右腿受伤。年龄 21 岁。职业方面，原是小农，家有不多的田地和牛羊。蒙古族仍然奉行封建制度，在这个制度下，他被征召入伍，跟随族长参加战事。此人于战事完毕 5 天后被莫利松先生（Mr.Morrison）发现。在发现之前，他暴露在山头野岭中，缺水缺粮，只吃了一个苹果。

（3）樊先济（Fan-tsin-tsai）。陕西省汉族士兵。在八里桥战役中背部及右腿受伤。年龄 35 岁，当兵 17 年。他在政府抽壮丁时被征召入伍，之前在家务农，全家都是农民。家里有妻儿。像其他人一样，他很想回家。

（4）马育卢（Ma-yuh-loo）。汉族人，籍贯天津南排（Nang-Pai）。原职业是小贩。在八里桥战役中，因在村中不及撤退，被锡克士兵刺伤头部，情况严重。他在蒙古族人拖连重病期间全程予以照顾，由于拖连腿部永久伤残，以及要走 300 里路才能回到家乡，马打算陪他回家，然后才返自己家乡。马已丧妻，没有儿女，因此他在老家已没有什么亲人。使馆人员告诉他，如果他从蒙古地区回来后愿意在使馆工作的话，使馆会聘用他。人们叫他做"八里桥老小贩"。自从康复后，他表现得十分用心照顾他受伤的同胞。

查明了所有伤愈的人后，吉布森先生前往探访一个住在安定门附近的人家。这家的主人是个中国武官，曾在联军占领该区时得到吉布森的帮助。这个武官的家宅是我们征用给士兵使用的房屋之一，可是在他的所有家人都离开之后，独独他的母亲坚持不走。于是他跑到吉布森跟前（吉布森当时是军队的翻译官）请求援助。他希望军人不要骚扰他的母亲。吉布森把这件事通知掌管安定门军务的律劳卑爵士（Sir Robert Napier）。律劳卑不仅接受这位武官的请求，而且派出一个警卫守护这个屋子，使这位老妇人不致受到四出搜掠的士兵的伤害。因为这个特殊关照，当军队撤走时，老妇人全家都表示十分感激。老妇人更坚持一定要见律劳卑将军，当面向他致谢。吉布森来到这家的时候，他立即被认出，并受到这家人——老妇人及3个已结婚的儿子——十分热情的招待。他们的年轻的媳妇也抱了孩子来会客，并重复他们已说过多次的感谢的话。他们不让吉布森走，坚持要他吃些糖果和饮绍兴酒（一种米酒，冬天时通常温暖才饮）。

4 月 25 日

这几天我都留意到了一个穿着破烂的男孩站在使馆门口。他没有乞钱，但却似乎很想做些事以赚点零钱。当使馆有人出来要到市区去时，他便跟随在后。若这人买了东西，他便上前替这人拿回使馆家中，希望得些赏钱。今天午饭时，我发觉他破烂的上衣没有了，光着身子，样子非常颓丧。他见到我留意到他，便向我作手势表示有苦衷。我把他带到威妥玛先生处，让威妥玛问他究竟发生了什么事。原来他的上衣，虽然已经十分破烂，却被一个人趁他不觉时偷走了，他害怕回家时被父母责罚（他父母是水果小贩）。我问他上衣约值多少钱，他说是 0.15 两，这大概是英币 1 先令。我给了他上衣双倍的价钱，好使他无须担心受罚。下午的时候，我又见到他站在使馆门前，穿着一件新的上衣，并拿了一封他父母写的信给我，这封信威妥玛先生翻译如下："我等系李文祥父母，大清子民，现向阁下致敬。小儿现年 12 岁，如阁下有何可用他之处，请随时吩咐。"这件事让普鲁斯先生对中国穷人的谦诚有了很好的印象，他授权下来，如果使馆有适当的职位的话，可聘请这个小孩担当。事实上中国的穷人像富人一样，也有他们的"道理"①。

在巴夏礼和威妥玛两位先生的邀请下，我今天下午陪他们往访恒祺的私邸，因为恒祺表示希望认识西方的医术。恒祺的住宅在皇城城墙西北角的一条街上，外形华丽。我们到达的时候，恒祺亲自出迎。他引领我们经过两个院子，到了一个非常雅洁的会客间。这是一个长方形的房间，有两个开放式的屏风，其上有很精美的雕塑。这使整个会客室分成 3 个部分，正中的部分有门直通到外面的院子。这里的家具有一套官式会客座椅，包括两张有垫的椅子，置放在一个比地面略高的地台上。两椅中间有一张小茶几。左右两个间隔的陈设和正会客间一样，只是在靠墙一面多了一张乌檀木的台，台上放了一个座钟和两个美丽的花瓶。在两个窗中间另外放了一张乌檀木的小台，台的两边各有一张有垫的檀木凳。有一面的墙则布置了书柜，摆放了好几千卷的书。我留意到了其中一套书，竟有 450 卷之多，是关于本朝作家对古典文学的评论的。我们西方的书籍，是在书背印上书的名字和章册，然后据此排列；但中国的书却在书末刻印书名和章册，并把这部

---

① "道"，在英语里有"做正确的事情"或"为相同的事情建立传统先例"的意思。在中国，每件事情都有个"道理"。政府官员不愿意背离这个做事方式，是我们和他们交往的最大困难之一。

分露出来。房间的墙壁上悬挂了好些花鸟和山水画。恒祺特别向我们介绍其中的一些画，说它们已经有 250 年的历史，并说是本朝一个最著名的画家的指画（意思是用指尖和指甲画成的画），我觉得这种作画方式大胆而方便，而以所见到的画作而论，那些小鸟都画得很精工，画上微小的线条很明显是用指甲画成的。

恒祺的毛病并不严重，他只是面额上生了一个小疮。他用中国的膏药敷贴，结果弄得痒痛难当。我建议他停用这些膏药，并给了他一些简单的处理，相信他很快便会痊愈。完成了医事后，恒祺让我们坐下来享用精美的茶点。他给我们准备了餐巾和刀叉匙，以便我们可以尝试各种端出来的美食。

今天我和巴夏礼领事谈起太平军。他证实了我一个相当长期的看法，那便是太平军的人数被夸大了很多，因而造成印象，以为消灭他们很困难。事实似乎是即使对他们的军力作一个粗略估计也是不可能的。举例来说，他们从根据地出发去打一个城市，出发时的兵力是 2000 人。但一路上不断有人加入，因而当他们去到要攻打的城市时，他们的兵力可能已膨胀到 5 万人。这些新加入的游民其大部分所持的目的和太平军的完全没有关系。他们唯一的目的是去抢掠，完了之后（或知道无物可抢之后）便作鸟兽散，而他们跟随太平军的目的亦已完成。

普鲁斯公使今天通知恭亲王，由于中国政府在外事中展现出友好精神，他已经发出命令广州的英军撤出，虽然根据《北京条约》驻军日期尚未结束。在联军占领广州期间，一切都很顺利，并无意外发生。我怀疑广州人对军队的撤走是否欢迎，因为这意味着收入的大幅减少。

4 月 26 日

巴夏礼、文翰、高中尉诸位先生和我，在两个勤务兵的护卫下，今早6时半起程前往距离北京12英里的一个叫作西山的山区。我们的目的是去寻找一些适宜居住的寺院以避炎热，因为据说北京的夏天有一段时期可称酷热难当。我们穿越内城，经过鼓楼，然后由在北面的东直门出城。这里我们碰到一队旗兵操练完毕回来。他们穿着镶白边的红色上衣，武器主要是火绳枪。其中一些旗兵，相信可能是属于野战炮团，每人在肩上扛了一尊长筒炮。巴夏礼问了他们一些当兵薪饷的问题。他们说名义上是每月3两银（约21先令），但现在他们只能领到一半，不够生活所需。

绕过城的西北角之后，我们向西面进发，不久即进入令人赏心悦目的郊野之地。这里田陌纵横，每隔一小段距离便有一簇屋舍，整体来说好像一个广大的自成一体的村区。在我们最先到达、离市区不远的屋舍群中，见到有一个木笼挂在树干上，里面装了一个人头。这自然是对作奸犯科的人的警告，有如我们西方人在花园里竖起一个人像，以吓走雀鸟一样。

在这片郊区，我们接连经过了几座佛塔和回教石碑。在路的左边，我们被一个很整齐的庄园所吸引。巴夏礼认为这是一个家族的墓园。里面我们见到11个坟墓。入口处有一个木牌，写着安葬在这里的家族成员名字，有一个叫关林（译音）的，曾考取到很高的功名。此人46年前在科举考试中取得进士资格，榜上名列第116位。我想，既然能够在这里公开这个成绩，这必然是个很大的成就了。

我们离城向西走了大约4英里之后，见到一个塔。塔很高，矗立于山脚附近。这是圆明园的塔，其位置是在这个地方最西面的一个小山上。由于它体型庞大、建筑坚固，使它能在我们士兵火烧圆明园时，免于毁坏。

接近山脚的时候，我们遇到一队骆驼正从大路过来。它们驮着煤，据悉是从 20 英里外的煤场走来的。我们看到山上很高的地方排列着一点点的东西，这应该就是我们要寻访的寺院了。我们于是在这里离开大路，走下一个水涧，因为这似乎是上山到我们要去的地方的捷径。在山涧之中，我们见到一些人骨残骸，但不完整，只有头骨和脊椎骨。我也见到一个本地乡人，颈部生了一个大瘤，这我在中国还是第一次见到。

9 时 20 分，我们到达山脚。在开始上山的斜坡（或用另外一种说法是上山的羊肠小径）上，我们见到一个很大的马蹄形的坟场，坟场外面有两重墙围着，两墙之间分开有一段距离。10 时，我们到了一个小佛寺，这座佛寺位于上山的路不远处。佛寺住持告诉我们，沿着这条山路直上，有 8 座寺庙，都是明朝时建造的（明朝于 1644 年结束），人们统称之为"八大处"。巴夏礼请住持安排坐骑休息的地方和粮草饮料。我们稍坐喝过茶之后，由一个附近乡村的老实人带领我们徒步上山（这个人自动请缨领我们上山）。在曲折的山路上行了不久，我们便到了西山八大处的第一座大庙——灵光寺。

灵光寺包括了一系列的庭院和空地，其中有两座建筑物特别装饰为参神的地方，里面放置了一般的佛教器物。这些器物林林总总，说之不尽，不过我会对其中一些作略为详细的介绍。我们参观的首先是神坛后面的一尊镀金大佛。这尊佛左右有两个站着的小神侍候。殿堂中的两边，各有 9 个老者坐像，穿得十分隆重，都有慈祥面相，其中一个更抚摩着一只犬。殿堂后面有另一个参神的地方。这里有 3 个女神，每个神像之前有一个祭坛，照例摆放着花瓶、烛台、香炉等。中间那个神像双手抱着一个婴儿，而旁边两个则是坐在漆金的莲叶上。左边那个神像有 16 只手，右边的神像则有 8 只手。两个神像的手上都吊着很多眼睛，据说是那些治好眼疾的人供奉的。

这些佛殿都装修得很好，而且摆设得十分整齐。院子的墙覆盖着绿色的爬藤，墙边搭了一些棚架让这些植物攀爬前进。据说这些攀爬属植物，不长花，也不结果。寺院有供外人住宿的地方，都布置得十分整洁和舒适。它的设备是这样的齐全，我们大可立即在那里住宿，完全不会觉得不方便。窗户是格子图案，糊了窗纸。每个窗子中间都有一块约 3 英尺乘 2 英尺的玻璃。

佛寺的前面有一个平台，从这里我们可以很清楚地观察到周围郊野的景色。平台上有一个大约 100 英尺高的佛塔。塔的进口离地面有 30 英尺，前面有石阶可上。塔的内部是一个有拱形屋顶的小庙堂，墙壁裱了红色的墙纸，墙纸的图案全都是同一个女神，因而从远处看这个庙堂的外表，就好像贴满了大张的邮票一样。在这个小庙堂里，有一个供桌，供桌后坐着一个漆金的佛像，佛像两旁是两个较小的站着的塑像。除此之外，和这些塑像成对角的是两个看起来很凶恶的武士，手执长矛，作出随时战斗的姿态。这些佛塔多和佛寺连在一起，其作用是驱走恶魔鬼怪。据说恶魔害怕佛塔，凡有佛塔的地方，恶魔都退避三舍。

在佛塔附近的一个有墙的院子里，有一个面积不大的杉树林，荫护着三个和尚的墓穴。每个墓穴的式样都包括一个方形的大理石棺，安放在一个高于地面的四方平台上，平台四周围着大理石栏杆。佛塔后面有一些石构筑，其中有一个是挖空了的石壁坐着一个神像，孤单而有气派。他是水神。其余石层表面雕刻了许多红色的中文或藏文文字。

⊙ 从八大处远眺北京。选自乔治·休·温德姆绘制的一幅素描

在我们参观寺院这个部分时，寺院的住持——一个外表稳重、道行高深的僧人——出来向我们施礼。他用的是僧人的方式，双手合十，微微款动。当他知道我们还要上山去参观其他寺院时，他请我们下山时在他的寺院用些茶点。这个好意我们欣然接受了。

住持告诉我们八大处是北京人夏天喜欢来的避暑胜地，富贵人家很多时候会来消磨几天，一方面酬神，另一方面也可换换空气和环境，并游玩一下。避暑的人通常 7 月开始来西山，向他们提供住宿也是寺院的主要收入之一。

在灵光寺之上，矗立着另一个寺院，这两者互相独立，并无关系。这个寺院也是建在一个平台上，从这里可以眺望周围的景色。这里四周是一个略有起伏的平原，平原上有疏疏落落的树丛和房屋群。远处可见到北京城门的牌楼、皇宫和佛塔。上面这座寺院比灵光寺为小，名叫三山庵。为了让我们对周围环境看得更清楚，有一位和尚拿出了一个旧式的望远镜给我们用。这个望远镜是英国制造的，厂名是伦敦，威廉阿殊摩尔（William Ashmore, London）。寺院很整洁和舒适。我们在其中一间客房的门上，发现一个有趣的牌匾，牌匾上的字是些道德格言，但不知经过怎样的安排，从不同的角度读（左、中、右），竟然有不同的意义。

我们接着参观的寺院叫大悲寺。寺院门前有一道石阶，过了石阶便是第一个院子，院子前有一道糅了颜色的拱门。进了院子我们再上另一道石阶，到了一个平台，平台上有一个供人入内参拜的佛殿。这个平台面积相当大，前面有一些涂了釉彩的土制大缸，上面种了灌木。佛殿内有一尊金佛，穿着黄色的丝质长袍，两旁各站着一个塑像。佛殿的两边各有 9 个漆金的坐像。鼓乐设备包括一个由一只大象背起的大鼓及一口上面有雕刻的大钟。这口钟约 5 尺高，用木架吊起，以木槌敲击发声。

这个佛殿后面是另一个殿，内里有一个祭坛，祭坛后是一棵漆金荷树，荷树的花蕾上绽放着小金佛。祭坛之后还有另一个祭坛。这里有一个镀金佛像，端坐在莲花座上。佛殿旁边还有其他的祭坛，其摆设跟其他的一样。

我们现在再上第三道石阶，到了另一个平台。这里有一个院子，院子内是第三个佛殿。佛殿内供奉一个女神，也是全身镀了金。女神背后有 22 条臂膀，在她后面造成一个圆形图案，加上她本身的便总共有 24 条臂膀。她的每一只手都握有武器或展示一些徽号。人们告诉我这个女神叫"千手千眼观音"。她两边都有好些供桌，供桌后坐着一些样子凶恶的塑像。在连着这个佛殿后面的客房里，我在其中一间客房看到墙壁上刻着一些俄国人的名字，并有 1832 年的字样。

离开大悲寺后，我们继续上山。山径设计得很好，使人觉得坡度不太陡。下一个寺叫龙泉庵。它的建筑也是包括了好几个平台，很像前几个寺院一样。这个寺院保持得很好，装修也很美观。它的整体格局和下面的寺院非常相似。在它的一个院子里，用石头建筑了一个 20 英尺见方的喷泉。喷泉的池里有金鱼游动，池上有一个大理石雕成的龙头，有水自龙口喷出，落在池上。这个院子有石阶连接更高的屋舍，而石阶的两边则爬满了藤蔓，颇有特色。

接着我们参观另一个寺院。这个寺院距离比较远，我们差不多走了半小时的山路才到达。它的名字叫香界寺，寺内有好几个平台和佛殿。在其中的一个佛殿里，我数到了 398 个佛像，全都是铜铸的。这些佛像排列在殿内的两旁，和祭坛成直角，即每边有 199 个。巴夏礼认为这些佛像是从长城以外的佛寺运来的。在最先那座佛殿的后面，还有很多殿，正中的那座殿是给人求子的。

这个殿的第二层供奉着好些造型丰满、色彩艳丽的女神。在边远的一个院舍里我们见到一个祭坛，其上有近百个乌檀木造的漆了金字的灵位。这是这个寺院过去的和尚的纪念名牌。

连接上述院子，略向左面一些，是一大群建筑物，分布在不同的院落里。其中一个院落俯瞰着整个大平原。它前面有一个宽阔的大露台，摆放了台椅，供人吃茶和看风景。从这里望出去，景象真是气魄万千。由于它的高度，我们可以看到黄河①。只见它在山脉中蜿蜒前进，时隐时现，流达北京，最后在天津稍上之处和白河汇合。这个院子里长了好些胡桃树和丁香树，花正开得灿烂。

我们接着启程前往山上最高的寺院，称宝珠洞。通往这个寺院的是一条十分陡斜而迂回曲折的山径，其起点在龙泉寺。宝珠洞令我们的眼界又进一步扩大，现在在我们脚下的，是整个环绕北京的平原、上山的路以及稍前参观过的各个寺院了。

这个寺院后面有一条由人踏出来的山径，可以达到西山的峰顶。我们沿着这条山径上山，以完成我们的行程，并看看山另外一面的景色。到了山顶，首先吸引我们注意的，是耕种方式的落后。我们并且感觉到严寒天气在这片高地对种在这片高地上的植物所造成的影响。景色方面，可以看到群山丛中一个美丽的山谷，而黄河在这里流淌着。这里的山都是石山，只有稀疏的浅棕色的草。山谷的大部分土地似乎有耕种，因为泥土的颜色显示这里最近曾被翻过。

我们从山脚的小寺院上山时（我们把坐骑留在了那里），时间是 10 时 30 分，到峰顶刚好是下午 2 时整。我们在山顶逗留了半

---

① 原文如此，应该是指河水颜色。——译注

个小时，一面享受清凉的山风，一面欣赏很可能是盎格鲁—撒克逊人第一次看到的景色。接着我们下山，约 1 小时后便到了先前安排吃午饭的寺院。僧人立即拿出了热水及毛巾让我们洗手和抹脸——中国人似乎不喜欢在酷热时用冷水洗面。清洗完毕后，一顿美妙的食物已准备好，包括蔬菜和米粉。台面上放了差不多 15 盘食物。僧人不吃肉，所以没有肉类奉客。然而，他们用不同的方式烹煮蔬菜，造出来的菜式十分可口。粉是放在汤里吃的。寺院的住持知道我们居住的地方后，请求在他下一次去北京时探望我们。

我们现在回到我们驻马的小佛寺。当为马匹作回程准备的时候，我偷空看了看那座独立分开的佛殿的内部。我看到有三尊佛，分别代表过去、现在、未来。所有的佛都是金身，真人大小。代表现在的佛在正中。左边是过去佛，手张开，显示他的书是打开的，而且已经读过了。至于未来佛，则坐在右边。佛寺的前面排列了许多山轿，是载游人或香客上山的。马匹配备好后，时间是 4 时 15 分，我们开始回程。对于能够探访这些身处野外且友善的僧人，并且一路上都得到他们的茶点和其他招待，我们感到十分高兴。

或许可以让我说一下，在我们返抵山脚时，第一个引起我注意的，便是人们怎样利用当地的资源建造屋宇。我见到几间用石建起来的房屋，屋顶用石板盖搭，而窗框是挖通石块而成。我在中国这还是第一次见到。

下午 6 时，我们返抵内城西面的其中一个城门——在南面的平则门，再一小时后便回到了淳亲王府了。我们很开心地发觉 2 月 26 日从英国寄来的信已到了。这些信是 4 月 13 日自香港发出的。

4 月 27 日

广州领事罗伯逊（Consul Robertson）通过邮递传来一份文件，提到当清帝颁令建立外国领事馆时，还有另外一道上谕发到广州命两广总督物色两个学过和通晓英法美等国语文的广州人，把他们送到北京。此举的目的是皇帝欲在北京成立一所学院，通过外文去教中文。我想，这事若成的话，北京便会产生第一位洋泾浜英语教授，而这职位非"小的"莫属。

今天吉布森先生坐了帐篷车入城，不幸和另外一部帐篷车碰在一起。两部车的车夫立即对骂起来，以下是吉布森记录的对白。"你要去哪里？蠢材！"一个说。"我蠢材？"另一个回答，"你才是蠢材。你这么蠢怎么可以驾车！"我想，如果这样温和地对骂可以介绍给我们的马车夫和公共车辆的车夫，那该多好。

吉布森先生为我翻译那些职业乞丐讨钱的套话。这些乞丐通常一面说着这些话，一面跟着你走，同时不停地在地上磕头："唉先生！救救命，请施舍些铜钱。我肚饿，饿得没命。先生我求求你，我给你磕头。请可怜可怜我，肚子饿得难受。"说这些话的年轻人一般看来身体都非常不错，不像他所说的没有食物。

4 月 28 日

这个下午根据预先的约定，我和威妥玛先生对恒祺作第二次医事探访。他的情况是好转了，多亏改变了治疗方法。他告诉我们他的饮食安排。早上他喝茶和吃些蜜饯，中午吃一个轻便的午饭，日落时吃晚饭，包括一些肉类。除此之外，整天不吃其他东西。唯一的例外是有时需要熬夜，那时便吃一点米粥。他似乎有个看法，中国人比欧洲人长寿，原因是欧洲人比较急躁和冲动，不像中国人，凡事都比较淡然处之。

我向恒祺打听关于太医院的事情。我得到的资料是太医院的所有人员都只是为皇帝开方和看病。我认为这在某种程度上可以解释为什么皇帝（如人们所说的）这样体弱多病。如果恒祺所说属实的话，皇帝自然是很值得同情的。

恒祺说皇帝仍然每年都去先农坛行亲耕礼。同时，每年都有一个拜祭嫘祖的仪式，以纪念蚕丝的发明，地点在有桑树的神殿里。

我知道都察院有 29 名官员，而所有的人，包括皇帝在内，都受到他们的监察。寄到都察院的匿名信件，唯一得到的结果是，该院会查出发信的人予以重罚。都察院的官员们最近经常运用他们的监察权，就连皇帝也被严厉批评，因为他在国家危难的时候离开首都。

4 月 29 日

巴夏礼先生今天和胜保的一个士兵会面。这个士兵给他提供了布拉巴桑上尉（属皇家炮兵团）和德勒神父死亡时间的消息。这个士兵认识另一个人，是个中国守卫，参与行刑。行刑的时间是 1860 年 9 月 21 日上午 11 时至 12 时，地点是距离八里桥两英里的一个小寺院的邻近佛塔的空地。这个守卫后来见到了两个无头躯体横卧在寺庙里，头不见了，可能是送到北京去了。其中一个尸体身上有一个十字架，这名守卫因为本人是基督徒，他希望把这个十字架买回去，但未成功。后来有一天他去找慕理主教（Bishop Moulie）（属罗马天主教派），告诉后者他见到两个信徒被斩了首，横尸在八里桥。这个消息再传到孟斗班将军（General de Montauban）的耳里，他派出一队士兵到发现尸体的地方，希望找到死者的遗体。士兵在该处地下数尺掘出两具残骸，而唯一可证明这是他们要找寻的尸体的，是一件牧师穿的长袍的一部分以及一块上有红条的布①。

4 月 30 日

今早 6 时 30 分，我们一群人，包括布尔布隆公使、马日坦男爵、威妥玛先生、文翰先生、布维尔上尉和我，在五六个宪兵护卫下，带同一部装载补给物品的车，出发前往山区去参观在圆明园后山上不远之处的一座寺院。我们沿着上次参观八大处的路线而行，直至到了山脚，然后再从一个较北的方向，绕到圆明园的后面，正对着它的佛塔。在我们的路程中，经过了几个村落，也见到一些排列得颇有规则的房屋。我们认为这是守卫圆明园或皇宫的军队的军营。在我们左面山路上不远处，有一个相当大型的农庄，据说这里便是皇帝的猎场。邻近这里，在右手面，是一座寺院型的建筑物。它有两层楼，上层很高，而整座建筑物都给有雉堞的墙围着，就和北京的皇宫一样。这座建筑物居高临下，俯瞰着一个练兵场。据说皇帝习惯在这里观看军队的演练。

大约 11 时，经过一个在陡坡上建立的村落后，我们到达了想找寻的寺院——碧云寺。这是一座规模宏大、气象万千的寺院。它由乾隆帝颁令兴建②，而乾隆是接见马戛尔尼勋爵的清帝。我在这里不打算描述各个佛殿了，因为这只会沉闷地重复以前的介绍。我要特别一提的是，在这其中的一个殿里，有 3200 个漆金小塑像，即殿的两边每边各有 1600 个。还有的是在另外一个

---

① 关于这件事更详细的介绍，请看 5 月 9 日的日记。我在这之后到 5 月 9 日之前，曾做过进一步的查探。

② 此处不确。碧云寺始建于元朝，乾隆时期加建了金刚宝座塔部分。——译注

庙堂中，有 500 个木塑漆金的巨大的称为"罗汉"的塑像。但这个寺院最宏伟的景象，是它后面的一座巨塔。塔呈四方形，矗立在一组平台的顶上。平台有 6 层，每层有大理石阶连接。要到达第一层平台，还要先走上几重大理石阶。在最高的一层平台正中，有一石棺，左右两边还另有 3 个较小的石棺。我们站在这里，圆明园周围的景色可称一览无遗，而北京则在远方。

和碧云寺的住持互相施过礼之后，我们于下午 3 时离开该寺。在回使馆途中，我们特别绕着圆明园的墙壁而行。我们很高兴见到分散在圆明园广阔范围内的建筑物，许多都能保存下来。这极可能是因为士兵们忙于搜掠，而无暇执行烧毁全园的命令。但不可怀疑的是，主要的建筑和宫殿是全数焚毁了。

今天我第一次见到中国人摘下了他们整个冬季和春季都戴着的翻着帽檐的帽子，而换上了一种圆锥形的草帽，帽子上有一撮红色的马毛垂下来。这一帽式的改变使他们完全变了样子，就好像北京城一夜之间换了人间一样。这个帽式的改变缘于昨天官报发了一条消息："皇上已改戴夏帽。"消息公报后，一时之间所有社会上层人士，特别是有官位的人，都纷纷跟随。

第五章 商务交涉及其他

5 月 1 日

在淳亲王府对面高梁河那一方，有一座很宏伟的府第，建在一个面积很大的园子中。这座府第叫肃亲王府。现在这座住宅的主人和领衔者正在热河和皇帝在一起，王府暂由仆人看管。今天早上在早餐前，普鲁斯先生由巴夏礼先生陪同骑马到郊外，竟意外地经过首位肃亲王的墓园。墓碑记录着首位获封的肃亲王埋葬在这里，和他葬在一起的还有一位家臣。似乎传统的满族人风俗是，当族长逝世时，要选出一个家臣和他合葬，这是家臣的荣誉。因此，被选中的家臣是在最情愿的情况下接受死亡的，而他的遗体将和主人的遗体同时安葬在同一墓穴中。但是这一风俗现在已经不再存在了。

在谈到以上这个奇特而野蛮的风俗时，普鲁斯先生提到默道斯先生（Mr. Meadows）所见到的中国人施行严厉家法的一个个案。有一个颇有声望的中国人十分不满他的一个兄弟的胡乱挥霍。他用了一切方法去纠正他的兄弟，最初是好言相劝，继之以动粗，但都无效。于是他采取了以下的极端手段。

一个晚上他的兄弟又在外花天酒地，回来后他命仆人把兄弟的手脚绑起来，然后运到河边抛下河里。他抓着兄弟的身体，把后者压在水里直至气绝身亡为止。之后他把兄弟的尸体运回家中，并安排丧事，就像他这个兄弟是死于自然一样。官府对此事也没有干涉，似乎认为这并无不妥。一般而言，谋杀罪是判得很重的。

虽然中国官场的贪污和受贿无处不在，但下级官吏渎职会受到很重的刑罚。最近上海有一个这样的个案。上海胡道台发觉一名文书有不诚实的行为，于是他对这名下属施行"重杖"的刑罚，结果把他打死了。

昨天巴夏礼先生和文祥有一个友好而长时间的谈话。在谈话中巴夏礼尝试向文祥反映，中国在很多方面都落后于西方，而如果中国要保持和西方像现实这样友好交往的话，她必须摆脱许多有长久历史的习惯。文祥似乎理解这个道理，但他说在中国要实行这点并不容易，因为他们做事必须合礼。至于中国派使节到英国的问题，文祥暗示这事迟早会成。

普鲁斯先生今天向恭亲王发出照会，就开放汉口、九江、镇江等沿扬子江新的通商口岸的关税条例给出建议，并指出有必要派出军舰保护海关执行工作，特别是镇江口岸，而这艘军舰最好由欧洲人指挥。

今天我们第一次听到胜保曾被皇帝宣召到热河，并被命令率领一部分兵力前往山东协助僧格林沁敉平当地的动乱。胜保据说约 50 岁，曾经数次克服叛乱，虽然也曾有一两次大败给叛军。据说他是有相当才干的人，文才很好，喜欢作诗，至于为人却颇为冷酷。

5 月 2 日

今早恭亲王就伤兵的事回复普鲁斯公使，内容如下：

> 恭亲王（以下职衔），奉答前件。
> 亲王收到英国政府函件，关于去秋四个中国兵员在作战中受

伤一事。并知悉此四兵员得到英方的照顾和医治，现已大部分痊愈。

此显示英国政府处理此事的友好精神，对此亲王表示谢意。

现暂时无法确知此四受伤兵员是否已在天津取得许可文件返回其旧部。倘尚未取得因而未能启程回部的话，则他们可亲自前往总理衙门由亲王发一公函证明。总理衙门并将发放每人旅程费用，俾使返回旧部，并等候进一步之安排。此函将解释一切情况，俾负责将官知悉因由，毋庸误会。受伤兵员对英国政府之好意照料，亦应知所感谢，以志不忘。

致普鲁斯公使阁下（以下职衔）

咸丰十一年三月廿三日（1861 年 5 月 2 日）

中文参赞威妥玛翻译

今天我们听说恭亲王最近曾经奏请前往热河参见皇上，但没有被批准，原因是皇帝恐怕商谈国家大事会令他太过伤神，而进一步影响他的健康。

我们也收到消息说，崇纶已被训令 4 天之内前往天津与驻该地的普鲁士国特使伊仑堡伯爵议定条约问题。今天吉布森先生和崇纶讨论此事，崇纶似乎对这项外交任务并不起劲。他说他会前往天津听听伊仑堡有什么话说，然后奏明皇上定夺。如果皇上批准的话，那么普鲁士国便可来华通商；但如果皇上不准的话，则他们便没有机会了。吉布森暗示拒绝通商可能引发普鲁士国用武，进攻天津。崇纶回答说大英国不会让他们这样干，因此在谈判中这点不在考虑之列。崇纶现在的官职是总理各国事务衙门帮办大臣及署理盐粮使。他过去曾是户部左侍郎，最近盛传他在户部会有所发展，现在才真相大白。

5 月 3 日

过去几天天气都很阴沉和燠热，今天中午的时候室内气温是华氏 84 度。淳亲王府的装修和改建工程，在尼尔中校的督促之下进展良好。油漆工人正在一些建筑物的前门部分施工，把原来的图案恢复。似乎这些图案都是同一个样式。至于那些较精细和复杂的图案，则由工人把图案纸贴在木上，然后用利器刺划，有如女士们做针绣一样。

5 月 4 日

几天前尼尔中校托"小的"拿他的时计去修理，并换一块新的玻璃。今天"小的"把时计交回尼尔，修理工作做得十分妥当，也安装了一块很好的平面玻璃。北京商店所出售的计时器和玻璃大部分在日内瓦制造，但因为经过俄罗斯运来，被误会为俄国制造。"小的"给我们看他携带的时计，说"俄国人造"，事实可不是这样，他使用的计时器是一个大样款的日内瓦产品。

5 月 5 日

英国政府最近曾对一个上诉案件作出裁判，这个裁判可反映英国商人在中国进行贸易时经常做出的不合理行为，并说明对这些商人的投诉和言行有必要加以甄别和查明真相。事缘中国广州海关规定洋人进口的货物，必须在黄埔卸货。黄埔在广州之下数里，货物在这里卸下后可直接送到广州进行检查和评税。这原是为了进口商的方便。最近怡和洋行（Jardine Matheson and Co.）有一批货物按这个方式在黄埔卸货，可是卸货后该公司不是按规定把货运到广州海关处理，而是送到自己的货仓里。中国海关认为此举不合理，要求他们提出货物送到海关检查，但怡和洋行拒不听命，说如果海关要查货的话，他们可以来货仓查。海关不允许这样做，并向代广州领事佩达尔先生（Mr. Pedder）投诉，要求改正。佩达尔查明此事后，向海关发出授权令，准许他们从货仓提走货物，送到适当的地方。这之后，海关便再没追究，因为税务问题已经解决。他们甚至没有对怡和洋行的非法行为作出处罚，只是讨回该洋行所应该交付的关税而已。但海关这一宽大的处理并没有得到该洋行的认同，反而认为他们作为英国子民的权利，因遵守中国的程序而受到伤害。他们迁怒于佩达尔，并投诉他，说他运用简易程序处理此事于法有所不合，他应该按常例召开领事法庭开庭研判（领事法庭是由领事和商人团体推出的评税代表就涉及关银超过 500 元的案件作出判决的制度。在这里，评税代表通常对领事的裁决发生监督和牵制的作用）。但最后英国政府认为佩达尔正确和合理，因此支持他的决定。

我有很充分的理由相信，在所有英国人和中国人的争执中，我们这一方首先是不对的，不幸的是中国人也总是用错误的方法去解决问题，而当事件升级到领事裁决时，我们原先所犯的错误被完全忽略了，反而中国人的错处却成为判案的中心。因此，在上诉裁决时，中国总是吃亏的多。也是因为这个缘故，佩达尔先生所引用的简易程序令英国人大为愤怒。

今天普鲁斯先生对各通商口岸的领事发出指示，正告他们在没有领事管辖的地方不要随便批准本国人居住或营商。领事原则上应该拒绝申请，除非肯定申请者必定会遵守有关规则。由于外国人屡屡在非开放通商的口岸犯事，普鲁斯先生倾向于尽量把英国人集中在领事管辖的范围内。

⊙ 崇纶的肖像

今天傍晚普鲁斯先生收到恭亲王一封信，说英国政府曾和他提及普鲁士国的问题。他得到的消息是普鲁士是一个值得尊重的国家，且和英国有联姻关系。他因此已经问准皇上可以和该国进行会谈，而崇纶已经被任命为大学士以处理一切商谈事宜。崇纶将于明天动身前往天津。

5 月 6 日

这个下午威妥玛、文翰、高中尉几位先生和我陪同巴夏礼先生前往高庙，那是他和洛克先生（Mr. Loch）被刑部扣押转移出来后被囚禁的地方。高庙是座普通的佛寺，位置在内城西北角附近。这里有个水沟延伸到城墙不远处。佛寺的和尚一看便认得巴夏礼，立即让我们进寺。

囚禁巴夏礼和洛克的房间是入寺左手通道的一系列院舍中的一间小房。房门前有一个铺着石板的院子，在石板路之间种了两棵杉树两棵梨树。囚室的隔壁是一个厅房，当他们被囚在这里时，此厅房有满洲守卫把守。巴夏礼先生让我们看其中一条柱上的标记。此标记距离地面 6 尺 5 寸半。他说这是其中一个守卫的高度，是他们给这个守卫量度的。被囚禁时，他们获准在院子里放风，其中一堵墙上还留下他们放风的记录。这个记录以地球仪上的经纬线做代表，这是洛克先生打发时间的杰作。

在巴夏礼和洛克的囚室的墙壁上，有用墨写下的字，内容如下：

H. S. Parkes（H. S. 巴夏礼）

H. B. Loch（H. B. 洛克）

9月29日被监押在这里，今天10月7日至8日。从9月18日至21日与一个锡克人和两个法国人被囚禁在刑部。

巴夏礼告诉我们，这个备忘录是洛克先生写在墙上的，作为一个纪念，当时——10月7日——情况十分不妙。可是10月8日下午，他们被释放了。

5月7日

昨天晚上下了大雨，使气温有了令人愉快的改变。上午9时气温是华氏57度，比昨天同时的华氏71度下降了许多。因为这个缘故，在使馆工作的木匠和水泥匠今天都没有来做工。见多识广的"小的"告诉我，北京工人的习惯，是在每年第一场雨的时候放一天假。我也从"小的"处得知，工人们每隔14天才吃一次肉，主要是猪肉，而在这时他们也不吃饭，改吃馒头。昨天当尼尔中校和"小的"检查当天的工程账目时，尼尔被"小的"所翻译的一项支出给弄糊涂了。"小的"说："买了200斤羊肉。"搞了半天，才知道这是指石灰①。关于石灰，"小的"今天告诉我现在货源短缺，因为从山区运送石灰入城的骆驼现在都被征用来打叛军。即是说，它们被用来协助运送胜保军队的补给品和各种物资到山东，以加强僧格林沁对付叛军的力量。

我踱步去往内城南面的城墙，并到午门和运送粮食进入内城的运河附近溜达（运河在城墙下入城），目的是看看在上次的战役中，如果我们不炸毁城墙，改在运河进入，是否可行。运河经过城墙时进入内城的宽度，可容9至10人并排前进。这里，运河只

---

① 石灰是Lime，"小的"把它说成lamb（羊肉）。——译注

有两个木闸防守。木闸是由木杆构成，每条木杆之间相隔3寸。木杆有铁皮包着，但只要放几发9磅重的炮弹便可予以摧毁，让一团人冲进去。在整个攻城过程中，这个方法对进攻的一方无特别危险，因为城头上的胸墙可以很快地被毁，并使其火炮无用武之地。此外，轰击水闸的大炮可以被放下到运河的河道里，并且即时在其上铺盖厚木板和堆上泥土予以掩护。在内城北面城墙，我也发现同样的入城河道，距离上次战争时炮击城墙的地点不远处（击破城墙确是一个很大的工程）。这部分的城墙顶部厚60英尺，越往下越厚。

从午门前的堡垒出去，城墙下便是郊地。我今天在这里出去的时候，见到一个乞丐卧在路中心，一动不动。我给他检查一下，发觉他已是气息奄奄，随时会死亡。15分钟后我回来，他已经死了。他的尸体躺在人来人往的路中心，似乎没有引起人们的注意。人们在他旁边走过，视若无睹，好像他只是一只死去的猫儿一样。他的遗体和他垂死前的情况，没有得到任何同情。在这里，乞丐死在街头是没有人理会的，只是差吏会来抬走他的尸体而已。人们不愿意理会这些死去的流浪汉，原因之一是若他们插手的话，在法律上他们便要负担死者的殓葬费用。

在城墙下行走时，我碰到几个中国人趁着天气回暖的机会提着雀笼出来散步。我也见到一些人带鹰打猎。方法是这样的：他们把鹰用罩蒙了头，让它在手腕上歇息。鹰的一只爪绑了一条细绳，连着一个捆满绳的轻型的木滚轴。滚轴藏在持鹰人左臂的衣袖里，随时可以抖出来。缠卷的绳大概有25码长。当有雀鸟飞过时，猎人立即把鹰的头罩除去，鹰便一飞冲天，抓捕猎物，同时把绳也带上。随着鹰的上冲，绳轴也不断滚动。如果鹰未能擒获猎物，则它便会在绳线放完之前被拉下来。此时，回收的绳是从鹰爪下那部分开始，而非把滚轴往回搅动。除了猎鹰之外，我今天还看到了一些弩手，他们用泥丸射鸟的技术也很高。

连绵的雨令道路十分泥泞，走路时人们要选择较高的路径，以避开那些被车辆碾糊的部分。几天前我曾说过因为阳光开始发挥威力，帐篷车车把上都加了一块花布屏帘，给马儿和马夫遮掩，以免他们受雨打日晒之苦。然而我今天留意到这些屏帘上面还加了块油布挡雨，因而我上月 23 日的日记所提到的花布屏帘便只是用来遮太阳的了。除了屏帘上的油布，我还见到车的其他部分也有类似的保护，使整部车基本上都能够防雨。

大街的下水道，在我们最初来北京的时候，石盖是打开的，而且好像打开不久，但到现在仍然没有盖上。这里的居民一般晚上都打灯笼出街，否则难免跌进这些水沟去。这些下水道，都建造得很符合规格，用大块的石板盖着。把下水道的石盖打开，似乎是因为冬天时下水道结了冰，现在趁春天回暖的时候把它清理一下，以迎接夏天雨季的来临。

今天下午我遇见几个朝鲜人，他们属于一个朝贡团，正运送每岁的贡品给中国皇帝。他们刚抵达北京。从衣着和外表看，他们像日本人多于像中国人。事实上，他们和中国人似乎没有哪一点更相近。他们把发辫团在头顶上，而且不像中国人那样把前面的头发剃光。他们戴着形状古怪用黑发编织的帽子，穿着白色衣服，看来是一个不多言语的勤劳民族。

5 月 8 日

晚上下了更多的雨，但今天早上天气晴朗可人。我趁这个愉快的天气去参观观象台。观象台坐落在城市东南角和东面的南城门的中间。这里的人很明显仍未习惯见到洋人，我的出现颇引起他们的轰动，其情况比我在 3 月 30 日经过该区时更为厉害。而这次因为我是徒步行走，更加刺激了他们的好奇心，最后让我陷入了麻烦。这点我后面再交代。

我没有花很大的工夫便找到了观象台。它建于城墙的内面，是墙壁的一部分。然而它是一个独立的个体，而且另外有门从后面上去。观象台和城墙之间，互相分开，并无直接的通道，前者比后者高出数尺。上观象台的石阶经过一个院子，院子里有好些像寺庙的建筑物，这些都是观象台的一部分，并且正在观象台的后面。在这个院子中有两组非常精巧的球状天文学仪器，一是星盘，一是浑天仪。这些仪器都置放在铸造得很漂亮的铜座上。铜座有四条龙，单腿站起，龙尾卷在腿上，龙爪支撑着天文器材（都是大型的铜制品）。连接上观象台的石阶，有一个更亭子，守亭的士兵让我经过，没有拦阻。

上到观象台时，我见到一个男人抱着一个小孩来回走动。原来他是住在观象台的一个小房里，责任是管理各种仪器，使其运作正常。我见到这里的所有仪器都保持得很好，出乎我的意料。很明显，这里的工作人员花了很多的精力和时间料理这些仪器，而无论从哪个角度看，这些仪器在其同类中都堪称精美绝伦。这里共有 8 款天文仪器。它们分别置放在不同的石座上，座上有坚固的铁栏。石座可以移动，让其放在观象台内或两边的适当位置。其中一个天球仪，体积相当巨大，直径有 7 英尺。这个天球仪由铜铸造，球面有浮凸的镶金星座，据说是由荷兰 [①] 耶稣会教士南怀仁所铸。其他的天文仪器还有浑天仪、三角仪、两个大型的象限仪，以及一个观察流动天体的仪器。

---

① 南怀仁是比利时人。——译注

⊙ 观象台（局部）及仪器

从观象台望出去景色非常明丽，因为空气清静无尘，这在北京实属罕见，除非是雨过天晴的时候。整个城市好像躺在我的脚下，标志城市边界的各个城门清晰可见。城市本身呈现出一种单调的景色——大片的屋瓦，中间隔着一些树。在远方，皇宫及其附近喇嘛庙的明黄色琉璃瓦顶冲破了这单调的景致，为环境添加了些色彩。

离开观象台时，我发现下面聚集了很多人，有大人，有小孩。这些小孩跟着我走，并在我后面叫嚷。不久之后，他们便开始掷石块，同一时间我身上中了两下，一在头上，一在屁股上。我立即转身面向他们，此时所有的叫声和掷石都突然停止了。但当我回身继续行路时，叫声和掷石又开始了。我看不到有任何成年人参与或鼓励这些行为，但他们也没有阻止，每个人都像一个无动于衷的旁观者一样。好在有一个，而且只有一个，例外。一个看来属于社会下层中较有修养、外表严肃的人，他费了好大的劲儿制止这些儿童的粗野行为。他傍着我，并给我引路，使我尽快地离开这个区域。当他要向我告别时，我拿出一些金钱要酬报他，但他极力婉谢了。回到使馆，我向普鲁斯先生报告此事，他立即请威妥玛先生起草一个照会给恭亲王，请他留意这片区域曾出现的问题。

5 月 9 日

由于布拉巴桑上尉的父亲催促英国政府彻查他儿子死亡的事，普鲁斯先生因此要较为细致地对此事进行调查。他在内部悬红 100 元，结果引来了那个最先接触慕理主教、通知他关于德勒神父和布拉巴桑上尉的遭遇的那个男子。正如我在 4 月 29 日提过的，孟斗班将军派这个男子带一些法国士兵去找寻这两人的遗骸。

遗骸找到了，但是只有一个头骨，而且已经腐烂得不能辨认。此外还找到了一些骨头（其中有些还黏附了人肉）、一件牧师的长袍和一条蓝色裤子的腿筒部分，其上有一条红带子。由于很严重的疏忽，这些资料竟然没有上报，否则真相一早便可大白。报信儿这个人没有亲自看到行刑，但他知道曾有这个命令，而他后来也找到了一个目睹行刑的人。这两个人昨天来到使馆会见巴夏礼和威妥玛两位先生，以下是这两人的联合供词，相信已包括一切可能知道的事实了。

提供情报的两个人是胜保属下的士兵。1860 年 9 月 15 日，他们跟随大队启程离开北京，20 日停驻八里桥附近候命。在这之前的两天，他们见到有约 30 名外国俘虏，以一白旗引路，正在前往北京途中。9 月 21 日，八里桥战事打响，接战不久，胜保的坐骑被炮弹击中，当场死亡。胜保立即换乘另一匹战马，但上鞍不久，面部便被炮弹碎片划破，严重受伤。当士兵把他从地上扶起来的时候，他命令撤兵并杀死所有俘虏。下属请他发军令状，他说他暂时不能写，但他的口头命令必须执行，至于军令状日后才补发。

以上是其中一个士兵的供词。

至于另一个士兵所给的资料则是：当行刑的命令传到时，他是在距离八里桥两英里的一个小寺庙里。他看到这两个俘虏被带出，被强迫跪下，然后由看管他们的士兵斩首。这个人，由于本身是基督徒，当联军占领北京时跑到教会主教（慕理主教）处告诉他所看到的一切。主教送他往见孟斗班将军，将军派他引领法国士兵往行刑地点找寻遗骸。以上这些我们已经叙述过了。找到的头颅究竟是德勒神父的还是布拉巴桑上尉的，很难说。这个头被塞进一个窟窿里，另外一个人头去了哪里呢？也说不清。移交给法国的遗骸很可能被认为是德勒神父的，并按这个结论予以埋葬。由于只找到一个人头，对英国俘虏布拉巴桑上尉遗骸的情况，便没有发出正式的通报。

不论情况如何，巴夏礼和威妥玛两位先生决定和这两个士兵骑马到现场勘察，然后再为普鲁斯先生起草拍送回英国的备忘录。他们今早起程，找到了这个地方。这是一个在北京和通州中间的小寺院，并如两个士兵所说的，距离八里桥 6 华里（约 2 英里）。他们小心视察士兵指出的行刑地点，发现有些泥土杂有头发以及一小块黑色的编带，其样式和军官佩戴在制服上的相同，且于香港制造。此外，地上也发现一些人骨。巴夏礼和威妥玛回到使馆后，他们让我检查这些遗物。发是人的头发，其颜色和布拉巴桑上尉的一样。布拉巴桑上尉是炮兵团的副助理军需局局长，我在来华的旅途中和他相熟，因此可以肯定。人骨属于上了年纪的人，因此不可能是德勒神父或布拉巴桑上尉的。携回的泥土发出恶臭，好像曾和腐烂的有机物长期接触或吸收了这些腐物。如果我们对布拉巴桑上尉的遭遇还有什么怀疑的话，上面提到的军服编条便可解答一切了。

有一个住在附近的村民也告诉巴夏礼和威妥玛，说他 9 月 21 日逃出该地，两天之后他返回家中，在路上他经过那个寺院，见到两个无头的外国人的尸体被遗弃在地上。这两人穿着深色衣服，头不见了，但身体完整。这人的口供证反了一个传言，说死者曾被士兵分尸。尸体后来的支离破碎，相信是由于饿狗的噬食。这些饿狗被人家赶起来，往往成群活动觅食。

100 元的奖金被平分给这两个报信的士兵，他们表示万分感谢。这一金额最后会由布拉巴桑上尉的父亲付回使馆。

5月10日

今天在街上碰到一个男人，戴了一个枷。这又是中国人和我们的另一个分别。我们通常惩罚年轻的犯罪者，方式是在他们的脚上装上足枷，中国人则把枷锁在颈部，并让犯人随处走动。环绕在颈部的枷，其调校的方式和锁在脚踝上的脚枷，其原理完全一样。

供应使馆马匹饲料的商人，今天在中午的时候来到使馆，诉说他现时不能够如常运送饲料来使馆，因为他的运载车和两头驴都给政府征用了，以运送弹药和补给品给僧格林沁。这名商人来告诉我们这个消息，是希望我们运用影响力迫压地方县令释放他的车和驴，以免因停送饲料造成不便。他的希望结果如愿，因为当我们向县令提出这个问题后，县令便解除了这个商人的服役令，把他的车和驴归还给他①。

僧格林沁据云已经退兵到距离天津30英里的泰州②的某个位置。泰州是战略重地之一，僧格林沁将力守此地。另一方面，叛军也意识到进迫天津意义不大，因为他们知道英国人在那里，所以他们把侧翼移向西面。而正是因为要阻止叛军向这一方面前进，胜保的军队被派去南方迎敌。

吉布森先生今天和一些大商店的主人谈论皇宫的情况。他们说皇帝居住的部分保持得很好，但这只是皇宫的小部分，其他大部分建筑物的情况都"非常零乱和颓败"。这是因为皇帝近年每年只在宫里住两个月，其余10个月他都留在圆明园。从这些人的叙述中，似乎联军在圆明园所搜掠到的宝物属北京的贵族阶级所有，他们以为若首都北京被占领的话，圆明园会较为安全，因此把宝

---

① 请看5月12日的评语。
① 原文如此。存疑。

物放到那里收藏。北京唯一有黄瓦顶的建筑物是与皇室有关系的
宫殿、府第以及喇嘛庙。喇嘛在华北区域享有很多特权，其中之
一据说是可以和皇帝握手。

今天我问我们的建筑商，为什么在雨天木工和水泥工都不开
工，他说是有几个原因造成这个习惯。这些原因有些和工人有关，
有些则涉及工程的主人。首先工人方面，他们不喜欢在雨中工作，
因为这会弄湿他们的衣服，引起风湿。至于工程主人方面，则因
为工人在雨中工作，工作质量不会好。同时，建筑材料暴露在雨
中也不适宜，必将影响施工效果。但是，这个习惯只适用于室外
工作的人，户内工作的工人则不受影响。

5 月 11 日

中午前，当我在肃亲王府通到法使馆后面的一条窄巷行走时，
见到附近人家的女性都走出街外观看什么稀奇的事。我往前再走一
会儿，看见一群人在搬运着许多家具，例如台、椅、柜、梳妆镜、
花瓶、烛台，等等。每个人都头戴着圆锥形的毛毡帽，帽顶插了一
条红色的羽毛。原来这些都是一个新娘家的礼物，现在正送往新人
家里去。新娘子未出门，仍在父亲的家里。一乘红色的布轿停在门
口，吹打乐队正奏着喜庆的音乐。屋子前后左右都站满了人，穿红
戴绿的男男女女紧张地来回奔动。屋前面的院子里搭了一个铺了席
的亭子，估计是为了给和婚礼有关的人吃早饭之用。

威妥玛先生今天和恭亲王及其同僚会面，讨论本月8日在观象
台附近群众的粗野行为。恭亲王这一方似乎很重视此事，说这是无
知小民的行为，并说他们会采取措施避免同类的事再发生。在商谈
间，下属送来一份文件给恭亲王签署。威妥玛留意到恭亲王的签字
式和他去年签《北京条约》时的一样，都是很多笔画的字。威妥玛

问恭亲王这可是他的真名字，恭亲王迟疑了一会儿，然后有点诚惶诚恐地把字写下来。这是一个包括 3 个字的名字，意思是"没有私利"。他接着笑一下，说："作为全权大使，这个名字好不好？"恭亲王的真正名字是奕䜣。"恭"是他受封的爵号，意思是"深切的谦顺"，一如"义亲王"的意思是"正义的亲王"那样。皇帝的名字叫奕詝，是他朝代的名称，意思是"全面丰盛"。选择这个名字是因为他父亲道光当政时有饥荒，希望这个名字能带来好运。

我们收到了消息，说法国兵舰"罗里（Loire）"号是已经到了大沽。这艘舰是从上海开来的，任务是把一部分官兵从天津运走。这个夏天，法国在天津只余下一连步兵和一连炮兵，其余的都会转移到越南。

5 月 12 日

我在本月 10 日提到，有一个人来使馆诉说他的车和驴都给政府征用了，因此他不能够给使馆的马匹送粮草。这是一个实例说明中国人为什么不喜欢洋人的存在，因为洋人有治外法权，这实质上是在中国百姓眼中削弱清帝国的权威。现在有一个人因为他的车被暂时征用以应国家的紧急需要，他向洋人投诉，而洋人因为此人有时替他们服务而向中国官员施压，结果最后此人的车被释放出来。此事似乎官方没有记录，普鲁斯先生也不知悉有这事。所有给县令的通知都是口头传达，要求他释放运载粮草的车和驴子。我觉得这完全是滥权。

今天我又听到另一事件，涉及利用外国影响力以进行一件不合北京法律的事情。北京似乎有一个规定，禁止拉倒旧屋重建新屋，除非旧屋自己倒塌。重修，无论规模多大，是准许的，但故意拆掉旧屋则属禁止之列。有一个住在罗马天主教教会不远的中国人，最近拆了他的房子，并在原址上另起一座新楼。官府就他的犯法行为对他采取行动，但他说教会已批准他这样做，虽然实际上教会对该土地并无控制权。可是官差听到他的理由后便不再追究，让他继续他的工程。之后不久，有一个中国基督徒经过该地，他认识建屋那个人，便问他为什么可以这样做。这个人向该基督徒透露所用的借口，后者遂通知教会。教会立即写信告知当地官府，说此事全属虚构，他们完全不认识这个人，即使认识，也绝不会赞同此事。知县遂下令拘捕此人归案，现在他正因作伪在监狱中服刑。洋人在中国，无论在哪个地方聚居，都使该地立即变为"国中之国"。就这点来说，粮草供应商事件只是一个不太严重的事例而已。

昨天晚上收到从中国南方寄来的邮包，其中有来自翻译处福雷斯特先生（Mr. Forrest）的文件，告诉我们一个令人高兴的消息，那便是在南京和太平军混在一起已有相当日子的欧洲流氓，已被驱散，而在这群人中也发现了一些英国逃兵。以下是细节。

英国军舰"人马座"号的阿普林上校（Captain Aplin），在贺布海军上将的指示下，派福雷斯特先生前往南京，要求交出所有在天朝任职的英国人。福雷斯特被命令要见到太平军的最高当局，并立即执行此事。照计划，阿普林上校会派出接应船到鹭洲（Loo-Chow），这里据说是这些英国人集中的地方。阿普林上校会派军队护卫福雷斯特，并发出正式照会给太平天国，要求他们把所有的外国人列队让他辨认，并交出他要的人。可是后来英方意外地发现阿普林上校所要的人，正是太平天国已做出准备在鹭洲（此地在南京城外）交出的人。太平天国小心地掩藏此事，目的显然是在我们到达鹭洲之前，把这些英国人送走。他们多番保证说他们完全没有征募外国兵，也不知道有外国人被聘用在南京替他们打仗。他们还补充说，如果真有的话，那必然是在鹭洲，不是南京。

根据得到的情报，上月 18 日确有外国人在南京替太平天国做事。阿普林上校要求太平天国把所有这些人集中在一个大房间里，而那些被证明是英国人的人必须马上移交给英方，再由"人马座"号军舰带走。一切都按这个方案进行。结果有 26 人，其中 5 个是皇家海军的逃兵，被察觉出来并交到我们的手里。移交时，有太平天国的高级官员在场。这些人是 104 个不同国籍在南京太平天国当兵的人的一部分。

阿普林上校这个断然措施，结果令太平天国的外国兵团为之解散，因为这个政权有感于其他国家也会步英国的后尘而向他们索人，他们已经决定把所有雇佣兵立即送往上海，而各太平天国将领亦已收到训示停止招募外国兵佣。

这群外国兵员被形容为处境悲惨。他们没有薪饷，只有米和酒的供应（这方面的供应倒很充足）。在他们作战的地方，他们被容许抢掠，而打劫和强奸亦是公开的事情。除此之外，他们还犯有其他更严重的罪恶行为。在离上海 40 英里的松江战事中，他们大部分都有参战。接战中，他们的首领，一个叫萨维奇（Savage）的人，负了伤，还有一个意大利人战死。一个叫皮科克（Peacock）的美国人（他现在在卢州）是这群人的总首领，在太平军中官阶很高。据云他对这群人有生杀大权，并可给他们订出规则。最近在南京的太平军中，有一个英国人被意大利人杀死，他的尸体被抛进护城河里。这班雇佣兵据说将于日内开往汉口，但是由谁指挥暂时仍未知悉。被阿普林上校拘捕的英国人将由"反击者"号炮舰押送上海接受领事审判。

今天在法国使馆见到海恩先生（Herr Heine），他是普鲁士国远征队的博物学家。他已归化为美国人，并于 1852 年被派跟从佩里海军准将赴中国。过去两天他都在北京，尝试安排经西伯利亚回国。这条路线属于他考察自然史的一部分，也是他被责成要完成的调查工作的区域。跟他同在一起的还有两个美国人和一个荷兰人，后者在某英国教会服务。他们没有得到正式许可便擅自来到北京。中国政府——即是说处理外交事务的那个部门——对此十分不满，并表示会采取简易程序把他们驱逐出京。但是中国官方现在仍举棋不定，因担心这些外国人与英国或法国有关系。有报告说这几个人当中有些在他们入住的客店里做出不轨行为。以我所认识的海恩先生来说，他道德高尚、进退有度，他的行为应绝对不会引起投诉。

5 月 13 日

今天早上海恩先生和其中两个人正准备返回天津，因为他们已收到暗示，如果再在首都待下去的话，中国政府会采取行动强迫他们离开。团体中的第 4 人，一位姓格鲁查（Clucher）的人，原籍荷兰，现受雇于一个英国基督教传教团体。他持有在上海申请到的荷兰护照，但在目前情况下这却不能对他有什么帮助。但他仍然申请留在北京，理由是他跟英国教会有关联。

今天中午前威妥玛先生接见了他，他坚持说他应该获准留在北京，无论中方高兴与否。威妥玛先生向他解释，在目前的情况下，若容许基督教传教人士留在北京实属不明智，且有害于传教事业。中国人现在仍然把太平天国所宣传的教义视为基督教的构成部分，在纠正他们这一观念之前，他们会认为在北京传播的基督教也是太平天国那一套。这一误会是理所当然的结果，因为在中国南方的基督教传教团体竟然不知轻重地把自己的名字和太平天国联系起来。结果是，在中国大众和中国地方政府的眼中，太平天国的传教活动和宣传的教义和基督教有关（因为他们在公共场合所使用的术语和阐释的道理有基督教的色彩），而事实上太平天国所显示出来的宗教行为是亵渎神灵的荒淫行为。

格鲁查先生毫不迟疑地即时承认，太平天国很不幸地跟它的早期理想愈行愈远，但他仍然坚持他的要求，并指出北京已有一个罗马天主教会在作传教活动。表面上看，格鲁查先生这点好像很有道理，但看深一层，则很清楚事情并不是这样。这个罗马天主教教会已在北京 200 年，它现在的目的不是要招收新教徒，而是服务于现时居住在北京的 5000 个原教徒的心灵需要（这些教徒其教籍来自父母）。

此外，上层的中国人从不用异样的眼光看待他们口中的"法兰西教"，也不认为"法兰西教"和太平天国有任何的关系。这和他们看待英国基督教不同。另一方面，法国人一直坚定地反对太平天国，而罗马天主教教会更一向站在最前面。我们最后通知格鲁查先生，由于他没有合法的许可前来北京，他必须返回天津。他以基督教传教士的身份留在北京，从宗教和外交的角度来说，都是不适宜的，特别是现在英国正致力于和中国建立直接关系的时候。我们同时也把这个决定告知总理衙门，说英方对所有有关人等并无发出许可留京证明。

中午一个总理衙门的官员来使馆找我，希望取得本月 8 日掷石事件的确切资料。威妥玛先生协助翻译。在取得所需的资料后，这个官员说他现在就去有关地区，之后便会采取措施避免日后再有同样的事情发生。

今天稍后的时间威妥玛先生往访总理衙门，在谈话中他透露在南京拘捕了为太平天国当兵的外国人的事。衙门的人知道后大为高兴，并力劝英使馆给他们一个正式的通知。威妥玛说似乎没有必要，但文祥回答："哦，你不知道我们想怎么做。"他接着笑一笑，然后坦白说他们要把这个文件转往热河，让皇帝亲自从英国使馆的公文中确知这事——这反映清帝对自己官员的报告并不完全信任。

当威妥玛在总理衙门谈话的时候，派往调查掷石事件的官员回到了衙门，并向各总理大臣报告结果。此人是地方的中级官吏，他巡察了该区后，认出这是一个出了名的混乱区。他已经采取即时措施防止再有羞辱外国人的事件发生。谈到这些总理各国事务衙门大臣，请允许我在这里提一件事。几天前当巴夏礼和他们闲聊的时候，他对他和刑部的关系开了一个玩笑^①，这时这几位大臣的面容突然严肃起来，并央求巴夏礼不要再提此事。很明显，对于这么严重的事开玩笑，不合中国的"道理"。

昨天晚上整晚都吹风，今天日间更刮起了大风，沙尘蔽日，一片灰暗。阵风非常猛烈，在使馆工作的装修工人也觉得不寻常。

5 月 14 日

吉布森先生过去一两天都在通州，等候普鲁斯先生从上海运来的私人物品。他今天下午从通州回来。他走的是水道，经运河直达北京的东便门，然后返回使馆。他说这个从通州到北京的旅行方式整体来说十分愉快。航道两岸都种满植物，景色相当美丽。整条河道基本上都水流充足，只是有些地方河水不够深，他们需要换船，这总共发生过 3 次。全程船费是 300 北京钱，不足两个先令。这段运河的前身似乎是白河，后来被扩宽成为一条运河。它的源头在山上，河的一部分绕北京外城墙而行，并构成它的护城河的一部分。

---

① 意指巴夏礼曾被刑部囚禁。——译注

第六章　圆明园浩劫

5 月 15 日

恒祺今天找我，给我看他面上的疮。这疮已好了很多，如果恒祺不是经常用手去抚摸它的话，则这疮应该全好了。他来到的时候，我刚好打开我的出诊仪器箱，当他知道各种不同仪器的用途后，大为惊讶。

昨天晚上这个城市发生一场特大火灾。天都烧得通红了，从我们花园里的一个乘凉天台望出去，分隔内城和外城的城墙上站满士兵，他们在观看大火。也很可能他们是在戒备中，因为这种情况最易引发动乱。声音如此嘈杂，好像整个城市末日来临一样，叫声、敲锣打鼓声，再加上救火机器的水泵声，使人心惊胆战。今天早上，我们知悉只有 3 间房屋被烧毁，破坏不大，因为灭火人员很快便抵达火场抢救。

5 月 16 日

北京的官报今天刊登了由文祥和胜保联合写给皇帝的奏折，是关于圆明园守卫部队重组的，并提出了一个重组方案。这个部队其实是皇宫卫队，自从火烧圆明园后，卫队组织涣散，士气全无，现在是到了重整他们的组织的时候了。

胜保今天回到他城外的营寨。情况似乎是：他在热河朝见皇帝后，发觉有依皇令而行的必要，于是派遣他的部队前往发生叛乱的地方。即便是这样，他却还是保留了进军到哪里以及离开北京多久的自主权。他的部队只在野地行军 20 至 30 英里，驻军一至两天，然后开拔返回北京，显然，他认为他的部队留在北京保护京城比前往南方支援僧格林沁更为重要。

几天前，我从马日坦男爵口中获悉他上年冬初在北京的时候，曾和慕理主教与胜保见面，谈了很久。他形容胜保是一个体格魁梧的巨汉，思想敏锐，常识也很丰富。他对上次的战争说得很坦白，表示他现在觉得和我们在战场上正面交锋是愚不可及，因为联军有不可抵挡的火力。他说在八里桥之战中，他的战士状态甚佳，"士气高涨"，而在好一段时间里他都认为他这一方会取得上风，直至联军的炮兵加入战斗为止。联军炮火的强大把他们的士气压下去，使他完全失去了胜利的希望。再加上他本人受伤，他除了命令立即退兵之外，已无其他选择。他的伤势十分严重，下颌粉碎。冬天的时候，下颌甚而有几块碎骨脱落，使他有一段时间需要包扎着伤口才能外出活动。据云这个枪伤使他的面部变了形。中国人对他的作战能力评价很高，而整体来说，他也可称为一个成功的将领。据说他对现代战争兵法十分娴熟，因此他对有些人只看重他调兵遣将的细节嗤之以鼻。上一个冬季，他忙于追查圆明园附近的村民在联军烧毁圆明园时趁火打劫所偷去的宝物。即使到现在，几乎每一天都有中国人拿这些不便公开展示的珍品到使馆出售①。

5 月 17 日

昨天晚上有颇长的一段时间，我们的睡眠都因胜保军队的回

① 在这里说过了胜保两个月之后，我发觉威妥玛先生正在翻译由这位著名将军所写的一篇关于太平天国的叛变的诗。

防而受到滋扰。首先，他们鸣放一响接一响的礼炮，然后枪炮齐鸣。中国官员称这是军队入城时施行"下马威"。我想这种差不多每晚都有的节目所耗费的火药的数量必然很大。

下午威妥玛先生让我陪他去观象台，主要是看一下官府对该地居民粗暴行为的处理有没有产生作用。我的感觉是，如果不加控制的话，这些居民仍有制造麻烦的倾向。但当我们离开观象台、混乱又将告开始的时候，一个差吏从岗亭里走出来。他制止了可能发生的事件，并护卫我们走了一段距离。这显示上头已发出命令，防止被投诉的行为再次发生。

挨着观象台有一组占地广阔的建筑物，其格式彼此都一样：一排一间连一间的小房。这些一列列的房间构成了一个四方形，中间是一个广场，四方形的后面是一个大衙门，广场中间有一个塔台，其高度稍微超过这些建筑物。原来，这组建筑物是举人考试（又称乙科考试）的贡院，中间那座塔台是呼唤名字的地方。

在观象台的正下面，城墙外面，有几座政府的谷仓。我在14日的日记所提到的提供北京和通州之间的水上交通的那条河，在这里流过。由于它是运河的一部分，所以叫它闸河。

当我们在一条窄巷上行走的时候，我们见到一个穿着很高贵的年轻人，突然向一个途遇的老头单膝下跪行礼。从衣着看，老头的经济状况明显不能和这个年轻人的相比。两人并没有说话，年轻人只是单膝一跪，然后便继续他的行程。老人则是以惯常的方式回礼，其法是抱拳在胸。中国的风俗习惯是：当年轻一辈见到年长一辈时，必须施礼，无论他的职位或官位有多高。即使是穷亲戚，也要保持关系。这个特点在西方文化中并不多见。

5 月 18 日

今天尘暴很大。中午的时候天色十分晦暗，我们点起了蜡烛。下午的时候尘暴消散，并下了一点雨。油漆的工头立即抓住这个风沙暂时平息的机会，召集他所有的人为屋柱和正在装修的大楼的红色部分进行最后的朱砂工程。这个工程已经因为尘暴延迟了数天，现在不能再等了。好像魔术一样，在雨刚开始下的时候，屋的前面便满是油漆工人，他们的手和臂都染了红色，这是现时处理的主色。现在大门的前面辉煌极了，每个人都对主楼优美的外形设计和一丝不苟的工程印象深刻。如果这样的油漆工人能够到英国担负剧院和公共场所的装修工程的话，那么配合我们超卓的灯光设备，效果将会令人十分满意。我怀疑我们的工人，是否能够像中国人那样，把各种亮丽的色彩控制得这样收放自如。

下午我和文翰先生去皇城，他要为邻接皇宫的人造山画一幅素描。此山叫"景山"。一大群人围绕着他，但却小心翼翼地避免妨碍到他的工作。只见这群人的眼神密切跟随着他的画笔的动作，非常有趣。

5 月 19 日

昨天晚上一个受雇于使馆工程已有几个星期的皇家工程兵团的下士向我表示，他不喜欢北京这份工作，渴望返回天津他的旧部。情况似乎是他觉得他在这里被人忽视，因为中国的做木工人有他们自己的一套，不愿接受他人指导，因而他认为他的专业知识不被尊重。实情是这个下士嫉妒中国工人在许多方面的能力和知识比他的还好。他最初以为中国工人会向他学习，谁知碰了壁。

在法国使馆吃晚饭的时候，我遇到布索夫先生（M. Butzow），他是伊尔科斯克（Irkoutsk）总督的外交秘书。他前天从边城恰克图来到北京，路上共走了 14 天。

5 月 20 日

天气变得非常燠热，似乎快要下雨了。这个季节很明显对健康不利，因为在英法两个使馆中已有相当多的外国人病倒了。据说当地人的患病率也很高。

巴夏礼先生说到去年 8 月 21 日占领大沽炮台时，他以为南面炮台也已经投降，遂持着休战旗三过白河的惊险事迹。在第二次过河的时候，他几乎被炮台开炮击中，因为这个炮台没有投降，而他也没有及时走避。第三次过河的时候，时间是下午，炮台仍然有很多人，他要绕道才能到达大沽的总督衙门，与总督商谈事务。离开的时候，天色已很晚，他和他的人提着灯笼走，差点儿被不久前占领炮台的布夫斯（Buffs）军团的一个支队射杀。中国军队在撤走前装了机关，把炮装上弹药，然后用缓燃引信烧火门，使炮弹间隔射出，结果有两个清除河口障碍的炮舰上的士兵被打死了。

5 月 21 日

下午巴夏礼先生在住所和恒祺谈话，谈话中恒祺不经意地告诉巴夏礼，外国领事在京的一切活动都受到严密监视，所有细节都会报告到热河。这使巴夏礼感到不快。恒祺说的话中有些地方特别令他不满，他很想草拟一封信给清帝以澄清有关内容。这便是指中方说法国和英国的公使在其官邸中堆满一箱箱的货物准备在北京出售。中方之所以有这个印象，是因为英使馆和法使馆最近有一部分家具运抵通州。其实这些家具存放在上海已有好一段日子，只是等到夏天白河适宜航行时才送来。源源不断被运到通州的大大小小的箱子和包裹，需要集合许多车子来运送，但现在找到这么多车子十分困难，因为目前是一年中忙碌的季节，车子都用到其他方面去了。为了征集到足够的车子，使馆加大了压力。此外由于车夫被人用不知是什么的方法压榨，使他们只能得到车费的四分之一，于是他们向通州知县投诉，说他们的车被强行雇用，同时他们也未能收到应得的报酬。这个投诉公文一式两份，一份送往总理衙门，一份送往热河。

除投诉函件之外，通州知县还附文详细描述两个公使所收到的众多物品，并说使馆内堆积了"大量的商品"，然后无根据地下结论咬定这些"商品"准备在北京出售，而这有违《北京条约》的内容。这类的谈论，似乎已流传了颇长的时间，亦有许多人相信英使馆是在进行贸易。有这种想法，一点也不奇怪。自从设立了英使馆之后，便不断地有大量的物品被运到那里。而且我们经常喊着贸易的口号，而贸易也是我们在北京设立使馆的目的，这也容易使人有这个印象。恒祺坦白说，如果由他奏明皇帝，驳斥这个言论，说他确知英使馆没有进行贸易，皇上不会相信他。因此他恳请英使馆自己作出澄清。

5 月 22 日

昨天晚上大雨倾盆，连续下了好几个小时。今天早上没有工人来做工。我趁着没雨的一段时间外出，发觉街上都没有人。道路上一些低洼的地方，水都浸到了车轴，亦只有很少的车在街上活动。到接近下午的时候，城市的下水道似乎突然发挥作用，因为使馆前面那条一直干枯的大运河此时（下午 4 时）流水淙淙。下雨时这条运河似乎变成半个城市的总下水道，因为我见到了使馆附近区域的几条大下水道都把水汹涌地注入这条运河里。城市西面也有一条像这样的总下水道，虽然规制较小。

5 月 23 日

昨夜又下了好几场大雨，可是今天的天气却好得出奇——晴空无云，阳光充足。潮湿的地面干得很快。工人全都来开工了。巴夏礼先生今天离开北京前往天津，再由天津转赴广州，办理英军撤防的任务。

5 月 24 日

今天是英女皇的生日，这种庆典第一次在北京举行，由普鲁斯先生主持，晚上在使馆设宴招待法国使团。晚餐后，法使布尔布隆先生举杯祝福女皇健康。他说能够成为联军的第一个大使在北京祝愿英国女王健康，他感觉无上光荣。普鲁斯先生也投桃报李，以同样得体的话遥祝法皇健康。

今天威妥玛先生会见了恒祺，后者转达了一个请求，希望我能够替他的一个朋友治病。这个人是高级文官，他想戒除鸦片烟瘾，因他的烟瘾越来越大。他有一个看法是西方医生很可能有一些内服药可以治疗这个毒瘾。

5 月 25 日

由于翻译工作上的需要，吉布森先生经常和北京的大商人及上层人士接触。他今天从这些人的谈话中收集到了一些有趣的信息，是关于清王朝的。首先，这些人全都咒骂太平天国，并且很正确地指出它不过是一个戴着宗教的假面具而进行欺骗和奸淫勾当的组织。他们不认为太平天国运动有什么成功的机会，因为中国所有有识之士都鄙视和憎厌这个运动。他们之中没有一个是它的成员，或对它予以同情。它不是一个全国性的起义，而只是存在于部分地区、由一个疯子煽动起来和领导的动乱而已。他们宣扬的所谓教义，似是而非，本质上带有淫猥、渎神和嗜血色彩。

虽然以上观点是这些商人对太平天国的评语，但他们对现政权也没有什么好感，对它是否能够维持社会安定也没有信心。他们说这个皇朝曾经盛极一时，亦已经历了 200 年，但它开国时高昂的气势和强大的军力已经因为穷奢极欲而凋谢了。这些商家和有势力的人不打算致力于改变这个政权，或建议如何改变这个政权，因为他们认为清朝大限已到。天命不可违，它现在的情况是积重难返，回天乏力。他们说他们无意改朝换代，他们只是希冀一个好政府。现在最大的问题是，原先构成这个政府的道德元素已经消失。清朝已逐渐偏离一个好政府的标准。不过对于我来说，我对现政府的前景较为乐观，唯一的原因是要另外找一个政府取代它而又能适应中国国情，并不可能。虽然它有种种缺点，但它仍然远远优胜于所有建议代替它的方式。

吉布森在天津的老师张先生，是一个十分有绅士风度和考取到很高功名的中国人，到了使馆继续他的职务。他对于北方的中国人对英国人所怀有的荒谬观念，感到十分好笑。这些中国人似乎被南方的官员有意蒙骗，因而对我们有很深的误会。这些官员丑诋我们的道德人格，无所不用其极。至于我们的身体特征，他们也是乱说一通。对于人们对我们所持的错误观念，他们也不予纠正。张先生说直到他们亲眼看到之前，中国的北方人还以为英国人不能够在陆地上正常地行走，因为我们是蹼足动物，同时我们的手脚没有关节。此外，他们还以为我们在黑暗中才看得最清楚①。对于这些观点，张先生本人，一个读过很多书和很能干的人，承认以前也是这样想的。广州当局似乎有意把我们的性格丑化，以突出他们应付我们的困难。通过形容我们为无法控制的蛮人，他们可以淡化他们外交工作的失败，以及夸大他们任何取得的成绩。一句话，他们要凸显他们角色的重要性，并让人们觉得他们在南方处理"夷务"的人，任重道远。

这个下午威妥玛先生让我去看一个姓宋的老人。这个人是他的中文文书，正在试用期间，已有一两天了。宋老似乎一遇到刺激便非常紧张，手脚颤动，不能自已。他自称这种情况起自去秋的战事，而一谈到这点，老人便不能自制，哭得很厉害，因为他的3个儿女都是在这个时间失去的，包括一个3岁的男孩和两个分别是14岁和17岁的女儿。他说他的儿女死于恐惧，因为联军进攻北京时，京城非常混乱，人心惶惶。他的儿女在这种恐怖气氛下，生命日渐萎谢，最后全部死亡。他说在战事中，人们都以为北京的失守迫在眉睫，继之而来便是被夷为废墟，性命不保。他们对僧格林沁及其军队没有信心，认为他们打不过"夷人"。宋老的头发已经花白，虽然他说去年的时候还是全黑的。他的面容仁慈而睿智，给人非常精明敏锐的感觉，而这点我们在过去分析中国人的性格时都忽略了。我们也许要修改我们的看法，倘若以后再见到更多这种情况的话。

最近从上海运到的大件行李中包括普鲁斯先生的马车。此车现在已安装好，普鲁斯先生今天下午用它搭载布尔布隆公使夫人前往观象台。这辆车和在上海时唯一不同的地方，是它使用一对北京驴子而不是马儿。威妥玛先生和我随同出发。我们整个行列吸引了区

---

① 这些说法和俄国使馆一个官员所写的战争日记不谋而合。这一点我在4月22日的日记中已经提及。

内老老少少的人的注意，情况甚为轰动。当他们远远瞧见我们走来时，那些在街上的人立即走回住所，通知亲人，然后又奔跑出来看我们经过。他们脸上露出高度的好奇心，但并无恶意。

从观象台观望塔看出去的景色，和我第一次在这里看到的，相差很远，因为空气里有一层霞雾，但仍算很好。然而，当我在北京的时间越长，以及见过季节的转变后，我便越能感受到那些远征军的军官向我描述的真实——北京像一片广大的由绿色的树构成的田野，这田野其中的一些部分被高出树林的碑塔所划破。在我们离开观象台的时候，又有一大群的人聚集在门前。守护城墙的士兵赶紧出来维持秩序，很明显是因为上司作了吩咐。他们的努力没有白费，一切总算平安无事。

5 月 26 日

雨停了，天气变得晴朗，现在又见到许多居民捧着雀笼出来散步，有些还带着狗儿出来。见到这些狗儿，我们表示有兴趣要买，但当我们走近狗主时，他们立即面露惊惶神色，急急抱着他们的小动物夺路而逃。我明白原因，当联军占领北京城的时候，他们抢走了很多北京人的宠物狗。知道这一事实，他们的惶恐便不足为奇了。北京狗是一个特殊的品种，介乎我们的查理獚犬和巴儿狗之间。联军占领期间所夺去的北京人的财物，还包括附近农人的 300 部车和马匹，用来运载他们的掠夺物到天津。这是缺乏人性的行为，因为他们任意地剥夺了数以千计穷人赖以谋生的工具。最后，这些车和马甚而在天津被作为掳获物卖掉了。

5 月 27 日

3 月 26 日的英国邮件昨天抵达使馆，其中包括一份由广州领事罗伯逊代中国广州官员寄出的给清廷的文件。他们利用我们的邮递作为沟通媒介，这可是一个很大的变化，也是中国处理事务方式（礼）的一个可喜的改进——在北京的蛮夷竟可为帝国两个遥远的地区提供通讯服务！

5 月 28 日

我在本月 25 日曾经给他开了一些药水的宋老，告诉我他感觉好些了。他的聘用试用期亦已完结，合乎要求，现在是我们中文秘书部的正式文员了。通过威妥玛先生，我今天和他谈了很久，我想多知道一些关于这个地区的天花症的情况。他知识相当广博，同时对华北地区的天花病有很深的认识。据他说，过去两个月天花在北京非常流行。这种情况并不常见，究其原因，可能是去冬少雪，以及运气差。每年这个时候，其他疾病发生也较多，但今年的情况比较严重。这方面，他归咎于在雨季还未开始时过早打开了下水道的渠盖。

天花似乎有每隔若干年便爆发一次的特点，一般认为它的爆发和科举考试有关，即逢有科考的年度，天花便发得厉害。每次科考，大约有 4 万人涌进北京。因为除了考生之外，还有他们众多的亲人和朋友，他们往往利用这个机会到京城一游。从 1820 年起，有一部分民众开始种痘（由广州开始），接种的人大概占人口五分之一。曾经有个时候，人们认为种痘有效，因为患天花的人少了，特别是在最先采用这个防疫法的初期。但近几年人们对它的信心减少了许多，因为发觉有不少种了痘的人仍然感染天花。

在种痘法介绍到中国之前①，他们用一种粗糙的防疫方法——把患过此病的病人的痘痂研碎成粉末，然后植入儿童的鼻孔里。这种防疫法通常由行医的人施行，并收取很高的费用。如果宋老所说属实的话，那么中国这个地区的天花症似乎只是儿童患的病。他说此病 10 岁以下的儿童最普遍，14 岁以上的很少，到 20 岁便差不多绝迹了。家中若有一人染上这种病，通常便会传染到其他人。自 1857 年之后，此病从来没有近来这么猖獗。

科举考试所带来的大量人口，以及随之而来的挤迫问题，可能导致这几年天花症的增加。虽然如此，宋老却作了一个很合理的补充，就是今年的天花流行未必是和科举考试有关，因为今年虽然是科考年，但京城比以往少了很多很多人，原因是皇帝离开北京、商业不景气，等等，这都是近期战乱的后果。

以上这些事实，再加上我个人的观察，使我相信天花流行病已经发生，受影响的对象是那些容易感染化脓性疾病的人。谈到这个问题时，让我提一下今天有人告诉我的一件事，这是他听到我不经意地说我对种痘法的成效有所怀疑而说给我知的。香港 1854 年天花流行的时候，有一个在香港有名气的女人接种了牛痘，可是她的反应极不正常——她害了最严重的天花病，结果失救而死。同一时候，有一个婴孩亦遭遇同一厄运。这两起死亡事件使香港大众觉得当天花流行时，接种牛痘并不适宜。从这些案例看（我相信实际案例远不止此），似乎在环境有利于化脓性疾病发生时，把疫苗植入受到天花惯性影响的肌体，会使构成疫苗的物质发芽。

下午威妥玛先生和恭亲王及文祥会面。恭亲王似乎心情欠佳，

---

① 种痘法是由斯当东爵士通过翻译皮亚臣医生（Dr. Pearson）的一本著作而介绍到中国来的。出版这本书时，翻译者斯当东的名字被隐没了，使人以为这是一本中国人自己的著作。

不大说话。但文祥却相反，兴致甚高，滔滔不绝。文祥渴望知道
一些资料和消息，例如国债的原则、太平军最近的动态等。他甚
而斩钉截铁地问，如果他们进攻大沽的太平军的话，英国会不会
干涉。威妥玛向他解释，太平军没有舰只，同时如果朝廷为清剿
太平军而靠近我们的军事基地的话，我们将不会有什么行动。威
妥玛甚至表示希望短期内，清军可以切实给太平军以致命的打击。
当威妥玛说到这里时，恭亲王好像精神为之一振，拍手叫好。当
无人时，威妥玛伺机问文祥，恭亲王似乎心事重重，发生了什么
事，是不是政治上有什么坏消息。文祥回答政治上似乎没有什么
麻烦，恭亲王的心事或和家里有关，可能家里有人病了。威妥玛
对此有所怀疑，他倾向于认为恭亲王正在担心一些他所负责的公
事，同时他也可能是不喜欢普鲁斯公使所发给他的几份照会，其
中一份是关于使馆进行贸易的驳斥（我在 5 月 21 日的日记中曾提
到此事，此指控是由恒祺半正式地转达的）。普鲁斯公使的照会语
气十分尖锐，并表示他以后不想再听到此事。恭亲王说恒祺并不
代表官方说话。

我今天和马日坦男爵谈到文祥，他说文祥深明事理，敏于察事。
几天前，当马日坦在总理衙门和恭亲王及他的同僚闲谈时，他说笑
地问：“现在你们还认为我们是蛮人吗？”恭亲王回答说：“我从没
有这样想。我过去对你们的真实情况并不了解，所以没有确实的看
法。不过，我现在非常肯定你们不是（蛮人）。”

5 月 29 日

下午我和尼尔中校去看花。他在他的住所旁边开辟了一块儿
地，准备种花。今天这个日子是“小的”特别向我们推荐的，因
为这是一个节日，卖花的地方会有很多的品种陈列。花市距离淳

亲王府约两英里，"小的"建议我们乘马去，他则坐车陪同。大概
正午的时候"小的"来找我们，他穿戴得派头十足。他在我们前
面步行引路，直到使馆附近的一道桥。到了这里，他走前几步，
举起两只手指，立即有一部车飞奔而来——原来这是北京的一个
车站，那里有成排的车子在等候客人。"小的"钻入车内，车子便
立即开走，速度相当快，使得我们需要拍马慢跑，否则便跟不上。

　　我们向北走，直到那条引向元大都东面南城门的大街。转入
大街，约走了一半路，在左手边我们到了一个寺庙，寺庙前面有
一个牌楼。寺庙的正门，有人摆放了许多用鸡毛编织而成的尘扫
在叫卖。"小的"带我们进入寺庙的一个厢房，这里是一个花卉展
览场所，其陈设比之于欧洲任何一个花市也不遑多让。这里出售
的各类花草，都栽在各种各样的花盆里，整齐地陈列在寺庙的院
子里。"小的"说这些花草都是从城外的园圃运来的，花农借佛寺
展览他们所培植的产品。

　　以下我介绍一下我们所购买的花及价钱，作为一个示例。尼
尔中校买了两盆红石榴、1盆白石榴，都是3英尺高的，4盆天竺
葵、4盆玫瑰和4盆西番莲。这些花都是栽在盆子里，有些还很
美观地种植在黍茎绕成的框架上。他总共付出73000纸钱，以每
元折算15000纸钱计，即共付出4元又13000纸钱，约相当于20
先令。在寺庙隔邻的一座楼里，有另一个园圃主人展出他的花卉，
尼尔也在这里买了一些，品种和价钱如下：

4 盆石竹	20000 纸钱
2 盆小石榴	5000 纸钱
2 盆矢车菊	1000 纸钱
2 盆黄花	1000 纸钱

2 盆香花	6000 纸钱
2 盆天竺葵	10000 纸钱
2 盆白玫瑰	2000 纸钱

除了上面提过的花的种类外，我还见到旱金莲、翠菊、树根、石竹和仙人掌等。

寺庙所在隔邻的大街，似乎一半是市场，一半是游乐场。这里附近有一个剧院，人很多，观众座位前都有一张台子，放了些茶点小吃，跟我们欧洲现在十分流行的歌厅食店完全一样。在众多的游人中，见到好些打扮光鲜的人带着鸟雀出来活动。他们用一条木棍，让雀鸟歇息在上面。我也第一次见到有人带鸽子出来放风，但其方式却令人不敢恭维，因为鸽子被放进袋里，只露出头颈和尾部。在回使馆的路上，我让马儿在一条大街上慢跑，不料它失了足，使我跌了一个四脚朝天，弄得污头污脸。幸运的是，我跌落的地方是一个泥堆，这减少了我下跌的冲力。路过的人立即走上前来给我援助，而他们丝毫不觉得有何好笑之处，这在我们西方并不如此。

5 月 30 日

吉布森先生今天提到了两天前发生的一件趣事，此事发生时他正和道格拉斯先生（Mr. Douglas）在一起（道格拉斯刚来北京参加翻译工作）。他们两人坐在使馆和皇城城墙之间的桥上，逐渐地他们周围聚集了一群人，其中有两三个打扮较为斯文的人停下来想跟他们说话。基于好奇心想知道这些人怎样评论他们，他们装作不懂中文。不久这群人便你一言我一语地谈论起英国人来（他们认为吉布森和道格拉斯两人是英国人）。他们的评语一般都很正面，其中有些很接近事实。例如他们说："英国人并不坏，但他们喜欢饮酒，一饮便醉，这是他们的坏习惯。"另一个人谈到他经历的一件事，便是当英兵占领安定门后，他们急忙地到处找酒喝，找到之后便急不可耐地仰头把酒一灌而下。"他们爱酒真是爱得要命，"其中一个人说。此时吉布森作出一个手势，表示他口渴。人群中的一个说："我们拿些酒给他喝吧，看他多可怜！"而当一个老头子准备去拿酒的时候，有几个人立即说："不，不要，他的上级不准他喝的。他们喝酒后便会丧失理智。你还记得吗？有人在安定门卖酒给英国人，发现后被送官，结果打了四十大板。"

这时候，有个在旁边听了很久的乞丐走上前来，讲述他亲眼见到的英国士兵喝酒后的情形。他在英兵占领安定门整个期间都和他们有接触。他说英兵不醉酒的时候很好，但喝得太多的时候便变得粗暴和容易吵架。英国军官方面，他毫不含糊地说很好，对此，围观者中的大多数都表示同意，并认为和中国军官比较，英国军官在好几个方面与之旗鼓相当，甚或有过之而无不及。他们还指出英国军官重视仪表，整体形象令人尊敬。至于英国的普通士兵，他们说都是粗人，需要上级的严密监督。

他们这样你一言我一语地说着，基本上对我们非常友善，没有谩骂、调侃或其他无礼的行为。然而当他们后来发觉我们听得明白他们的对话之后，他们的惊愕，或他们的迷惘，确属难以形容。尤其是那个乞丐，他感到十分尴尬，因为他毫无保留地批评我们，他自觉十分失礼。在谈话接近尾声的时候，围观者中的一个人的妻子（他的房子在桥附近）过来喊她的丈夫回家，说不要老是跟洋人讲"道理"。

北京今天收到消息说，新的俄国公使巴鲁泽克上校（Colonel de Baluzac）已经和妻子到了恰克图，不久将抵达北京。巴鲁泽克上校在匈牙利出生，长期在俄国服役。他是炮兵团军官，曾参与围攻塞巴斯杜普尔（Sebastopol）战事。去年他以军事参赞身份随同伊格那提叶夫将军到北京，回到彼得斯堡后被委任为驻北京使馆大使。

5 月 31 日

昨天晚上高中尉邀请吉布森先生和他的老师张先生到他的房间，他要给张先生看《伦敦新闻画报》（*Illustrated London News*）上的一些中国素描。这些素描张先生一看便认出是什么地方，他感觉十分有趣。洋狗查理此时刚巧走进房中，高中尉开始逗弄它。张先生对此甚为不解，人和狗怎么可以玩在一起，因此他以疑惑的眼光看着高中尉。当人和狗玩得越来越出格时，张先生面上显然露出鄙夷的神色。最后高中尉竟然在查理耳中扮狗吠，此时张先生再不能忍受，他即时站起来，把眼镜摘下放进盒中，离开房间，很明显表示作为一个先生（先生是教师的尊称），这些胡闹有损他的尊严。

今天早上张先生找吉布森先生询问这个前一天晚上表现失礼的"年轻的官员的官阶和职位"，当吉布森告诉他高中尉是一个军人之后，他似乎恍然大悟地说："哦，难怪，你们的军官和我们的一样，都没有文化。他们都是麻烦的家伙，有辱斯文。"他继续指出当高中尉在查理耳中扮狗吠的时候，查理向他咆哮，对这愚蠢行为表示不满，这意味着狗比他还有人性。由此可知，高中尉无恶意的玩笑很明显给张先生留下很坏的印象，这印象张先生经过一晚的睡眠后也没能改变。

中国人有一个很特别的习惯，便是把一个字重复再重复，从一个人传到另一个人。今天发生了这样一个例子。一群油漆工人和糊纸工人在一个房间里工作，尼尔中校到来给他们指示，要他们在墙上某个位置糊红色墙纸。"红色"，工人们一个接一个地传话。有一个工人忘记重复，尼尔留意到了，他开玩笑地说："咦，他为什么不说'红色'？"众人知道他不是认真的，都大笑起来。一般来说，工人们对于这些打趣的话都有很好的反应，他们显然喜欢说笑。

现在是蔬菜成熟的季节，蔬菜供应十分丰富和充足，品种有青豆、法国扁豆、普通扁豆、芦笋、菠菜、胡萝卜、萝卜和马铃薯，每天都有新鲜蔬菜供应。水果方面，有葡萄、梨、苹果和胡桃，看起来也很新鲜，但却是用一些特别的方法从上年夏天保存下来的，因为现在水果季节仍未开始。据说北京各类物品的价格比几年前贵了很多。举例来说，面粉比起 5 年前足足贵了 1 倍，每斤 30 个北京铜钱（大约每斤 2 便士，1 斤的重量等如常衡 12 又 1/4 磅）。

北京的商人说热河的商业越来越蓬勃，该地的重要性迅速增加。现在人们开始怀疑北京能否继续成为清朝的政治中心，因为圆明园的被摧毁也把唯一吸引皇帝在京城居住的原因毁掉了。这个夏宫的被劫掠及随之而来的被破坏，我总觉得是一件十分遗憾的事。

皇帝回宫遥遥无期，由此所引起的政治和国家问题，是没有人能够预见的棘手问题，而这却是由于原本不可能发生的事竟然发生了所引致的。现在我们很难避免这个结论，便是容许火烧圆明园的人没有详细考虑可能的后果，特别是搜劫进行时我们事实上还未有确实的消息说我方被俘人员受到虐待和杀戮——而报复是我们火烧圆明园的主因。同样难以避免的结论是，我们偏离了现代战争的原则，而采取了过时的战略。事实上，在 9 月 21 日胜保的军队溃退时，联军大可即时进占圆明园，然后以此换回我们的被掳人员。这比起两个星期后抢劫圆明园更为容易和有效，因为破坏圆明园对我们没有实际好处。法国军队在抢掠圆明园事件中扮演主要的角色，而当时他们正处于无组织状态中，我们任由此事发生实属不智。

第七章　清兵编制

6月1日

普鲁斯先生今天有事要见恭亲王。他驾着他的车前往总理衙门，威妥玛先生随行。当威妥玛告知恭亲王及他的同僚普鲁斯怎样来时，文祥走到门口看了看普鲁斯乘坐的工具，并给了恭亲王一个详细的描述。他们不明白的是，为什么普鲁斯要亲自驾车，这与他们的"道理"不合。事实上，他们的头脑似乎未能接受他们认为任何不可能的事。

一队中国骑兵今早从淳亲王府前面经过。他们所携带的武器是剑，插在一个挂在马鞍下的袋里。这和我们西方的方式不同，但有它的道理，因为剑由马儿负载可省却骑士的气力。在长途行军的时候它更加有好处，因为士兵不需要在腰部系上不必要的重量。士兵们左手持弓，箭则装在一个皮箭袋里，斜挂在肩膀上。持缰是用右手，这我是预料到的，因为我们是用左手。当他们用剑进行战斗时，那他们便需暂时用左手持缰了。他们戴的军帽的徽章是中国常见的，图案是两条松鼠尾巴。他们由两个蓝顶戴军官率领着。从外表和装备来看，他们比不上我们在上一次战争的第一场战役中在新河所遭遇的中国骑兵的。他们外表欠整洁，面容也较为憔悴，可能是与长途行军有关。看情况他们是向城市的西南角进发，和胜保的军队汇合。

威妥玛先生在1851年5月号的《澳门月报》上发表了一篇详

尽的文章，指出在中国每岁的财政支出中，相当大一部分是花在军费上。无论中国军队的军力是如何不济，或虚报人数有多少，国库都是按呈报的资料拨款的。他继续说：

中国的军队，主要分为旗兵和绿营兵两种。旗兵可称是清帝直属的军队，绿营兵则除了少数副官阶级的将领外，全部都是汉人。

旗兵由满洲人、蒙古人和弃明投清的汉人军队组成①。每个民族都分为 8 旗（见下面），其中排在前面的称为上三旗，以后的称为下五旗。

1	镶黄	2	正黄
3	正白	4	正红
5	镶白	6	镶红
7	正蓝	8	镶蓝

1、3、5、7 旗属左翼，其余属右翼。旗兵的统帅称为都统，各管一个大区。都统数目共有 24 位，即每族每旗有一位都统。通常都统的族籍和他所管的军队的族籍一样，虽然也有例外。都统管军事，也管文事。但有一点要注意的是，虽然所有在中原的旗人，以及满洲人和一部分蒙古人，都或多或少依从以上的安排，但他们并非全都是参军的。而那些不列军籍，亦没有文职的旗人，国家不会予以供养，除非他们是属于上三旗的成员。

汉人军队不属于旗兵系统的，统称之为绿营。绿营军在 1575 年只有 4 营，每营有 7500 人，纯粹是军事组织。后来每营的人数

---

① 第一批投降的汉军是驻扎在山东的军队，时为 1621 年，即明朝覆亡前 23 年。

增加 1 倍，并设镶黄、镶白等营号，以和正色有所区别。当满人于 1644 年建朝时，旗人都从原居地迁到北京居住，但不知根据什么原则黄旗被分配到正中，红旗在南面，白旗在西面，北面应该是黑旗，但黑色不吉利，于是被改为蓝色。根据他们的制度，东面应该是青色，但却被改为绿色（原因不详），并调派汉军驻守在这里。城市内并无汉人军队，全由旗兵把守。两支黄旗被派驻北面（此区包括皇宫禁地），白旗被派到东面，红旗在西面，蓝旗在南面。换言之，左翼在东面，由北到南分布；右翼则在西面，也是由北到南分布。

每旗每营军饷部门的最高主管是一位佐领，总共有 24 个佐领。每个佐领之下有 2 个章京予以协助。在满洲营和汉兵营中有 5 名章京，而在蒙古营中则代之以 2 名副官。无论章京或副官，都是负责军饷或粮饷事务，每年 6 月 15 日或 12 月 15 日便把下半年度的预算呈报户部审核。文件呈报后，有 5 天修改时间。军饷每月 1 日和 2 日发出，以铜币结算，其余则于 3 日和 4 日以银币发出。粮饷每季派发一次，不同的旗营派发的月份不同，两个黄旗在每季的第一个月份，两个白旗和正红旗在第二个月份，两个蓝旗和镶红旗在第三个月份。如果有闰月的话，则额外给饷。六品以下的旗兵官员，由佐领向户部呈报名字，以领取粮饷，而所有的旗兵，无论属于哪个营，都由户部统一发军饷，旗营不参与其事。

无论是满洲旗还是蒙古旗，每旗的马匹粮草的账目由佐领和两名章京负责。除此之外，满洲营还有 5 个副官，蒙古营则有 2 个副官，协助此事。左翼军营每月 6 日支取军饷（现金），而右翼军营则在 7 日；至于粮饷和其他粮草的派发则分别在 14 日和 15

日。每月 18 日有关官员把军饷预算（现金）送交户部，至于粮草预算则于月底。

旗营的马厩由营的两名满洲或蒙古佐领管理，由相同数量的章京协助，以及 4 个（满洲营）或 2 个（蒙古营）副官襄理。他们轮值守卫马厩。每个满洲营调派 4 个班长和 30 个马兵照料马厩，而蒙古营则派遣两个班长和 16 个马兵负责此事。

以上资料部分由威妥玛先生在一本叫《中枢金鉴》（*Chung-Chu-Ching-Kan*）的书中找出，其他的则来自《本朝政要简诠》《户部法典》《1849 年红书》等。我所摘引出来的只是他关于这个题材的翻译的一部分。

6 月 2 日

海恩先生，普鲁士远征队的博物学家，今天返回北京。他是以法国使馆的客人身份再回来的。他的目的仍然是向中国申请经西伯利亚返回欧洲。这条路线如果中国政府不批准，他将无法成行，因为由北京到恰克图 1300 里的道路在中国控制范围之内。

普鲁士国所建议的中普条约，其内容正在天津磋商，细节仍未决定。双方代表分别是崇纶和伊仑堡伯爵。中方现时只愿意签订商务条约，外交条约则待他日。中方并非永远拒绝与普国建立外交关系，但他们说目前时机并不适宜，因为国家尚未安定，他们仍未从与西方列强接触的震荡中平复下来。因此他们认为目前继续发展外交关系并非明智，这要等到他们的国家适应了被迫建立的关系之后才考虑。

6月3日

我们和中国人风俗习惯的南辕北辙，每天都可以看到新事例。现在阳光非常猛烈，我们遮阳的方式是用太阳帽、遮阳布或印度头巾，中国人则用其他方式。他们摘下了整个冬季和春季都戴着的帽子或其他保暖用品，而露出光秃秃的头，在太阳光下闪耀地走动。高官和其他社会上层人士则戴了一种很轻巧的圆锥形的草帽（称为夏帽），但此帽似乎并不遮挡阳光。这种现象让我们这些不习惯暴露在阳光下的人（例如印度的土著）看到，会很自然地加强我一向持有的信念，便是太阳热力对人体的所谓坏影响，是被（而且会继续被）夸大了。同时，阳光之所以有害，不是由于太阳本身，而是我们的某些生活习惯让我们的身体不利于长期被太阳照射——太阳暴晒会使我们的生理平衡受到影响。这些生活习惯——特别是：过量饮酒、大量吃肉、缺乏运动和经常吸烟——导致我们内脏出血，这些都是令阳光影响健康的人为因素。除此之外，有些人的神经系统令他们不能抵挡强烈的太阳照射，例如热中风在一些没有上述习惯的人之中发生，并不罕见。我也倾向于这样想，我们有些一向认为是由太阳引起的健康问题，其实是和天气酷热有关。因为在酷热中，被扰乱的环境电波会作用于不健康的肌体。这可见诸最严重的热中风多发生在有云、燠热和湿度极高的晚上。关于这个问题，我今天问过"小的"。我问为什么现在太阳这么厉害，他和其他人都摘去他们整个春季都戴着的帽子，光着头到处活动，完全不怕太阳照射。"小的"答："我们中国人喜欢阳光，你们英国人不喜欢它。"这个解释，简单而令人满意，不过如果他还加上以下的话似乎更好：太阳对中国人有厚爱，但对英国人便没有这样怜惜了。

当淳亲王府开始装修时，在前面的一个大院中有一个非常美观的大理石日晷仪，这个日晷仪现在放在我们称之为"使馆大院"的院子中。中西的不同，又可反映在这个日晷仪的设计中。我们的日晷仪是水平的，他们的日晷仪则是 45 度倾斜的。投影的部分，我们的是平面角形，他们的则是圆而尖。我们日晷仪的投影部分是安装在圆面的上面，他们的则是等距地贯穿仪器面的中心。我们的日晷仪只有一个钟面，供全年之用，中国人的则有两面，夏天一面，冬天一面 ①。在夏天的时候，那贯穿仪器钟面指向北面的投影铁针，把光影投射到倾斜的北面的报时钟面上；而在冬天时，则是指向南面的铁针把光影投到在圆形大理石下面的钟面上（钟面刻有标志着时间的记号）。总体而言，中国的日晷仪较我们的为复杂，外形也较优美。

中午前在法国使馆，我见到一群工人在午饭时间围起来作乐，用一种竹制的骨牌赌博。这也是我第一次见到他们赌钱。他们一人坐一边，游戏的规则似乎和我们的一样。现在天气开始炎热，我看到工人有午睡的习惯。

今天吉布森先生外出的时候，见到一个穿着中国服装的俄国人在街上走，后面跟了一大群人在取笑他。他们以为这个洋人在用中国衣服掩饰他的真正身份。吉布森正在街的另一面，一个女人碰碰他的衣袖，让他注意那个俄国人，好像说："看看对面那人，穿得怪里怪气的。"

6 月 4 日

晚上我们有如住在一个围城里。通常从午夜开始，炮火声和

① 每年 9 月 22 日之后，日晷仪的冬天钟面开始报时。

枪击声便连绵不断，持续几小时。近来这种施"下马威"式的演习有越来越频密的趋势，且规模也越来越大。其原因是胜保终于不能够把全部兵马留在北京，而要分出很大一部分前去增援僧格林沁。现在胜保只有一小部分军力驻扎在北京城外面，而随着兵力的减少，为了壮声势的午夜演练所耗的弹药也随之增加了。

这个下午"八里桥小贩"回到使馆。约一个月前他从使馆出发，陪受伤的蒙古兵拖连返回家乡。他照料拖连一直到了长城的张家口，此地距北京有 160 英里之遥。由于不准汉人进入蒙古地区，因此他只得告别拖连，让后者独自完成旅程。张家口的守将对他可称照顾周到，特别派一个士兵护卫他回来，同时也给他写了一封信，让他带回使馆。士兵把他送到首都的衙门，衙门的官员要求留下他的信。他可以立即前往使馆报到，信则明天送达。衙门本来也准备扣留他的行李检查，但在威妥玛先生的要求下，行李即时退回给他本人。这位老人家气色看来大有好转，大概是蒙长途旅行所赐。普鲁斯先生已下指示，聘他为使馆的听差。

6 月 5 日

天气持续向好，但早晨的强风往往吹得尘埃漫天，使人很难离开使馆外出活动。

我们每隔一段时间，便听到空中有一些声音，这些声音使人想起汽船或火车的汽笛鸣声。原来这些声音是由一群受惊的鸽子在天空飞过所发出的。人们在鸽子的尾部装了一种像哨子又像风鸣琴的东西。这个发声的东西用非常轻的木材造成，当鸽子在天空飞翔时，便发出一种像风鸣琴的音调。这玩意儿似乎是北京独有，我在中国其他地方还没有见到过。

中国署理总税务司赫德先生和皇家工程兵团的克莱门特斯中

尉（Lieutenant Clements）今天抵达使馆，他们是由天津启程前来的。赫德的到来是因为和总理衙门有事商讨，而克莱门特斯中尉则是为了淳亲王府的添加工程作计划和预算而来的。军医官边顿（Bindon）和敏纳（M'Nab）两人，因还没有来过北京，被允许陪同赫德二人来京。他们将于两三天后和高中尉一同返回天津。高中尉在北京的职务——负责使馆警卫——将由克莱门特斯中尉接任，后者将留在北京直至新的工程完成为止，这项新的工程主要涉及淳亲王府的非宫殿部分，这些部分迄今完全未有改动。

6 月 6 日

我在 3 月 31 日曾举例说明中文同音字有时可引出误会，因为中文字的不同音调可表示不同的意思，我并举出"ping"音为例①。有趣的是，赫德先生和他的朋友在赴北京途中，也因为这个音而吃了苦头。距今 3 天前他们到了一个村子，准备歇息一下。因为天气太热，他们想喝些冰冻香槟以醒神。赫德能够说非常流利的中国语，他问旅馆的店主是否可以给他找些冰（ping），店主说完全没有问题，于是赫德等人感到非常愉快。他们旅途劳累，疲倦十分，舌敝唇焦地盼望了半小时，希望可爱的冰早些时候到来。最后一个店小二出现，捧来了一个热气腾腾的烧饼。原来赫德把"冰"说成了"饼"，就像艾德坚先生把"山芋"说成了"鳝鱼"一样，一音之转，变成了另一样东西。赫德的失望更大，因为他们发觉冰只在北京城才有，那里有大量的冰供应以作消暑之用，一如天津城区一样，至于乡下地方，则便欠奉了。

---

① 在该天的日记中，我举出"ping"音的不同意思。这里让我举出另一例"pee-awe"，这个音可表示"錶"、"婊"、文表的"表"、"裱"和表白的"表"。

6 月 7 日

风静下来了，我今天下午和边顿及敏纳两位医官参观皇城。我们从东门进入，我向他们指出皇宫的东面入口。接着我们转往北面，绕过假山，转到西面城墙的南面，直至皇宫西北角的一座非常宏伟的喇嘛庙。过了喇嘛庙，我们继续向西走，到了一道宽阔的大理石桥。过了桥，景色豁然开朗。这里有一个风光秀丽的湖，湖边有几座庙宇。回程的时候，我们从城市的西面走回，在路上我们见到几个老年人在健步，手里握着铜球不停地转动。我想这大概是一种操练，目的是使手指柔软，以抗拒因年老而导致的僵硬。这种指操似乎又是北京所独有，我记不起其他地方也有这种操练。

6 月 8 日

威妥玛先生的文书宋先生，已经几天没有上班了（关于他，我以前已经介绍过了——他因家中发生大不幸而致精神有点失常）原因是要搬家到更方便到使馆上班的地方。他搬家的日子一再延期，因为他要选择一个吉利的日子。这个日子最后被选定了，而我们期望很快会听到他顺利搬家的消息。

今天下午"小的"告诉尼尔中校，说本月 11 日工人会提前放工，翌日更会放假，因为"这是所有中国人的'圣诞节'，他们当天不返工，不论是替外国人或中国人做事，都是如此"。但"小的"继续说如果我们要求工人回来工作的话，则须给他们双倍人工，以补偿他们假日的损失。本月 11 日，是中国人日历的第 5 个月的第 5 日，即是他们的龙舟节，这是他们最大的节日之一。我问"小的"这个节日的性质，他向我重复他告诉尼尔的话，便是这等同英国人的圣诞节。他继续用他的洋泾浜英语向我介绍这两个节日相同的地方，其大意如下：在该节日当天，中国人第一件要做的事便是拜神，然后去看戏或去玩，晚上则享受一顿特别丰富的饭菜，这便圆满地结束了当天的节目。这几点在性质上来说确实和我们的圣诞节十分相近，也是"小的"认为两者相似的地方。

6月9日

今天早上天气非常燠热，到了下午，太阳被厚密的云层阻隔，空气更为窒闷，室内气温高达华氏93度。下午6时半下了一场大雷雨，电光闪闪，持续了一个半小时。之后气温稍为下降了一点，但只是维持了很短的时间，不多久热浪又迫人而来。

文书宋先生今天恢复上班。他昨天搬了家，这天证明是吉利的，因为搬好家之后大雷雨才来。他说近来城中有很多病号，这是发生"瘟疫"的象征。我认为这很可能是一种热疹，和边顿医生告诉我的最近在天津军营流行的发热病相近。

6月10日

今天发生了打架事件，打架者是普鲁斯先生的两个中国马夫。肇事原因是工作上的纠纷，因为他们争着清洗马鞍。打胜的一方被吉布森先生送往官府接受惩罚（这我觉得有点多此一举），知县审查案情后，结果判这个马夫接受三十"小板"，立即执行。打的部位是使受罚者不能坐下，一坐下便痛苦难当。事件的结果是：这屈辱使受罚的马夫离开使馆，另谋工作。

6月11日

今天清早我和普鲁斯先生骑马到城市的北部。进入东面大街后，我们见到两边都有一个临时的菜市场。蔬菜不是放在摊档上，而是装在从郊区运菜入城的箩筐里。各种瓜菜都很新鲜，主要包括：生菜、黄瓜、绿扁豆、扁豆、小萝卜、萝卜、南瓜、葱和大蒜，杏和小黑李的供应也很充足。它们大概来自北京的南部，因为北部的气候尚未使它们成熟。

我们由安定门出城，越过了演兵场之后，向左转上一条横街，再走不远便到了俄国坟场。管理坟场的人和我六星期前来参观时的一样。我们走进她们的屋里，发觉保持得很整齐和清洁。普鲁斯先生指着墙上的一幅童贞玛利亚像，屋里的一个老妇人答是圣母像。在回程的时候，我们见到有人租了一个很大的棺材架，正在运送途中。这个棺材架由 40 个人担抬，扛夫都头戴黑色绒帽，形状像理发室的洗手盆，绒帽顶上插着一条约 8 寸长的红色羽毛。

我们骑马在北京城的街道缓缓而行，并随便看了看北京的房屋。表面看，这里的房屋由木造成，但其实不然。我们之所以有这样的印象，是因为所有商店及大部分的住房的前面都有木架装饰，但事实上屋的旁边和后面都是砖砌的，颇为坚固。

6 月 12 日

今天早上还未到 5 时，法国公使布尔布隆先生和夫人、普鲁斯先生、威妥玛先生、布维尔上尉、海恩先生和我便启程前往八大处。八大处在北京的西面，我在 4 月 26 日的日记中已描述过了。5 时 45 分，我们从西直门出元大都，7 时半便到达山脚下的寺院。阳光十分猛烈，温度也很高。到了第一座寺院之后，我们为布尔布隆夫人雇了一顶山轿。其他的轿夫，立即闻风而至。我们以位于八大处中间的龙泉庵为歇息地，这里非常整洁，一尘不染，而僧人也给我们提供了非常有礼和细心的接待。这里比山下的平原已高出很多了，可是热度仍超过我们的想象——大部分时间室内的温度仍高达华氏 88 度。

下午 3 时当太阳开始西斜时，我们在这里观望北京城，看到的景物非常清楚。同样清楚的是约距西山 40 里之遥的城西北的山脉。往南面看，极目远眺是通州的塔。转过东北面，在远处的山和我们之间的似乎是一片平原，覆盖着许多绿树。这单调的泛绿景色被一条四方的若隐若现的线条划破——原来这是北京的城墙。这个时候即使肉眼也可轻易辨认出北京城内的建筑：皇宫的瓦顶、城门上的牌楼、旧葡萄牙（现在叫法国）大教堂，等等。在北京和八大处之间，八里村（此村在北京西面 3 英里）的塔在浓密的树木中伸出它的头来，而在城市朦胧的外形中，还可见到胜保驻军附近的佛塔。天色十分晴朗，我们甚至可以数到皇宫屋顶的数目总共是 30 面，刚维修过的城市东面的城门，也因为它新鲜的油漆，而一下子便可以和其他城门区分开来。

6 月 13 日

道格拉斯先生聘请的中文老师，今天来使馆上任。这位老师姓杨，已经考取过功名，帽上有金色的顶戴。他是一个钟表修理匠的儿子，现在做工赚钱协助他的弟弟读书考功名。通过道格拉斯，我和杨先生谈了北京的货币流通的情况。他说北京的通行货币问题越来越多，主要是因为铜钱贬值，导致人们越来越不满。北京的大额钞票和专用货币的源起如下：大约 9 年前户部开始回收小钱，代之以一种面额较大、专门在北京流通的钱币。这种新币的价值是旧币的 10 倍，而同一时间户部也宣布限日禁止旧币流通。户部这一措施迫使人们使用大额钱币或纸币进行交易。大额钱币在原先发行的时候便成色不足，虽然新币的面值是旧币的 10

倍，它的实际价值却低于此数。而更大的问题是，每次铸造新币，其实际价值再次缩减，现在它的实际价值只是从前的旧币 3 钱而已。因而人们用新币付钱时，他们须照价付 3 倍以上；换言之，如果他们用新币买东西，商人只按它的含铜值计算，即他们要多付差额。又或商人把价钱按比例提高至新币的真正价值，这亦是跟上法一样，只是换另外一个形式而已。目前，20 纸钱折算 1 铜钱，而 750 铜钱所买到的银相当于 1 墨西哥币所买到的分量。一般人相信皇帝不知道铜钱贬值的事。

杨先生也讲到许多人对西方有误解或故意误导。在他来北京之前，有人告诉他，只要北京一天有洋人，一天他都不宜在北京居住。但现在这些人都羞于或不愿告知他真实的情况。他认为一般市民大众对洋人有好感，虽然他们曾经非常惧怕洋人。可以说，他们现在已没有这种戒心了。

我问他这个城市的卫生情况，发觉他和宋老那天和我讲的一样，即现在北京流行热疫症，患者身上出现红斑点。如果红斑散发得顺畅的话，则病人危险不大；相反，如果红斑被压下去或转入内脏，那么后果便十分严重。关于种痘防疫，他说北京已经有这种防疫法了，但仍未被普遍接受，因为人们对它的有效性仍然有所怀疑。至于他本人，则已经接种了，因为现时他母亲表兄弟那一家已有人染了天花。4 个孩子当中，两个没有种痘的已经染了病，另两个有种痘的则仍然平安无事。

今天我也得到了许多关于北京官报[①]的消息，更正我以前的一些错误看法。官报不是政府印行的刊物，它只是得到政府允许的报道政府行政的刊物。官报内容由政府官员提供给印刷商，以换

---

① 关于北京官报的起源，并没有可靠的资料。它的长远的历史则无可怀疑，可溯至 1366 年灭亡的宋朝（译按：原文如此，有误）。

取一些个人金钱上的报酬。北京官报和政府的关系只限于发放非机密资料，那些不准备公报给大众的国家文件并不会在官报上刊登。收取到机密文件的官员必须小心，不能泄露出去。官报所登的消息非常确实，虽然它只是半官方式的。社会大众（不仅限于北京，而是广及全国）都很喜欢阅读官报，人们都盼望新的一期出版，就如英国民众在有重大政治事件发生时渴望读到《泰晤士报》一样。

定期发行的北京官报有 3 种版本：一种是红封皮的，页数最多，隔天出版；一种是白封皮的，每天出版，详尽报道人们所关心的新闻，补充红封皮官报的简略。事实上，白封皮官报可称是一份日报，而由于它基本上在传达政府的声音，它可和我们的环球报（Globe）相比。第三种版本是上述二者的平价精简本，是为较低下的阶层出版的。

在上一期的红封皮官报中，有一条通告是关于把几个官员降级的，因为他们被太平军打败了，失去了浙江省的一个沿海市镇乍浦。此外，有一个报道，说胜保的军队已开入山东清剿叛军，业已取得一个重要的胜利。还有一个报道是关于一宗乱伦和谋杀案的，报道说该案正由都察院办理，涉案者会被严厉处罚。案情大概如下：一个男子长期和姊妹乱伦。他不久前和一妇人结婚，但婚后他仍然继续他的乱伦行为，这事被他的妻子发现。男子和他的姊妹计谋逃走，但事机不密，给他的妻子发觉了，于是报将官里。都察院已经审结此案，将禀告皇上裁夺，然后施刑。惩治乱伦罪的刑罚是死刑，而且很可能是残酷的死刑。

白封皮官报对这个乱伦案件有详细的报道，同时也刊登了皇帝对这个案件的谕旨。除此之外，白封皮官报也报道了一件非蓄意伤人的兄弟命案，起因于对一件事情的争执。详情是这样的：有两兄弟相邻而居，其中一个兄弟的房屋因日久失修，需要拆掉重建。在取得官府批准后，该兄弟（甲）便拆掉旧屋，在原地另建一座新屋。但他的兄弟（乙）却指甲的新屋侵占了他的土地。两兄弟因此发生口角，争吵越来越激烈，最后演变成动武。纠缠间，其中一人抄起一条铁杆向另一人袭击，打破了他的头，延医医治两个月无效，最后死亡。都察院已完成审理此案，禀报皇上定夺。

在所有的通告中，还有一则是关于中央政府发给一个调查团的训示的。这个调查团受命研究辽东湾沿海的防务情况，并给出报告和建议。训示同时命户部和兵部落实调查团的建议。此外，也有一个通告是奖赏有功人等的，受赏的是在山东羖平匪乱中表现勇敢或参与剿匪事务的人。

官报不是正式的政府刊物（至多只是半官方的刊物而已），但这里也有一种"红书"，每季出版一次，却是正式的清政府刊物。这"红书"包括6大卷，2卷关于军事，4卷关于民事，内容罗列所有主要官员在前一段时期的工作和报告。

"八里桥小贩"今天被升级为使馆助理门卫。这位老人照料他受伤的朋友的故事，实际上推翻了我们从前轻信的流言，说什么中国人的性格没有优点。我们越认识中国人的本性，我们越感觉这流言是多么的大谬不然。事实开始呈现，我们许多关于中国人的印象，是源自十分有限和带偏见的材料的，其情况有若一个外国人在瓦平①住了一些时候之后，便根据他的所闻写了一本关于英国人的书一样。

昨天是龙舟节，赫德和道格拉斯两位先生在北京城内策马参观寺庙，却被一群受节日气氛刺激而起来的人包围。这群人向他

---

① 在伦敦泰晤士河北岸的一个小区，以从事水手贸易为主。——译注

们发出嘘声，抛掷石块。正在不知如何是好的时候，有一名车夫勇敢地挺身而出制止群众的过火行为。这名车夫让群众不要生事，否则会连累整条街道受罚。这个警告证明有效，群众最后散去。今天赫德和文祥在官邸共进早餐，谈话间赫德向文祥提到此事。文祥说虽然毫无疑问群众的行为粗鲁不当，但那天是中国节日，外国人在城市范围外流连，实属不宜。特别是他们去的那个区域，是先农坛附近，那是人们在节日时赛马的地方，故此处人较多，情绪也较为高涨。

赫德先生和文祥连续开了7个小时的会。文祥对海关事务十分关心，希望得到更多的资料。在谈话中，他做了很多笔记。他很想让那些需要和洋人接触的中国人知道，中国政府聘请了洋人替它服务。文祥在北京有重要军职，统领3000禁军。他高度赞赏我们的炮兵，但却不同意毛瑟枪优于两人扛抬的长筒枪，"因为，"他说，"毛瑟枪或来复枪的构造特点，是只能从肩膀上射击，但长筒枪和火绳枪可以在面颊上瞄准射出，所以较为准确。"会谈时，恒祺有一部分时间在座，但期间他接到一个消息说他81岁的母亲感觉身体不适，希望见到他。于是他立即离开会议间，匆匆回家。文祥也催促他马上回去见他的母亲。当恒祺仍在座的时候，文祥告诉赫德一个消息，他认为赫德会很高兴知道这个消息，因为这代表一个很高的荣誉，便是："皇帝知道你的名字。"这点，我们确实喜欢知道，因为它有一定的重要性，那便是皇帝对国事的认识，比我们所知的为多。

赫德先生颇同意我的一个逐渐形成的观点，便是现政权不像我们一向所认为的那样脆弱。它有足够的力量恢复元气，但最重要的是能够采取有条理的步骤消灭南方的叛乱。赫德认为如果清廷能够收复南京，整个叛乱便会垮台，而南京也将会恢复它往日的重要地位。还有的是，叛乱之所以能够拖得这样久，是因为清政府在战场上未能给叛军以致命的一击。到现在为止，许多所谓的"胜利"，是在以下的情况下得到的：清军和太平军的将领私下达成协议，由前者给予后者一笔金钱，换取清军迫近时太平军的立即撤退。接着清军宣布取得大捷，向朝廷领取奖赏，而奖赏的数额远远大于他们给太平军的金钱。这使得整个投资非常有利。

除了缺乏足够的杀伤性武器以外，清廷未能成功打败太平军的另一个原因是，虽然太平军防守力量薄弱，但清军并没有利用太平军这个弱点。他们面对太平军时，往往趑趄不前，保持距离，有点相持以礼的样子。因此，当两军对峙时，本来应该有一场大战，却因为大家都无意去打，于是便互相走走过场，或只是打一场伪战便算了。例如一团步兵对马兵，步兵打防卫，做法是 10 人一组，每组以 9 人围成一圈，中间 1 人为轴心。整个兵团都是这个阵势。战斗时，步兵轮番上前放枪。至于马兵方面，则也是上前退后，佯攻敌人，其实双方都避免接触。这样，演戏到了相当的时间后（其中或有些是被流弹误中造成的死伤）便一起收兵，并互相宣布已把敌人打退了。

6 月 14 日

据说北京人以运动著名，而我有时漫步街头时，也不止一次看到他们表现各种技艺，例如打筋斗和作出难度高的动作等。至于踢毽，我以前也介绍过了。对于北京人的娱乐方式，我最近看到一种抛石游戏，似乎也是北京所独有的。六七个小伙子围成一圈，把一块椭圆形的石块互相抛掷。这个石块体积相当大，石身安装了一个手柄，以便石块飞来时可以抓住。石块大概重 28 磅，抛出时在空中呈弧线飞翔，然后落下。小伙子于石块落下时抓住它，不让它跌落地上。就我所看到的来说，他们从未失手。北京人也很喜爱雀鸟，并以雀龄大小定出它的价钱。他们教雀鸟模仿街道上听到的声音。尼尔中校今天买了一只，叫价4元。这只鸟属于歌鸲的一种，称模仿鸟。它发出的声音可称是大杂烩，包括狗吠、猫咪、鸡啼、鹰啸，以及空中风筝、英国木偶（中国版本）的呼声，等等。

6月15日

淳亲王府的院子都铺好石板了，但为了减少日光的反射和热的辐射，我们几天前决定把"使馆大院"的砖砌建筑拆掉，代之以一个庭园。清拆工作已经完成，除了两条交叉小径之外，整个院子已无砖砌路径了。在一个中国园圃工头的监督下，工人在地面上每隔一小段距离便挖一个小洞，准备栽种植物。今天工头带来了许多园丁，把杉树的幼苗种到这些小洞里。杉树的树枝被草绳紧紧地裹着，以防在运送途中受到破坏。树根连泥用席子包好，也是用草绳裹紧。这些席子和草绳都没有拆开，而是和树苗一同栽在洞里，然后填满软泥，再洒上大量的水。据说席子捆着的泥，吸收了席子外的水之后，已可即时给树苗足够的养分，而日后席子本身也会溶化掉，成为树苗额外的营养。

使馆收到英国外交部的通知，说有6名翻译学生将随7月的邮件出发，到北京接受训练。皇家工程兵团的克莱门特斯中尉将安排这些学生的住宿事宜。今天早上，有20个木匠已开始为这个安排进行工作。因此目前使馆有两项不同的工程在进行着，一项仍然由尼尔中校负责，即使馆原定的改建和装修。"小的"要同时为他和克莱门特斯作翻译。为了方便克莱门特斯需要时可以找到"小的"（有时这并非容易），我们教他念"小的"的原名：卢涌泉。

"小的"这个名字，是卢以前让英国人称呼他的，但他现在有点抗拒。因为随着他的地位的提高，他觉得这个名字不适合他了。他现在喜欢人们叫他的本名。

下午赫德先生和恭亲王在总理衙门开会，其他的人只有文祥在座。恭亲王就海关事务垂询甚详，并请赫德不要怪他问了这么多幼稚和简单的问题。他说事实上他一向都没有过问海关事务，而对于一般的商业事宜，他直到近来被迫担当现职之前，都没有为这些事费神。正当会议进行时，恒祺进入会议室。恭亲王和文祥立即问候他母亲的健康。恒祺说，病况并没有起色。恭亲王和文祥见到恒祺愁容满面，说他无须开会，可以回家侍候母亲。但恒祺说今天有几项事务他曾答应出席讨论，所以他还是应该勉力而为。但谈了一会之后，恭亲王留意到他有点神不守舍，遂命他离开。恒祺于是遵命离开，回家看他的母亲。他详细告诉赫德他母亲的病况，忧心之情，溢于言表。恒祺现年 60 岁。

6 月 16 日

恒祺的母亲昨天晚上逝世。为了守丧，他要停止公务 100 天。人们现在纷纷给他送来吊唁册和祭丧物品，这些物品将在丧礼上使用。

天气是越来越热了。正午的室内气温是华氏 106 度，但中国人似乎喜欢这个温度。只见他们光着头在太阳底下到处走动，毫不在乎。67 团的伍芬顿上尉（Captain Worthington）和罗斯医生（Dr. Ross）今天从天津抵达北京。他们对北京的酷热天气感到吃惊，因这儿比天津还热，而天津已使他们热得难受了。

今天早上，尼尔中校看到一个穿着白色衣服、摇着折扇的肥胖老人跟着"小的"在使馆内走动。老人打扮斯文，原来他是"小

的"的父亲。他在圆明园工作，上司是主管圆明园的官员。尼尔
告诉我，"小的"的父亲待在那里，看着他的儿子操着英语，非常
神气地对工人发号施令，不胜喜悦和诧异。王府的改建和装修工
程，现时已成为北京的胜景之一。每天都有贵人来参观，这些都
由承建商钟先生接待和介绍。此外，我今天见到钟先生的记账员
到处收集工人的一块小木牌。木牌是前一天傍晚发给工人的，作
为他们的身份证明。他们早上上班的时候，入门时须展示这块木
牌。到傍晚走的时候，他们交回木牌以示完成一天的工作。于是
记账员便把他们的名字记下，以便日后计算工资之用。这个记账
方法十分有系统和先进，可以准确无讹地统计工人的工资和伙食
人数。

6 月 17 日

热浪继续袭人。曾在西印度群岛和印度服务的罗斯医生说除
了有一天在圣汤马士之外，他记不起有任何的日子像今天和昨天这
么热。今天日间室内温度是华氏 101 度，而晚上任何时间都在华氏
86 度以上。但中国人似乎仍然处之泰然，唯一反映他们也感受到
热力的迹象，是午睡多了和时间长了，而且每天都睡。

使馆现在需要大量冰箱。这些中国冰箱呈四方形，木制，包
了铅皮，双重掀盖，中间有一小孔。冰箱内放冰，通常是一块大
雪。人们以之降低茶和酒的温度。他们也把冰箱放在客厅中间，
让房间较为凉快。

赫德先生今天向我提到，在他前往北京经过大沽的时候，有
一个县官很想移走白河河口余下的铁桩，这些铁桩我们去年没有
拔除挪走。这个县官愿意拆去这些铁桩，报酬是拆走的铁桩归他
所有。但他暂时仍不敢进行拆除工程，因担心他的政府认为此举

是对英人的敌意行为。因此他希望英国政府向中方反映，河口的所有障碍物必须清除，以免阻碍航运。当英国政府得到中方同意后，他便可迅速完成拆除工作。他并向赫德解释大沽炮台后面的堡垒建筑，并非为了对付英国从那方面的进攻，而是为了防止本国士兵的误闯——这我怀疑是逃跑的一个委婉的表达。

威妥玛先生上次探访总理衙门的时候，恭亲王曾表示希望对英诗有些认识。于是威妥玛给他用中文译了"Auld Lang Syne"（友谊地久天长）和"Childe Harold's Farewell to his Page"（海罗德公子游记）。

6月18日

由于酷热，我们决定入乡随俗，采取此地流行的防热措施——把各个院子用栅架和席子遮蔽起来。今天我们和一个栅架商说定，用一个最美观的方式把使馆院子遮盖，价钱是500元，暑季结束时他拆走和收回所有的材料。在北京，以借用方式供应栅架和用席子遮蔽院子是项大生意。

木匠的管工是个颇为聪明和精力充沛的人。因为他总是拿着量尺四处跑动，我们叫他"瞪羚"。他替现在的老板（钟先生）服务已经10年了。钟先生似乎在元大都从事两门生意，一是殡仪生意，专造棺材，一是普通的木工和建筑。"瞪羚"的收入是计取"头钱"，即每个手下的工人他每天收取200钱。说到建筑，我今天问"小的"，他有没有听到圆明园重建的消息，因为他父亲和圆明园有关系。"小的"说现在中方还没有计划重建圆明园，因为不论皇帝或政府，现在都拿不出钱来做这件事。

昨天布尔布隆夫人骑马外出。这可以说是首都北京第一次有西洋妇人在街上乘马。我和赫德闲聊的时候无意中提到这事儿，

他就着这个话题告诉我最近在上海发生的一件事，这件事可反映
中国人的机智。他说有一个中国人从乡下到上海的洋界，见到（这
是他平生第一次）一个洋妇人坐在马背上，他问他的城市朋友这
女人的另一条腿哪儿去了[①]，他这位朋友喜欢说笑，告诉他这女人
是女蛮兵的首领，她的一条腿在打大沽炮台的时候被打断了。

6 月 19 日

本月 13 日我曾提过的那位姓杨的老师，已经开始为道格拉斯
授课了。我今天和这位杨先生继续那天的话题，谈到北京的卫生
情况。他说发热病在城市内仍然流行，几天前他住的那条街上便
有两个人因此而死亡。我问他这个病的传染情况，他说如果和有
这种病的人同住一个房间，那便相当肯定会被传染，因此现在的
做法是，尽量把这些病人隔离。我表示有兴趣看看这些病人，并
问他有没有这些朋友可以让我探望一下，而如果他们愿意让我治
疗的话，我很乐意尽我的力量。他说他完全不会怀疑有很多人愿
意让我看病，但是他们有顾虑，便是让人知道有洋人探访他们的
话，可能会带来麻烦。他说既然我提出愿意给人诊病，他会带一
个朋友来使馆看我。他这个朋友现在正受着一些皮肉之苦，并曾
向他探问过我这个洋医生有没有办法医治他。至于他那天提到
他母亲表兄弟的两个儿女染上天花的事，他说他们已经病死了，
但另外两个接种了牛痘的儿女，则到现在仍没事。

他提到一件和北京卫生有关的奇怪事情，便是天气酷热时往
往会引发一种病，这种病根据他描述的情况，我想必然是一种医
学上称为自发性破伤风的病。这种病不一定由身体上的伤口引起。

---

① 因为她的两腿在一边而非跨坐。——译注

天气越热，发病率越高。治疗的方法是大量放血。杨先生给我比画手臂上放血的地方：手臂弯、前臂中间和手腕。在有些情况下，除了在手臂放血外，也从心窝部分放血。

以铜钱刮痧是北京人经常采用的、应对生理上过热（阳性）的方法（另一极端则是过寒——阴性）。杨先生告诉我一个例子，他本月 15 日感到全身不舒服：头痛、皮肤烫热，并展示其他发热征象。他立即回家用铜钱刮擦他的胸口和双臂，造成蓝淤，热毒由是得以宣泄，他很快便没事了。

"小的"和油漆承包商人今天早上带一个老人来见我。这个老人双眼差不多完全失明，而就我的诊断来说，他的问题似乎是在视神经方面，进行手术于事无补。我给他开了增加体力的药方，但我觉得大概没有什么功效。

6 月 20 日

今天早上威妥玛先生问我可不可以给他的文书宋先生看病，因为宋说感觉不适。我与宋就他的健康问题谈了一会儿，他向我提出一个相当怪异的问题：我有没有药方可以把他的胡髭染黑，因为他虽然只有 50 岁，但他的须发全白了，让他的外表看起来很衰老。我说西方国家是有这些药方，我也可以给他配制一些，但我向他强调不要用，因为这些药方不会抑止白发生长，因此除非他经常用药，否则无论他把白色胡子染得怎样乌黑发亮，过不久便又会变成不灰不黑，反而不美。宋先生最后说听过我的话之后（以前从没有人跟他这样说），他会放弃这个以人工对抗自然的念头。

接着宋先生问我中文学习进度如何，我告诉他进度是零，因为有很多事务占去我的时间，同时我也未敢贸然开始学习中文这一异常困难的事。宋先生说如果我每天学习三四句中文的话，一个月之后我便会发觉学习中文不是想象中那么困难。

我们再谈到京城的卫生情况。他说如果屋内有人染了天花，他们便会在门外挂出一个牌子，警告人们不要进内。现在城市内仍然有许多这样的牌子。牌子上写有 4 个字——"感染天花"，以便人们懂得提防。

中文老师张先生仍然没有消除他对我们的军官的不满。针对最近第 67 团伍芬顿上尉和罗斯医生的来京访问，他向赫德先生表达了他对这两人的行为的诧异。他说伍芬顿和罗斯来北京的时候，一路上对所有相遇的女性都致敬，他对此不以为然。他说这种行为中国的有识之士都会认为大谬不然。张先生之所以知道这件事，很明显是车夫向他提供的消息。张向车夫打探这两个军人在路上的行为和风俗表现，得知他们遇见任何女性时，都拱手说"请请"。我则认为这和我们说"早安"一样，并无什么不妥。

为遮盖院子而搭建的棚架工程进展十分快速。主柱已经竖起来了，现在是搭架，用的材料是轻便的竹竿，每条相隔约 2 尺。这些竹竿的作用是给席子作框架，因此是席子的支撑。席子相当坚固，是两块叠成的，席边用竹篾捆牢。席子有些是绑紧的，不可以掀起，有些却是活动的，可以像窗帘一样用绳拉起或放下，以便根据天气的情况（日光、下雨、温度等）打开或遮蔽院子。工人所展现的聪明和技术使人叹为观止。他们像猴子一样灵活地在 40 英尺高的棚架上活动自如，又像松鼠似的手脚并用在竹竿上爬上、滑落。羊腿形状的腿在油滑的竹竿上，必然很难和北京的搭棚工人竞赛。整个棚架的结构只是用竹篾来固定，结扎时竹篾多出的部分被折断丢在地上，清扫时又非常省事。在工人晚上收工离开时，有几个小童把这些竹篾余屑拾起抬走。

中国工人很善于把物料用抛掷的方式向上传递，我今天便看到搭棚工人使用这种技艺。这使我想起曾经见过一个泥水工人，把一个装满水泥的铲，连铲带泥向一个站在屋顶上的工人抛去，而这个工人也居然能够滴水不漏地把铲接住。糊墙纸工人也有这一手，他们可以把一张涂满胶浆的墙纸，抛上给另一个工人以便即时裱在墙上。他们裱墙的墙纸质地很好，最常用的材料是缎子。这些墙纸不像我们的是卷起来的，而是大约 12 英寸乘 10 英寸的四方块。糊纸时一个工人站在桌边涂胶，然后很熟练地把纸抛向在上面的工人，上面的工人则负责把纸贴在墙上。

由外交部运送来的一幅女皇大型油画，连同镶金画框，今天下午在一群北京木工的环伺下解封了。在尼尔中校和"瞪羚"的监督下，油画从搬运箱中取出来。警卫处的士兵，听到油画正在解封，出于对女皇的尊敬，都走出来自告奋勇地把它搬到悬挂的房间。画框取出来的时候是分散的，需要重新组合。这点中国工人很快便做好了，反映他们高度的领悟力。皇冠用螺丝钉固定在画框的上部，而画像也很恰当地装入画框里。这画是由海特尔爵士（Sir George Hayter）画的，画像真人大小，女皇坐在皇座上，手持权杖。这个消息在几分钟内不胫而走，传到在王府工作的 200 多个工人的耳朵里。他们鱼贯而来，要看看英女皇的真面目。当他们饱览画像离开的时候，都举起拇指称赞说"十分好"。"小的"告诉我，棚架承包商起初以为这是"英国女神"，经他解释后才弄清真相。

恒祺的母亲将于农历第五个月第二十八日举殡，即我们的 7 月 5 日。普鲁斯先生给恒祺致送了慰问卡，威妥玛先生亦作出同样的表示。恒祺回礼，他的谢简是浅黄色的，下款署了"孤哀子"。中国一般的名片是红色的。在葬丧礼仪中，我们戴帽表示哀悼，中国人则以鞋作哀悼，而白色是他们丧葬使用的颜色。

第八章　窃案

6 月 21 日

昨晚一个胆大的贼人走进道格拉斯先生的房间，从他睡着的炕上偷走了他的几个旅行皮箱。贼人把这些皮箱拿到附近一个院子里，把它们砸开，偷走了其中一个箱子里的 120 元，其他物品则丝毫没动。虽然使馆有许多装修工人在使馆内到处睡卧，但我们认为他们无可怀疑之处。偷窃者熟知道格拉斯先生的房间，而且也知道这些皮箱里藏有金钱。我们认为最有可能的犯案者是道格拉斯的一个中国小厮，他刚于昨天辞职回南方。

几晚前文翰先生的表也被偷了，情况看来也和中国装修工人无关。在过去 3 个月里，我们这里有数百名装修工人在使馆内工作，整个期间我们没有失去一件东西，可证明这些工人的操行是无可怀疑的。文翰先生最近请了一名中国基督徒做他的仆人（这人是罗马天主教教会推荐给他的），而这之后他的表便不见了。情况是这样的：他回到他的房间睡觉，进入洗手间之前他把表放在睡房的台上，几分钟后他回来表便不见了。拿走他的表的人应该对他的睡眠习惯有所了解。我以下的话虽然使人感到丧气和耻辱，却也是事实，那便是在东方人中，信教者越多、与白人接触越多，则越多的成为狡猾之徒，这两者好像成了一个正比。唯一的解释可能是，他们的贪婪是因为他们见到从没有见过的物品而生出来的。同时另一点是，在受雇于外国人期间，他们有太多的机会把那些物品占为己有。这个观点可称已深入本地人的心，因此他们从不聘用本地基督徒替他们做工。

道格拉斯先生的被窃，促使我检查那些由天津运来的装载军人补给药品和"宁神"物品的箱子，发觉有一箱白兰地酒不见了。这一定是在过去3天内被偷去的。中国工人看来与此没有关系，因为在11个外表看来一样的箱子，只有那个有英文BRANDY（白兰地）标识的箱子被拆开，而要拿出这个箱子，必须要搬开几个拦着的箱子才行①。

我今天搜集到了一些装修工人的工酬资料。承建商由英国政府付酬，计算的方法是每5个工人1元，即每个工人每天3000纸钱。承建商需要每天供应工人3餐饭食，包括（不定款式的）蔬菜、茶和饭，每14天提供一次较丰富的有猪肉和馒头的晚餐。这些饭食并非免费，承建商在工人的工资中扣1000纸钱，或37北京钱（相当于3个便士花令②）作为食用。所有工人的饭菜都一样，工人们分开不同的桌子吃饭，同时根据各自的能力加点小菜，因为承建商所供应的，只是最基本的食物而已。

除了饭食之外，普通工人每天还收到500纸钱工资，即19北京钱，相当于6.5个花令。木匠和水泥工人薪酬较高，他们每天可得到1400纸钱，或52个铜钱。每隔5天，每个工人，包括普通工人在内，都可得到赏钱200纸钱（约1个便士）以作买烟之用。通常父亲和儿子都一起来工作，普通的工具由工人自备，较特别的则由承建商供给。承建商在工人晚上收工前派给他们一个木牌，工人在第二天返工时要把这个木牌展示给门卫看，否则不准进入使馆工作。下午时承建商的记账员会收回这些木牌，以证

---

① 后来发现，偷酒的是使馆的警卫。

① Farthing，英国旧币。一先令相当于一便士的四分之一。——译注

明工人有来开工，并以之计算他们的工资。

6 月 22 日

今早杨先生带了一个亲戚来见我，请我为他治疗腿上的皮肤病，这毛病已困扰了他一段时间了。我察看之后，发觉跟恒祺的问题一样，主要是因为药物不当而引起的皮肤过敏。我给了他一些简单的指示，并让他 3 天后回来复诊。他说他会依时回来，并千恩万谢而去。

杨先生的亲戚走了之后，我跟他谈了一会。他告诉我近着皇宫的那个山，即金山，是由煤堆积而成的，原来的目的是贮备，以便皇宫被困时有煤可用。后来人们用泥土掩埋了煤堆，并在其上种植树木和建造庙宇，遂成为目前这个样子。它从前叫煤山，现在则称为"光山"或"景山"。几年前当外国士兵在山脚驻扎时，人们日夜提心吊胆，因害怕士兵生火。我问到这座山的历史出处，他立即查阅他的藏书，这部书有 40 卷，名字叫《日下旧闻考》。根据此书记载，金山是在明朝堆成的，它原来是个贮煤的地方，准备万一皇城被围困时有煤可用。而山上的 5 个小庙院是在乾隆十六年 ① （1751）建成的，亦即在 110 年前。金山属于皇宫禁地，是皇帝登高散步的地方。

这部书也有介绍皇帝的狩猎场，这个狩猎场我们以前也说过了，其位置是在城市的南面。它被称为"南草原"或"大海原"。狩猎场聘请了 1600 人管理，它由 40 里长的墙围起来，据此即每人约管24 亩的土地。1 亩相当于我们的一个 acre，大约是 1000 平方码。

---

① 乾隆是现今皇帝咸丰的高祖父。他 8 岁登基，统治中国 60 年，于 68 岁时退位。1795 年他 61 岁时，接见了马戛尔尼勋爵（译按：据资料，乾隆接见马戛尔尼的年份是 1793 年，是年他 83 岁）。

这部《日下旧闻考》是由康熙帝授命翰林院编撰的①。康熙本人文才很好，曾经主编字典。他于1742年退位，但本书的撰述不因他的退位而停止，而是历经几任皇帝，到咸丰皇帝父亲那一朝才完成。

6月23日

中午前普鲁士使团参赞布兰特先生（Herr von Brandt）来英使馆探访普鲁斯先生，告诉普鲁斯他和使团另一要员伯克先生（Mr. Berg）及一些随从已经到了北京，而且居留的地方正好是英使馆的隔邻。他们的到来，是为伊仑堡伯爵作准备，后者将于一两天内抵达北京。伊仑堡因为在天津未能和中方官员达成协议，因此决定来京一行，期望打开中方的谈判大门。

布兰特抵京的情况如下：昨天晚上他和伯克，由一名普鲁士海军陆战队军官和数名中国南方的仆从陪同到达北京。一路上并无阻滞，因为自从中国和英、法签订条约后，外国人可自由进京。他们到达之后，便径自到俄国使馆去（他们之前似有联络）。他们勘察了英使馆旁边那座空屋（淳亲王府的一部分，但与主体分开，10年前淳亲王把这座府第送给他的一个兄弟），认为地点适合，便告诉负责人，说既然这座屋子放租，他们愿意租入，立即生效，并把屋里的人清走。他们昨天晚上已在那里住宿。今天一早，有一群北京官员在屋里等候他们，向他们了解情况，但由于没有翻译在场，彼此未能沟通。但布兰特等认为没有翻译是好事，他们的目的是拖延时间，以等候伊仑堡的到来。我认为普鲁士使团这个做法很不明智，因为这会使外交关系陷于复杂。文祥今天派人

---

① 原文如此。——译注

送来消息，说希望会见普鲁斯先生，这无疑和这件事有关。鉴于我们和普鲁士的关系，我们很难说服中方这件事完全和我们无关，他们不会相信我们没有教唆普鲁士人这样做。普鲁斯先生对这件事不置可否，他也没有认同布兰特的做法。他只是邀请布兰特和伯克过来和他用餐，直至他们另有安排为止。

6 月 24 日

今天早上我探访普鲁士使团的宿地，发觉到处破破烂烂，需要大规模的修理才能居住。我们的承建商钟先生，在俄国人的引荐下，已经接了这项维修工程，现在已经有约 30 名工人在工作。除此之外，还有若干的糊纸工人已开工。"小的"也被引介给普鲁士人，现在正协助他们购买 20 张台子和 50 把椅子，以便给初成立的普鲁士使馆使用，这被认为是"至紧的事务"。"小的"是以特聘的身份为普鲁士使馆做事的，但是我们必须小心以免他介入和中国政府的纠纷，因为他可能被检控协助和教唆外国人非法逗留北京从事侵略活动。尤其是涉及金钱方面，我们担心"小的"头脑过分发热，处理不当。

下午总理衙门分别向英使馆和法使馆请求提供翻译，因为他们今天稍后会派出官员和普鲁士人会面。两使馆立即表示同意。英方将派出道格拉斯先生，而法方的翻译将是布兰察先生（Monsieur Blanchtet）。不久，一位年轻有礼的白顶戴清朝官员（他是恭亲王的随员）来见布兰特等人。他说奉恭亲王的命令，请他们马上返回天津，因为朝廷的规例是只许与中国签约的国家的人民进入北京。布兰特等拒绝离开，说他们是奉本国大臣之命来北京，在未收到这名大臣的指示之前，他们不能离开。清官员接着问贵国大臣几时来京，布兰特等回说不知道。同一时间，文祥也就这事到访普鲁斯先生。他对普鲁士人擅自闯京非常不满，斥之为土匪行为，并说中国绝对不会屈服。他继续表示中国将会采取行动制止伊仑堡前来北京。

北京的警卫成员包括1万名警察、7万名旗兵及其他武装力量。这总共8万人的武装归由"九门提督"指挥。现在的九门提督是郑亲王端华，他是肃顺的一个亲兄弟（肃顺我在以前介绍过了），目前在热河陪伴皇帝。皇帝可称现在在他们手上，他们可以为所欲为。端华不在北京的时候，皇都的警卫暂由文祥管辖。

6月25日

今天早上一支1500人的军队结集在安定门前面的演兵场上。他们在那里搭起了许多兵营，色彩缤纷的军旗迎风招展，好不威风。主帅的营帐鹤立鸡群般地竖在一个小山上，士兵们正在营帐前列队等候主帅的到来。不久，将军乘坐他的专车驾到，而在车上还见到他正阅读一本书。他下车后，立即走向他的营幕，其他在场的将官都趋前迎迓，并互相敬礼。当主将在帐前坐定后，士兵们开始射击演习。就以射击的准确度来说，部队的表现都很好。这队士兵是奉命来到这里戒备的，以防普鲁士的水手和陆战队强行进入北京。我认为这不大可能发生，因为普鲁士没有攻关的正当理由。各处城门口业已派驻军警守备，阻止伊仑堡入城。另一方面，中方已作好准备驱赶城中的普鲁士使馆人员。看来，这次中方是绝不会让步的了。

就在这时候，被布兰特等霸占的府第的主人（据说他已向清政府投诉本月22日他的屋子被普鲁士人侵占的事），来到他的屋子与布兰特等谈判。他穿了黄色的官服（显示他是皇室后裔），头戴黄顶戴孔雀花翎官帽，由6个马兵侍卫陪同来到王府。他到处视察他的房屋，对各种维修工作，特别是在这么短的时间所完成的维修工作，表示十分满意。之后，他进入一个房间，和布兰特等人坐下来谈。他喝了一些葡萄酒，抽了一支雪茄，并问是否可以拿走桌面上的其他6支雪茄。之后他便辞别，似乎和他的"租客"没有闹出什么不愉快的事情来。

杨先生再次带他的亲戚来见我。3天前我曾给后者开了些药，我发觉他的情况已大为改善。赫德先生和他（也是姓杨）谈了话。原来他是胜保属下的一名军官，其职位相当于我们的少校，并已获得蓝顶戴，人们称他为"杨大老爷"。赫德问他为什么现在城内每晚都在使馆不远的地方开枪放炮，他说是因为军火库的藏量太多，所以主管军火库的人每晚都拿出100口枪施放。此举有双重作用，一是确保军械的性能，二是显示实力，安定民心。

6 月 26 日

今天早上，伯格先生基于他所收到的关于中方的行动的情报，很早便出发以期在码头的地方碰到伊仑堡伯爵（根据伊仑堡从天津启程到北京的时间，他今天大概在码头），向他报告事态的最新发展。另一方面，布兰特先生则继续清理房间，以使其适宜居住，这个进展亦颇称相当顺利。可是到了下午的时候，他们收到了伊仑堡伯爵的命令，要求使馆人员立即返回天津。下达这项命令并没有讲述理由，他们估计可能是条约的谈判转向乐观。

正当普鲁士人（布兰特、海恩及其随从）整装准备离开北京时，一个清政府官员来到英使馆要求见威妥玛先生，传达恭亲王的一个命令。这便是由于卢涌泉（"小的"）似乎和普鲁士使团的人有来往，他希望卢跟来人到外务部一行，以便了解普鲁士人来北京的目的。威妥玛先生这样答他："你可以带他走，但这里有一块木头，请你也把它带回去，因为你要问的问题，问这块木头和问卢涌泉，没有什么不同。卢先生和这些普鲁士人的关系，只是限于给他们买些台椅而已。"无论如何，"小的"被传召到威妥玛的办公室，威妥玛告诉他现在要上政治舞台了。这消息没有使"小的"特别兴奋，反而使他觉得有如大祸临头一样。

中方官员问"小的"是不是为普鲁士人招聘装修工人。"小的"回答："不，是俄国人替他们聘请工人。"当问到购买台椅的事时，"小的"把责任推诿给我，说是我介绍他给布兰特先生的，而布兰特委托他办理这事（这是一件肥差事，而"小的"是出了名的不沾没有油水的事的）。最后，"小的"仍然被命令去外务部报到，做个交代。而在去之前，"小的"很紧张地来找我，惊惶失措地告诉我他被传召去见恭亲王，交代那个美国人（海恩先生）来北京的事。"我不想去，"他说。由于他表现得十分恐惧，我带他去见他的直属上司尼尔中校。因为这时我还不知道"小的"和清政府官员在威妥玛先生办事房中的对话，"小的"的叙述并不能使我清楚事情的来龙去脉。可是在去见尼尔的途中，我们碰到了普鲁斯先生。普鲁斯说他知道清官员找"小的"是为了什么事，他认为"小的"不需要前往外务部解释。"小的"一听到这话，如释重负，紧张之情立即松弛下来。他马上回到工作的地方，并且整个下午都留在那里，勤奋的程度前所未有。事实上，有两三个小时的时间我们都看不见他的踪影，只是知道他在屋子里。他一直这样躲藏着直至确定清政府官员离开后才再出现。害怕被严刑迫供自然是他不愿意到外务部的主要原因，因为恭亲王左右的人必然已经告诉恭亲王，"小的"不会无缘无故和普鲁士人搞在一起。

布兰特先生在接近傍晚的时候启程回天津，而海恩先生则定于明天清早起程，其所携带的行李需要20部车搬运。要召集这

20 部车，他需要有人协助翻译，这又得"小的"帮忙。但"小的"这次学乖了，他在再次与普鲁士人打交道之前，先请示尼尔先生，问此举是否安全。尼尔告诉他只要他是协助普鲁士人离开北京，任何形式的帮助都应该没有问题，清廷大概不会因此找他麻烦。"小的"对普鲁士使团的帮助，让他得到了一些回报——他给使团购买的一批新的席子，现在归他所有了。另外，他协助购买的 20 张台子和 50 把椅子，使团也托他转卖，因为这些家具难以带回天津。

使馆的院子现在已经盖好了。它的设计是这样的：日落的时候两边的席子可以像窗帘那样拉起来，而篷顶的席子也可以卷在一边，这样晚风（如果有风的话）便可以没有阻隔地吹进院子里。

几天前我给宋先生开了一些普通的药水，今天他告诉我饮了之后效果很好，他现在的精神和体力相比以前大有进步。他说药水差不多喝完了，因为他也给一些朋友喝了，朋友们觉得药效很好。今天早上威妥玛先生告诉我，老宋给了他一些关于药物的劝告。老宋见到威妥玛在吃我开给他的药时，也吃一块面包以中和药的苦味，他请威妥玛以后不要这样，因为面包性热，对他身体不好。

今天我观看施工现场，见到泥水工人用一种和我们不同的方法打磨石块。我们工人用的是一个尖的凿，以槌撞击；中国工人用的则是一个装置在小铁锤内的凿，以一只手操作。而就我所看到的来说，中国工人的方法，即使比不过我们较复杂的方式，也绝不逊色。我也见到中国工人用以砍削砖块的工具，它的基本构造是一块两英尺长的木，中间的地方镶了一个类似铁刨的东西。这个工具当用双手操作时，可以把砖块的表面削平。如若再用打磨石处理的话，则砖块可以平滑得像最幼细的马耳他石一样。如果要把砖块裁小，则可将这个工具当作一把小斧头使用，把砖块裁成所需要的大小，这时候单手便可操作。

今天下午，有 30 名劫犯被押解入城。警备非常严密，出动了许多差吏和马匹，并由一个高级警官带领。在这些盗匪之中，对 9 个为首的的防范最为严密。他们的手脚被捆绑着，并关闭在囚车内，不过其被对待的方式，比起上次战争时的外国战俘为仁慈。把手和脚从后捆绑的押送方式，似乎只限于犯上作乱之徒。

我曾说过，北京处斩犯人的地方是在城市内。确切点来说，这个地点是在两条街道的交会处，一条是元大都南面靠西的城门的南北走向的街道，另一条是东城门通往西城门的道路。行刑时，差人先搬来台凳，让行刑官坐着主持斩刑。这些刑罚的执行每年一次，一般是在第十个月，那时一年中的案件已经审理好，量刑上有所裁定，皇帝亦已批准。只有在非常特殊的情况下，才会在其他时间执行斩刑。去年行刑时，只有 7 人被斩决，因为去年政治动荡，案件的审判和刑罚的执行只能匆匆完成。公历 12 月通常是执行斩刑的月份，夏天是很少行刑的。斩首时，如果被斩的人是一家之主，则他的首级会被示众，使他的家族蒙羞。因为中国人有浓厚的家族观念，此举会对其他人产生很大的阻吓作用。至于行刑的确切日期，则由皇帝决定。

6 月 27 日

赫德先生在中午前和恭亲王及文祥见面。恭亲王和文祥好像心情甚好，并对一份送来的文件兴高采烈地评论一番。赫德估计这份文件是由伊仑堡伯爵那方面送来，而文件中所提出的建议不符合中国的"礼"，因而使恭亲王两人感到好笑。他们告诉赫德与普鲁士国的商谈尚未落实，主要的争拗点是开放口岸和在北京设立使馆，这两点中方都不会同意。他们继续说会给崇纶严厉的谴责，因为他对布兰特和伯克两人的来京全无所知。赫德开玩笑地说恭喜他们在天津有一个像崇纶这样的官员，因为他非常熟悉西方的风俗，在批准伊仑堡等来京之后，不仅让他们早几天把行李送来，而且还给他们准备了住处。恭亲王二人听后即高声说："不，不，说得不对，事实恰恰相反。"以上谈话是在一个下属进来向恭亲王报告之后说的。这个报告说普鲁士国最后一批人，即海恩先生和他庞大的车队，已经于今天早上离开北京了。而他们曾停留过的屋子，除了他们做过的装修，已经没有他们的痕迹了。

赫德先生告诉我，在讨论海关事务的时候，恭亲王能够觉察到低关税可能带来的商业利益，这使他觉得奇怪。相反，一向思维敏锐的文祥却不能看到这一点，而坚持高税政策。恭亲王自认对商业一无所知，或仅知皮毛，这在某些情况下有其好处，就是他没有先入为主的偏见。由于他对这方面脑中全无成见，他可以马上根据常识作出判断。相反，深沉老练的官员却只能抱着他们的既有观念或他们的"道理"不放，而有所偏蔽。

赫德先生也告诉我他收到恒祺的信，约请见面。赫德说他知道是为了什么事。恒祺大概请他不要到处说清廷的地方大员积攒了很多钱（赫德先生正是这样宣传着），因为这会给他（恒祺）带来很多麻烦。而事实上，人们的这种想法已经使他损失了很多金钱。恒祺曾经担任粤海关监督 5 年（从 1854 年起），但在这段时间，有 1 年半的光景完全没有税务活动。中国官场似乎有一个做法是，当粤海关监督任满离职返回京都时，他必须在入城的时候给当值官员付出一笔相当于就任期间每年 10000 两的钱财，用以"孝敬"防卫京畿的九门提督。恒祺进城的时候付了 36000 两，对于没有货物入口的那段时间他坚持不付，否则他便需要总共付出50000 两了。此外，他回京后两次觐见皇上，每次都要付出银票

10000 两，让皇室拿去银庄兑换现银。皇帝这次离京前往热河时，恒祺第三次付出 10000 两。这即是说，自从他去年返回北京后，他已被"榨"出最少 66000 两了。

几天前赫德先生曾和恒祺的主要助手谈过话，内容提到中央官员对海关收入分配不当的问题。赫德曾问："你的意思是说恒祺回京后所付出的 66000 两是应该的？"他回答："是的，没有问题。账目相当正确，而所涉及的支出我们都经常查核。"我问在这样的情况下，他是否可以解释一下账目怎么能够算清楚。于是他向我详细介绍他个人认为账目清楚的原因。他说现时江河上的走私非常猖獗，因此有需要建造快艇和船舰加以堵截，但这涉及很大笔的金钱。这笔公费并非在中央官库中拨出，而是从关税中扣除，因此中央在事实上并无损失。如果这笔金钱不是由恒祺拿出来，便要向中央申请，到头来政府的支出会更多。所以，目前的制度对政府是有利的。

我们不相信皇帝不知道这件事。相反，他有意鼓励这种账目上的作弊，因为此举有如给他提供储备金，让他有需要的时候随时提取。还有另外一个好处是，当他间或需要用钱时，他不须调动内库，而是派人到海关索取——他遣人到粤海关催取金钱已是很普遍的事，而彼此的默契是这些支出不会见诸官方的文件中。大家同样有默契的地方是用这个方法挪走的金钱，内库不会归还。据说海关监督年中这样上缴的款项数目是非常可观的。从这点可知中国的海关大员所处理的事务之一，便是有计划地造假账。

就在赫德几星期前离开广州的时候，现任海关监督被命令购买价值约 3000 英镑的厚玻璃板，以为热河修建工程之用。这进一步证实了北京人的看法，便是皇帝不打算回京了。

恒祺自 1857 年起，便好像交了厄运。除了其他不如意的事情之外，在联军占领广州 6 个月之后，他和柏贵被软禁了 3 个月（柏贵是广东巡抚，叶名琛被囚禁在印度后，他被联军指定替代叶的位置）。事情是由巴夏礼所引起的，而世事巧妙的是巴夏礼后来被中国政府囚禁时，却是恒祺去探视他，并对他后来的释放起了一定的作用。

恒祺等被软禁的情况如下：广州被英、法占领后，联军统帅认为现今广州执政的主要官员可能会逃走，因此要设法阻止。但如果公开逮捕他们，则担心事情会闹大。因此，他们改用一个计谋，如下：他们邀请恒祺和柏贵到联军统帅部商讨事务，而在商讨的过程中，诱使恒祺和柏贵夸赞英国人的好处，并说因为他们和联军合作管理广州，而把自己置于水深火热之中。中国人把他们看成汉奸，在街道上辱骂他们。这时，时机成熟，联军的代表跟他们说，既然你们人身不安全，为了解救你们的危困，也为了避免你们被中国人视为汉奸，我们现在把你们扣留作为人质，而你们也应视自己为俘虏。听了这话之后，恒祺和柏贵两人十分恐惧。而事实上这样扣留人质的计谋，他们也会施诸他人身上，因此他们的感觉就更为强烈了。他们两人被软禁在联军统帅部的一个房间里，前后共 3 个月。赫德在他们被囚禁后的第一个早上看望他们，并问他们晚上是否睡得安好。柏贵说他不习惯睡觉的时候有人穿着铁靴、背着长枪在门前响个不停地巡逻。他们二人更异口同声地说，联军统帅这样辱待他们，让他们觉得生不如死。

恒祺母亲的葬礼，据说花费不赀，整个支出不少于 5000 两。现在他的家里挤满了他的亲戚和相识的人，而他的宅门将保持开放直至丧事完毕。这种殡仪的形式和爱尔兰人的守夜十分相似，只是它更为肃穆和仪式更多而已。

6月28日

昨晚大概7点钟的时候开始打雷下雨，电光闪闪，大雨几乎整夜不停。今天早上普鲁斯先生驾车外出，过了西便门，发觉那里本来宽阔易走的道路，竟然变成泽国。他的车子走到这里，河水的高度竟浸到了驴子的胸部。水流相当急，普鲁斯先生要费好大的劲才能把驴车掉头驶回去。这条道路可能已成为城市的总排水渠，把雨水从山区引到北京和通州中间的半人工半天然的河道去。

昨天威妥玛先生有事和恭亲王见面。在谈话间威妥玛说到普鲁士人已经全部离开北京了。恭亲王只应了一声，便转了话题谈威妥玛所戴的一顶帽子———一顶轻软的头盔。他说从未见过威妥玛戴这种帽子，这帽子一定十分轻巧和透风。威妥玛回说是的，并指出他们不剃头，所以他们对热的感知比中国人厉害。恭亲王说："既然这样，你们为什么不学我们剃发留辫？"威妥玛笑说："如果我这样，你会不会给我一个官位？"亲王答会给，如果威妥玛也履行他的诺言的话。

下午尼尔中校和我到城区游玩，也带了"小的"做翻译和向导。我们对他说要去古董街，出使馆不久，我留意到"小的"是往另外一个方向走。很明显，他的古董街和我们心目中的那条古董街并不相同。他带我们到市区西面的一条很长的街道去，这里有许多旧书店，也有为数不少的古玩店，它们所陈列的货品，其质素比起午门的为逊色，午门的古董店（虽然只有5间）才是我们想要去的。"小的"带我们参观一间古董店，店主捧出一个其貌不扬的白瓷瓶，说有1000年的历史。这瓶叫价100万纸钱，即66元。店主也向我们展示一些钱币，据说其年份超过1000年。

这些钱币外表虽是很古旧，但其造型和体积与今天所流通的却是一模一样。

我们在街道上碰见一个新娘，坐在一乘绯红色的花轿里，正被抬去新郎的府宅。照例花轿之后是包装艳丽的陪嫁品，可是却由衣着褴褛的童子担抬，其中有些更几乎身无寸缕，只是戴着一顶好像西方黑人戴的帽子，以一条红色的羽毛装饰着。这些帽子和这些人，似乎包办了红白二事。

街道上食店的老板，现在都有一种酸味的冻饮品出售。为了吸引顾客，他们用一对铜钹拍打着发出特别的声浪。在一个店铺里，我见到一个盲人卖唱行乞。他用一对竹板伴唱，有若埃塞俄比亚小夜曲中的骨板。午门附近有许多乞丐卧着，有些似乎是睡觉，有些则努力操持他们的本业，向人求乞。北京城到处都是人，商铺其门如市。

文翰和道格拉斯两位先生今天下午在皇室狩猎场附近骑马的时候，他们见到一条绿色和黑色相间、头部有红斑点的蛇。当他们正在注视这条蛇的时候，有几个农民走过来对他们说："人不害蛇，蛇不害人。如果人要捉蛇，蛇便会拼死反抗。这条蛇有剧毒，被它咬着，会很危险。"这些农民没有捕捉这条蛇，而是缓缓地引它返回蛇洞中。这使我想起使馆一个中国仆人对克拉尔先生说的话。这名仆人由于外表虔诚如宗教徒，我们称他为"和尚"（The Monk）。他见到克拉尔要杀死一条蜈蚣，对克拉尔说这条蜈蚣的心地是好的，如果你不侵害它，它也不会侵害你。

6 月 29 日

这个下午我和尼尔中校到元大都看商店。像昨天一样，我们请"小的"做向导。"小的"也是和昨天一样不惜工本装扮自己。他穿了一件称身的白色上海丝质长袍，足蹬深黄蓝色蛇皮鞋。我们到元大都的目的，是参观往安定门路上一条横街的古董店。这条横街的尽头便是鼓楼，每晚9时整都打鼓报时。由于路程相当遥远，加上烈日当空，我们经过一个公共车站的时候便叫了两部车，一部给我和尼尔，一部给"小的"。这些车子似乎不是为了装载两人而设计的，我和尼尔都坐得不舒服。至于车夫，则是坐在车把的一个小座位上。威尔德先生（Mr. Ward），一个美国的传教士，曾乘坐这种车子从天津到北京，他说这种交通方式使他一路上苦不堪言。我们觉得这有点言过其实。相反，我们认为可以接受①。驴子把车拉得相当稳定，速度也颇轻快。驴的挽具很坚牢，车夫的技术也很好。我们总共租了4小时的车，其间我们从一个商店到另一个商店，车资是1万钱，折算英币2先令又10便士，行走距离大概是7英里。

触目所见，在稍为宽阔的街道的旁边，都积聚了一汪汪的水。儿童在这里嬉戏，用网捕捉甲虫。有些儿童用绳绑着蝈蝈，像风筝一样在空中飞翔②。现在的季节，看来是昆虫最活跃的时候，因为我们在街道上还见到和这有关的行业。有些摊档展示了一些纸折的模型，例如独轮车、小马车、人骑马等，这些模型都能在台面上快速地移动。动力的来源是一些大黑甲虫，以独轮车来说，轮子由甲虫充当（甲虫被针钉在车上），让它拉着模型走。老板把一两只这种甲虫作为样品陈列，让它们在台面上走来走去，其他一大群的甲虫则放在笼中，当有人买模型的时候便从笼中拿出一只装配。在我们观看的短短几分钟内，已见到卖出好几个模型了。

我们从皇宫启程返回使馆，路上经过大喇嘛庙附近的大理石

---

① 在7月18日的日记上，我们曾对这些车子有所好评，经事实考验后，现有所修正。

① 可能是蝉之误。蟋蟀是跳跃昆虫，不会飞。——译注

桥。这座桥由 9 个圆拱支撑着，宽度约有 200 码。桥的造型十分美丽，所跨过的地方原来是水，但现在已干涸了，露出土地。然而当下雨时，这里仍是水带。天气很热，我们都到一个摊子饮冰，凉快一下。价格是每杯 3 钱，即不到 1 个先令。经过皇宫的时候，"小的"告诉我现在住在皇宫的都是老妇人。她们是前朝皇帝的妃嫔，现在仍然由朝廷供养。"小的"的父亲在圆明园任职，他说的话应该有权威性。

普鲁斯先生今天和恭亲王会面，讨论新的关税问题。恭亲王是一个勤奋的人，花很多时间熟悉他部门的工作。普鲁斯先生来的时候，赫德已在外务部多时了。赫德早上 8 时来到这个衙门，发觉恭亲王正在独自阅读文件，这些文件包括准备呈上皇帝的附有备忘录的奏章。

处理完手上的文件在等候文祥到来的时候，恭亲王趁这个空隙问赫德一些民族学的问题。他问赫德在他的游历中，可曾见到有些国家的人身体上有洞，因而可以看穿他的身体？他又问有没有这样的国家，其人民的头是可以垂下来给臂窝挟着？赫德说这都是虚构之言，事实上所有的人种，无论肤色是黑是白，其生理构造都完全一样。接着他们谈到纽西兰和太平洋岛屿的食人族。恭亲王说他对此有所听闻，但不知道是否属实，赫德告诉他食人族确有其事。恭亲王说他宁愿相信有人把头颅挟在臂弯下走动，但说世上竟有食人族，他却绝对不会相信。此时文祥进来，恭亲王告诉他"挟头族"和"穿胸族"是没有的事。文祥表示奇怪，并说："那些写书的人言之凿凿，说得真有其事，我们以后不应再信他们了。"

在文祥到达之前，恭亲王拿起一幅放在办事房中的中文欧洲地图，指着俄国说："这是一个土地很多的国家，但他们还是觉得不够，去年更从我们处拿走了这些。"他把手指放在乌苏里江东面一大片被俄罗斯吞并的领土上。恭亲王这个动作，反映出他的性格和感情，这是赫德从未见过的，可见他对俄罗斯的悻悻之情，溢于言表。

恭亲王接着问赫德为什么他们喜欢在北京城骑着那些高头大马到处去，而不选择中国的个子较小的马。他说外国人这些马脾气急躁，总是翘起马尾，昂起头来左顾右盼，但中国的马习惯垂下头来，专注路面，一心一意走路。赫德说外国人喜欢乘坐烈性的马，控制这些马给他们很大的乐趣。恭亲王答他不觉得这种刺激是一种享受，他认为这是一件苦事。总的来说恭亲王所提出的各个问题，显示他对外人的活动了如指掌。他看着赫德所穿的衣服，特别夸赞他的口袋，认为十分方便。

恭亲王和文祥曾说过，在清政府做事的人中，从红顶戴大员到下级听差，没有一个值得他们信任。赫德有点放肆地提到这事，恭亲王和文祥承认能够请到外国人为清政府做事，是一种运气。他们说外国人说真话，所作的报告可以信赖，因为符合事实。他们两人都表示，对外国人呈交的报告有信心，并据之以决定采取的行动。恭亲王接着说清廷应该派一个高级官员，例如文祥，视察各口岸的通商情况。而当文祥说："恒祺可以吗？我们应不应该派他？"恭亲王摇摇头说："不，不成，他以前在广州留的时间太长了，他的报告必然和他以前做粤海关监督时的一样。"可见恒祺没有得到恭亲王的欢心。另一方面，恒祺似乎对发展外国关系并不积极，主要的原因是，恒祺与广州的渊源太深，早已习惯那里的做事方式（礼），因而对于他，以及有他这样背景的中国人，要接受新的观念十分困难。何况，他已经是 60 岁的人了。但对于恭亲王和文祥来说，却有所不同。他们的外交观念，仍在形成之中，没有先入为主的成见，这与恒祺有很大的分别。恒祺对外国的观念，早已有一套想法，而这些想法形成的时代和环境，与今天完全不同。今天的气氛，比以前的可称有很大的改进。

关于文祥，似乎只有一个意见。我们每一个能够说中国话、并曾与他接触的同僚，都对他的性格称赞不绝。赫德先生对于文祥的智慧、行事和表达能力都用最好的言辞加以夸赞。今天文祥曾和普鲁斯先生讨论一件很复杂且困难的事，文祥清晰的言谈，使赫德为之倾倒。威妥玛先生对文祥的评价也是一样，他说文祥对"外国货转口的关税问题"的清楚解释，使人叹服。文祥很明显是一个在适当的地方发挥适当的人，他是恭亲王的"王者师"。

关于恒祺，我还打听到了以下的资料。当他任职粤海关监督时，他的薪酬只是每年 2400 两，亦即 800 英镑而已。这是他官职的收入，但他的衙门每月支出 8000 两是平常的事。中国人的惯例是，凡有一人得到一个好油水的职位，他的许多亲戚便会投靠他，直至他离职。人们相信恒祺在粤海关监督任上捞了 30 万两，回到北京后，他被榨取了三分之一。当他离任时赫德在广州见到他，他说打算投资在典当业上，这大概是中国利润最好的行业了。他在 1859 年 12 月离开广州，在路上走了半年才回到北京。他在中部一个省份流连了 3 个月，就是想战事完毕后才到北京。然而他毕竟在 5 月回到北京，所以赶上了整个战事。他在联军兵临城下的时候返到北京，证明这个时期对他十分重要，因为清帝和各大臣都已逃离北京，京城没有人有能力负起和外人谈判的责任。在这个时候，恒祺正好填补这个空白，为国家作出很大的贡献。他奔走各方面，结果促成巴夏礼和洛奇两人的释放，以及中方退出安定门，使京城免受兵祸。朝廷为了奖赏他的功劳，给他加官晋爵，把他升到最高的官阶，并成为总理各国事务衙门的一名副总理大臣。而在此之前，当他回到北京述职的时候，他已被朝廷任命领一个名誉职位，便是"弓弩监"，管理皇帝和内院用以娱乐的弓弩。恒祺现在仍然担任此职，而他从这个位置上所得到的利益，只是被容许用他自己的金钱把弓弩保持在最佳的状况而已。他从广州带回来很多他认为的古董之物，例如所有他见到的欧洲火器的样本，以及西方的衣服、衬衣袖纽扣、裤子背带、领带，等等，所有这些他都很大方地送给赫德使用，如果后者有需要的话。

6 月 30 日

赫德先生今天下午告别恭亲王和文祥，他明天便要离京回天津了。在与恭亲王等人的谈话中，他得悉在北京城内及周围共有19 万的各类军人，他们全都是吃皇粮的人。这些军人的责任是保卫京畿，但肯定的是他们并非正式军士，而是民兵或旗人之类，因为我们在北京街头漫步时，没有看到武备的迹象。

威妥玛先生告诉我，赫德这次来北京，给恭亲王和文祥的印象十分好。恭亲王在威妥玛面前对赫德赞不绝口，他提到赫德时说"我们的赫德"，并告诉威妥玛不妨让赫德知道这个称呼，这表示中国政府不把他当外人。

承建商钟先生聘请的为使馆做改建和装修工作的泥水工人和做木工人今天罢工，原因不是为了增加工资，而是要求东主用铜币而不是用纸币付薪。纸币现在人们都不大接受了，因为它相对铜钱来说贬了值，使兑换者蒙受损失。纸币最小的面值是 1000 纸钱，等同于 3.33 便士。最高的面值是 100 万纸钱，等于 66 元。我在 6 月 13 日的日记曾提过，这些纸币由户部发行，是一种大胆创新的尝试。随着新纸币的推出，现时通行的钱币将由国家收回，改以成色较低的铜币重新推出。

第九章　高温求雨

7月1日

今天早上杨先生带了一位老绅士和他的儿子来使馆见我。通过道格拉斯先生的翻译，这人告诉我他"久仰（我的）大名"，渴望我能为他的儿子诊病。他的儿子22岁，从10个月前开始，他的身体状况便一天差过一天。我给这个年轻人检查后，发觉他患了晚期的肺衰竭，已是回天乏术了。我不想在儿子面前告诉他父亲这件事，只是说我等他们走后把情况告知杨先生，再由杨先生转告他们。但这位父亲立即说，他从我的脸色观察到病情严重，并问我事实是否如此。我承认事实正是这样，并说我能够做到的，只是在他儿子剩下的时间里减轻他肉体上的痛苦而已，我对医好他的儿子不寄存什么奢望。我开了药方，以减缓疾病对病人目前最大的煎熬，并答应一两天后再和杨先生到他的家里探望他们。不过，在作出这个安排之前，我问这位父亲反不反对我到他的住处探望他们。老人忙说他当然不会反对，相反，他很欢迎我到他家。总的来说，我十分喜欢这对父子，他们非常温文有礼，令人敬重。

7月2日

今天热浪又迫得人喘不过气来。室内气温是华氏94度，而室外在阳光下的气温竟高达华氏112度。蚊子现在十分令人讨厌，但奇怪的是，它们无声无息，来无影去无踪，因此就和南方的蚊子有很大的区别。我观察到许多人的皮肤上有被蚊子叮过的痕迹，但他们说从未见过蚊子的影踪，可见这小东西是多么鬼祟。

下午杨先生问我一些疾病治疗方法上的意见。他的一个3岁孩子最近感染了天花，现在正发着高烧，浑身不适，不知应该怎样做。我向他解释最谨慎的处理方法是顺其自然，并按现在的发病情况让它继续发展下去，不要人为地阻挠。小孩目前的情况，是病毒在身体表面扩散，这是好事，因为它不会侵害内部器官。根据这个判断，我教他怎样把痘毒引导到身体尚未受影响的部分。说到天花这种疾病，杨先生提到他的另外一个也曾感染天花的孩子。他说这孩子种了痘后，便立即染上了天花，就如其他通过自然方式感染这种疾病的孩子一样。杨先生似乎不知道他这孩子的病是痘苗所引起的，他以为这是巧合，痘苗的作用是当孩子开始痊愈时，种了痘可降低天花的毒素。

今天晚上大约10点钟的时候，使馆有人在院子里散步乘凉时见到一颗彗星，带着长而光亮的尾巴在天空出现。它的位置相当接近地平线，向西北方向飞去。

7月3日

今天杨先生通过道格拉斯先生向我回报，他按我的吩咐照料他的儿子，发觉痘的扩散面积大了很多，孩子的病况似有所减轻，热也全退了①。

我和这位中文老师谈到昨天晚上的彗星，他说这是近来在北京出现的第三颗彗星，只是前两颗非常小，而这次的特别大和尾

---

① 我给他的嘱咐非常简单，只是让他用巴豆油涂抹和摩擦孩子没有发痘的皮肤的表面而已。

巴特别亮。昨晚的彗星引起了北京全城的轰动，人们认为这是一个不祥之兆，或会为北京带来灾害，其中的一个可能性是乱匪进攻北京，因为现在南方有谣言说北京藏有大量的金钱。人们不担心北京内部的人会作乱，因为住在这里的人都知道北京穷得很。

目前北京的人有很多不满，不仅因为货币的问题，也因为粮价的高昂。自从皇帝去了热河之后，米价已经涨了很多，现在穷人已经买不起普通的大米，而被迫接受发霉和半坏的存货。在皇帝出巡热河之前，优质的大米叫价每斤一两银子（80 便士）。现在价钱整整涨了 1 倍，原因除了皇帝下令把大批储存的谷物转移到热河之外，商人也估计大米可以在热河卖到好价钱，结果是商人在首都建立了大米输出业务，即使加进了运费，仍然远远优于在北京出售，这业务害苦了住在首都的人。战乱的影响也使每一项日用必需品涨了价。现时谷物的问题极度困扰北京的市民，他们表示困难的生活因此而雪上加霜了。

现在人们越来越相信皇帝不会回来了。彗星的出现加强了皇帝留在热河的决心，因为这一凶兆会使他及他周边的人远离北京。我尝试向杨先生解释彗星的出现是一个自然现象，每隔若干时间便会发生一次。我们在西方可以很确切地计算出彗星出现的时间，因此我们对这种现象没有什么关于吉凶的迷信观念。杨先生说中国的基督徒也不赋予彗星什么神秘的意义，作为一个基督徒，他本人同意我的看法。然而有另一位在场的中文老师（一位姓徐的老文人）却持不同意见，他接受北京时下的说法，认为彗星会带来灾祸。徐先生最近才搬来使馆居住，他是文翰先生的老师，51岁，有深度近视。他说他的视力一向很好，直至几年前发生日食的时候，他的一个朋友说可以透过镜片观望日食，他这样做了之后视力便变得很差，需要戴眼镜才能看清事物。

按照日前的约定，我今天下午和杨先生前往探望杨给我介绍的那个患了肺衰竭的青年。他住的屋子位于哈德门往北的大街上的一条支路里。这个屋子是在一个院子之内，很气派。在内院的进口处，我见到一个女佣在编织毛衣。她看见我们之后，立即站起来退回屋内。她是从旁门退入，但旋即打开中门（这是给客人进入的门）迎接我们入内。我们被引进一个大厅，在那里我们会见了这个府宅的一家人，包括病人及坐在那里织毛衣的三位女士。我们互相行礼，但说话不多，因为我贫乏的中文知识，以及杨先生同样贫乏的英文词汇，使我的到访只能局限在给病人的检查上。当我正在给病人诊视时，病人的父亲也来了。他深深地给我行礼，并向我介绍一个和他一起来、拄着拐杖的老人，我后来知道这人是病人的外祖父。

接待我的大厅似乎是这家人的客厅，包括三个隔间。正中的隔间面对大门，右边那一间是开放式的，与正厅连成一体。左边那一间有墙隔开，并有一道宽阔的木格门，门上有浅绿色的竹帘。一群男男女女的仆人在忙这忙那，客厅中间放了一个包了铅皮的冰箱，侍仆从里面拿出一些冻茶来奉客，这在盛夏的时候确是珍品。中国人喝茶不加糖和奶，而茶的浓度属适中。

因为无法交谈——我对中文的认识不超过三句话"都是的""好一点"和"不好一点"——会面没有延长下去，于是我向主人家告辞。在门外我发现一部用蓝色布遮盖、布置得很精致的马车正在等候。这是这家人的，他们坚持一定要送我回使馆，我恭敬不如从命。到了使馆，我试图赏给车夫一个四分之一元，但他坚辞不受，可能认为收了我的赏钱，他主人的好意便要打折扣了。

7 月 4 日

今天下午我在道格拉斯先生的房里听他和杨、徐两位先生谈话，道格拉斯一边谈一边给我做翻译。他们讨论圆明园被破坏的事情，两位先生对此都深感惋惜。道格拉斯问他们，在当时的情况下，难道这不是一个合理的报复吗？但他们避开合理与否的问题，只是认为这是一件令人痛心疾首的事，是中国的损失。在这件事情上他们十分同情清帝，因为被毁坏的文物中有些是自明朝以来便开始收藏的。文物珍品遭到疯狂破坏，是他们最为痛惜的。他们说如果这些珍宝是被平平静静地挪走并加以小心保存，反比现在更好，因为虽然它们不在中国国内，但起码仍然完好地存在。杨、徐两位似乎说被挪走的只是次要的文物，真正有价值的，却被我们忽视和砸坏了。在这些被破坏的宝物中，他们举了一个例，便是一只纯金造的大鸟，这只鸟每天正午 12 时便会唱歌报时。

我认为两位先生的批评符合事实，因还有另一例子可资证明。在火烧圆明园的当天，一个旁遮普第 15 旅的军官在地上捡起一件金属物品。这件物品被弃在地上被人们踢来踢去，都以为是一件铜器，可是后来发现它是真金铸成。这个军官拿着金器到香港变卖，结果得到 8000 镑，发了一笔大财 ①。杨、徐两位的意见是，与其惩罚与事件无关或全不知情的清帝，不如要求清廷交出郑亲王和怡亲王两人，而如果证明这两人是引起双方交战的罪魁祸首的话，则应予严惩。至于圆明园宫殿被破坏，他们二人倒并不觉得特别可惜，反正其中的珍宝文物都已荡然无存了。

---

① 我后来从米歇尔爵士（Sir John Michel）处知道这件事发生在火烧圆明园的第二天。属于这个军团的兵士在地上拾到一批随地弃置的金属物品。这些物品后来被证明是金器，变卖后，每人得到约 600 卢布（60 镑）。

我请杨先生介绍一下我昨天探视的那户人家。原来那个患病青年的父亲是杨的表兄弟，颇有钱财，是4间售卖钟表、鼻烟壶等物品的商店的主人。他本人并不亲理店铺生意，而只是出本投资而已。这些商店每月为他赚500两，但未除去支出。他的家庭开支每月100两，即每天1英镑。他屋里有20个随从和仆人，服侍家里8口人，包括他的岳丈、两个小姨和一个婶母。他已丧妻，其妻正是因为生产这个患病的儿子而死的。这家人全都是基督徒。

北京官报今天宣布胜保在山东和直隶两省之间的一个镇市——冠县——对乱匪打了一个重要的胜仗，朝廷为此奖赏一批功臣，给他们升级、授勋或赐顶戴花翎。由于肃顺的影响，皇帝对僧格林沁失去信心，现在是由胜保统领军务。许多人对肃顺不怀好感，认为他是一个大坏蛋，给国家带来很多伤害。至于僧格林沁，虽然没有降级，但已大权旁落。可是人们仍然对他尊敬，他仍然受到他的下属的拥护。这位蒙古亲王，在人们心中的地位仍然崇高。

7 月 5 日

今天我们又同两位中文老师谈论圆明园的问题。他们认为清帝是赞成和平的，而关于虐待战俘一事，他们认为与皇帝和僧格林沁无关，负责的应是郑亲王和怡亲王。

今天收到消息说，普鲁士和中国的条约谈判在天津重开。中方仍然拒绝在条约中加入驻京条款，除非普方应允10年后始生效。看来中方是要争取时间，希望在10年内结束所有外国人在京城的居留。伊仑堡伯爵提出以5年为期，估计中方未必不接受。

7 月 6 日

今天官报发布皇帝的一项命令，指派恭亲王代他前往天坛求雨。雨，在现时来说，对人的健康和谷物的丰收都十分重要。这次的拜祭，主要是为了祈雨，虽然照例也要呈献牲畜，例如猪、牛、羊、马等物。官报也向关帝谢恩，因为南方的一个被乱匪包围的城镇，经官绅集体向关帝的神灵祷告后，竟得以打败叛军解围，避过一场灾难①。

正午前淳亲王府屋内酷热迫人，使人喘不过气。为了驱走压迫的感觉，我急走出王府。到了市区正中的大街之后，我从天坛和先农坛之间的通道直往郊外。在路途上，我没有见到任何一个戴帽的人，虽然日头十分猛烈，照射下来的温度高达华氏 113 度。人们照常做活，虽然所见的劳苦大众都把上衣脱到腰部以下，而所有拿着扇子的人都拼命地摇，以求一点凉快。街上所卖的食物现在主要是水果，例如西瓜、梨、杏和梅。冰冻饮品随处可以买到。

7 月 7 日

酷热的天气仍然继续，发热病和神经痛症因此也有所增加，这表示正常的环境电波受到了干扰。有几个晚上天气热得使人不能入睡，而在仅有的睡眠中，也并非睡得安宁。此外，蚊子叮人的情况也是越来越严重了。

今天在法使馆吃晚餐的时候，我遇见河南教会的主教，一位法国教士，他在中国已有很长的时间了（而事实上他亦已忘记了有多久）。司牧灵神父陪他在一起，他们两人都穿了中国的服装，

---

① 见 7 月 28 日的日记。

在酷热的天气下仍然戴着帽，因为在中国，戴帽是礼仪。主人请他们宽帽，不要拘束，这对他们来说好像是一个赦令。主教的打扮，十足一个中国的官大人，除了没有戴官帽之外，他的装束十分完整，虽然他的发辫，相对于中国人的来说，略显细小。他体格相当魁梧，皮肤黝黑，外形如实地反映他居住的华北那个地方的气候。

7 月 8 日

那个儿子患了肺衰竭的父亲今天找我，向我叙述他儿子刚刚出现的病征，希望我能够开些药给他舒缓一下。有些作家说中国人对亲人的痛苦置若罔闻，这位父亲的表现可以证明这些说法没有基础。以这家人来说，他们对这个年轻人的痛苦可称感同身受，虽然他们知道病人已是病入膏肓，医生可能做的只是减轻他的肉体痛苦而已。

现在 3 个缔约国的国旗都已在北京飘扬起来了。随着巴鲁泽将军（Colonel de Balluzec）从恰克图到来履任俄国驻北京大使，俄国国旗也于今天下午升起来了。

7 月 9 日

恭亲王收到了一个投诉，说从天津来的运货车进城的时候意图不交入城费，提出的理由是他们运货到"大英国"。这些投诉集中在某一城门，严重的逃税情况使这个城门的收入大为减少。恭亲王希望使馆采取一些有效措施阻止此事。他认为只是发出一张英文的通行证并不足够，因为守城的官兵不能分辨外国文字，也因为那些有意逃避缴税的人可以轻易地伪造这种通行证。此外，投诉也指称当真正的使馆货车入城时，其他的车也通过私人安排蒙混过关，造成有关方面的损失。威妥玛先生在与恭亲王商讨此事时建议，当声称英使馆或法使馆的货车入城时，它们应在城门口被截停，然后守城方面派出一位副官和英使馆或法使馆联络，查明所属使馆及所运载的货物后放行。但恭亲王无奈地表示说："你以为不会作假吗？他可以放进与他有关系的运货车，佯说货物属于某使馆所有，照样放行，然后向这些货车收取较低的入城费，占为己有。"我想，使馆不缴纳例行的入城费，必然有一些特别的原因，否则只要使馆合作，逃税的问题必可迎刃而解。

5 月 10 日的英国邮件今天抵达，同时带来了一个消息：威妥玛和洛奇两位先生，由于在远征时的突出表现，一同被册封为"名誉勋爵"。

7 月 10 日

昨晚大概 10 点钟的时候开始下大雨，断断续续地下了一晚。这使气温降低了一点，有助于我们睡眠。到接近破晓的时候，有人传出威妥玛先生住屋的隔壁起火。这显而易见是有意造成的，因为那个屋子的木搭部分被人堆满了木屑和其他易燃物品，意图放火。幸运的是，在火势未扩大之前被一个早起的中国听差发现，他立即召援扑熄了火焰。招致这场火灾唯一可能的原因，是昨天一个在灾场楼宇工作的泥水管工被一个洋人掀胡子和推撞，因为这个洋人认为他住的那幢楼宇的工程进度过于缓慢。这种粗暴行为我觉得应予最严厉的言辞指责。

中文老师杨先生昨天听到道格拉斯说，威妥玛得到英皇的嘉奖，被颁授一个相当于中国的顶戴花翎，他今天早上穿了整齐的官服，包括他的金顶戴官帽，来见威妥玛向他表示祝贺。完了之后，在给道格拉斯授课之前，他先仔细地换去他的官服，穿上日常的普通长袍。下午他问我可不可以到他家看看他正在害天花的孩子，我说可以，并得到道格拉斯先生随行做翻译。当我们步行到他的住所时，我见到他沿途都拿着他的官帽，似乎表示由于他穿着普通服装，头戴官帽于礼不合。我们发觉杨的住处是在一个民居区域的院子内，这个区域有许多院子，互相毗邻，人们根据自己的经济能力和家里人数决定租住多少地方。有些人住整个院子，有些人则只占一边。杨先生租用一个院子的三边，虽然实际上他只住北面的房屋。这屋子有着一般的间隔，中间是会客厅，厅的一边是两间睡房，另一边则是厨房和工人房。他租了这院子的三面，每月租金是 3 万纸钱，或每天稍多于 3 个便士。

我们走进院子后，立即有一个男孩飞奔而出，并抓着杨先生的手。这是他的大儿子，5 岁。他的妻子，一个样子端庄、穿着白色衣服的中年妇人，也像一个深爱丈夫的女人一样，站在门口迎接他回来。我们在屋内坐好后，仆人立即奉上热茶。杨先生介绍他的父亲给我们认识，他的父亲并不同他们一起居住，他来是为了探望他孙儿的病。他们带我进入一个睡房，在一个铺了席子的炕上卧着那个小病人。他的头靠在一个圆的小枕头上，身上满是天花，天花已到了融合的阶段。这个小孩穿了普通的衣服，身上盖着一张不太整洁的白色被褥，房间的空气有点窒闷。小孩的病况，看来是向好的方面发展。我向杨先生建议立即把小孩转移到隔壁的房间去，那里空气较为流通。这个小孩 3 岁，至于那另一个满屋跑的小家伙则有着他父亲的形象。他的头发被分开两边在脑后结起，形状像菱角。这里人家的习惯是将小孩的发辫分成两部分，到够长的时候便把它们集中在一起，在脑后垂下来。

7 月 11 日

今天早上威妥玛先生请我替他的中文老师宋先生的妻子治理身体的损伤，因为她划破了手指。我请威妥玛向宋解释，要处理外伤，谨慎的做法是视察伤势，我愿意上他的屋子去看看病人的情况，又或如果他喜欢的话，也可把病人用车子送来使馆。可是这两个建议他都不接受，因害怕惹起邻居的闲话。在这种情况下，我唯有根据他对病人伤势的描述而建议最简单和最安全的处理方法，即保持伤口清洁和用绷带绑好伤口，我给了他一些软麻布绷带拿回家使用。

巴鲁泽将军今天来访问普鲁斯先生，陪同他的有俄国的外交官员和两名穿了全套军服的军官。巴鲁泽的到访有一件特别的事情，便是他的夫人到了北京之后感觉不适，他为了安全起见，希望能得到更多的医疗意见，要求我也去看看她。我探视之后，发觉她的毛病和经过长途跋涉、过于困累的人所得的毛病并无太大的差别。而北京现在的气候，也使她的问题较为复杂。由于俄罗斯使馆的医官科年诺夫斯基医生（Dr. Knornillofski）正在照料她，我找不到有什么理由要给她建议不同的治疗方法。

下午文翰先生的老师徐先生穿了他的礼服，也来恭贺威妥玛先生的受勋。结束之后，威妥玛不嫌麻烦地陪我去那位做生意的杨先生的府宅，为我当翻译。我此行是为了探望杨先生那位患了肺衰竭的儿子，他的身体是每况愈下了。我检查他的胸部，见到他在衣服下面颈部的位置戴着做好的一个十字架。他的病情已属危急，而我能够做的，只是做好最坏的情况出现的准备而已，而这也不会是很久的事。室外仍然很热，但这屋里却凉快舒适。威妥玛先生对这个屋子，以及屋内斯文有礼的人，很有好感。

7 月 12 日

天气炎热，令人有点窒息的感觉。即使这样，现在每天都有人来使馆兜售古董。这些人现在已探知了外国人的口味，一天总有好几回拿他们的货物来向我们推销。他们的坚毅和不怕劳苦，以及不放弃每一个最小的促成买卖的机会，确实令人佩服。他们会从很远的地方拿一个大花瓶或铜器来给我们看，如果我们不合意的话，他们从不纠缠，也从不失望，而是静静地离开，不久之后再带来其他的货品给我们检视。

这个下午我再去探视那病重垂危的青年。道格拉斯先生陪我一起去，我们所接受的款待跟以前一样。我见到屋里有很多人，很明显他们是这主人家的亲友，来看望病人的情况。我无须仔细检查，便可知道这年轻人的生命之火是在熄灭之中，而他余下的时间只能以小时去计算了。我再次向他的父亲解释，我已经没有什么方法去拯救他的儿子，病人已处于垂危阶段，我的到来是履行西方医生的责任，即减轻病人的痛苦，而这和治病救人同样重要。

我留意到这个屋子后面还有一座两层高的楼宇，我问主人这是什么。他告诉我这是私人居所，并提议带我们去参观一下。我们从这屋后端的一个小房间（看来是一个盥洗间）进入，这个小房间里有一个大铜盆放在一个支架上，旁边挂着毛巾。通过这个小房间我们登上房屋的上一层。这层楼被分成三部分，每部分都布置得像一个客厅连休息室。墙上悬挂着好些画，图书及各类铜、瓷、玉器则散布在房间的每个角落。房间外面有一个阳台，可随季节需要打开或关闭。我们返回楼下，与盥洗间成一排的是几个装饰得很精美的小房间，这些房间互相连通。

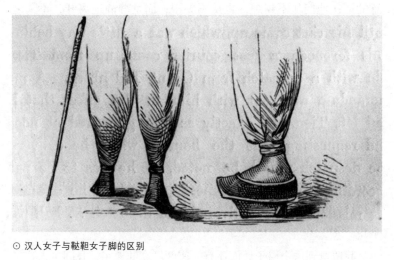

⊙ 汉人女子与鞑靼女子脚的区别

参观完杨先生的私宅后，我们回到前面，听到一些女声好像在颂唱圣诗。我们循着歌声传出的房间往里面看，见到宅内的所有女性，包括女仆人在内，都差不多聚在这里。她们在围着弥留的病人唱诗，我问杨老师她们在做什么，他说："这是宗教仪式。"我留意到这些妇女都穿了厚屐，这厚屐的鞋底部分和其他鞋子不同，被造成一个树桩的样子，因而把她们从地面升高了最少三寸。这种屐子是蒙古地区妇人和其他北方地区没有缠脚的妇人穿着的，从插图可见这两类脚形的分别颇大。接近病人的床边放了一张桌子，桌上有一个美丽的架子，架上放了一个大而美观的十字架，十字架的两旁各有一个插着蜡烛的烛台。屋子内几乎所有房间都有钟或时计。我们告别的时候，又见到这家人的马车等在门外准备送我们回去。

7 月 13 日

今天早上邓特先生（Mr. Dent）从通州来到京师，拜会普鲁斯先生。他从天津乘船出发，到了通州后转乘四人大轿来北京。到了北京城和元大都的城门时，他被守城的士兵截停，着令下轿。他弄不清这是什么原因，估计是要他等候他的行李车赶上来。中午之前一个送信人从天津抵达，带有伊仑堡伯爵的一份文件。此外，还有一个备忘录，内容是这名送信人正午鸣炮时从天津出发，由于他送文件的报酬是根据文件送达的速度而定，因此请求收信者证明他抵达的时间。这人于 11 时半来到使馆，即他用了 23.5个小时走了 86 英里。他全程用脚走，晚上不睡觉。假设他用了很少的时间吃饭，那么他的平均速度最少是每小时 4 英里。

下午，尼尔中校、威妥玛、文翰和我探访俄大使和俄使馆的官员。俄大使来北京的时候，路上由一群哥萨克士兵陪护。经过

⊙ 北京街头的乞丐

长途的旅程，这群士兵都被日光晒得黑黑的，军容方面也算不上严整。

7 月 14 日

昨天晚上 9 时半的时候，天气变得阴沉，之后下了几场大雨，混杂着远方的雷鸣和电光。可是大雨持续不到半个小时，接着便云散天清，整晚都是如此。北京这个季节的天气常是这样，往往突然变化，但大多只维持很短的时间，然后恢复如前。

今天天空十分晴朗，猛烈的阳光普照大地。尼尔中校、邓特先生和我下午在市区内参观一些大型古董店。在这些店铺里我们见到许多曾被拿到使馆向我们招徕的物品。店铺主人很可能这样想：既然天气不好，客人不来参观，那么我们便把货送给客人看。因此有好几个星期每天都有市区或元大都内的古董店的职员来推销货物，而我们足不出户便可细心欣赏各种古玩。当我们走进这些店铺时，店员一般都立即捧出冻饮给我们解渴。

经过午门时，我留意到在一群麇集在那里的乞丐中，有一个人的腿在膝部以下全切去了，多可怜！伤口的表面并不圆滑，似是暴力弄成的。我原先以为这个乞丐可能以前是个士兵，在战役中（很可能是最近的战役）被打断了腿，而中国政府一般来说对伤兵都是不理的。但后来我想更大的可能是自残，以引起人们的同情。乞丐们截肢的方法一般是这样的：首先用绳攥紧要切去的部分，使其坏死，而当软组织分离后，用锯把骨头切断。据说这种做法在中国某些省份（例如山东省）的乞丐中很普遍。

谈到天津的贸易展望，邓特先生说今年曼彻斯特运来的货物数量很多，而贸易前景也十分可观。美国棉布也占了市场的一部分，但主要限于白棉布和灰棉布。羊毛制品暂时没有市场，因为不能够和俄罗斯的商品竞争。而约 10 天前，俄国有两车队的货物经西伯利亚抵达天津。伯明翰来的商品仍然非常有限。鸦片售量很少，因为本地药物的增长确实影响了作治疗用的鸦片的贸易。邓特先生认为天津发展出口的前景不大，因为牛脂（译按：肥皂和蜡烛的原料）和羊毛都太贵了，因而供应商要求以金锭或银锭结账。雪的出口也很有限，其最远的市场是新加坡。印度的雪业完全由美国人控制，而白河制造的雪不大会比美国文咸湖（Wenham Lake）出产的便宜。

7 月 15 日

现在在淳亲王府工作的装修工人——木匠、泥水工人和杂工——数量有 320 人之多。此外，还有两批油漆工和裱纸工人。使馆和油漆商新近签了一个合约，装修"使馆大院"以外的王府部分。这个油漆商昨天已集齐他的工人，并把一个位于王府边缘的房屋改装成厨房。一批贮物柜、水桶、筷子和铜器皿已经运到王府，并在很短的时间内安装和摆置妥当。重修工程主要是在王府的宫殿部分，仍然由尼尔中校负责监督。英使馆的外表现在非常美观和有气派，这要归功于尼尔中校对于建筑的知识、艺术品味和对工程的严密监督。

高温仍然没有消散的迹象。昨天晚上和邓特先生从法使馆回来时，他说他在中国已经居住了很长的时间，而且大部分的时候都生活在被认为最炎热的地方，但他从未经验过像北京这样的热。他所说的应该很对，因为今天早上每一个人都诉说晚上不能入睡，只是在天亮时稍微眯了一会儿。连雀鸟都感受到了这种高温，它们飞进院子里的篷席下栖息，而从它们张开嘴的神态，可知它们正在喘气。北京和元大都周围共有 25 英里的厚石墙，这无疑会增加暑气，而在今年特别热和特别干燥的情况下，自然是更令人难受了。

今天下午我们再陪邓特先生去市区看古董，他终于大手笔地买了一些珍品。以下是交易过程：一个非常美丽的镀金釉彩摆件，叫价200元；一块约9英寸长的奇形水晶石，石上有两个不规则的有如笔座的杯形间隔，叫价160元；一块有特别形态的孔雀石，叫价36元。这3件物品邓特先生还价200元，即差不多50英镑。店主连说"不到边"，拒不接受，因为相差太远。但邓特一点也不让步，最后店铺的人自己商量一下，拿出一个算盘，左右拨弄，算计了几次，最后同意成交。以我所见，当他们拿出算盘时，必然可以做成买卖，因为这意味着顾客所出的价与底价不致相差太远。如果相差太远的话，他们便索性拉倒不卖。所以，虽然利钱微了一些，但做成生意的话仍是有利可图的。

7月16日

中午前的一段时间，闷热到了极点，有几个人感觉得特别厉害，出现了一些症状，最明显的是高度的压迫感和脑筋迟钝得近乎瘫痪，不能思考。除此之外，有些人还伴有无故的胃液不足，没有食欲。但是到了下午1时半，每个人都感到舒缓了，因为一场特大的雨突然而来，洪水般的雨下了整整一个小时，并伴有远方的闷雷和闪电。约下午2时半，雨逐渐转为毛毛细雨，我趁这个机会和尼尔中校到城内看看水流的情况。

使馆前面的运河，一个小时之前还是完全干涸的，现在成了一条湍急的河流，水高到了人的膝部。想想这段运河有66英尺宽，我们便可对过去一小时的雨量有个大概的印象。此外，由于这条河是半个城市下雨时的去水道，我们也可了解到有关方面对疏导洪水的重视。我们留意到有好几条石砌的大引水道的水，都注入这条运河里。我们也同时留意到，若运河东边有一条这样的引水道的话，那么西边的相同位置也应同样有一条，以疏导西面的水。我们对这近乎完美的排水系统感到十分惊异，而路面除了失修的地方，基本上没有积水。我们从使馆步行前往哈德门，并尽可能去我们所穿的皮靴可以去到的地方。我们曾经想走到市区的另一面，但城门堡垒附近的大水洼阻止了我们的去路。有几个乞丐趁这个机会赚点钱，背人走过水洼。他们也极力怂恿我们接受这项服务，但由于我们没有走过去的需要，所以婉拒了。

返回使馆后，我们见到邓特先生和一个古董商人正在议价，涉及的商品是一串绿色的玉佛珠。这种玉珠价值很高，古董商的叫价是每颗珠 3 元。如果这些玉珠是真的话，则这个价钱属便宜。一条从圆明园拿出来的由同样材料串成的项链，含有 150 颗珠，每颗有游戏用的弹子那么大，结果每颗卖了 3.5 元，而这个价钱一些本地的鉴赏家都认为十分值得。当我们正在评析邓特先生有意去买的那串珠子的质地时，"小的"进来请示尼尔中校一些工程的问题。邓特看见他拇指上戴了一只翠玉指环，便问他可不可以观赏一下。他用钻石轻刮一下，发觉原来是绿色玻璃。"小的"承认他只用了 2000 纸钱买的，亦即 1 元可以买 7 只。由于被发现戴了假货，"小的"感觉丢了面子，因为他经常把自己打扮成一个俗世佳公子的模样，衣饰从来一点也不随便。古董商最后把珠子的价钱每颗减少 0.5 元，结果邓特以 80 元成交。另外，他还买了几盒农民从圆明园拿出的朱砂油，是皇帝用来批阅奏章的，叫价是每筒 1 元。他买了以后到处给人观看，有点神秘兮兮的样子。

邓特身上刚巧带有两颗梨形的珍珠，每颗约有半个糖杏仁大小。这是他从一个法国士兵手里购来的，而法国士兵则是从圆明园拿到的。古董商一看到这两颗珠，立即拿到窗前细看，知道是宝物，马上给邓特开出每颗 100 元的收购价钱。这个老板确是识货之人，但他不知道在南方已经有人给邓特开出 3 倍的价钱，要买这对宝珠了。

将近日落时，文翰先生和道格拉斯先生在使馆门前散步，并观看运河导水的情况。这时文翰先生穿着的高筒靴吸引了一些行人的注意，其中一个人非常喜欢这种长靴。他对文翰等二人表示这双靴子的材料和做工都很好，并问文翰可不可以卖给他，他愿意给出一个好的价钱。文翰向他解释外国人在北京是为了外交关系，不是为了商业。两国条约规定他们不能进行贸易，因此他不能从命。这人接受文翰的解释，但说他可以肯定两年内北京会有人生产这种长靴，因为其在湿雨天气中保护裤管的优点是显而易见的，这点将会很快地被人接受。

7 月 17 日

差不多整个晚上都下雨，日间更有连场的大骤雨。这两天的大雨紧接着恭亲王在天坛祈雨之后，人们无疑认为下雨是他感动上天的结果，他因此为人们所称赞。

有两个海军军官今天从天津抵达使馆。他们来北京的唯一目的似乎是告诉人们他们曾到北京一行，因为他们明天一早便起程回去了。他们坐马车来，说因为下过雨，道路非常难走，而过了张家湾，他们甚至要下车步行以减轻车重，否则车子无法通行。

中文老师杨先生今天午前告诉道格拉斯先生，他的表兄弟已从丧子之痛中恢复过来了。他的儿子在我上次探访他的翌日——亦即本月 13 日——逝世。他接受这是上天给他的命运，因此他有责任要面对它。至于杨先生他自己，过去一两天家里也发生了一些麻烦事。他现在每天都在等候妻子临盆，带给他第三个小生命。这虽是一件吉利的事，但他的两个女仆人怕工作加重，都辞职了。此外他的一个男仆人，也把杨先生让他兑换本地钱币的外国银圆夹带私逃了。虽然面对这么多的麻烦，杨先生心情仍然很好，因为他认为他的孩子现在出生——与他表兄弟的儿子的逝世同一时候——是一件幸运的事，尤其是，如果这个小生命是男婴的话，他那富有的亲戚在目前的情况下非常有可能过继这个孩子，因为这个亲戚失去了他唯一的儿子，他必须收养一个亲人的儿子以继承香火。

7 月 18 日

天气有所好转，中午时尼尔中校、邓特先生和我，在"小的"陪同下，前往元大都参观商店。我们每人雇了一驾马车，而对于这种交通工具我以前所有的好印象，经过今天后都须有所修正。我相信除了直接给人暴力袭击，没有人会经历像我们今天所遇到的损伤和抛掷，这全都是拜雨后破烂的道路所赐。虽然市区一般的排水系统很好，但许多低于路面、积水的地方很快便变成了泥潭，马车在上面很难行走。至于其他的地方，则因为泥土潮湿，造成许多高高低低的坑沟，马车在这里颠簸得十分厉害。乘车的人必须要保持坐在正中的位置，同时紧紧握着座椅的两边，否则他的感觉，便有如给人不断地拳打脚踢。虽然如此，车夫却也把车控制得很好，我还没有见到翻车的情况出现。我们从元大都的一头拐到另一头，沿途参观各种商店，照例门外都聚集了大批的群众。这给店主造成许多不便，但他们不敢驱散人群，其原因我以前说过，就是不想让围观者有告官的借口，说店主向他们动粗。

第十章 高僧

7 月 19 日

我们最初来北京的时候，银圆的兑换价是每元 15000 纸钱，这个价钱在以后的几个月里都没有变化。但是最近银圆在市场上开始升值，现在 1 银圆可换 18000 纸钱。由于这个改变，1000 纸钱几个星期前还可换 39 铜钱，现在只值 29 铜钱而已，而以前可用 555 铜钱兑换 1 银圆，现在则可少付 33 铜钱，这表示铜币的价值也上调了。纸钱的贬值是北京人怨愤的原因之一，这我在上月 13 日的记叙中已提过了。货币的兑换价是由货币兑换商和外汇商调节控制的，他们和有关店号联合组成一个商会，以调控白银的价格。

酷热现在又在迫人，过去几天的连场大雨似乎对温度没有造成什么影响，即使在完全遮蔽的地方，温度计仍然指着华氏 94 度。对于要用脑工作的人，酷热环境确使他们烦恼万分。邓特先生天一发亮便启程离开北京返回天津，以避开日出后的炎热。城门在天亮之前不会打开，因此晚上离开北京城意义不大。较合乎实际的做法是在日落之前离城，在郊外的客店过夜，翌日一早出关。

今天早上"八里桥小贩"（他现在是使馆的门卫）发现一个与装修工程无关的本地人，走到油漆工人的厨房里偷窃胡萝卜。这人企图越过一堵破墙逃走，但小贩展开追逐，结果把他抓住了。"小贩"把这贼人押见威妥玛先生，告知情况。他们通知了本地的执法机关，官员立即来使馆查问。这贼人被暂时扣留在使馆里。

7 月 20 日

昨天深夜两名警吏拿了灯笼和铁链来到使馆押走了那个可怜的偷胡萝卜的贼。他们用铁链缠着他的颈项，把他双手反绑在后，押往顺天府的牢房里。顺天府的府尹名叫董大仁（译音），是一位温文的老绅士。调查案情后，知悉这名贼人是随同其他工人混进淳亲王府的。他没有正式职业，而由于近来淳亲王府内发生过两三起盗窃案，因此有需要把逮着的贼人重罚，以警戒其他人。威妥玛先生要求中方把调查和处理结果通知使馆，因此这桩案件极可能以简易方式审理，而犯人将会被判严厉的杖刑。对于这种轻微的犯错而我们却当它作重案处理，有违我们的原则（我们经常指责严刑峻法），但以目前这个案件来说，我们又看不到有什么办法可以使他从轻发落。

7 月 22 日

威妥玛先生今天和中文老师徐先生闲谈，他惊讶地发现徐先生好像突然对西方的政治事务非常熟悉，例如意大利统一的冲突、美国的内部纠纷，等等。徐先生说："在西方国家在北京建立使馆之前，我们对欧洲的国家和人民一无所知。我们只认识你们的一些名字。对于巴大人（即巴夏礼），我们一直以为他是皇室的太子。我们也认识你的名字，并以为你是次一级的皇太子。"

威妥玛和徐后来谈到动物的年龄。徐先生说："我知道你们有一只年岁很大的狗，叫作查利。尼大人（即尼尔中校）告诉我这只狗出生在相当于我们明朝的时候。"威妥玛觉得好笑，告知徐尼尔中校是和他开玩笑。徐说："你这样提到，我想你是对的，因为他的态度确像说笑。"事情原来是这样的：数天前的晚上，徐走到弹子房观看使馆人员做游戏。他坐下来的时候，见到查利躺在地上睡觉。他问这狗年纪有多大，尼尔开玩笑地说"大明"①，表示它在 1683 年之前出生。徐听后立即从座位上跳起来，走到查利身旁，把它上下左右检查一番，有如细视一件古董一样。很明显，他没有怀疑尼尔说话的真实性，直至威妥玛向他指出。

7 月 23 日

官报发出一道关于彗星的上谕。看情况似乎是有人为了慰解清帝，表达了与众不同的看法，说彗星的出现是一个吉兆。可是皇帝似乎对这话不为所动，并拒绝接受祝贺，因为这和国家目前所面对的灾难和困难不协调。

古董商人拿给我们检视的货品，许多很明显来自私人的收藏，大概是因为家道中落。但是有些文物却无疑来自圆明园，这可从古董商们拿这些东西来时鬼鬼祟祟的样子及叫价很低的情况来推定。例如，昨天一件特大的白玉摆件只以 25 元易手，而这在正常的情况下最少可卖到 80 至 100 元。今天尼尔中校也买了一对非常美丽的屏风摆设，放在宿舍里。这其实是中国大富人家装饰墙壁的画屏。这对画屏以黑檀木为框架，画上的人物山水等图案均是浮雕的。画屏是圆明园之物，其上有一首诗，威妥玛把它翻译出来，发觉是乾隆皇帝的御诗，内容在歌颂农业的丰收。图案是一幅山水画，有屋、有树、有桥、有山、有一系列的人物，全部都是浮雕。树由棕色、红色、白色和绿色的象牙雕成，刻工精细。云和人物的材料是浅色的玉，山是墨绿色的碧玉和玛瑙，至于屋和

---

① 中国人对明朝的文物赋予很高的价值，这个朝代所烧制的瓷器上，都清楚地刻上"大明"二字。

桥则是乌檀木。整个图案由不同颜色组成，缤纷夺目，使人目不暇接。尼尔中校成为这罕有和贵重的中国绘图艺术代表作的主人。

7月24日

今天发生两件小事。普鲁斯先生驾车外出时，不慎碰翻了一部马车。他给了车的主人20元，以赔偿由此造成的不便。至于车内的乘客，普鲁斯则给了他10元，以补偿他无端被碰撞所受到的惊吓。另一件事是新上任的俄国使馆秘书格连卡尔先生（Mr. Glinker）和克拉尔先生（Mr. St. Clair）骑马外出时，被抛落马下。他乘坐的是克拉尔先生的一匹精力充沛、脾气不好的马，名叫"魔鬼"。当格连卡尔跌落地上的时候，这匹马对他非常粗暴，意图攻击。克拉尔描述围观的中国人十分友善，一点也没有幸灾乐祸的样子。他们对于格连卡尔的遭遇，脸上露出担忧和害怕的神色。他们立即伸出援手，把发狂的"魔鬼"拉住，以便格连卡尔重新为它系上缰绳。他们没有拦阻"魔鬼"的动作，明显是因为他们都持有恭亲王那天对赫德先生所说的看法，就是高大而急躁的马不好控制。

7月25日

售卖古董的生意没有停止的迹象。整天都有古董商人络绎不绝地来使馆，带着各式各样的商品以迎合我们的口味。今天，有人买了一些非常珍贵的明代瓷器。另外，一套造工精美、文物价值很高的帛画，总共16幅，被带来给普鲁斯先生欣赏，结果给他买了。这些帛画每幅2.5英尺宽、12英尺长，可以像地图那样卷起来。我留意到这些商人的开价跟以前不同，是较接近他们所愿意接受的价。起初，我们不愿意还价多于开价的三分之一或四分之一，但现在我们可以以开价的一半买到，这已成为交易的惯例。中国人似乎从不开出一个立即可以成交的价钱。明白他们的性格的人说，他们一般喜欢议价，因为如果你立即以开价和他们交易，他们就会有点意犹不足，并会以为他们开价太低。我可以证明以上的说法是确实的。不久前我在市区某一商店里看中一对景泰蓝烛台，我出价50元，店主不接受。由于我决意不再加价，所以我没有再去这家店里问价。大约过了两个星期，马日坦先生却以比我少5元的价钱把它买走。他之所以能够以较低的价钱买到这件货品，是因为他一连几天都到这家店铺和老板讲价，而他会说中国话对他也有很大的帮助。他说中国人习惯这个交易方式。他们对每一宗买卖都喜欢讲很长时间的价，不愿意轻易卖出。

今天文翰和道格拉斯两位先生从北京城外20英里的西山回来，我从文翰那里得到以下关于这个旅程的有趣资料。他们从西便门出发，向西北方向前进，直至到达一条石堤道。这条堤道由北京城的正西城门开始，而其尽头在一条有墙围着的叫卢沟洲[①]的村庄附近。该村距北京约10英里，在浑河之上。有一道七孔石桥跨过这条河，过了河是另一条堤道，堤道的两边是黍米田，田里劳动的农民差不多都赤身露体。距河边不远，接近堤沟的地方，有一个农舍。文翰等沿堤道走了大约3英里，再在另一条路上走了两英里，到了一个小村子，那里有人向他们建议提供向导服务。

吃过茶，他们和向导一起继续行程。道路在田野间延伸，不多久路面便变得狭窄和破烂。走了半小时之后，他们进入山区。这里有许多山隘一个连一个。通道曲折难走，他们被迫下马引马前进。向导向他们解释必须走小道的原因，是因为绕过山岬的大

---

① 似应在庞村古渡附近，现存十八磴遗址。

道目前非常泥泞，无法通过。他们挣扎地走了两英里，到了一个叫卧龙岗的村庄。村庄在一个山岬的山脉上，只有一条又窄又破的街道。从这里可以清楚地看见近处的圆明园和远处的北京。在进入卧龙岗前的一个山峡处，向导指给他们看山壁中的一个裂缝，裂缝两边都有石块凸出。向导告诉文翰他们这是龙身的一部分，一边是龙头，一边是龙尾。当地农民认为这座山有灵气，经常来拜祭。这时已是下午5时，由于卧龙岗没有合适的过夜地方，他们只好下山，回到浑河河谷，并在李园庄村的法华寺（译音）度宿，在这里人和马都得到了很好的住宿和食物的招待。这座寺庙的住持似乎收入不错，他把农业和寺务连接起来，在寺院毗连的土地上耕种农作物。文翰和道格拉斯两人在寺里舒适地过了一晚，并接受非常周到的照料。寺庙除了住持，还有四五名衣着整齐的仆人。他们以大量的鸡蛋、蔬菜和茶饭款待客人，肉类则不在供应之列，因为正如我以前说过的，僧人是素食者。

第二天早上5时，他们和向导开始登山，沿途经过几个村庄，居民都属矿工家庭。到半山时，他们见到一个煤矿，附近站着好些驴、马，等候装煤。进入矿穴的通道十分狭窄，在矿场附近有一些屋宇，其中一所较为宽大整齐，这应该是管理人的住所。采矿方式高度依靠劳力。当文翰等正在这里观看时，有一个矿工从通道里走出来。他戴着头盔，头盔上绑着一盏普通的没有罩的灯，他正从地道里牵出一篮煤石来。倾斜的地道铺上了木板，好像梯子一样，矿工便在这些木板上手脚并用地爬上爬下。文翰等看不到有什么机械设备，煤石似乎都是人用手提上来的。他们用一把圆的风扇把风吹进通道里，风扇由一个工人用脚转动，好像踏磨刀石一样。

过了矿场，他们来到一所庙宇，叫老爷庙，位置在山脉的最顶处。有两个僧人负责院务，主要是为煤矿搬运工人准备膳食。

搬运工作也全靠劳力，方法是把装满煤石的箩筐背在身上。在这座寺院里文翰等也受到了非常有礼的招待。僧人给他们奉茶，并拿出毛巾和热水让他们擦脸——这是中国人的习惯，如果能攒到热水的话，便不用冷水擦脸。从这座庙宇望出去，附近的山谷和远处的群山都清晰可见。这些山谷和山脉有些被平整成为梯田，种了许多黍和麦。文翰等接着往东进发，约走了 3 英里之后到了戒台寺。这是建立在山边的一座大寺院，四周围绕着高大的橡树。这座寺虽然在高山上，但仍然有车路可达。寺产包括 400 亩的田地，但僧人们没有在田产上得到什么好处，因为所有的收成都归县政府所有。山的周围还分布有很多的小寺庙，其中一所叫极乐洞，在崇山峻岭之上。寺院里有茂密的树林，其中一棵杉树，据云已有千年以上的树龄。这棵树特别的地方在于摇动某一树枝时，则全棵树自树干起都摆动，十分有趣。树底下有一块石碑，刻着乾隆皇帝特别为这棵树写的一首诗。

参观过这棵树后，文翰等被带到斋堂吃早饭，食物包括茶、饭和蔬菜，他们用筷子乱七八糟地把这些东西一扫而光。11 点的时候，斋堂响起钟声，僧人（总共有 12 名）鱼贯而入。他们排成一列，向观音菩萨的坐像叩拜。坐像被安放在寺院住持的桌上，前面香烟缭绕。住持另有一把特别座椅，铺了黄色的坐垫。叩拜之后，僧人 4 人一桌坐下准备用膳。在饭菜端出来的期间，僧人不断合十念经，并由其中一人敲钟伴和。当每个人的饭钵都盛满饭后，敲钟的和尚把三四撮饭交与邻座的僧人。这个僧人站起来，先向观音叩首，然后把饭撒出门外。据说这是为了祭祀两个妖魔，以免它们作祟——其一是一只害人的大怪兽，可以把人吞入肚中；其二是鬼母，妖魔的母亲。撒过米饭之后，这个僧人回到座位，于是众僧停止念经开始用膳。用膳时众僧沉默不语，因进食也被

⊙ 30 年未说话、未理发的和尚

认为是仪式的一部分。

文翰问住持他什么时候吃午饭。住持回说跟其他僧人一样，但由于需要招呼客人，所以他通常都是招呼完了才进食。由于不想耽碍住持的吃饭时间，文翰请住持派人领他们参观附近其他庙宇。住持安排妥当后，便坐下来吃他的早饭。文翰等登山到了最高的庙宇，在那里他见到一个僧人，这个僧人不说话不剪发已经30年。这是他年轻时对神的许愿。他每天进食一次，通常在中午之前。他身体污秽，头发垂到脚跟，并结缠在一起，有如一张用黑绳编织的席子。当他走路的时候，他把头发缠绕两周在颈上。他看来精神饱满，思维敏捷，对人们的谈话非常警觉，往往把人们谈话中的问题写下答案，向人展示。相反，他并没有写问题去问人。他很小心地观察文翰等人的衣服、马刺、马鞭等。文翰问他可不可以替他描像，他立即找出一张蒲席，踞坐在上面，作入定状。当画像进行时，他紧闭眼睛，但耳朵却十分灵敏，因为当有人问那里有没有蚊子时，他立即爬起来，用手指在桌上比画着"蚊子"二字，表示有。他自己非常照顾他人的需要，时常替人端茶搬椅，让人对这座寺院有良好的印象，因此对寺庙有颇大的贡献。

从这座寺院的佛塔上，他们观看了附近美丽的景色，享受了清新的凉风，这在北京城的平原地带现在是欠缺的。他们在这寺院里逗留直至下午1时，然后返回下面那一座较大的寺院。他们见到住持正忙于招呼那些刚自城里来的客人。这些客人带着马车和行李来避暑，准备换换环境居住数天。住持给文翰等招来有篷顶的山轿，由4人担抬，很快便把他们送回前一天度宿的法华寺了。

下午3时，他们上马起程返回北京。走了15分钟到了他们来程的山隘时，突然下起大雨。那时他们正牵马走过山口，而在半个小时之内，隘道便变得水流湍急，水高到膝部，他们多次几乎失脚。他们好不容易才走过山区，来到前往卢沟洲的大路。此路约有 20 英尺宽，但这时因为水流的关系，他们不能通过。无计可施之下，他们被迫转到他们来时所走的高堤道去卢沟洲。到了这个小镇，他们发觉唯一的大街被水淹了，而连接卢沟洲到北京的那条大路，情况也大部分是如此。他们最后于下午 7 时返抵北京。在经过市区时，他们碰见了米歇尔爵士（Sir John Michel）一行。他们刚从天津抵达北京，正在寻找淳亲王府。陪同爵士的有第 44 团的发瑟特少校（Major Faussett）、孟彻尔上尉（Captain Mansergh），以及皇家炮兵团的欧利飞中尉（Lieutenant Oliver）。他们有一个中国人向导，但他带他们走的方向却刚好相反，看来此人对北京并不熟悉。

7 月 26 日

我带米歇尔爵士和发瑟特少校参观城内的古董店。爵士记起当我们占领安定门的时候，店铺的货品琳琅满目，现在却相对冷清，他对此感觉奇怪。这我认为不难解释，因为在联军占领天津之后，货品便源源不断地供应到天津去了。若这些店铺还有什么好货，也都被在北京居住的外国人及在夏天探访北京的客人抢购一空了。

我从米歇尔爵士处得到一些火烧圆明园的资料。他是指挥军队（包括第 60 来复枪团和第 15 旁遮普骑兵团）进入圆明园，以及决定烧毁哪些建筑物的人，他也是授权士兵可以尽量拿走园内任何东西的人。在抢掠圆明园的时候，有为数不少的军官和士兵推着运载车入园，挪走一切可以挪走之物。但米歇尔爵士说，实际所掠去之物相较余下来的或被破坏的只是沧海之一粟而已。虽然两团的士兵穷两天之力肆意破坏，仍有相当多的建筑物逃过被摧毁的命运，原因是在混乱当中传来了签订和约的消息，使破坏停止。米歇尔特别提到一个避过劫难的大房间，房间里装置了很多木架，像锡匠的工场一样，架上排满了一个紧靠一个的精美铜器。据米歇尔忆述，最先抵达圆明园的是英国骑兵，但他们没有进园。法国军队其次抵达，但他们立即入园，并开始搜掠。第二天米歇尔乘马外出时，见到法国士兵自园内运出一块块的银砖，用车装走。他们在园内到处流窜，见到一些因太笨重而不能带走之物，例如镜、钟或其他美术品等，便用枪托把它们击毁。丝绸物品撒满一地，堆积得有膝盖那么高，因为士兵们无法或不愿拿走。他们的兴趣在于找寻更有价值的东西。

7 月 28 日

今天的官报登载了一篇奏文，江苏省粮运使及省西部司库康铭霖（译音）上奏清帝，请求册封关圣爷，因为多得关圣爷的保佑，太仓和浏河两城于去年 3 月 11 日解围，幸保不失。奏章说，人们见到关帝额上冒汗，显示关帝担心这两座城市的命运。关帝的功绩业已得到皇帝的嘉许，并立石表扬。

7 月 29 日

今天从满洲新的条约港牛庄传来一个消息，达维波特先生（Mr. Davenport），领事馆的翻译，遭到中国农民的袭击，身受重伤。事情是这样：炮舰"山鹬"号现正停泊在牛庄，炮舰指挥官波萨昆上尉（Lieutenant Bosauquet）由达维波特陪同上岸观看市容。途中他们见到两个男人殴打一个妇人，妇人高叫，引起了他们的注意。他们立即策马向前，意图赶开两人。达维波特用他的手杖打向其中一个男子，他进而下马，把马交给波萨昆看管，继续用手杖击打这个男子。此时这两个男子反抗起来，联手回击，而原本被打倒在地的妇人也爬起来加入战团，对付达维波特。他们用锄头向达维波特进击。根据米道斯领事（Consul Meadows）的报告，达维波特严重受伤，有生命危险。波萨昆上尉未能对达维波特施以援手，因为他和达维波特的坐骑都因受到惊吓而乱动，他忙于控制两匹马儿，因而不知达维波特被围攻。当他回转身来的时候，见到达维波特正和这些人纠缠，妇人正举起锄头照他的头猛力击下。侥幸的是，锄头没有打中他，但他的背部却承受了这重重的一击。

打斗的消息报告到米道斯领事处，他立即率领一个中国官员和 17 名"山鹬"号的水兵赶到现场，并把肇事者的房屋给烧掉了。他并向普鲁斯先生写信，建议无论达维波特是生是死，都要向中方要求判处袭击者中的一人死刑；假如达维波特伤重死亡的话，则所有袭击者都要处死。然而我很高兴地说，普鲁斯先生很理性地审查这件事。由于袭击的发生在于达维波特先动武，普鲁斯先生看不到有什么理由要按米道斯的建议，要求中方惩罚她的国民。达维波特阻止男人虐打妇人，其动机无疑可取，但他采取的方式，正如后来事态发展所显示的，却十分不明智。达维波特其实需要做的，只是讲几句话，这比起他的手杖更为有效。

7 月 30 日

今天早上，当我们正在观赏古董商人摆放在院子石阶上的货品的时候，我们见到了一只日本制的盒子。由于这个盒子很适宜放文件，威妥玛先生出价 5 元购买。卖主要求 7 元，说如果卖 5 元，他便要亏本。威妥玛回说："那么，请不要卖。但对我来说，我没有第二个价钱。"那人犹豫了一会儿，最后表示接受威妥玛的开价。威妥玛说："你为什么以这个价钱卖给我呢？你说要赔钱的。"这人笑了一笑，说，为了交个朋友，他不介意做一点牺牲，然后接过金钱把货品交给威妥玛。

今天下午我和文翰先生在参观俄国使馆内的画室时，画师给我们看他的一个中国学生所画的圆明园和北京的素描。这些作品都描画得很好，其中一幅彩色的特别吸引我们。画中的情景是清帝坐在圆明园的宫殿里，欣赏小杂技员表演各种高难动作。他是坐在一个高台上，望向院子，欣赏杂技的。在高台下面的一边，有屏风隔开着，是一群来自藩国属地（或被认为是藩国属地）的人民，他们看不到皇帝的样子，但不妨碍他们观看杂技。在这些人中，排在最前的是朝鲜人，然后是英国人（以穿红色衣服为特征），最后是俄国人。

在画室，我们还见到一幅清室侍卫长的画像。清室侍卫原来是由俄国基督教徒组成，这些俄罗斯人原居雅克萨（Albazin）[①]城，在一场战事中清军包围该城，把这些雅克萨军人掳回北京服役，他们世代在元大都西城门的某处聚居生活。他们被掳到中国，是俄国传教士团来华的源起。

回到淳亲王府后，我参考艾肯松（Atkinson）写的关于阿穆尔河的书，并弄清楚了以下情况。雅克萨是俄国人在阿穆尔河上的第一个据点，其建筑性质被形容是一个民居地和堡垒。1650年卡哈罗夫（Khaharoff）被遣联同一队哥萨克军队从雅哥特斯基（Yakoutsk）出发，目的是在阿穆尔河上找寻适合的地点建造堡垒。他长途跋涉，几经艰辛，最后来到阿穆尔河。经过仔细视察几处地方后，他最后选择了雅克萨，因为它具备了建城的条件，即水

① 雅克萨是中国领土，顺治六年（1649）被俄国强占，并筑城盘踞。后几经征战，于清康熙二十八年（1689）彻底收复雅克萨。——译注

源和粮食。1651年堡垒建筑完成，而除了哥萨克人，一大群的猎人也移居此地。一个城市迅速出现，人口的增加，构成了强大的防御力，使强邻中国不能轻易以武力驱赶他们。在狩猎的季节里，猎人分散找寻猎物，通常大有所获。邻近靠着山林觅食的部族，视这些活动为侵略，但哥萨克人和雅克萨的猎人却把这片土地当作他们的领土，随意打猎，并特别搜捕那些提供皮毛的兽类。逐渐，原本的土著被赶离家园。他们失去了土地，也失去了其他的一切。这种情况持续了几年，直至清政府认为不能够再坐视不理。

1657年，中国派兵进攻雅克萨，明令投降，但雅克萨人奋起抵抗。清兵围攻了两年，到1658年年末守城部队因后援不继，被迫开城投降。所有城内的居民被准返回西伯利亚。"至于在围城中被掳的人质则押往北京。几年之后，俄国派遣传教士团到当地，给那里的雅克萨哥萨克人传授东正教教育。"[1]说得确切点是,给这些人的后裔传授东正教教育，因为直至1727年才由自俄国率领第三个传教士团到北京的维拉狄斯拉维奇（Vladislavitch）在当地取得永久居留权。他这个传教士团包括6名教士和4名非宗教成员，目的是学习汉语和满语。传教士团每10年更换一次。

我上面提到了艾肯松所写的关于阿穆尔河的书，也许我要补充一下。俄国传教士团宣布这本书只是一本辑录，并非著述，而作者终其一生从未接近过阿穆尔河。教士团这个指责是基于事实而非想象，因为他们向我展示了该书的俄国印刷原版（包括文字和插图），这些原版的日期比该书的出版日期早很多。由于这个说法和一般人所持的观念相差甚远，使我大吃一惊，于是我回家再小心细读这本书。确实，我没看到有任何一段文字，可以清楚无误地反映作者的叙述是源于他个人的观察，虽然他无疑曾作出这

---

① Atkinson，《阿穆尔河》，第424页。

个暗示。事实上，我只在书的后半部分才发现关于阿穆尔河的较详细的叙述。如果俄国人所说的话是对的，那么情况似乎是作者不必要对所介绍的地方有亲身的经验，才能写出一本有趣和益智的游记。虽然在这样的情况下，资料或不够详尽，但有点朦胧的介绍仍会对读者产生吸引力。

7 月 31 日

今天商人杨先生来探访我。他来向我道谢，因为我在他儿子生命的最后阶段竭尽所能减轻他的痛苦。另外，他也拜见威妥玛先生，感谢威妥玛在我第二次到他的家时协助翻译。他说北京及全国近来发生的严重的流行病，是因为不寻常的酷热和干旱所引起的。这种传染病已扩散到天津，根据最新的数字，已经有 329 名士兵被送进医院。这个数字还不包括有相当数量的病人因医院床位不足而要在军营里接受治疗。

今天早上市面传出消息，说皇帝已经逝世。另外一个传了一整天的消息，则是御医向皇帝作出劝告，如果他戒除那个影响他身体素质的恶习的话，他可以活到农历第九个月份（即公历 10 月），然而这也是极限，不能再长了。所有这些都是谣言，又或是皇帝身边的人有意传出，则目前很难确定。奇怪的是，每当接近皇帝应允回京的日子，便有他健康不佳的消息传出。对于皇帝长期不在北京，现在也流传一个故事，很能代表人们的看法。这个故事说皇帝最近已在热河行宫布置了一个华丽的房间，给他的皇位继承人（7 岁的儿子）居住。但当他把太子带到这个房间时，这孩子并不喜欢这个寝殿，使他大为失望。皇帝问他有什么不满意，他说因为这不是北京。威妥玛先生今天见到文祥，文祥说热河方面没有什么特别消息。他也没有提到关于清帝健康的传闻。

第十一章 金融震荡

8月1日

　　对纸币的欠缺信心，已发展到了这样严重的程度，就连使馆的工人也拒不接受，宁愿等候铜钱的到来。昨天1000纸钱只值20个铜钱，亦即2万纸钱兑1银圆。然而今天在兑换市场上纸钱略有转机，18200纸钱可换1银圆。对于现在的币值危机，"小的"解释说："皇帝的店，没有人拿到钱。"这是"小的"的表述方式，意思是说户部现在缺乏铜钱，不能满足市面对金属货币的所需。事实上在北京有几所私人银行，其发行的纸币或钞票并无问题。问题出在那些由户部监督的官办银行，它们因投机炒卖而出现困难。然而无论在什么情况下，人们对纸币已失去信心，情愿选择笨重不方便的金属货币做交易。目前据说是中国历史上第二次遭遇纸币问题，第一次是1363年，时值元朝覆亡之际。

　　造币厂的管理，由户部和工部联合执行，而8年来造币厂并无生产，因为一向供应铜料的西南部的矿场已多年没有材料运来。无可怀疑的是，目前货币的尴尬情况，是因为金属短缺而造成的。这从商谈《天津条约》时中方大员最先问的问题之一是从日本购买铜料的可行性可知。

　　中国南方出产铜和铅的矿山，位处湖北和湖南两省之间，现在都在太平军的控制之下。这种情况已持续多年，因此北京的造币厂已失去南方的矿料供应。除了这个来源，每年也从日本输入固定的 4430000 斤的铜，以支援在安徽、江西、江苏和浙江的省造币厂。威妥玛先生在为《澳门月报》所写的一篇关于这个问题的文章的注释中，有这样的叙述："在 1826 年出版的一本元朝法典拾遗中，记载了以下的诏令：云南每年输京铜 5836220 斤，贵州每年输京白铅 4391914 斤及黑铅 473238 斤，湖南每年输京黑铅250000 斤，以作铸币之用。云南铜每百斤价值（不计运费，下同）9 两 1 钱，贵州铜 1 两 5 钱，湖南铜 3 两 6 钱。这本法典拾遗也规定了京铸铜钱的标准成色是五分之三铜和五分之二铅，而重量则是每枚 0.01 斤。但目前在北京和各省所造的铜币的重量却只是标准的四分之三，亦即 70 金衡厘。京都有两个造币厂，一由户部管理，一由工部管理。至于在北直隶省，则还有一个造币厂，在奉天府。"自然，由于过去几年各地的不同情况，以上这些关于北京币制的规定现时已被搁置了。

中国的币值制度如下：

1 金衡两 = 80 便士

1 金衡钱 = 8 便士

1 金衡分 = 3 花令

1 金衡厘（铜钱）= 1/3 花令（约）

可以看到，以上的钱币排列，每一级都是它下一级的 10 倍。目前在天津，由于奉行普通货币制度，1 两（或元）等于 1500 铜钱，而非 1000 铜钱。依据这个换算率，则 1 金衡两等于 150 金衡钱，或 15 个金衡分。

至于中国的度量衡，1 斤相当于我们的 3.33 磅。每斤分为 16 两，跟我们 1 磅分为 16 安士相同。

今天有一事例可反映贵族家庭，或那些依靠贵族家庭生活的人缺乏现银的困境。有一个古董商人拿了一个很美丽的釉彩宝塔来见普鲁斯先生，这个宝塔是肃亲王府之物（肃亲王府在淳亲王府的隔河对面），肃亲王现正在热河陪伴皇帝，这个府宅由其儿子居住，而我认为这个儿子把家中物品变卖套钱解困并非不可能。普鲁斯先生最后买下了此物。

8月2日

昨天提到的币价好转情况，今天有所继续，银圆今天只能换到16000纸钱。

昨天的官报（所登载的是农历第六个月第二十五日的材料）刊登了五道谕旨和三项奏折。第一道谕旨的大意是皇帝命令吏部惩办浙江总督王有龄，因为他在一个月之内更动超过20名县官的位置。皇帝认为此举有失鲁莽，于理不合。至于其他控诉，例如行政失当、卖官渎职等，则不予追究。第二道谕旨是皇帝表示收到了山东平乱的奏章，这些奏章禀报了几次剿匪的重大胜利。第三道谕旨是命兵部惩罚管辖热河游牧区的陈灏（译音），因为他没有把皇帝给他奏折的回复的副本呈送户部。陈灏奏折的内容是关于他管辖范围内（在中国境外）的银矿的情况的（据悉该副本已经补送）。

至于奏折则有以下三项：

第一，粤海关监督毓清的祖母于上年6月22日在北京逝世，皇帝曾对毓清的奔丧提出一个办法，现在内务府上表赞同，并援引一个1843年的先例予以支持。其办法是让毓清在京守孝100天，然后返回广州复职。

第二，陕西及甘肃总督乐斌上奏皇帝，说沛正（译音）在返回原居地和阗（属回族一部）途中逝世。他只携有一名姬妾和一名幼子。甘肃司判已同意发出抚恤金①。

第三，满族皇室成员铭善（译音），现居回部阿克苏②，他上奏弹劾几个高级官员狼狈为奸，联合对付他。他指责这种行为无视整体利益，而且有意鼓动回民对朝廷不满。铭善在 1859 年春被朝廷差遣到此任职，到任后情况之坏令他"五内如焚"。他谴责贪污舞弊的官员，并在茶、布、玉石等商品的征税方面做出改革，这正是他受到攻击的主要原因。他对针对他的批评作出大力反击，并恳请皇帝遣派钦差大臣彻查。

8 月 3 日

今天发生另一件事，可进一步反映贫困已在最上层的贵族阶级出现。今早一个售卖古董的代理人指挥几个苦力扛来一套精美的景泰蓝珍品及一张巨大的龙椅。这张龙椅由像乌檀木的深色实木造成，并镶嵌了釉瓷，背部和两边用同样的木材镶板，板面上用篆文金刻了皇帝的诗，非常精美。这应该是大典时皇帝用的座椅，根据使馆内中文师傅的看法，它的造型和特点，无疑是属于皇帝的，只有皇帝才敢坐上去。威妥玛先生认为，这张座椅应是皇帝批准为他自己制作的，但不知为什么，最后没有献上。

另一个可能是，这是皇帝用过后舍弃的龙座。关于这张座椅的历史，就代理人所知道的，只是这个物件属于一个最高级的亲王（即皇帝的直系亲属）所有。这位亲王住在庆亲王府，地点在皇宫北面城门附近。亲王现在正急于用钱，由于皇帝不在京或其他原因，他一向所收取的例钱未能到位，因而需要变卖个人财物以应生活所需。

---

① 按例，清朝对所有地方官员在赴职或离职途中死亡，均负责一切殓葬费用。
② 回部七个属地中的一个，与和阗同级。

除了龙椅，那套景泰蓝珍品也属非常难得。这套古玩包括两只大型的釉瓷雕座，雕座上站着一只狗，造工十分精美。另外是一对约 3 英尺高的宝塔，塔身缠绕着一条金龙。至于龙椅，其背后的瓷釉靠板也是描绘了代表皇帝的龙，非常名贵。龙椅叫价2500 元。代理把这张龙椅和那套景泰蓝留在使馆几天，好让那些有兴趣购买的人仔细参观和考虑。关于那套景泰蓝，代理人说主人无意拆散出售，换言之要么不买，一买便要全套。虽然这套景泰蓝开价超过 600 镑，但我相信卖主会接受一个比这低很多的价钱。

柯士甸先生（Mr. Austin）今天因公来使馆探访普鲁斯先生，他是输送劳工到英属圭亚那的驻中国代表。他在中国南方 3 年，在这期间他安排了 5000 名中国劳工到这个殖民地。他负责把劳工送往工作地点，但不包括回程，然而劳工的家书，柯士甸先生方面是负责派送的。劳工通过广州一个机构领取工资，然后寄回家里去。劳工对工作和有关的安排，整体来说感觉满意。这些劳工有时会投诉圭亚那多雨，但他们对于资方的评语，一般来说都是很好的，对于他们所得到的友善待遇，也表示很感激。每月一次有一位受薪的裁判官开庭聆讯，中国劳工如有什么投诉，可出庭作供。裁判官会就双方的陈词作出判决。如果劳工（他们称为苦力）要求转换雇主，可以向裁判官提出申请。这些劳工都受聘在蔗园工作。柯士甸先生在第一年里输出了 250 名妇女劳工，第二年输出 500 名。输出的劳工被要求有良好的品格。柯士甸管理下的外劳制度，无疑比以前的好得多。这项制度基于公平和善意的原则，劳工们似乎也别无他求了。

8 月 4 日

威妥玛先生昨天会见文祥。在谈话中，文祥特别提到皇帝读了所有以中文写出的关于英国和英国人的事情。同时，皇帝从这些资料中得到了一个印象，便是我们永远都在战争或在准备战争中。威妥玛直接问文祥，皇帝为什么不接见外国大臣，文祥回说这不难解释，首先是近来发生的事他仍然记忆犹新，其次是礼节的安排也非易事。

有一个北京商人今早拿一批旧钞票来使馆。他说这些钞票最少值 200 元，但他愿意以远低于这个价格交换，原因是本地人很难到官办银行兑换，而外国人没有这个麻烦，因为银行怕（正如"小的"所说）把事情闹大。不过，使馆的人都不想沾手大清的国库，所以这个政府票据的持有人只好到其他地方碰机会了。

今天下午有人送一席酒菜来使馆。酒菜十分丰盛，有各种各样的肉和配菜。我们探问之下，原来是卢涌泉娶媳妇。他款待使馆的中国工人饮宴，便等于宣布他的婚讯。我们有点觉得奇怪，因为仅 4 个月之前，"小的"才告了假处理他妻子的丧事。

8 月 5 日

今天早上我问"小的"他的婚事。他承认"找了一个媳妇"，并解释他这么急忙再婚的原因，是他的母亲希望有孙子继承香火；其次，也是较为特殊的原因，是皇帝病危，如果皇帝崩逝，中国普天之下 27 个月之内都没有人胆敢结婚，否则有杀头的危险。皇帝的逝世也将影响剃头师的生意，因为百日之内人们也不准理发——这个风俗和犹太人的有点接近，犹太人在父母死亡之后一段时期内不剃面。卖唱者会失业，戏院要关门，而一切嫁娶均在禁止之列。在规定的时间内，人们不得使用红色。轿的红色须用绿色代替，而士绅贵族所戴的礼帽的红色流苏，则改为白色。

"小的"所说的皇帝病危的消息，是从他的一位表兄弟得来的。这位表兄弟受职于恭亲王，说恭亲王收到非常权威的报告，皇帝现在病得很重，已无复原的希望。

今天下午柯士甸先生返回天津，在从使馆出发之前，他留意到了他的行李中，竟有好几箱东西不是他的。询问之下，原来这些箱子是属于宝顺洋行在北京的一个代理人的。他在天津随同柯士甸先生出发到通州，把自己的行李车都标上柯士甸先生的名字，当作后者的私人物品，以逃避缴纳城市税。他把这些物品静静地存放在使馆里，到方便时才拿走。使馆把这事报告了官府，后者派来税收官员替物品估值并完税。这事为前不久恭亲王做出的投诉提供了一个实例，证明他所说属实，而这种欺骗行为令城门关税收入蒙受损失。

8月6日

钞票问题继续困扰市民大众。每天早上找换店门前都聚集着大批人，要求把纸币换成现金。尼尔中校今天就这个问题详细向"小的"查问。根据"小的"的意见，造币厂必须于短期内恢复生产，铸造钱币，否则便会出乱子。他说政府官员自己有办法兑换货币，但普通人却没法子可想。尼尔问穷人怎样找生活，因为他们手头上的钱根本不能购物。对于这个问题，"小的"也不知怎样回答，只说他们唯有变卖家财以维持生计，如果有一天家财已尽而情况还没有好转的话，他们便只好上吊。

今天，一面新的英国国旗被悬挂在使馆的门前。这是第一面在中国制作的英国国旗，由一个中国裁缝师手制。他用一面旧旗做样板，买了所需要的颜色和布料，连工包料收费9元——即相当于50先令。这价钱和在英国订造一面同样大小的旗帜差不多。北京的裁缝师也已掌握了缝制西服的技术，使馆有很多人在当地定制服装。

8月7日

现在每一天早上都有几个中国人在等候我看病，而在这些人中古董商人是最经常要求我开药治疗的。在我最初为北京人诊治的时候，我发觉一个最大的困难，是他们不相信简单的方法会有效。然而经过我多番解释后，他们中有不少人已经开始接受我的简单治疗法。同时他们也亲眼看到简单方法的功效，因而对它有较大的信任。今早一个中国的达官贵人来见我，他说他不是来问我开药，而是听听我对他心脏健康的意见。他的心脏方面已经有问题多年，他想知道这会不会影响他的寿命。我检查他的心脏，发觉他的病征只是和哮喘有关，并不致命，因此告诉他虽然他的毛病大概不会痊愈，但我不认为这会缩短他的寿命。他听后十分满意，临走前多次向我作礼鞠躬，显然已经放下心头大石。

普鲁斯先生聘用了一个中国画师替他绘画圆明园的图像，今天这个画师把完成的画作拿来使馆。这套画总共有40幅，15年前已开始创作，其中亭台楼阁、湖溪树桥，都描绘得非常精细。目睹火烧圆明园的克莱门特斯中尉，说画作非常神似，令人叹服。这位画师说圆明园主体长5里、宽2.5里，宝塔所在地是在圆明园第一个主要部分的外面。

关于中国人的性格，我知道得越多，便越相信若要对他们的思想有较为长远的影响的话，我们便须改弦易辙，采取调和折中的方法，并以说理的和平手段取代迄今为止外国使团在中国所奉行的以力服人的霸道方式。

8 月 8 日

今天早上当普鲁斯先生正准备坐车外出时，留意到站在车后的马夫把一小包东西放在车后。他细清了一下，原来是叠钞票。他最初没有发觉任何可疑之处，直至车子经过一所找换店时，马夫停下车来，把这包东西递给后面乘马跟随的听差，造成换钱的人是普鲁斯先生的印象。经过查问，发觉原来使馆的中国仆人，也可能包括一些欧洲人，在投机钞票。他们以较低的价钱买入纸币，然后以使馆需要为名，在官办银行以标准价兑换钱币。从所收集到的事实看，我们有理由相信中国政府正饱受这方面的压力。我们打算通知外务部，我们和纸币兑换没有任何关系，如有人用英使馆的名义在兑换店进行交易，都是非授权的，可不加理会。另外，我们也在使馆内张出告示，警告使馆内的下人停止这种行为。

上层阶级人士的贫困是越来越明显了，我们每天都看到这种迹象。一个古董代理人今天捧来了一个很美丽的花瓶，他说这是肃亲王府的东西，托他转卖。我们请教使馆内的中文师傅，他们说这件瓷器是专为皇帝最亲的兄弟烧制的，现在也不可能再造出这些珍品了，因为制造这些瓷器的瓷厂和工人都因太平军叛乱而被破坏或解散了。师傅们也指出这些豪门大户的日渐破落，是因为目前的国家状况已难以让朝廷像以前一样给皇室后裔提供给养。

威妥玛先生和文祥今天有另一次的会晤。他发觉文祥对欧洲近期的政治事件相当熟悉，包括法国占领叙利亚等。在谈话中，文祥提到了一个颇为有趣而重要的题目——借款问题。当他听到英国政府可以很容易以一个固定的利率向人民借到钱时，他感觉十分惊奇。他问："如果政府不按期付出利息，那会有什么后果呢？"威妥玛承认，这将会引发很大的问题。看到中国这些重要的国家大臣如此考虑不符合"道理"的事情，我觉得十分有趣。

8 月 9 日

普鲁斯先生上次由安定门出城的时候，发觉有一部分路面破败不堪，使马车的弹簧承受很大的压力。他通过车夫问城门的值勤警吏，是不是可以把道路略为修补一下以便行车较为畅顺。警吏认真处理了这件事，当普鲁斯回来再经过这个门时，他发觉路面已完全修好了。为了酬谢这些警吏，他给了他们几元。今天早上，当他再由这个城门外出时，一个警吏在城门边铺上了一块白布，当普鲁斯的车驶近时，警吏们捧出茶来请他喝。这友好的行动表示他们领了普鲁斯先生的情，但却不是一种感谢，因为正如我以前曾指出的，中国人的性格，对于好事是"领情"多于"感谢"。这些警吏是警察的一部分，叫"守城兵"。

今天早上街上满是人，在钱币兑换店的周围更是充满紧张气氛。从所得到的消息，我们知道情况似乎是官办银行所发行的钞票，其数额远远超过政府很多年的支付能力。就我所能够收集到的资料来看，我可以说的是政府授权这些银行印发钞票，目的是应付军费支出，结果是造成了大量的透支。换句话说，这些银行做了政府兵部的出纳，发放军饷。这便是政府和贬了值的纸币的关系。昨天的官报就纸币的问题刊登了一个奏折，对这个问题有详尽的说明。威妥玛先生现在正加以迻译，但他发觉这件事十分困难，因为有许多专有名词。

今天有人把一个镂刻得非常精美的铜球拿来使馆当古董出卖。这是圆明园之物，原本放在园内的一所庙宇里，联军烧掠圆明园时于混乱中被附近的村民挪走了。今天也成交了一件由珍珠内层造成的鼻烟壶，浅玫瑰色，据说是肃亲王府王太后的私物，成交价是 35 元。肃亲王的儿子现在仍然在城里，把家里的贵重物品出卖应该是他的主意。

今天传闻得很厉害，说皇帝已于 10 天前逝世了。有些人非常相信这个消息，但一般人却认为这个传闻缺乏根据，因为清朝官员没有戴孝。如果皇帝真是死了，他们应该立即有所表示。北京现在流传的故事是，皇太子声称如果他继承帝位，他第一件要做的事是取肃顺的头①。肃顺，今皇帝的亲信，似乎到处都不受欢迎。他被认为是现今北京货币混乱问题的始作俑者，人们把他恨得要命，去年在街上甚至有人用准备代替铜钱的铁钱向他投掷以泄愤。肃顺是户部尚书，因铜钱缺乏，他计划用铁钱加以代替。1860 年新年正当查核年账的时候，户部突然发生大火，一切有关的文件都给烧掉了。毫无疑问，这是肃顺的杰作。

8 月 10 日

金融的问题仍然闹得沸沸扬扬，但是使馆里的中文老师都认为事情迟早会过去，不会引起大的动乱。但穷人怎样可以生活下去，我百思不得其解，因为他们做工被迫收取的纸币，当兑换成铜钱时，要贬值百分之十。例如一个工人收到一张 1000 元的钞票而拿到找换店换取铜钱时，他被迫只能换这个价值的十分之七，即 700 元。而根据北京 1 铜钱折算 10 元纸币计，即应该可得到 70 铜钱。但是现在却无端把这个折算值提高至 20，亦即是说这个工人现在只能拿到 35 铜钱。比对于 1000 元的钞票，这人已经损失

---

① 奇怪的是，这个无稽的传言于 3 个月之后被证明是真的。

了两次的三分之一，即合共三分之二了。可是事实还不止此，由于官府重铸铜币时的不断减重和混掺杂质，这名工人最后所得到的，只是两枚原先的铜钱而已。铜钱的缺乏，除了客观的因素，还有人为的成分。这便是政府积极收集铜钱重新铸造，而新出的铜钱无论在成色方面还是在重量方面都比以前的差。我发现银行只是在1852年之后才协助政府发粮给军人，这完全是因为太平军。户部现在欠了这些银行很高的债务。

粮食供应现在据说是很快迫近饥荒时期的价格了。而根据源源不断拿来使馆出售的物品的性质来看，上层人士的处境也是日见困蹙。那个龙椅和景泰蓝摆件的代理昨天再来使馆，把叫价减去一半，说这是最低的价钱了。由于仍然无人问津，他只好把货品搬走。今天有人又从肃亲王府拿来一套五式铜器，是祭祀用的器皿，铸造非常精美，开价65元。

尼尔中校今天下午和油漆承建商签订了另一份合约，以完成使馆大院前的两个院子的装修工程的余下工作，作价是1800元。这次投标的标书做得非常微细，分别列出每一座建筑物所需要的漆油和其他物料的数量和价钱，以及每项工程所需的人手和工酬。"小的"协助翻译。他将一种需求量为500斤的物料翻译为"像英国的苏打水那样的东西"，这种东西我估计是碱水。

昨天一个泥水匠的管工被中国人门卫（从前的"八里桥小贩"）发现私自拿走了一些铁钉和铰链。鉴于这些偷窃事件经常发生，克莱门特斯先生极力主张把这个人送去县署，以便严惩。可是，今天早上承建商、监工"瞪羚"和"小的"来到克莱门特斯处求情，但克莱门特斯不为所动。我觉得如果稍微的宽大能够制止以后同样的事情发生的话，那么把这个人送去官府接受严酷的肉体惩罚未免有点过分。何况，偷盗之所以能够发生，是因为工程兵团的守卫疏忽所致。因此，我把这个求情的事告诉了普鲁斯先生。普鲁斯先生允准了这个说情，但要他们三人担保以后再没有偷窃的事情发生。于是这个人被免于执送衙门，但使馆也不再要他工作了。

可是这个下午，"八里桥小贩"又揭发了另一宗偷盗案，一个工人尝试拿走5磅的铁钉。"瞪羚"知道这事后，立即去威妥玛先生的跟前，请威妥玛不要再听什么求情的话。他说如果使馆不送这人往衙门，他自己也会这样做，因为他刚于当天早上说过会用一切方法阻止偷窃的发生。于是这个人便被押往官府，一如上月20日那个偷胡萝卜的贼一样。我于是提出一个问题，便是我们利用中国的严刑峻法处理轻微的犯案，中英双方应该保持一致。然而，除非我们闭着眼让偷窃的事情继续发生，又或确实地通过治外法权原则自己立法处理这些案件，否则我们不易找出一个妥善的方法。但是，如果我们建立治外法权的话，无疑会引起中方极大的反对。事实上，在中国居住的英国人，已在其聚居的土地上透露出这种强烈的意向，并引起中方的怀疑了。

从香港一个官员7月23日寄出、我于本月5日收到的一封信中，我发觉双方的不一致性是太过明显了。信中说："过去几天巴夏礼先生已成功地让广东省的民众真正相信，他会把英国的强硬手段应用于此地。广州巡抚（次于广东省总督的第二号人物）由于在其管辖地内虐待英国囚犯，被押到联军统帅部审问，统帅部判他坐牢40天。这让巡抚本人十分惊愕，也令一部分的广州民众震骇。审讯的场面，知情者告诉我，十分好笑。这位广州巡抚，自觉作为'天朝'子民而被提到联军统帅部接受审讯，是奇耻大辱，他拒绝站起来。庭警给他一张椅子坐下，他在盛怒之下，擎起这张椅子，把它扔到法庭的另一边。他接着除下他的官帽，掷向主持审讯的联军统帅部成员①。由于他不愿意站起来，又不愿意坐下去，审讯员唯有命令宪兵把他强行架起来，并在这个情况下向他宣布审判结果。"对于在联军结束占领广州的前夕，为了报复中方对我方士兵的虐待（我们事实上不能更改中国的法律），我们这样处罚中方官员，此举是否得体，我还是让从信中了解事实真相的读者们自己决定吧。

今天傍晚我和普鲁斯先生及尼尔中校在使馆内散步时，见到一个中国仆人在房间的门外挂了一个小竹篮，篮里养了一只蝈蝈。我们问这个仆人为什么养蝈蝈，他说："唱歌。"这又是我们和中国人另一个不同的地方。我们宁愿设法在居所附近禁绝蝈蝈吵叫，而中国人却喜欢它在近旁，且不怕麻烦给它找一个好位置。

8 月 11 日

可能是因为皇帝已逝世的消息传得太厉害，也因为人们相信这个消息是真的，政府今天张出一个告示，说皇帝的病已脱离危险期，现正在康复中。这究竟表示皇帝是生是死，很难说，但有一点是肯定的，市面上多了许多嫁娶活动，每天在街上看到的迎亲队伍比平时多得多。这据说是因为人们相信皇帝已经逝世，他们赶在朝廷宣布消息之前办喜事。近期所看到的婚嫁队伍有些规模很是宏大，甚而动用了骆驼，骆驼上背了轿子，装饰得美轮美奂。

今天普鲁斯先生收到了海勋爵（Lord John Hay）的一封信，向他描述英船"奥典（Odin）"访问牛庄的情况。根据该信的介绍，营口（或营市）是在我们领事馆所在的河口上，而牛庄则在内陆，

---

① 占领广州时期，联军统帅部由巴夏礼先生、一位英国军官和一位法国军官组成。

相距 30 英里。往牛庄的道路情况非常恶劣，满布渠沟，有如湿雨时的泥地。田野平坦富饶，人民强壮和勤劳——其素质比他在中国其他地方所见的为佳。牛庄是幅员广阔、物产丰盛之地，但主要的贸易城市是在河上 45 英里的辽阳。辽阳比天津还大，且有坚厚的城墙保护。由此再往内陆走 45 英里，便是满洲首府沈阳。海勋爵把它比之为一个小型的北京城，只是它的街道更宽阔，房屋建造得更佳，而整体来说也比北京更为整洁和繁荣。在街上走的人都携有武器，因为城的周围有叛匪作乱，访客需要一些时间才能适应以下的情况，便是当地人一手持一篮水果，一手持矛或火绳枪，从前面走近或从后面追上他。"奥典"号的到访颇引起当地人的轰动，但他们的表现并不野蛮和粗鲁，只是好奇而已。

这座城市展现了中国强大的经济能力，繁荣可期。海勋爵相信具有这样条件的城市，它的贸易不会长期像现在这样趑趄不前。现在的不景气，追本溯源是禁止出口大豆所致。然而，走私大豆已经开始，终会惹起本地人迁怒于外国人的贸易和干涉。达维波特先生因插手当地人的纠纷而被严重袭击，其背后原因现在是再清楚不过了。然而，由于米道斯领事采取高压手法，这种情绪暂时被压下去。而无论本地人怎样想，他们所表现出来的行为仍非常温驯。我相信这是因为他们害怕去年发生在白河的农民身上的惨剧会重现在他们居住的土地上（这些农民友善而和平）。走私大豆是条约所不容许的，如果外国人像现在一样继续参与其事的话，发生祸端绝不奇怪。牛庄出产上等煤炭，海勋爵认为有一天煤炭会成为一个重要的出口项目，而一个可能性是，这些煤炭被容许以一个比从日本进口的煤更低的价格出售。威妥玛先生说沈阳现在没有叛乱，人们之所以携带武器，主要是因为这里贼人很多。

8 月 12 日

今天我问这里的人城市的医疗健康情况，发觉自从雨季开始后，即是说大概 14 天之前开始，流行病有了变化，天花和红斑热被另一种病代替。这种新的病，从人们对它的描述看，我估计是疟疾的一种，这和我在使馆内所得到的经验吻合，这病近期在使馆已发生几起。虽然现在的天气一般来说仍是很热，但有时也会气温骤降。例如昨天晚上，经过一场带雨和闪电的风暴后，温度在两小时之内竟然从华氏 85 度降至 75 度。这种从高温到清凉的突然变化，对于那些之前体质已受到酷热和卫生环境欠佳影响的城市人来说，无疑是患上疟疾的因素。就以使馆来说，我已见过好几个住在那里的中文老师和仆人患了这种病。事实上，欧洲人的健康情况虽然不比酷热天气时为差，但中国人却自从雨季开始、天气变得清凉后，找我看病的人变多了。

8 月 13 日

今天早上我和威妥玛先生简单地谈过了货币的问题，他现在正全力以赴地翻译有关这个问题的一篇奏章，而工作不见得轻松容易。有一次他遇到了奏章中的一段文字，他完全不明其意，于是他求助于使馆中的 4 位中文老师。这些老师都是满腹经纶的人，但他们 4 人的解释各有不同。这也并非不可理喻，因为即使在英国，如果我们把一篇深奥的经济文章给三四个对这个问题有专门认识的学者看，他们也可能对文章中的许多部分给出不同的诠释。

通过威妥玛先生的翻译，我向宋先生（他在北京生活了 43 年）询问北京的人口情况。根据宋先生所述，除了卫戍部队，北京约有 10 万个家庭（以整数计）。根据我们的观察，每个家庭平均有

8人，再加上11万的皇宫卫戍部队，整个元大都的人口接近100万。另一位使馆中文老师也同意这个估计。宋和这个人唯一不同的地方是，一个认为在元大都中，满人较多，另一个则认为汉人较多。但就我个人的观察来说，这个人口估计是过高了，除非把城墙外边近郊的人也包括在内。至于北京城内的人口，估计有5万个家庭。如果我们用每个家庭平均有8人的人数计算，即城内有40万人口。这个数字我认为大体可以接受，因为城内的房屋比较紧密和挤迫，而连接大路的支路也比较狭窄。

今天晚上由于俄国庆祝"圣水节"，俄国国内有喜庆活动，因此巴鲁泽将军和夫人也在俄国使馆举行晚会，邀请法国和英国使团参加——这是北京第一次有三个使团代表参加的社交活动。在晚会上，巴鲁泽将军——他是一个非常有成就的音乐家——用小风琴（我想这应该是他所用的乐器的名称）表演了几首即兴作品。在闲谈中，巴鲁泽将军说这几天他有急事找恭亲王，但始终找不着。亲王的下属总是用这个或那个借口推搪。巴鲁泽说，他有理由相信恭亲王曾经到过热河。还有，他的报信人告诉他，恭亲王只在皇帝的寝宫逗留几分钟，"因为皇帝的病使他身体发生恶臭，任何人都难以在他身边长时间逗留"。以上说法，我相信只是谣言，因为威妥玛先生似乎不久前才见过恭亲王，而看情况他不可能在这样短的时间内来回热河一次。

8月14日

今天威妥玛先生在外务部会见文祥，为了了解恭亲王是不是身在城中，他问文祥恭亲王今天有没有回到总理衙门。对于这个问题，文祥似乎有点支吾以应，答道："啊，是的，他今天早上在这里，不过我想，是的，他已经去了城东探访他的兄弟。"威妥玛离开时，他随意地向一个站在门外的衙门属员打听一个经常在那里、但已有好几天不见的年轻官员的情况，他答："他随恭亲王出差去了。"威妥玛接着问："恭亲王今天有回来衙门吗？"这人不假思索地回答："没有。"虽然以上答案互相矛盾，但威妥玛认为恭亲王是在北京城内，因为他只是在前天（本月 12 日）才收到中方的一份后面有恭亲王印章的文件，显示他本人曾加以阅读。所以，除非有人代他签署，否则他不可能像有些人所说的那样去了热河。

连我们近在京畿的人，拥有一切有利的条件，都不知道恭亲王是否在这里，那么那些在远方的人，当收到关于中国的资料时，又怎样才可以判断它的真实性和可靠性呢！

今天货币市场的情况糟透了。市民对纸币的信任江河日下，它对银圆的兑换价今天跌到了 1 银圆兑 24000 纸钱。和这有关，我今天被杨先生请去医治他的一个男仆人，因为他在一所兑换店里受到袭击。动粗的人不是那些拥塞在店里极力争先的人群，而是银行里的职员，因为他坚持要兑较高的价，被人拒绝之后又赖着不走。

8 月 15 日

公众对纸币的态度不但没有好转，而且越来越差，现在差不多没有人愿意接受纸币了。今早的兑换率是 25000 纸币对 1 银圆。举例说，一个 1000 元钞票的持有人可兑换 15 个大钱，其真正价值只是原来的 30 纸钱而已。这就表示纸币的贬值率是百分之九十七。对于英国人而言，较明白的譬喻是，一张 5 镑的钞票在兑换市场的价值下跌到只有 3 个先令。

幸运的是，这种货币困境只限于北京一地，而且是经过多年的发展，只是最近才变得严重而已，而这也是肃顺当了户部尚书之后的事。肃顺管理财政之后的行政失当和贪污舞弊是触发近期货币危机的原因。根据国家规定，1 吊钱有 500 元，2 吊钱等如 1 两银——相当于 6 先令 8 便士。然而在 1838 年，户部把兑换率片面地改为 4 吊钱换 1 两银，再在 1853 年降至 8 吊钱换 1 两银。由于这个缘故，户部欠下银行的债有两种非常不同的计算法，如下：

（1）换算价 8 吊钱换 1 两银：欠债是 1687500 两（相当于 562500 英镑）。

（2）换算价 2 吊钱换 1 两银：欠债是 6750000 两（相当于 2250000 英镑）。

威妥玛先生正在迻译的奏章中，建议用 30 吊钱算 1 两的比价解决这庞大的债务，所涉及的金钱可由此而降至 45 万两，即 15 万英镑，而筹款的方式是出售官位。捐官的银两一向是以下述的形式征收的（以每两银计）：十分之三是银，另加银行钞票及户部宝钞各 500 元。现在政府提出以 9 吊纸钱代替十分之三的银，希望此举会诱使有钱人向穷人换取纸钱，以增加铜钱在下层社会中的流通。政府这样做的目的是希望在一年内赎回它所有的票据。至于那些由私人银行在没有政府授权下所发出的钞票——即那些超出政府债务的钞票，则银行本身须自行处理，政府不打算插手。

政府的建议是，一旦账务问题解决之后，所有北京的银行都会成为发钞银行。而当户部付清了所有的欠债之后，四间官办银行便除下它们的招牌，不再在钞票上印"户部属下官办银行"字样，而成为商办银行，由顺天府监管。现时总共有 9 间官办银行，但只有 5 间由户部经营。我曾经试图弄清楚这些银行是否早在成为政府出纳机关之前已经存在，而从我搜寻得来的资料中，我知道它们的起始，并非来自政府的资助再通过本身的炒卖活动而成。目前人们针对纸币的激愤，导因于政府对几间银行的公开指摘，说它们过度发行钞票，并表示它会收回这些银行的发钞权。这被视为宣布钞票的破产，因此持钞人现在都急于不惜任何代价弄走手头上的钞票。事实上，钞票的价值已是低得无可再低，只是还未公布它是废纸而已 ①。

马日坦男爵昨天晚上从天津回来，他到天津的目的是给普鲁士国公使在与华谈判条约时做翻译，现在条约的细节已商定了。关于以前双方谈不拢的居留权问题，现在彼此同意签约 5 年后开始。关于清帝已死的传言，他给我们的讯息似乎是此事可信。他说当他正要离开天津的时候，崇纶派人找他，他以为是关于签订条约的事。但崇纶（他是户部要员）把文件推开，说不是为这事找他，而是要告诉他皇帝已到了弥留状态。马日坦今天也曾尝试约见恭亲王，但不成功。总理衙门给出的理由闪烁其词，令人不得要领。但总的印象是，恭亲王不在北京。

关于我昨天提过的威妥玛先生和文祥的会面，威妥玛告诉对方他认为中方犯了一个错，便是太过相信翻译所说的每一句话，以为这是代表对方的正式意思，这导致了他们囚禁巴夏礼。听到这话后，文祥打趣说：“如果我们那时认识你的程度像现在一样的话，我们也会一样扣留你。”意思是，如果威妥玛先生当时在场的话，那么问题会解决得更好。

今天中文老师徐先生（他是一位眼光锐利的老绅士）问道格

---

① 8 月 17 日的日记，还会提到另一个有关的奏章。

拉斯先生，为什么住在使馆的基督徒定时到教堂祷告，但他却见不到欧洲的基督徒在教堂礼拜。道格拉斯先生告诉他北京的基督徒都属于一个教派，这个教派在北京已经建立了礼拜的场所，但是英使馆的基督徒属于另一个教派，这个教派尚未有共用的礼拜地方，因此他们的礼拜活动便只好局限在家里。可是徐先生仍然不明白，既然同样是公认的基督徒，为什么在礼拜方面，有这样的鸿沟呢？

今天是法皇的诞辰，法使馆在大教堂内为他举行咏诵赞美颂的活动，由传教士团董若翰主教主持。晚上布尔布隆先生设宴招待英使馆和法使馆的人员。整个宴会连同布尔布隆夫人和巴鲁泽夫人在内，共有 22 个欧洲人参加。宴会后普鲁斯先生率众向法皇恭祝健康，接着巴鲁泽将军和布尔布隆先生也分别向英女皇和俄帝恭祝健康。法使馆的宪兵团也几次点燃响亮的中国爆竹代替通常的烟火表演，以表达他们对法皇的忠诚。

第十二章　咸丰帝驾崩

1861 年 8 月 16 日

今天早上肃亲王率领一列长长的车队，包括众多的随从和行李，从热河回到肃亲王府。他直接从热河返抵北京，而在热河的时候，他作为皇室亲王，在皇帝身边服侍。他从这种关系脱身，并回到他的府第，似乎是一个很强的暗示：皇帝已死。然而，他解释返京的理由是，他的一个侄女快要结婚了。人们向他的随从查问皇帝的情况，随从都否认皇帝已经驾崩，但是承认皇帝病得很重，而御医也表示他很难活过农历第八个月（公历 9 月）。因此我们认为皇帝已死并非不可能，只是未决定死讯在哪个时候公布而已。例如道光帝，当今皇帝的父亲，在他死后一个月才把秘密公开。

杨先生今天恢复上班。他告诉我们他妻子昨天为他诞下一个女儿。这自然令他大失所望，因为他一直希望为他的富有亲戚提供一个男婴做承继人。他的妻子，像一个模范母亲一样，今天已起床料理家务。他们明天便会举行一个重要的仪式——替婴儿沐浴。这个仪式由母亲主持，亲戚朋友都会来观看，以示隆重。在婴儿第一次沐浴的温水里，人们放进一橛合欢树的树枝。据说这树枝有强壮婴儿元气的功能，使他不易生病，即使受到病魔侵袭，病况也会十分温和。当谈到这点时，杨先生提到一个情况，这个情况我很久之前已留意到了，但一直不知道原因是什么，那便是我经常在街上看到一些打扮得像女孩一样的男孩子。杨先生向我解释，如果男婴在出生时或幼小的时候身体较为孱弱，为了保存男性后裔，家人会把这孩子装扮成女孩模样，并把他像女孩子一样地抚养至青春期。这样做背后的理据是：虽然用养育男孩子的方式难以养大这个小孩，但改用养育女孩子的方法，机会可能较大。倘若中国人是这样想的话，那么认为女孩子在中国受到虐待的流行观念便值得质疑了。就我个人的经验而言，我从未见过任何（即使是极为细微）的迹象支持女孩被虐待这个观念，而相反的例子却多的是。

今天我和威妥玛先生谈论北京人的性格，我认为他们颇为随和。我提到北京人在街上碰见我们的时候，他们的话题一般都是关于我们的穿着方面。威妥玛也说到有天早上他前往观象台，在那里他穿着的皮靴引起人们的注意。一个当地人对另一个人说，这对靴子很好，一定是水牛皮造的。威妥玛对他们说不是，这是用普通的皮革造的。这个人问这靴子是不是不透尘的，威妥玛答是，于是这人说它定然是不透水的了。他接着问英国有没有尘，威妥玛答有。于是这人便议论说，英国的尘应该不像北京的尘，北京的尘有一种"特别的气味"。对于这一点，威妥玛表示同意，这些气味来自蓄在沟渠里用来清洗街道的水。这是北京城的一个特别措施，源于时下流行的所谓"卫生问题"。

威妥玛先生也向我讲到他在广州时一个有趣的经历，这经历反映了中国人的好奇心。当他在一家商店观看货品时，有两个看起来有钱的乡下人走进来。他们似乎从未见过欧洲人，店主告诉他们这个英国人懂得说中国话。于是他们走近威妥玛，非常好奇地从上到下打量他。接着其中一个人竟然用手摸他的衣服，一直摸到他向后翻的衣领处。他翻起威妥玛的衣领，看到下面有一个小孔。他把一只手指穿进这小孔里，并像小孩一样因为发现这个小孔而欢呼起来。他所有的这些举动都没有恶意，也不含侮辱他人的意思。这种好奇心渗透中国的所有阶层，从阶层最高的贵族到最低的贩夫走卒都是如此。威妥玛先生引述最近的一个例子。他上一次在总理衙门会见恭亲王，在与文祥谈话的时候（文祥对所谈的话题兴致甚高，所以谈了很久，恭亲王在旁却不免感到沉闷，暗中频频打哈欠），恭亲王突然双眼发亮，把威妥玛的指环拿起，左右端详，反复把弄，对文祥说："你看他们的指环，构造多奇怪！"

今天另一件堪可一记的事是，我们在使馆谈到当巴夏礼先生从刑部被转押到高庙时，有一大群民众聚集起来看热闹。他们一般以为巴夏礼是外国的一个皇太子，而额尔金勋爵是他的领班，就像清朝大官的总管一样。我们不明白他们为什么会有这个观感。

8 月 17 日

杨先生的新生婴儿今天举行沐浴仪式。他回到使馆的时候，不无担忧地说到家里添了人口所带来的额外支出。他说沐浴仪式的附带开支相当庞大，因为他不只需要款待来参观仪式的朋友，朋友的仆人也不能亏待。这些下人来向他"请安"，他们并不只期望吃些东西，还希望有金钱的回报。接生的是个妇人，杨先生似乎不清楚应该给她多少费用才合理，在这方面他们有所争论。

对于那篇关于解决货币问题的奏章的余下部分，我今天从威妥玛先生那里得到了一个概括的印象。在取消了 4 家户部银行之后，其余 5 家"天字号"银行也作同样的处理（这里"天"字并无特别意思，只是以之分别其他银行而已。"天字号"银行于道光年代由内务府建议成立）。如果皇帝批准这个建议，户部便会请皇上指示内务府作出妥善安排。

一旦户部的建议获得接纳，那些不能够赎回没有经户部授权发行的钞票、不能缴交朝廷施加的百分之三十的罚款、因随意抽紧银根和向市民强征暴敛而引致市民不便或令人心浮动的官办银行的官员，便会被送到吏部法办。情况严重的，则向皇上建议处以死刑，以警戒那些影响民生的不法商人。

以上措施颁布一个月之后，所有的银行便自行印发钞票。通过发行新的和为大众接受的纸币，政府希望降低白银的价格，缓和人们对铜钱的需求，并恢复人们的信心。奏章最后说，如果商办银行拒不听命，即表示它们与官办银行沆瀣一气。

户部把目前的经济危机都归咎到官办银行身上，而官办银行则反控户部才是危机的制造者（户部与肃顺及其同伙关系密切）。

今天下午马日坦男爵和文祥会晤，但见不着恭亲王。据说恭亲王有事办，可能要忙 15 天。至于皇帝，据云他身体有进步，但仍然很虚弱。

普鲁斯先生从张先生处得悉现清帝的宗教信仰（张先生现在是普鲁斯先生的中文老师，原来教的吉布森先生已被任命为署理天津领事）。清帝只是拜祭天地，他也尊崇孔子及敬奉祖先。这构成他表面的宗教观，至于他本人的信仰则是另一回事。他可以像康熙帝一样，是基督徒[①]。他崇敬佛教，但并不过分热心，而西藏的达赖喇嘛也朝拜皇帝。

一旦皇帝逝世，皇后的地位便十分重要，因为她持有皇帝摆放遗嘱的密室的钥匙。皇后会收藏着这份遗诏，直至在一个特别

---

① 康熙帝是基督徒的说法未见于清朝官方资料。——译注

的、有主要皇族成员出席的场合拿出来宣读。遗诏会指定谁是皇位继承人。我们有理由相信，清朝曾经有一位皇后（如果我没有记错的话，就是现今皇太后）篡改皇太子的名字。

现在已进入收割季节，高粱已长到了符合它名称的高度。整个北京郊区，以及介乎它和天津之间的区域，是一片以高粱为主的田地。北方的高粱可媲美南方的竹，两者修长而坚韧的茎可供多种用途。谷物本身，可以酿造酒和醋，以及作为牲畜的粮草，并可在浸透之后提炼出一种有色的物质。除此之外，它也是穷人的食粮，并可磨成面粉。

8 月 18 日

威妥玛先生今天前往总理衙门会晤文祥，出乎他的意料，恭亲王也在那里。他的肩舆停在衙门外，这个交通工具有着饱经风霜的样子，好像走过了一段长长的颠簸之路。恭亲王外表仍精神饱满、心情开朗，但文祥看起来十分困累，好像几个晚上都没有睡觉的样子。威妥玛先生向恭亲王问候"圣君"的安康，恭亲王回答皇帝身体有进步，但仍是非常虚弱。威妥玛接着说，近来的消息十分不好。文祥回应说："哦，消息！你们国家也有消息，是吗？"对于目前的经济困难，文祥表示有信心可以克服，并指出现在压力已经有所减轻，而纸币的情况亦已改善。我怀疑此说法的准确性，因为在使馆的数百名工人中，没有一个认为纸币是安全的。

8 月 19 日

今天使馆的工人集体罢工，要求增加工资。目前他们每天只赚 0.2 元，亦即 10 便士，其中承建商扣除 3 便士作为膳食之用。

工人现在要求每天工资 10 便士，另加膳食——即要求增加工资每天 3 便士。

8 月 20 日

今天正午送来了英国 6 月 26 日的邮件，即是说邮件从英国到香港要 37 天，到北京要 55 天。我们也从天津听到了一个消息，说布拉巴桑少校（Major Brabazon）已到了那里，准备起程来北京。他希望得到关于他儿子踪迹的消息，并盼望他儿子仍然活着。可惜的是，我 5 月在日记里所记录的情况恐怕是他所能得到的慰藉，而这亦会打消他儿子尚在人间的念头。

8 月 21 日

皇家工程兵团的哥顿上尉（Captain Gordon）从天津来京，告诉我那里的酷热天气让士兵们十分煎熬。在他离开天津的时候，已发生了 50 宗热中风病例，其中 16 宗已死亡，34 宗仍在治疗中。从哥顿上尉那里我也知悉初春开始时（即是使馆搬往北京之前不久）在天津引入的卫生改革的结果。天津城的围墙外边有一条河沟，河沟蓄积了来自城市和近郊的废物与垃圾。我们大部分士兵的驻地都非常接近这条河沟，有些更在河沟的岸边，因而受到臭味的困扰。虽然我们估计这些臭味在冬天的时候不会引出什么问题（事实上从表面上看亦从未发生过什么问题），但是在大热天的时候，我们却不作如是想。为了保障人们的健康，在冬季结束的时候，军队的卫生部门建议填平接近士兵驻扎地的那部分河沟。然而，无论这个措施怎样符合现代卫生学，它之不能被当局接受是不难理解的，因为第一它违背当地千百年来的卫生习惯，其次它也干扰了下雨时城市的排水系统。城市当局虽然强烈反对这个建议，指出它必然引来问题，但英国政府从为本国士兵健康的角度着想（这亦无可厚非），对这个异议置之不理。

以下是哥顿上尉详细给我描述的填平河沟之后的结果。

首先，当霜雪融化之后，在下层的被冻结了的、堆积在河沟里的物质向下沉，而由此发放出来的浓烈气味，使得住在附近的锡克兵难以忍受。他们要求军部批准把马厩里的马粪倒下河沟，以阻止臭气浮泛上来。之后，大约两个月前，下了好几场大雨，城市全部被水浸，情况严重。城市中的盐商齐集去见斯塔佛利准将，要求自费再掘通河沟以疏导水源。斯塔佛利准将作出了明智的决定，同意他们这样做，也不再提什么卫生问题了。这群中国人立即施工，把河沟掘下 10 英尺。之后再下雨时，街道的雨水都流到这个河沟去，再由河沟引到在城市南部、被称为"僧格林沁防线"之间的大平原去。

类似上述的事是有教育性的。它们以最明确无误的方式告诉我们，在人口挤迫的东方城市，意图大规模地干涉它的卫生情况是错误的。这些城市的情况，无论我们觉得怎样恶劣和令人不安，总比我们改变它要好，这我是确信不疑的。事实上，我们把那些所谓的公共卫生措施——填堵沟渠和粪坑——引入中国，让有机物质埋在分解媒介下而产生影响人类健康的有毒气体，我认为是错的。相反，中国现行的做法是，把有机分解物暴露在空气下。无论这和当前的卫生观念怎样不吻合，我个人认为是无害的。换言之，只有在有机废物被埋藏在密闭的和非自然的环境下，它们才会变得对人有害。这便衍生了两个在现代公共卫生科学运作方面非常重要的问题。首先，密封的沟渠和粪坑的不完全分解环境（这点难以避免）是一个确定的人为致病因素。其次，反对把腐坏的有机物质和流体暴露在地面上是基于错误的原则的。这浪费了大量的含有高度农业价值的物质，即浪费了大量的国家资源，却也造福不了人民的健康。如果容许我们对事实做出评鉴的话，极可能是适得其反的。听起来好像令人困惑，我们正在从外面高价输入农业有机物资，但这些物资的质量比我们大批扔掉的物资为低①。

8 月 22 日

一个非常大型的殡仪队伍，今天早上从使馆门口经过。这个队伍包括通常的幡旗、麻布以及各种涂金的器具，此外还有乐队敲锣打鼓，乐器发出非常悲哀的声音。棺材被置放在一个特制的架上，由 32 个杠夫扛抬。除了送丧的朋友，总共有超过 200 名的吹打手和扛抬各种旗帜和杂物的人。孝子（主要的吊丧人）走在棺材的前面，他全身穿着白色，额头也绑着一块同样颜色的破布。

① 写了以上的话三年之后，我发现了一些实际的例子足可证明，让有机物质在密闭的沟渠中腐烂，较之于让它自由地在空气中分解，造成的祸害更大。在 1864 年年初的时候，政府的医务委员会要去视察加尔各答城市街道中卫生最差的地方——屠宰牲畜的集中地。委员会的目的是要找一个场所以建筑屠宰房。当各位委员到达之后，他们发觉那里的臭味是他们从未经验过的。于是他们以为已经找到了散播到附近区域的疾病之源。然而调查过当地人的健康状况后，让他们大感意外的是，当地没有发生流行疾病，死亡率也不高。而正在影响城市其他区域，特别是居于河船上的人的传染病霍乱，居然完全没有波及当地人。河船距离城市臭味极远，但船上的人仍不能够逃避霍乱，可证明臭味和疾病没有关系。另一宗例子发生在格埃佛舍德（Gravesend），日期是 1864 年 8 月 6 日。以下是报章的报道：“几个工人被派去清理一个粪坑，其间一个工人被发出的有害气体导致窒息而从梯子上跌下去。另一个工人为了拯救同伴，落到坑里准备救人，但一样中了毒气而昏迷。其余工人于是报警。一个警察队长设法下去救人，竟不幸成为第三个牺牲者。最后人们用‘灭火器’消除坑里的毒气，把三人抬上来，但全都返魂无术了。”卫生学家无疑会说，他们的学科的目的便是要避免这些惨剧的发生，但我认为以上的事实应该让他们重新思考一下，他们所要对付的问题是不是他们自己制造出来而没有必要发生的。这些问题其实是由他们的学科的矫枉过正而引起的，因为他们要用人工方式处理大自然自行分解吸收的东西，虽然后述的方法看起来不甚科学，但却显然更为有用，亦较安全。

这孩子 12 岁，是死者的儿子。他步履不稳，弱不禁风，很明显是从病床上被拉起来参加这个丧礼的。他左右两边各有一个人搀扶，否则他难以走完整个送殡路程。他的面容明确无误地反映他是一个发热病的受害者，而他的父亲很可能是死于此病。他号啕大哭，眼泪流到颊下，十分悲伤。送丧队伍中有好些看起来是有身份的人，其中有一个好像很有地位，因为他派出他的肩舆代表他送丧。此外，另有约 20 部马车随行。整体来说给人的印象是，这是一个有体面的人的丧礼，因此当我听到死者只是理藩院一个下人，我感到十分惊奇。据说，这个隆重的丧礼的费用，是从死者的亲人中筹募得来的，显示中国人对面子的重视，以及为了在公众眼光中保持家族的荣誉而不惜大撒金钱。

8 月 23 日

今天我们忙于为外交部准备一幅淳亲王府的鸟瞰图。这幅图由一个中国画师制作，尼尔中校在上面加了图表和图例。这幅画非常逼真，王府内每一座建筑物都被仔细地描绘出来了。

这个下午威妥玛先生和恭亲王及文祥在总理衙门会面。他们两人外表都非常沮丧和不安，特别是文祥。见面之后文祥第一句话便是热河方面消息很坏，皇帝病得很重。"不过，"他说，"一两天内便会有更详细的消息。"我推测一是皇帝已经逝世，而驾崩的消息很快将公布；二是，正如文祥所云，皇帝接近死亡。

8 月 24 日

中午，当我们忙于准备寄出于下午 2 时截邮的英国邮件时，巴鲁泽将军来探访普鲁斯先生，给他看一篇今天早上在官报上刊登的清帝谕诏的俄文译本。在这个谕诏里，清帝册立他的大儿子

（大约六七岁）为皇位继承人，并指定8位大臣协助政务。这无异把皇太子置于这8个人的手里，成为他们的傀儡。而势头不好的是，这8个人全都是反对和外国交往的人。至于那些赞同和外国建立紧密关系、亦实际上负责和外人接触的大臣，例如恭亲王、桂良、文祥等，完全被排斥在外，这反映清帝对我们的态度。这个谕诏虽然并非皇帝驾崩的正式通告，但实际上起了这个作用，因为这表示皇帝的病已无痊愈的希望，而他在公事上已经不再做主。这谕旨毫无疑问是由皇帝自热河发出的，时间是本月22日早上。这件圣旨相信于昨天快邮抵达，亦自然是威妥玛先生在总理衙门察觉到的恭亲王和文祥表现得烦恼不安的原因。

以下是威妥玛先生对这个谕旨的翻译：

译自 1861 年 8 月 24 日北京官报，手稿。

御笔政令——让皇帝长子载淳为皇太子。

特别政令①。

御笔政令——长子载淳现在已经被册立为皇太子，让载垣、端华、景寿、肃顺、穆荫、匡源、杜翰、焦佑瀛等尽心尽力帮助他处理国家政务。

特别政令②。

威妥玛先生在翻译文本里，加了以下的解释：

---

① 原文为："立皇长子载淳为皇太子。"——译注

② 原文为："皇长子载淳现为皇太子，着派载垣、端华、景寿、肃顺、穆荫、匡源、杜翰、焦佑瀛，尽心辅弼，赞襄一切政务。"——译注

怡亲王载垣。他的名字中有"载"字，表示他是皇族成员，与皇长子载淳同辈。

郑亲王端华。北京都统、九门提督、肃顺长兄。

景寿。皇太子第六皇姑的丈夫。

肃顺。两个最年轻的内阁大臣之一。

穆荫。军机大臣。1860年与怡亲王载垣前往通州和联军谈和。现正在守孝。

匡源。汉人。军机大臣、侍郎。

杜翰。吏部侍郎，咸丰师傅杜受田之子。

焦佑瀛。太常寺少卿、皇太子师傅。

下午2时，我们刚刚发出寄往英国的邮件之后，恭亲王的一个侍从官员便来向普鲁斯先生宣布皇帝在本月22日下午3时驾崩。由现在开始，总理衙门将暂停办公20天，请普鲁斯先生在这段时间内避免给衙门发送文件。皇帝逝世的文告，于昨天以快邮的方式传送京师，下午抵达。这即是说文件于24小时内走600华里（超过200英里），是中国国内现时最快的传递方式。向英使馆报信的官员已经穿上了孝服，他官帽上的顶戴已经除下，马鞍铺了白布，头也没有剃。这就结束了咸丰帝在俗世上的统治，他的统治充满了不寻常的变乱和灾祸。然而，这朝代的年号将一直维持到年终。

听到皇帝逝世的消息后，我前往元大都，到处走走，约走了三四里路，想看看有什么迹象显示人们已经知道皇帝驾崩的事，但我没有什么发现。当皇帝逝世的消息公布后，百姓便不准剃头。但是剃头师的生意并不是完全停止的，因为梳头和织辫，以及眼部和耳部的服务，仍然可以维持生计。

今天早上传来了布拉巴桑少校抵达北京的消息。根据我们所知道的情况来判断，可以相当肯定悲伤的心情已经影响到了他的思想，他对所有认为他的搜索是白费工夫的想法全力抗拒。威妥玛先生几经艰辛才劝服他搬离客店来使馆和他同住。威妥玛告诉我，在与布拉巴桑的谈话中，布根据两点（而且只有两点）认为他的儿子仍然未死。其一是在 1860 年 10 月 5 日这一天，恒祺告诉巴夏礼在僧格林沁的军营中仍然扣押着好几个英国囚徒；其二是在新河战役刚打过后所搜寻到的文件中，其中有建议捉拿和扣押一些军人作为人质。布拉巴桑最主要的目的是证明格兰特爵士（Sir Hope Grant）和额尔金勋爵所说的，他的儿子已经在 9 月 21 日死亡是错的。当谈话的方向越来越接近他儿子已无生存的希望这一结论时，布拉巴桑又折回他先前的理据，坚持生存并非无望。他手头带有 1 万英镑，他准备拿出双倍于此数的酬劳以酬谢寻获他儿子的人。

8 月 25 日

今天收到恭亲王的一份公文，正式通知普鲁斯先生清帝驾崩的消息，而昨天只是口头传达而已。公文的要点如下：恭亲王仅以肃穆的心情通知英国大臣，皇帝于本月第 17 日（公历 8 月 22 日）乘龙归天。恭亲王与皇帝有同宗之谊，其悲哀之情非言语所能形容。鉴于亲王将要处理繁重的殡葬事务，他不得不在一段时期内暂停外务工作。这个公文整体来说写得非常得体和充满感情。

下午威妥玛先生收到文祥的一封信。文祥身体不适，他写信感谢威妥玛提出他需不需要西医的治疗。他说，现在沉重的工作使他无法抽空想自己的个人问题，或寻求方法舒缓自己的肉体痛苦。他这封信的信纸和信封都是用丧礼的颜色，即白色，有一条粉红色的纸条自上而下环绕信封一周。

商店主人现在都在准备国丧的事务，以便朝廷一旦正式公布皇帝死讯时按规定执行。他们把商店所有的红色装饰和招牌都除下。剃头师的生意现在都忙得不可开交，所有花费得起的人都理一次发，这是他们100天之内的最后机会了。在国丧期间，所有豪华饮宴都要停止。今天外国使馆都下半旗志哀，这将持续一段时间。

布拉巴桑少校今天和普鲁斯先生会面。他计划悬红2万英镑，给予任何让他重见活着的儿子的人。如果此法不行的话，他打算前往山东探视僧格林沁的军营，再寻他儿子的消息。自然，使馆的人都认为这是大海捞针，希望渺茫，同时也涉及很大的困难。不过，布拉巴桑的意思是，如果他找不到活着的儿子，也希望证明他儿子活得比额尔金和格兰特所宣布的他儿子死亡的日期要长，从而揭露有关方面在当时没有用全力挽救他的孩子。

8月26日

今早的官报登载咸丰帝临终前的谕旨，册封他自己的皇后和新登基的皇帝的母亲为皇太后。同时，他也下旨剥夺三个御医的顶戴，因为他们未能恢复他的健康。同期的官报也向民众透露了皇帝因为去年秋天在溽暑下出狩热河，健康大受打击，整个冬季都没有好转，到了盛夏再来的时候，便每况愈下，最后终于不能支持下去。

普鲁斯先生给恭亲王发出唁简，以回应后者昨天给他的讣告。他用的是黑色围边的信纸，并盖上一个丧礼的印章。威妥玛先生给这唁简做了翻译，用的是合乎中国格式的文体。恭亲王立即回了复函，对普鲁斯先生的好意和关怀表示深切的感谢。他并根据中国的礼法，请普鲁斯先生不要过分悲伤，亦无须劳神进行哀悼。

下午我和尼尔中校及桑宾先生（Mr. Thorburn）在城里的几条街道游览。桑宾先生是上海的一个商人，他快要回英国了，在回去之前，他想到北京看一下，因而来到了使馆。街道所见，所有以前是红色的招牌，现在一律都变成了白色，同时每一块招牌都垂下一条蓝色的布条或丝带。剃头现在全部停止了。我们一直走到城中的古董店，在其中一家店铺里，我们遇到一件事，这件事提供了一个例子，说明在购买古董时，如果我们回一个接近开价的价钱是多么危险的事。我们光顾的那家店铺的东主是我们十分熟悉的，因为他每天都来使馆推销货物。他有个浑名叫"痘皮痞子"，因为他开价漫无边际。桑宾先生看中一个非常美丽的水晶瓶，瓶高约7寸，晶莹剔透，白璧无瑕，置放在一个雕刻得十分精美的檀木座上。"痘皮痞子"宣称这个物件属顶级珍品，而为了加强他说话的语气，他竖起拇指，用语言和姿态强调他的保证。他开价180元，桑宾先生还价50元。"痘皮痞子"笑说这个价钱怎么可以提得出口，桑宾先生于是把价钱提高到70元。"痘皮痞子"好像给了桑宾先生一个特别人情一样，把叫价从原价减少10元。桑宾先生没有理会，而当他准备离开时，"痘皮痞子"叫着他，眼睛也不眨一下便愿意减去100元，让桑宾先生以70元买走，毫不因为多开价110元而脸红。至于这是一般的古董买卖议价方式，还是因为英国人习惯还价四分之一或五分之一而据此决定开价，这尚不清楚，但我怀疑是后述的情况。

我之所以有这个看法，是因为观察到城市较偏远的、不为欧洲人光顾的店铺，那里的店主都稳持自己的价格，即使减价，也只是意思意思而已。因此很可能是我们自己开始了一个很坏的胡

乱压价的议价方式，而不考虑货品的价值，使中国商人为了对抗
这个做法也胡乱开出一个天价，其结果是英国人自讨苦吃，要付
出一个比普通议价方式高很多的价钱。例如一个镶了玛瑙的雕刻
木盒，我们的"痘皮"朋友叫价 84 元，最后则以 35 元成交。在
另一家古董店，我注意到了一个紫红色的普通欧陆式小水杯，放
在一个很美丽的杯架上，而店主开出的价钱，是一个珍贵的古董
的价钱。接着这个话题，桑宾先生也提到有一次他在福州府一家
古董店里，看到一个汽水瓶，也是放在一个美丽的座架上，并被
当作一个稀奇的古董出售。

和桑宾先生谈到太平军，他说他们反对上海落在太平军之手
的原因是，如果太平军占领上海，一切贸易都会停顿，因为清兵
会来包围这个城市。几年前上海被叛军占领的时候，他们并不干
涉外国人的行动，外国人可以自由出入。此外，外国人也认识大
部分的叛军将领，和他们相熟，因为这些人以前不少都是他们在
广州或上海时的仆人，例如他的一个旧仆是叛军的指挥官，曾参
与一个重要的战役。

我问桑宾为什么上海的英国商团对中国的"外国关税"不满。
他坦白对我说，现在他们不能像以前那样做买卖。以前当船只开
航税员向他们征税时，他们总是说："噢，没有问题，我们下次
付。"但现在不行了。尼尔中校说，构成真正不满的原因，是商团
现在被英国监督明令要遵守规则，并视中国的关税为贸易制度的
一部分，他们以前并不是这样的。

威妥玛先生告诉我布拉巴桑少校今天受到很大的打击，因为
点点滴滴的真相开始向他呈现。他不能否认以下铁的事实：在联
军焚毁北京皇宫的威胁下，中方在 10 月 16 日至 20 日期间交出了
所有手中的囚徒或骸骨，如果布拉巴桑上尉及德勒神父仍被他们

扣押的话，他们不会冒着皇宫被焚的危险而拒不交出。因此，如果这两人当时仍然活着的话，他们一早已被释出；又如果他们已死而他们的遗骸可以辨认的话，那可以肯定的是像其他活人一样，亦已经向联军交还。虽然还未完全被说服，布拉巴桑少校在这些事实面前已然目瞪口呆，因为以前从未有人像威妥玛先生今天这样直接地向他解释情况。然而，他的思想已变得有时会不可理喻，因此很难保证他今天所形成的想法不会改变。

8 月 27 日

今天大清早，皇室举行了一个盛大的仪式，悼念逝去的皇帝。参加这个仪式的有潮水般的人群、长长的车队，以及众多的喇嘛僧人。现在皇帝的死讯已经正式公布，人们纷纷把夏天所戴的凉帽上的红色马毛除掉。

今天早上我们在法使馆讨论布拉巴桑少校的事情的时候，董若翰主教说关于 9 月 21 日布拉巴桑上尉及德勒神父被处决的事，没有人比天主教传教士团从胜保军队中许多的基督徒士兵那里所得到的消息更加确实的了。这些士兵中有些还是这件事的目击者。这宗并非由上级下令的处决，可称是处决和屠杀的综合体。没有胜保手写的处决状，根本没有人愿意担负起作为刽子手的责任。而且，从人性的立场看，中国人像其他地方的人一样，也不喜欢担任这个名声不好的公职。

从所得到的资料看，正如我们以前曾描述过的，搜寻这两人的士兵被引领到行刑的现场，在一些骸骨堆中发现了一个卡在地洞中的人头。这个人头，从它头发的颜色和发型看，他们都毫不犹疑地指出是德勒神父的。德勒神父喜欢把头发留长，垂在脑后，且把头发剪裁成某个样子，让他有需要时（例如当他需要穿着中国服装时）可以系上一条发辫。以上的描述——即所发现的人头被鉴定是德勒神父的——是这么确实，也是我们从未听过的，但若我们把这告诉布拉巴桑少校的话，他必定立即抓住这点说他的推理是正确的，因为如果他的儿子是和德勒神父同一时候被杀害的话，那么他的遗骸也应该被中方交出了。董若翰主教更补充说，报信的那 3 个基督徒士兵都是驻圆明园的守卫，其中一个对教士们说他见到有 29 名囚徒，手脚被捆绑着，反卧在院子里。这数字减去被扣押在北京的巴夏礼和洛奇，以及在胜保军营的德勒神父和布拉巴桑上尉，刚好吻合被中方逮捕的英国战俘的总数。

8 月 28 日

昨天的官报刊登了关于皇帝驾崩和大葬仪式的通告。当准备工作就绪后，皇储便会带同先帝的遗体返回北京。由于要准备的事情很多，可能回京的日期有点延搁。同时，由热河到北京的道路也需修补，以便回銮的行列顺利通过。皇储已经宣布，为体恤人民生活，全国哀悼期只限 27 天，至于皇储本人，则会守丧 3 年。

关于外国大臣是否出席清帝的丧礼，我们认为不大可能，因为在这些仪典中，每一个人（即使他是国君）必须在故帝面前匍匐在地、叩首，以及发声痛哭。储君也必须在晚上守灵。事实上中国的每一个人都须如丧考妣般悼念先帝。

我听到布拉巴桑少校，出于他那善良的天性，对于中国这个民族并无痛恨之心。相反，他说他相当喜欢中国人，而随着他越来越熟悉中国人的习惯和言谈举止，他对他们的印象是越来越好了。事实上，从天津来北京的路上，他便已经倾倒于中国人的简朴和友善，因而在大部分的旅程中，他都赤脚走在白河旁边的泥岸上，并帮助船夫划船逆流而上。他告诉威妥玛先生，他从未见过如此友好和守礼的人民，对于中国人性格的这种赞誉我认为一点也不过分。

昨天下午当我和尼尔中校及桑宾先生路过午门前的圆形堡垒的拱廊时，我们被一家商店门前黑压压的人群所吸引。我们很自然地想到这或许和皇帝的丧礼有关，可能是新贴了一张告示给民众阅览。于是我们走近前去，竭力望向群众眼光集中之处，却看不到有什么特别的地方。最后，我们的眼光溜到商店最深入的部分，见到了两个英国军官，第60来复枪团的阿切尔上尉（Captain Archer）和克雷默尔中尉（Lieutenant Cramer）。他们于3天前抵达北京，现在住在使馆里。这解开了谜团，于是继续走我们的路。然而，我们也感到好笑，因为我们跻身一群围在商店前的中国人中间去看我们的洋兄弟，就像那些好奇的中国人一样。

8 月 29 日

今天早上我们再谈到布拉巴桑少校的事情。尼尔中校认为我们应该体谅布拉巴桑拒绝接受迄今为止提供给他的证据的心情，因为这些证据对其他人来说可能无懈可击，但对于死者的父亲而言，他可能不能随便接受，何况他还有足够的理由秉持一丝希望呢——因为到目前为止，仍然没有物证证明他的儿子已经死亡，虽然环境证据指向他儿子已在9月21日被害。尼尔举出一个他亲历的例子，说明当我们宣布一个人已经死亡时，我们必须十分小心，即使有好些人说他们目击了事件的发生。此事发生在西班牙卡洛斯战争期间①，一个属于某方的军队洗劫了一所教堂，犯下了严重的渎神之罪。由于未能找出真正的犯案者，负责的军官下令

---

① Carlist War。1833—1839 年西班牙的一场内战，导因于皇位争夺。后来英、法、葡等国出兵干涉，皇位挑战者被迫逃亡海外。——译注

全队顶罪，每10个人中抽出一个枪毙。然而当行刑兵开枪时，其中两个被抽中的士兵机敏地先倒下，逃过了子弹打进心脏的命运。没有人发觉他们的作伪，而当收尸队来收拾遗体下葬时，这两人得到同伴的帮助逃出生天。几年之后当尼尔在叙利亚领事馆任职时，这两人中的一个来见他，并向他详细交代事件。尼尔之前对此一无所知，像其他人一样，他以为这次行刑是彻底执行、无一幸免的。

今天谈到了中国人的饮食艺术，桑宾先生讲了中国食谱上一道古怪而残忍的菜式：烹甲鱼。其法是把甲鱼放进一个鬲里，置于火炉上。鬲上有一盖，盖上有一开口，其大小刚好可以让甲鱼伸出头来。开口的附近放一盛水容器，其中倒了香醇的酒。当鬲中的水温度越来越高时，甲鱼也越来越渴，于是它伸出头来不断饮那容器中炮制过的饮料，直至烫死。这时它的身体饱含香醇的味料，全身发出酒香，吃的时候，味道清香扑鼻。这个故事和另一个最近出版的关于烤鸭掌的食谱可称有异曲同工之妙。活生生的鸭子被放在一块铁板之上，铁板下用火烧。这时鸭体内的血都逐渐地往脚部集中。鸭掌变得肥大，最后成为美味的菜肴。桑宾先生说他经常品尝鸭掌，他相信上述介绍的烹调法是可靠的。

今天晚上在法国使馆时，巴鲁泽将军说当他抵达北京出任俄国大使的时候，他依从俄国政府的指示马上悬红2万镑，正如布拉巴桑少校一样，以寻找布拉巴桑的儿子。他说这样做只是聊尽人事而已，因为布拉巴桑上尉已死的环境证据是无可置疑的。根据巴鲁泽所说，布拉巴桑少校是知道以前的悬红的，但他决定在他身在中国的时候再悬赏一次。威妥玛先生晚上告诉我布拉巴桑少校跟他重提前往山东僧格林沁军营的事，以找寻他的儿子。他唯一的理由是，根据某期的"蓝书"，其中曾隐约提到当巴夏礼被囚禁在狱中时，他曾向恒祺了解某些俘虏的情况（这是一批现在已知下落的俘虏），恒祺答他们在僧格林沁的军营中。这回答其实并无意义，他不过是不想直接言明这些军人俘虏已经死亡。

8 月 30 日

今天的官报登载了皇帝对僧格林沁的一个奏折的回复。僧格林沁上奏皇帝要求派遣某知县（他提出了名字）管理山东省某个最近从叛军手中收回来的区域，并说现任县官不为民众所接受。僧格林沁也呈请皇上批准瑞和（译音）——一个有很高功勋的平民，回乡，因为这人从 1853 年起已在战场上服役，而现在他的重风湿病使他不能穿上靴子或跨坐在马背上奔驰了。

赫德先生今天从天津来到北京，有要事和政府商讨。他上一次在北京的时候，已经决定下回来北京时要到总理衙门求见大臣，说明他是中国聘用的官员，当局需要给他提供在京住宿的房屋。可是，这次他来京之后，他觉得暂时还是不要麻烦这些大臣，因为他们有更多的急事要办。所以，这次他仍然在英使馆居住。他说皇帝在遗诏中所任命扶助幼主的 8 个顾命大臣，其在天津所引起的负面反应和北京的一样。即使崇厚，天津的商务监督（他本身也是内务府的官员），也当着赫德的面说："应该可以有更明智的选择。"这样的评语出自这样高级的官员之口，已是相当大胆的了。

8 月 31 日

今天早上文祥和恒祺 ① 来使馆告诉普鲁斯先生，恭亲王今天晚

---

① 恒祺为他母亲守孝 100 天后，现在又恢复他繁忙的生活。由于他也须为逝世的皇帝守孝 27 天，所以他为母亲守孝的孝期可以提早结束。

上或明天清早会前往热河觐见皇太后——她的身份现在很像一个摄政王。恭亲王的目的是要安抚皇太后，告诉她在京师的英国人和法国人对皇室全无敌意，以消除那里的仇外气氛，因为正是这种气氛阻止皇室回銮。游说皇室回京自然不为那些顾命大臣所喜，因为为首的几个人在北京都非常不受欢迎。恭亲王被摒出军机处，这是没有道理的，他这次去见皇太后可能会产生良好的结果。然而，少皇帝——皇帝唯一的儿子——不是她的亲儿子，而是后宫一个妃子所生（这妃子最近亦已册封为皇太后①了），这可能会减轻她的影响力。官报宣布皇帝和内宫将返回北京，但这不一定是他们的真正意思。文祥和恒祺两人都穿了白色的衣服，身上所有的装饰都已除下，头也没有剃。

布拉巴桑少校仍然住宿在使馆里。虽然从他偶然吐出的言辞看，他也似乎表示再见到儿子的机会已经没有了，但我们认为经过这么多辛劳之后，如果他不做完想做的事情，是不会甘心的。这些想做的事情之一，便是亲身前往僧格林沁的军营走一遭，并像在北京一样，悬赏 2 万英镑给找到他儿子的人。为了知道这是否可行，威妥玛先生正要找一个姓王的小吏帮忙。这姓王的可以讲很好的英语，以前曾在上海的英国领事馆服务②。根据赫德先生所提供的资料，王现在应该在天津，以语言专家的身份受聘于海关。

---

① 这里所说恭亲王往见的应是东太后慈安钮祜禄氏。少皇帝同治是由西太后慈禧所生。咸丰遗诏同时册封慈安和慈禧为皇太后。——译注

② 王在 1860 年联军占领大沽一役中，作为直隶总督恒福的使者，曾扮演重要的角色。1858 年他陪同额尔金勋爵所率领的使团前往天津，并以中文参赞的身份提供翻译服务。《天津条约》签订后，由于他熟悉外国事务，中方要求他留下为政府服务，直到现在。他曾在上海般恩主教的美国传教士团学校（Bishop Boone's American Mission School）接受教育。

王在休战之后在僧格林沁的山东军营服役，任军需处的主管。赫德曾向崇厚要求一名额外的翻译人手，于是崇厚给僧格林沁发了一个通知，指示僧格林沁派王到天津去。赫德说王高度赞扬僧格林沁。僧王属下有 3000 士兵，全都对他非常拥戴。僧格林沁按时发出粮饷给士兵，照顾他们的房屋和饮食，并严令他们不得抢掠百姓。这和我们去年听到的关于僧王的评语吻合，亦为他的士兵经过田野秋毫无犯的情况充分证实——这和我们联军经过之后的情况有如天渊之别。王说僧王近年对炮兵事务产生了很大的兴趣，并且尽力扩展和加强他麾下这方面的实力。根据王的说法，僧格林沁现在在山东"有相当强大的野地炮兵团"。王说山东地区的叛乱和太平军没有关系，他们只是大群的武装分子反抗朝廷而已 [①]。王离开僧格林沁的军营只有 3 个月，所以对于布拉巴桑少校的事，似乎没有人能比他掌握到更确实的消息了。

今天我在市内到处看，见到仍然有些人在剃头，我感到很奇怪。我询问原因，原来百姓的正式哀悼期明天才开始，今天是最后的剃头日子，之后 100 天之内他们都不可剃发了，而有关的告示亦已被张贴起来。

---

① 这里指捻军。——译注

第十三章 万里寻子

9 月 1 日

自从咸丰帝的遗诏，把自己的皇后、即皇储的母亲册封为皇太后之后，少皇帝又发出另一谕旨，把两位皇后尊封为皇太后。然而，两位皇太后在朝廷的决策部门中有影响力的，是死去的皇帝的皇后（第二妻子），而这位皇后影响力之大，就连恭亲王去热河之前，也要先得到她的批准。

以下是过去两期官报的通告的撮要：

1. 免去在北京的外省人向皇帝的棺椁行叩首礼。

2. 免去先帝的皇叔等行某些礼仪。

3. 负责丧仪的王公大臣及礼部呈请皇上制定 27 天的全国哀悼期。27 天后内宫的妇女改穿另一种丧服。此外，皇太后命内廷妇女一同守丧 100 天。

4. 为皇帝定庙号。

5. 制定移灵北京的必要安排。

今天的官报宣布内阁已经收到上谕，新帝的年号定为祺祥，以后以此年号称呼新帝，一如他父亲的年号为咸丰一样。此外，皇帝也传旨接受袁甲三①的举荐，奖赏某些官员，因他们在安徽采办火药而有功于国。另外，皇帝也接纳袁甲三的建议，把一个领兵军官降职，因为他申请增兵，不遂之后擅离职守。

下午，尼尔中校、威妥玛先生和我到市区去。走到大街的时候，我们见到一群人围着一个男子，这个男子在售卖一种像手提喷烟机的玩具。玩具像白鸽蛋大小，主体部分是一个椭圆形的燃烧香烛用的香芯。男子用尖锥贯穿这个香芯，造成一个小孔。他把这个东西安插在一条铁杆上，然后用火点燃另一头。不久，这个器具便像火柴一样燃烧起来。只见一条烟柱自另一头浓浓地喷出，于是一个原始的土制喷气机便当场被成功制造出来。威妥玛先生问这人喷气机的中心机关是什么，他回答是一个混合了硝酸钾和樟脑的香芯。这种玩具以每支一枚铜钱的价钱卖给小童。我心中有一个疑问：这玩意儿是不是可以让它变得更有实用价值，例如利用便宜和可以缓慢燃烧的物料，把它发展为气体洋烛。

在同一街道中我们留意到了一个兑换货币的摊档，在那里人们可以把钞票兑成铜钱。威妥玛先生说这些摊档是属于货币投机商人的。这些商人以较银行低的价钱和市民交换纸币，而人们也愿意付给他们一个较大的折让以免在银行里和大群的人拥挤在一起浪费时间。由于这些投机商人从银行获得资本，因而和银行站在同一阵线，狼狈为奸。这种交换方式是银行攫利的不正当形式——它们以远低于银行的价率取得纸币。当局已经宣布街道兑换为非法活动。既然这种交易活动已经明令禁止，为什么这些商人仍然可以公开地在通衢大道进行犯法活动呢？我请"小的"给我解释一下。"小的"告诉我，街头已禁止兑换的是官办银行的钞

① 袁甲三，河南项城人，袁世凯的从祖父。道光进士，1853 年赴安徽协办军务，镇压捻军。——译注

票，我们所见的是商办银行的钞票，后者是可以的。街道兑换带给市民很大的方便，他们不介意付出稍微多些折扣给这些商人以换取快速的交易。

当我们在城市内穿行的时候，照例一大群人跟着我们，并围在我们进入的商店的前面。威妥玛的中国话讲得很好，但我们发觉懂汉语给我们带来更多的不方便，因为人群增多了三倍，目的是想听听威妥玛走进商店时所讲的话。

艾恩斯利医生（Dr. Ainslie），一个年轻的执业医生，从南方来天津准备长期居留，今天到了北京。他原是香港政府医院的驻院手术师，他离开后他的职位由黄宽医生替代。黄宽是爱丁堡大学的毕业生，其履历如下：他是香港某新教学校的学生，因成绩优异被派到爱丁堡继续学业。通过香港商人的资助，黄宽得以在爱丁堡留学几年。他是那个年代最优秀的学生之一，得到好几个奖状，并以他最好的成绩取得学位和专业训练。毕业后，他被伦敦传教士团派回广州，作为医务教士，并留在这个职位上直至被提名接替艾恩斯利医生在香港的工作。黄宽医生精通英国语文，书写方面非常通顺和准确。总的来说，黄宽可以说是中国人在脑中形成他们的"道理"之前，所能够塑造出的另一类型的最佳代表。

9 月 2 日

在天津，一个马车夫的家属最近入禀控告一个英国人，因这个英国人在大沽饮醉酒时杀死了乘载他的车夫。这个车夫临死前交代的一切情况如下：这个醉酒的英国人坐在车内，而车夫则坐在车把后的一块特制的板上（所有马车夫一般都是这样坐的），在完全没有什么先兆的情况下，马车夫被踢离他的座位跌到地上，并给车子碾压过。车夫家人向署理领事吉布森先生作出控诉，指死者被某不知名英国人谋杀。此案交由一位宪兵军官调查，并已发出拘捕令寻找一个在华从事商业的英国人，据知此人登上有关车辆前往大沽，并在涉案当天乘坐同一车辆返回。此外，根据该英国人的华仆的证供，当时此人是在醉酒状态中。被告极力否认此事，并威胁说他会在香港采取法律行动控诉天津领事馆。奇怪的是，原告突然撤销控告，于是此事告一段落。人们的推测是，由于这件案子证据俱在，可能有人给死者家人一些好处，让他们罢手。

在其他的关于天津的消息中，有一宗是售卖土地的，共得价3万元，涉及28块地，用以兴建外国人住所，总面积是6.66亩。

9月3日

今天的官报主题是，清皇室封赠先帝已逝世的皇后，在其谥号中增加一个"德"字。现在的皇太后保有皇帝的两个印章，因此实际上她是摄政班子的领头人。此外，当雒魏林（Mr.Lockhart）先生和文祥及恒祺在一起的时候，他问新政的年号叫祺祥，是他们两人名字中第二个字的组合，是不是由于他们的影响才订立这个名号。他们回答说不，他们和这没有任何关系，不过他们真心地希望这会给他们带来好运。

下午我陪伴威妥玛先生造访罗马天主教传教团，他想和司牧灵神父谈谈布拉巴桑上尉的事。司牧灵神父给出的资料和我们所知道的非常接近，便是当他和其他传教士隐藏在距离北京75英里的一个村落的时候，一个胜保军营中的基督徒士兵来见他们。这名士兵刚从通州逃回来，曾在城墙上目击3天前在八里桥发生的战事。他说他听闻在战事中有两个欧洲人被斩首，其中一个是巴夏礼。几天之后，又有几个基督教士兵抵达，他们报告说巴夏礼和另一名囚徒被监禁在北京，而其他人则被扣押在其他地方。此外，他们也证实有两人在胜保命令之下被处决。传教士们质疑第一个人的故事前后不一致，认为后一个说法较真实，因为巴夏礼确实身在北京。前一个人回说他只是重复他听来的传闻，这个传闻说巴夏礼是被杀死的两个人之一。他还说他见到一个军章和一个金色的十字架，是属于其中一个人的。他曾想购买这个十字架，但价钱超出他的能力。

以上的各种说法虽然互有矛盾，但不妨碍它们作为证据的价值。士兵们认为被杀者是巴夏礼，完全不足为怪，因为他的名字是囚徒中中国人唯一认识的，故此在所有囚徒中，他是被认为最值得惩罚的人。

9 月 4 日

天气现在是较为清凉了，但是在日间太阳仍然很猛烈。昨天晚上温度计显示华氏 74.5 度，这个温度虽然也不是很低，但对于我们习惯了的高温，已是一个十分大的改变了。

今天早上一个古董商人对于赫德先生能够讲汉语感觉十分奇怪，问他："你叫什么名字？"这在中国并不是一个询问姓名的礼貌方法。赫德先生遂反诘他："你应该这样问别人的姓名吗？"这人立刻用手拍自己的头颅一下，以示责罚自己的不小心，并说："开罪！开罪！敬请原谅。我应该说：'请问尊姓大名？'"我们也谈到乞丐，中国人叫他们"讨饭的"。这"饭"有特别意义，中国人见面互相问候时，总是问"吃过饭吗？"这可能是"请请"的原始版本。

9 月 5 日

今天得到的消息是，皇帝的遗体将于本月底运返北京，皇室成员则于 10 月中旬才回来，因为那时道路的情况会比未来的 3 个月为好。近来的连场大雨使道路非常糟糕，令人寸步难行。

9 月 6 日

7 月 10 日的英国邮件今天抵达，当赫德先生在总理衙门和文祥及恒祺讨论事情时，他收到来自上海的邮件，其中一封信说，政府军已从叛军手中收复芜湖和安庆两个重要城市。文祥及恒祺两人闻讯大感安慰，此事他们方面仍未收到消息。赫德和他俩在总理衙门共进早餐，为了让赫德吃得舒适，他们给他准备了刀叉，代替筷子。早餐主要是美味的炖肉。用餐的时间是早上 10 时，吃时佐以绍兴酒。这是一种米酒，通常烫暖了来饮，但这次是冷饮。

席间他们谈到外国的动物，赫德问恒祺有没有见过火鸡，恒祺答没有，但补充说桂良在上海的时候，曾见过一只外国的鸭。谈到恒祺留长了的头发（自从母亲逝世后，恒祺一直没有剃头），赫德说他的剃头师现在必定非常清闲。"不然，"恒祺说，"他比平时还要忙。我以前每天只剃一次头，但自从留长了头发，我每天都要梳理几次。"恒祺也很久没有剃须了。赫德数一数他胡须的绺数，总共是十五绺。这么多的胡须似乎给恒祺带来极大的不便，因为他要不停地拨开它。恒祺向文祥请教，现在他已过了母亲的守孝期，他可不可以剃掉胡须。文祥当时正考虑中国习俗中一个复杂的问题，回说他看不到有什么不合礼的地方。当恒祺在房间的另一边找寻什么时，文祥对赫德批评中国官员虚报收入的行为。

赫德望向恒祺，轻声对文祥说："但回到北京的时候，他始终在城门处给人敲诈一大笔。"文祥会心微笑，逗趣地摇动他的手指，表示他完全明白恒祺离任粤海关监督返回北京，在入城时被九门提督郑亲王端华榨取一大笔银两的事。

恒祺说到在牛庄，一个小童被"山鹬"号炮舰上的一个水手枪击死亡的事。情况似乎是这个水手把枪交给这个中国男孩，而并不知道，或没有理会枪内是否有子弹，结果导致男孩中枪死亡。炮舰上的水手总共赔了 40 元给男孩的家属，希望他们不要再提这事。恒祺说在上次的战争中，一些西方人不幸死亡，为此西方国家要求中国赔偿 30 万元，并且得偿所愿。但在这一事件中，西方人在和平时候随便夺去一个中国人的生命，却估计只值 40 元。我对于这种说理方式，感到非常遗憾。

说到粤海关的情况，赫德先生说，现任海关监督接到热河的命令，要不惜任何代价买回某串珍贵的宝珠项链。这串项链是法国领事原先为一个本国的军官买入或卖出去的。领事以 2.8 万元的价钱卖给一个祆教商人，这人已去了孟买。因此现在这位海关监督十分头疼，不知怎么办。自然，这不包括怎样筹措这笔金钱，以及怎样在账簿上做手脚，因为这些对他都不是问题。

9 月 7 日

天津有一部分军人要撤离了，每当这种时候，到访北京的人便多起来。昨天晚上，皇家工程兵团的海恩中尉（Lieutenant Hine）和军部火车团的富林明先生（Mr. Fleming）来了，今天清早第 60 来复枪团的梅特尔上校和夫人（Colonel and Mrs. Muter）、蒙哥马利上尉（Captain Montgomery）和歌斯灵中尉（Lieutenant Gosling）也来了。他们昨天下午从通州出发，抵达北京时城门已关。他们在城墙外一个中国人的家中做客，得到很好的招待，舒舒服服地过了一个晚上。

9 月 8 日

到处都是风沙，当我们能够逃离使馆的时候，我和尼尔中校、克拉尔和赫德等先生到市区溜达，并享受清新的微风。我们参观了正在修建中的法国使馆接待室，我相信完成后这将是一个很美丽的地方。它的屋顶仿照淳亲王府建成，唯一不同之处是淳亲王府镶嵌龙的地方这里改成金色的蜜蜂。我们接着步行前往哈德门，并请求门卫准许我们走上城墙。门卫同意我们的请求，条件是我们不能带闲人上去，所谓闲人，其意是那些出于好奇跟随着我们的本地人。

9 月 9 日

今早一个肥胖的老人被送来让我诊治。老人 65 岁，有点瘫痪。他的右边手脚不大灵活，口齿不清，显示他的左边脑部不正常。然而，他的头脑则仍然清醒。此外，还有一个老人家送他的14 岁儿子来见我。这个年轻人看起来很不错，却害了间歇性癫痫病。要很好地治疗以上的病，现在有困难，因为一方面需要经常诊治，另一方面要病人和家属忍受长途跋涉的艰苦来见我也属不易。最好的解决办法是有一所医院，这会满足这类病人的需要。自然，我不会禁止他们来见我，而我给他们开出的药，虽然不能治好他们的病，却至少可以减缓他们病情的发展。我所希望的是，被某教会委托携同资金来北京创建医院，并已抵达中国的雒魏林先生（Mr. Lockhart）早日完成大业。

今天我和布拉巴桑少校谈了很久，他就前往上海僧格林沁军营的事征询我的意见。我问他这次到上海去，是不是抱有希望。我很遗憾地听到他说，他是怀着希望的，而且他认为找到活着的儿子的机会不小。于是我尝试让他知道他的上海之行，成功的机会十分渺茫。但我并不阻止他用所有可能的方法悬赏报信的人，包括在僧格林沁军营内进行此事，因为这可以让他尽了做父亲的责任，好使他返回家里的时候，知道为了找寻他的儿子，所有金钱和身体力行所能做的，他都做了。然而，要引导他的思想朝这个方向发展，即要他丢弃所有希望，却不是易事，因为他十分倾向于认为所有关于他儿子已经死亡的环境证据，都是没有价值的。例如，在行刑地掘出的他儿子制服上的一条穗带，他拒绝接受这项证物，而他所持的理由是威妥玛先生曾告诉他，这条穗带是中国制造。我告诉他这点并不影响我的结论，因为我完全不否认这个物件是在广州制造的，但是它的特殊用途是装饰在驻守中国的军官的蓝色法兰绒上衣上面，以别于其他的军服。此外，这种形式的穗带是中国人不会用的。

我还进一步指出，我非常肯定在战事中他儿子每天所穿的衣服上的穗带，就是这种穗带。他承认，我把事情说得这样明白，确使他很难予以不理。同时，这样描述穗带这项证物，也是他头一回听到的，因为他以前一直认为既然这条穗带在中国制造，必然是中国人的用物，所以它在坟场附近被掘出来，对他来说没有什么意义。

教士们相信掘出的人类残骸属于德勒神父所有，这个证据也不为布拉巴桑少校所接纳。他的理据是1860年11月18日狄拉米尔神父（Abbe Delamere）从北京寄给他的一封信。在信中狄拉米尔神父很清楚地告诉他，德勒神父和一名军官已被害。此外，狄拉米尔也明白地告知他已经用尽一切方法寻找德勒神父的遗体，但不成功。这里和董若翰主教的供词有很明显的矛盾之处。我要讲的是我认为狄拉米尔神父的话缺乏可信性，因为他信中描述从北塘登陆至从北京撤退的战争过程的部分，写得十分不严谨。这信曾经公开发表，它自然对和事件有密切关系的人例如布拉巴桑少校产生极大的影响。狄拉米尔曾是孟斗班将军的翻译，竟然也犯了这个错误，我觉得十分诧异。

本月 6 日有关方面已发出一个悬红 5 万两（17500 英镑）的通告给罗马天主教传教团，以让教徒们知道有此一事。此外，也向清政府申请向民众传达该通告。

下午，我和尼尔中校策马向俄国墓园的郊野出发。这里我们见到许多仍然未收割的谷物，主要是高粱。回程的时候，我们特别取道市区，见到工人在填平日间车轮所造成的坑沟。此外，人们也在街道上洒水。这是每天要做的例行工作，而水是来自渠沟里的静止的水。无论怎样，这个每天修补道路的办法不算太差，因为它比用柏油填补远为快速，对车辆通行造成的妨碍较少。

9 月 10 日

中午前普鲁斯先生给文祥发出一个文件，内容和布拉巴桑少校有关。收件人是恭亲王，内文是以友好的口气，简要地介绍在上次战争中，有一个曾被中国扣押而现在下落不明的英国俘虏，他的父亲来了中国希望探听到他儿子的确实消息。迄今所得到的消息，都没有一致的结论。而由于他未有他儿子已经死亡的确证，他对他的生存尚抱有一丝希望。在结束时普鲁斯说，他深信亲王阁下会了解布拉巴桑少校的痛苦心情，并会尽可能协助他完成他唯一余下来要做的事，便是探访僧格林沁的军营，向士兵们打听有关的资料。

今天在一家医治马匹的店铺前，我们见到了给马儿喂药的方式。店铺前面有一个吊架，接受治疗的马被带到这个吊架下，从吊架上垂下一条绳索，紧紧拴着马的上颚部分。绳的另一端绕过架上横梁的拉轮，由一个汉子用力拉绳，马儿为了保持脚步稳定，只得张开嘴。这时治马师用一个长形漏斗把药倒进马的咽喉里。在这种情况下，马毫无反抗的能力，亦无法攻击令它吃苦的医师。

由于铜钱价格下跌（现在是 340 兑 1 元），工人每两星期一次的猪肉配给被取消了，代之以普通的无变化的饭菜。根据张先生的说法，由于太平军对制陶厂，特别是江西鄱阳湖一带的制陶厂的破坏，陶瓷器的价格势必日渐增高。在这种情况下，在英国制造的中国款式的陶器可能在不太久的将来输入中国。

9 月 11 日

就普鲁斯先生给恭亲王文件的事，威妥玛先生和文祥曾作会晤，由于布拉巴桑少校非常着急知道会面后的结果，威妥玛给了布拉巴桑一个详尽的报告，其要点如下：

文祥说布拉巴桑探访僧格林沁军营的计划近乎不可能。即使中国政府不禁止他去，但中方也不想负起什么责任或和这发生什么联系，因为这个旅程十分危险。文祥说："我们有什么保证呢？如果这个人发生什么不幸的事，他的家人必然又会来要求作同样的调查，这事便会没完没了。"

他继续指出即使前往军营是安全的，但这条线索应是没有结果的。首先，僧格林沁现在麾下的士兵，都是从山东招募而来的，不同于去年，那时他的军队的组成完全不同，全都是蒙古人或鞑靼人。所以现在在僧格林沁军营中的军士是绝对不熟悉布拉巴桑少校所要查访的事情的。其次，去年 4 月当巴夏礼和威妥玛两人正在查问这事的时候，他们曾向恭亲王请求援助。恭亲王就这事分别去信僧格林沁和胜保，让他们就所知回报。僧王的回复非常简短，他说他和这些俘虏没有任何关系，所有送到他营中的外国犯人，他都全部解到北京去了。胜保的回答则有点模棱两可，他回复的要点是，如果在 9 月 21 日他的军营中有外国囚徒的话，那么根据当时的情况来说（当时的情况是他的军队正在撤退之中），只有两种可能性，一是这些俘虏逃回他们自己那一方，二是在撤退的混乱中被士兵杀死了。由于这些被俘的外国兵似乎没有走回自己那方，那么可以肯定的是他们是死在士兵的手上了。信末，胜保说："此外，我愿意提醒亲王，在战俘这个问题上，我曾奏请皇上，大力建议善待俘虏，不要加诸伤害。"这样，无论他在这些囚犯的死亡上有什么责任，他都推得干干净净了。可以肯定的是，没有上级的命令，这些士兵不敢杀害俘虏。但胜保的叙述更被布拉巴桑认为目前的所有证据都不足信，而且互相矛盾。文祥说去年 4 月的时候，恭亲王也曾就这事悬赏，并曾指示在现场详细搜索，但没有什么发现。

目前和僧格林沁的联系非常困难，因为他和北京完全没有沟通，而他的所有补给都来自本省（山东省）。这里的郊野道路，安全可称全无保障，由热河来这里的送信人通常都绕一个大圈，避开凶险的路程，并且很多时候都打扮成乞丐的模样。文祥很坦白地说僧格林沁在清除叛党方面并没有什么进展，虽然官报经常报道捷况，但他对威妥玛说："你十分清楚我们的军事情况，这些战讯并不真正表示我们获得重大的军事胜利。目前所得到的前线战报，形势是好了些，但僧格林沁这一线收获不大，反而在西面的胜保情况较好。"

马日坦今天也和文祥见过面，他对重新调查布拉巴桑上尉的事向文祥表示不满，因为在去年 4 月他们理解这事已经结束了，尤其是中方已对死者做出大量的金钱赔偿。他认为这名军人的死亡已是不争的事实。而就我个人来说，我也认为可做的已经做了，现在是盖棺论定、不要再惹起风波的时候了。

这个下午有一群人在参观过离北京 20 英里的山区煤矿场后，回到使馆。他们提到矿穴的通风方法，和文翰先生参观过其他矿场后所描述的有所不同。文翰所见到的矿穴的唯一通风方式，是在矿穴上建一屋，屋内设炕床。矿工在炕内烧火，利用熊熊烈火把矿穴内的污浊空气抽上来。但至于清新的空气怎样被输送到矿坑里，则除了与污浊空气用同一管道外，还不是十分清楚。皇家工程兵团的海恩中尉，是这群参观者之一，他可以对这个问题发表一些有分量的意见，但即使是他也未发现有其他通道。

9 月 12 日

我今天和尼尔中校探访旧葡萄牙坟场，位置是在元大都西面南边的门（平则门）的外面。我们由午门出发，顺着元大都南面的城墙向西走，直至西面的墙角，这里和外城的城墙接轨。我们再往西走，到了一条南北向的石板路，从这儿转向北，约走了 100 码，便穿过西便门进入郊区。这里有一条宽阔的石板路，路的每一面都种满了蔬菜和谷物，非常茂盛。这条路引向北方，两旁都是排列整齐的树木。在所种植的蔬菜之中，菜豆最为特殊，我们见到有几个特别大的菜园，所种的都是菜豆。在其他地方，有些农人正在用高粱茎编扎篱笆，围起一些农地。其法如下：一名农夫把高粱茎交叉地竖起在地上，另一名农夫则堆土巩固它的基础。另外两人接着用草篾把交叉的茎紧绑在直的茎上，这样便快速地建成一个普通用途的稳固的篱笆。

　　沿着这条小路再向前行，我们到了月坛，其位置其实距离平则门的城墙不远。在这里我们走上一个横在前面的高筑石板堤道，此道可以进出城门。我们越过堤道，继续往北走。现在走的这条路是一条近郊小道，颇宽阔，两旁有屋。我们这样走着，直至再见到右手边的城墙，这儿另有一条往西走的路，旁边也住着人家。我们走上这条路，便立即见到一些军营，再向前走大约四分之一英里后便到达葡国坟场的入口。这个入口在路的右手边，和一个中国大户人家的院子的入口几乎不能分辨，如果不是在附近碰到狄仁杰神父，并得到他的指引，我们很难找到入口，虽然我们在门口已经逡巡好几次了。

　　这个墓园原来属于葡萄牙耶稣会，在他们离开北京时，交由俄国接管。墓园内有超过 80 个坟冢，都保存得非常完好，没有一个墓受到损坏，这要归功于中国的文明。自从去年 10 月签订了《北京条约》之后，俄国人又把这个墓园交给法国传教士团管理。在墓园闸口有一所中国式平房，住着守墓人。我们经过这个屋子所在的一个小院子，进入一个好像花园的地方。在一条引入墓园中心的甬道的前面，有一块石碑，碑的两边各有一只大理石的小狮子蹲着。甬道两旁有砖石结构的墙，其上竖立了一排木方，爬满了藤蔓。甬道尽头便是墓园的入口，这里有一块巨型的大理石作为墓园的门户。进入墓园，中间是一条小径，小径颇长，在尾端处是一段大理石阶，阶顶是一张大理石供桌，上面悬着一个由同样物质雕制的十字架。入口右面矗立着一块巨大而精致的纪念碑，被纪念者是 1736 年逝世的圣方济各沙勿略（Francis Xavier）。

　　石碑前面的泥土有最近曾被掘开的迹象，原来这里曾是被中国人杀死的法国俘虏的葬地，法国人把骸骨起出，迁到约在北京西面 7 英里的旧法国墓园去了。入口的另一边也有一个设计相同的纪念碑，是纪念耶稣会来华200周年的。整个墓园呈长方形，所有的墓穴上面都建有一个有拱顶的石棺。园内共有8排墓茔，每排有10个，中间有一条小道，即左右各有5个墓穴。每一个墓的前面都有一块石碑，石碑和石棺中间有一段距离，距离越大，荣誉越高。

著名的利玛窦的坟墓在右手边，位置是在墓园末端的供桌的附近。它上面的石棺和其他坟墓的相同，石棺前面的一块10英尺高的长方形大理石碑，由一只石龟驮着，意味着这块石碑由皇帝赐赠，碑上的文字由汉文和拉丁文组成。接近供桌的甬道尽头处，两边各有一个类似的石碑，也是置立在龟背上，右边纪念跟利玛窦同样著名的南怀仁（1688年立石），左边则是表扬一位葡萄牙耶稣会传教士徐日升。在同一边稍前的位置，是德国籍耶稣会传教士汤若望之墓。这块碑石由康熙帝御立，而从石碑和墓冢的距离看，康熙帝无疑是十分敬重这位教士的。接近汤若望墓的是另一位名人安息的地方——画师郎世宁，他有几年曾为皇室设计宫殿。

墓群的四周长满浓密的植物，整个墓园有无数的树木覆盖，浓荫蔽日。对我来说，我不知北京的郊外还有什么地方比这个代表过去年代的遗迹更值得参观。它提供一个实证，说明耶稣会士曾一度对这个国家产生重大的影响，也显示中国政府对实质上不同于他们的宗教信仰是多么的宽容大度。这是一个值得夸赞的历史记录，其成功依赖双方真诚的参与，因此我们不免觉得惋惜的是，由于耶稣会过分涉入俗世事务，反而导致他们提早结束其在华的影响。

回程的时候，我们从平则门入城，并一直向东走直至城市西部的大街。我们转入这条大街，再前行不远，便到了一条横街，这条街可直通皇城的西城门。过了这个城门，假山便映入眼帘。
这里有一条宽阔的街道，日坛在我们的右手边。它的蓝色塔顶，
顶上金色的球形建筑，傲然突出在那些低矮的店铺的屋顶之上。
街的两旁各有一排售卖旧家具的店铺。街道尽头的地方，在左手
边便是天主教教会的北堂。往东向前走几步是一道六百尺的九孔
大理石桥。走上桥，左面的景色豁然开朗，我们见到一个莲湖，
湖中心有一个树木郁郁葱葱的小岛，岛上矗立着一个圆樽形的喇
嘛碑，是纪念一位活佛的。

　　此处景色秀丽，引人入胜。这里还有好几道美丽的大理石桥，
横跨流水淙淙的河溪，遥望对岸的湖边，在浓密的丛林中，时见
气宇轩昂的庙宇掩映其间。走过石桥之后，右边可见到皇宫的气
势恢宏的黄色的琉璃瓦，而迎着我们的，则是同样气势恢宏的一
所喇嘛寺的瓦顶。我们在喇嘛寺的墙下面走，直至皇宫的北面。
皇宫和我们走的路中间，有一条深而阔的护城河，把皇宫和道路
隔开。护城河周围，此刻正在植草。在这里，由于以前曾叙述过
的和皇宫有关的原因，我们必须绕过假山，才能继续前行。我们
到了假山的北面，走到一条宽阔的街道（这里是旗营的所在地）
的尽头，在这里我们越过这条街道，直达四方形城墙的东北角。
随后我们转往南走，上了一条高筑的堤道，堤道两边有宽松的空
间。堤道左右是高墙，一面是假山的高墙，另一面则是一座喇嘛
寺的外墙。

　　在皇宫的东北角，我们从一道城门进入皇城，迎面是一条路。
这条路南北走向，和护城河平行，末端接近皇宫的东面入口。像
其他类似的街道一样，中间有一条升高的堤道，两旁有很宽敞的
空间，可以容纳摊贩或食店经营，也可让说书人或卖艺人聚集表
演。我们接着过了横跨高梁河的阔大而华丽的石桥，然后向右拐，

顺着城墙前行，到了理藩院和翰林院所在的大街。这里我们往西再走几步，重越高梁河上的大理石桥，在西面的河岸走上大约200码，便回到淳亲王府了。

著名的医务教士雒魏林先生今天下午从天津来到北京，目的是在这里建立一所医院和组织医生教士团。资金方面已经落实，由伦敦传教会提供。

9 月 14 日

中文老师徐先生今天早上来向我们告别。他请了两个月的假，准备安葬他的父母亲。他双亲已死去多年，一直未下葬，因为没有选择到一个好日子。现在他认为时间到了，因此请假筹办这事。在中国，人死后不立时下葬，是相当普遍的做法，也有一些专门替人暂时停厝的地方，直至死者的亲人选定下葬的地点。这些停厝的地方也有供给活人住宿的设施，以便亲属可以就近照应。

英国的翻译学生快要来中国了，我们要增添中文教师，安顿这些人员住宿的几座房子，亦已准备好。威妥玛先生趁徐先生告假之前，问他这些宿舍的安排是否妥当。从徐先生的反应中，威妥玛察觉这些宿舍可能有问题，他请徐先生解释。徐说新屋的门子开向西方，而不是东方，这对住的人不吉利，历书上已讲得很清楚。后来，经过详细勘察之后，他有了新的结论。他说问题可能获得化解，因为门不是新的。但同时他说身份较高的中文老师可能会对门开出的方向十分介意，因为这个屋子虽然部分由旧材料构成，但基本上是新屋。就他个人来说，他最后的观点是：由于在建造过程中使用了一些旧材料，这屋不算是新屋，因此门的位置并不重要。威妥玛先生传召"瞪羚"来，责备他疏忽了这点。威妥玛后来说："不错，历书对新建屋宇的房门位置是有所规定，

◎ 从永安桥上看白塔 北京。选自乔治·休·温德姆绘制的一幅素描

但就以这次装修来说，因为门开在另外一个方向较为方便，同时也由于'瞪羚'对历书所说的不觉得太过重要，所以他把门开向西。"徐先生则看法相反，他对历书非常看重，因而不同意"瞪羚"让自己无所禁忌的思想影响建屋的规划。

今天下午我在市内的时候，经过一个银号，被那里的人的疯狂状态吓了一跳。一大群人你推我拥，高声叫嚷，以求兑出钞票。我在中国这么多年，从来未遇见这样兴奋紧张的场面。尼尔中校当时和我在一起，也有同样的感觉。那些成功兑换了钞票的人排众而出，满头大汗、张口吸气、全身虚脱，有如刚从加尔各答黑洞中走出来一样[①]。至于那些在外头的人，知悉难以挤到前面，则唯有高举手中的钞票，声嘶力竭地叫喊。回到使馆之后，人们告诉我这是一种荷兰式拍卖，拍卖者是银号，持钞票的人互相叫价，谁出最低的兑换价便和谁交易。这可以解释何以那些银号的职员只冷冷地观望，直至等到一个出价最低的人，然后才拿出钱币交换他的钞票。

在一家古董店里，我们意外地发现一件上次战争的遗物。这是一把安菲尔特（Enfield）来复枪，上面刻有印记，标志着这枪属于第 3 布夫斯团（Buffs），编号 446。从这些标志中，我们推想这把枪很可能是遭逢不测的下等兵毛斯（moyse）之物。毛斯在 1860 年 8 月 12 日随同联军向白河推进时，同第 44 团的一个中士及 18 名香港的搬运夫一道被中方俘房。这个中士和搬运夫中的 14 人后来被释放，然而通过他的想象，他说毛斯被杀了头，因为毛斯拒绝向僧格林沁下跪叩头。这纯粹编造的故事当时甚为"轰动"，被许多人相信，因此传得很开。我对此事曾作考察，发觉毛

---

① 此事发生在 1756 年，146 人被囚禁在加尔各答城堡一个地牢里，翌日早上开门的时候，发觉死了 123 人。

斯是在扣押中死亡的，但他的死因是疾病，而非被斩首。这疾病可能和酗酒有关，因为这两名军人在被中方俘获的时候，都是醉醺醺的。毛斯这把枪，古董店主人开价50元。此外，有一把刺刀，半露在刀鞘外，也当古董出售。我还随意打开一个小的用龟甲做成的箱子，发现箱内有约20顶军用帽子。

现在市内古董店的人，都管我叫"大夫"，并经常让我给他们把脉。把脉时，如果我只按他们一边的手腕，并告诉他们健康情况"好"的话，他们往往不满意，一定也要我按另一边的脉，否则他们认为我说的不全面。

今天在街上我第一次见到收集破布的人。他们带着篓子及一些约3尺长的枝条，用这个工具熟练地挑起破布或其他纤维性的东西。

一个名字叫葛连（Glen）来自中国南方的商人，今天早上到使馆问事。他之前取得了准许证到牛庄，但自行转道来北京，理由是他非常渴望澄清一些关于绒面呢贸易的事情。由于北京并不开放给外国人进行贸易，而且完全和牛庄不在同一条交通线上，使馆让他24小时之内离开北京返回天津。

9 月 15 日

今早恒祺来使馆通知我们恭亲王已经从热河回到北京。他告诉我们事情发展得很好，恭亲王向皇室保证，外国人没有什么可怕之处，可放心回京。基于这个保证，皇太后和军机处已决定送少皇帝回北京。事实上，回銮工作已经开始，一些较老的公主、王妃亦已回到皇宫里。先帝的遗体将于农历第九个月第二十三日离开热河。今天是第八个月的第十日，即是说四十三天之后，而灵柩将要在路上10天。

恒祺要求见我，要为治好他脸颊上的疮的事向我当面表示感谢，并问怎样才不会复发。我发觉他因为母亲逝世长期困在屋内守丧而显得有点憔悴。他仍然穿着粗糙的白色衣服，平常腰带悬挂着的五彩缤纷的吊饰，现在则一律是黑色的垂丝。

伊仑堡伯爵和普鲁士使馆的人员今天来到北京，目的是探访法大使布尔布隆先生，也顺便在回国之前参观一下北京。他们在北京的居留权要在 5 年后才生效。

一个中国的传讯人今天从通州到达使馆，带来一封给普鲁斯先生的信，这封信由上海的 3 个贸易公司的职员发出。他们从上海北上至天津，并由天津开始顺白河而下狩猎，现在到了通州，写信来问可不可以探访北京。普鲁斯先生拒绝他们所请，因为没有中方发出的准许证，他们是不能够来北京的，否则会视为触犯法律而有受中国政府拘控的危险。

第十四章　元大都勘探

9 月 16 日

今天中午，根据先前和威妥玛先生的约定，钟大人——桂良的女婿，恭亲王的襟兄弟，现时亦是恭亲王的高级幕僚——带着一个亲人来见我，请我为他戒除鸦片。他的名字叫余大雅（译音），39 岁，从 17 岁开始吸食鸦片。他起初吸食鸦片的原因跟西方青年吸烟一样，便是为了好玩。28 岁时他在朝廷谋得一个职位，而由于赴京上任时他的随从忘记替他执拾烟具，因而他停止了这种恶习。但 5 年之后他恢复吸食鸦片，因为他得了一种严重的病（这个病从他的描述看似乎是疟疾）。这个病导致他发热，时轻时重，此后他便不停地吸食鸦片，每天吸食 3 斗，约共 180 喱重（即 7 盎司的鸦片酊）。鸦片烟由外国制造，他每天的吸烟费用约十分之六两银，即 4 先令。他每天吸 3 次，时间是：早上 11 时、晚饭后（即傍晚时分，吸烟至睡着为止）和睡醒时（接近午夜的时候）。当有以下的感觉或迹象时，他便要抽鸦片：全身软弱无力，不住呵欠，这时他表现痛苦，不停地流眼泪和鼻涕。除了以上这些状况，病人在其他方面似乎健康甚好，胃口也不错，这在鸦片烟成瘾者中属罕见。虽然上了瘾之后此人消瘦了很多，但他看起来仍然是一个魁梧有力的汉子。至于他的脸色，他说在恢复吸毒后，已大不如前了。

他这次要戒除烟瘾，原因是他快要出任县官，他觉得若仍然浮沉毒海的话，他将不能胜任此职，这势将严重影响他的仕途。我用听诊器检查他的心和肺，发觉没有异常。钟大人也尝试学我听病人心脏的声音。我通过威妥玛先生向他解释，我们西医认为心脏是最大和最中心的脉搏，它是所有其他脉搏的调节机关。事实上，其他脉搏都是表层的征象，反映心脏的情况，而脉搏的跳动起伏，可有 400 种不同形态。钟对这个解释似乎颇为惊讶。他极有趣味地多次细听余的心跳的声音，并作出分析。我给病人开出一些树皮和鸦片的混合配方，让他瘾发时服用，每天不超过 3次。至于鸦片，则在任何情况下都不可再吸。

办完鸦片的事务后，他们开始和威妥玛先生谈生意。余大雅有一套珍贵的丛书，总共有 5000 册之多，他想把它卖掉。这套书叫《古今图书集成》，是关于中国文学的百科全书。威妥玛先生告诉我，这是类似"爱丁堡书橱全集"（Edinburgh Cabinet Library）的丛书，但卷帙浩繁，数量多。这套书的开价是 2500 两，威妥玛虽然很渴望得到这套非常完整和通博的丛书，却不准备付出此价，他只愿意出价一半，即约 400 英镑。

今天下午我和尼尔中校在元大都的一些街道上行走时，好几次在一些肉店前见到宰羊的场景。屠夫捆绑着羊腿，把它翻倒在地，在颈下边放一个浅的木桶，用刀割开羊的咽喉，小心地让血流到木桶里，以便他日吃用。北京的屠夫在分离肉和骨方面，展现出高超的技艺。他们在骨膜处下刀，手法干净利落，完成后骨头上完全不沾筋肉。

我们从假山后面转回来，见到一些弩手在练习弓箭，他们射击的对象是 40 码外的一个目标。练习的时候，他们很重视射姿，亦即今天我们来复枪队训练时所称的"位置训练"。这个姿势是一脚轻微踏前，身体仰后，瞄准目标放箭。放箭后，后腿上前与前腿踏平，右臂保持前伸姿态几秒钟，然后放下。很明显，这里评鉴一个弓箭手的技艺，除了看他射出去的准确程度，还看他的姿势是否标准。

9 月 17 日

文祥最近向威妥玛先生透露，条约中有 3 个方面的内容是清帝极力抗拒的，这就是：北京居留权、旅行批准和开放扬子江通商。

今天的官报刊登了皇帝的一篇谕旨，对地方官员延迟缴纳税款予以谴责：

上谕

通令各省即行缴纳所欠税银，以便支付京畿八旗卫士军粮。

户部已算计出 1861 年北京卫戍部队军饷共为 700 万两。其中570 万两各地尚未缴足。其所欠细节如下：

河南	（地赋）	400000 两	山西	（地赋）	120000 两
陕西	（地赋）	350000 两	各省	（铁赋）	200000 两
直隶东	（盐赋）	400000 两	直隶东	（杂项）	50000 两
山东	（盐赋）	170000 两	山东	（地赋）	720000 两
四川	（各项）	400000 两	河北	（各项）	900000 两
河北	（粮赋）	100000 两	湖南	（杂项）	800000 两
湖南	（粮赋）	100000 两	广西	（粮赋）	400000 两
两广	（盐赋）	200000 两	广州	（关税）	450000 两
福建	（关税）	200000 两	云贵	（关税）	400000 两

拖欠税银，事虽小，却可引致严重后果，而此刻国务支出浩繁，岂容任意延宕。①

9 月 18 日

短短 12 个月，见证了各国在华地位的重大改变。今天是张家湾战役及联军被俘一周年纪念，然而北京周围所发生的事与往年的性质完全不同，换了另外一个形式——到龙泉寺野餐。参加的人包括：布尔布隆先生和夫人、普鲁斯先生、老伊仑堡伯爵和小伊仑堡伯爵、布兰特先生、宾桑先生（Mr.Bunsen）、伯克先生、鲁逊士医生（Dr. Lucius，属普鲁士使团）、格连卡尔先生、德贵士先生（Mr. De Guest）（以上两人属俄使馆）、马日坦男爵及文翰先生。

北京城和西山脚下之间的郊野，触目仍然都是高粱，显然收割季节只是刚刚开始。高粱收割的程序是这样：高粱茎的上部分被割下来去打谷，枝茎被捆扎起来放在太阳下晒干，然后收藏作日后之用。当我们接近山脚的时候，有一点落后的文翰和我留意到路边的一间屋子有些不寻常的事发生。于是我俩策马到那里探查究竟，发觉原来屋主正准备杀猪。他们宰猪的程序似乎比我们的隆重得多。先是从屋内搬出一张矮凳放在屋前，把猪的四条腿绑好，然后小心地把它放在凳上，猪头悬空，下面放一个小木桶。屋内的人都被叫出来观看，此时操刀者系上一条围裙，拿出一把长刀，在猪的咽喉部位一下捅进去，猪立时死亡。这快速的屠宰方式似乎比我们西方屠夫的缓慢方式，就引致被屠动物的痛苦方面，更为人道。

---

① 此处数字有误。原文如此。——译注

我和老伊仑堡伯爵走上八大处的山顶，俯视美丽的圆明园湖。我们见到湖中有一道多孔的大理石桥连接到湖中人工岛上的一座庙宇。

日落的时候我们到了平则门。一群平静的、没有敌意的民众聚集起来，围观布尔布隆夫人，他们叫她"骑马的洋女人"。城门要关的时候，我们运载补给物的车仍未到达。我们只好和守城军士商量，当车来到时让它们出城。

9 月 19 日

布拉巴桑少校今天早上离开北京前往天津，再由天津转道回家。他虽然仍然不认同去年 9 月 21 日他儿子已被胜保的士兵杀害的证据，但已接受他儿子生存已无希望的事实，以及探访胜保军营的不可能。基于对他的同情，威妥玛先生愿意陪他一道往天津去。

今天是中国一年内结算账目的三个日子之一。这三个日子是：第一个月的第一天、第五个月的第九天，以及第八个月的第十五天。在这些天里，所有数要算清，所有欠账要归还，而今天——八月十五日——正是这样的一天。今天也是中秋节，是一个饮宴庆祝的日子，但是今年由于皇帝的逝世，"庆祝"只能是限于账目上的事务了。

院子中支撑席子的棚架要拆除了，尼尔中校利用这个机会在空出的地方请建筑商盖搭一个瞭望台。这个瞭望台大概和城墙一样高，从这里可以看到城市的景色，跟站立在城头一样，而无须申请登上城楼。今天到中午的时候，工人已经把瞭望台搭到 40 英尺高，从这里已经可以观赏到市内和远山的风景了。这个建筑只用两种材料造成——木条和篾子，建筑的快速和稳固令人叹服。

下午我和尼高逊医生（Dr. Nicolson）及班必列治先生（Mr. Bainbridge）到城市内的大街去逛。人群比平时的拥挤，确是充满假日的气氛。逐渐地在我们周围又聚集了一大群人。我感到有东西击中了我，同时又听到有孩子的声音喊："喂罗！"我立即转身想把他逮着，然后吓唬要把他交给巡捕。但是不仅这小孩子立即飞跑，就连大部分的人群也即时作鸟兽散。我们继续前行，而这时再没有人骚扰我们了。

我们从城市南面城门的中门出郊区，在护城河的另一边走，直到南城墙的西城门，从这里我们再返入城市里。这里的景色仍然很像郊外，见不到任何城市的标志。一条宽阔的沙路在一丛茂密的植物中穿过，两边间或有一两所农舍点缀其间，其景色与城墙外的郊区完全一样。我们往北继续走大约一英里之后，到了一条大街。这条大街东西走向，从一个边门延伸到另一个边门。我们走上这条大街，直至行刑所在地菜市口，在这里它和一条南北向的大街交会。我们转上这条大街，从近着旧葡萄牙教堂的城门再进入元大都，向东北方向走了两英里路之后，便返回淳亲王府了。我脱下上衣，发觉其中一个口袋里有一个北京钱币。毫无疑问，小孩是用这个钱币掷我的。它打中我的一边，掉进上衣的口袋里——这是我在中国第一次得到"施舍"，这自然是人们节日的兴奋所致。

9 月 20 日

伊仑堡伯爵非常渴望在北京城头一览四周的风光，央我做他的向导。我今天给他安排上哈德门的城楼，同行的还有小伯爵和布兰特先生。游览过后，他们对城墙的高大和一望无际的景色赞叹不已。

9 月 21 日

几天前胜保趁前往热河之便，特别经过北京，朝见少皇帝。据悉军机处命令他立即返回山东军营，因为他没有获得授权离开他的驻地。

9 月 22 日

马日坦男爵和文祥今天曾晤谈，在谈话中文祥提到故帝的生母孝淑皇太后 ① 和她的女侍将于明天进入北京城。她们进城时，街道将会封闭，路边将站满军人把守，所有商店都要关门。行列入城时任何人都不能观看，包括路边的军士。当皇太后的队伍经过时，他们必须转身，背向街道。

9 月 23 日

今天早上钟大人来到使馆，转来恭亲王的一个讯息。恭亲王要求我们所有人，或与我们有关系的人，今天不要到城市的北部，原因便是昨天文祥告诉马日坦先生的皇太后将要回宫。普鲁斯先生立即向使馆所有人员宣告此事。钟告诉我他的朋友余大雅戒毒进展不错，只是余仍然记挂着吸食鸦片时所带来的乐趣，而我开给他的药似乎不能助他戒瘾。

我们今天谈论到在中国的欧洲人用木炭在房中取暖的问题，这些人相信如果把木炭烧旺，木炭所发出的烟对人体无害，其实此说大谬不然。有人提到 10 年前的一个例子。一个在上海名叫达拉斯（Dallas）的男人，雇了 5 个中国仆人。这些仆人弄到一些木

---

① 孝淑皇太后是嘉庆帝皇后，早在嘉庆二年（1797）就已病逝。咸丰生母孝全皇后则死于道光二十年（1840）。——译注

炭，晚上把它们盛在一个炭盆里拿到房中燃烧取暖。他们关了门睡觉，第二天早上人们发现他们全都死了。1842 年，马德列炮兵团（Madras Artillery）的夏维利上尉（Captain Summerville）在上海的房里对着炭火坐着，突然间他感觉晕眩，好像快要窒息的样子。他挣扎着站起来，匍匐到门边，刚触到门的时候便晕倒。侥幸的是，当他倒下时，他拉开了门铰，让新鲜的空气进入房间，再加上他的衣服沾到了煤炭的火，热和痛的感觉使他清醒过来，最后救了他一命①。

9 月 24 日

官报今天宣布，人们可以戴暖帽了。同一天的官报也对胜保和山东总督作出谴责和处罚，因为他们在 27 天国哀期结束之前，竟然破坏朝规向皇太后致函问候。胜保更被都察院弹劾，因为他在南方局势仍然处在紧张的时期，擅自离开所属军区前来北京。对于这一点，胜保辩称他所管辖的河南省，现在平静无事。

9 月 25 日

我们今天再到山区野餐，目的地是 4 月 30 日已介绍过的碧云寺。这里的郊野，树木长得十分美丽，谷物的收割也进行得如火如荼，虽然笔直的高粱仍然随处可见。回程的时候，我们经过了好些沙丘，站在沙丘上面可以很清晰地看到圆明园的一部分，包括它的湖泊、石桥和动人的塔形建筑。这些建筑有些外表被熏黑了，很明显是经过战火的洗礼。它们仍然能够存在，屹立不倒，

---

① 离开中国之后，我还听闻在上海发生的另一同类的意外。那是在 1863—1864 年的冬天，第 29 孟买步兵团的候夫上校（Colonel Hough）也是给碳气迷倒了，几乎送命。

可称是个异数。圆明园后面有一座小山，山上有一座宝塔，这不是园内的一部分，而是在园之外作为园的附属，一如假山之附属于皇宫一样。我们绕着圆明园的外墙而行，直至到了那条经过北京流入圆明园湖泊的小河。这里有一个村庄，从它的主要街道有一座宏伟的寺庙来看，这个村庄应曾有过辉煌的日子。我们顺着河向前行，最后被它引回到北京城，我们从西直门入城。

威妥玛先生下午从天津回来。他告诉我们他同布拉巴桑少校的旅途情况，听来也颇有趣。当他们经过通州的时候，少校表示希望知道那些英国人被中方囚禁时，中方有没有记下他们的职业。于是威妥玛找着该地的县官，这个县官他非常熟悉。这天是九月十九日，他问该县官记不记得十二个月前这一天中方俘虏英国囚犯时，他曾隔着城门递给他一封信。县官笑而不答。这是中国人的习惯，当提到一些不畅快的事情时，往往以笑来掩饰。关于被俘的英国人，他说他们全部被带到怡亲王驻扎的寺院里，并记卜他们的名字。威妥玛特别问有没有记下他们的职业，他肯定地说没有，并补充说："拘押俘虏时，我们只注意为首的那一个人。这一批囚犯中，我们很清楚地知道巴大人（即巴夏礼）是首犯，因此对于其他的犯人我们并不怎样理会。"

在通州的时候，布拉巴桑少校有很大的感触，并对威妥玛先生说，他在中国的郊野骑马驰骋了很多地方，他的印象是逃跑并不困难，因此对于善于骑马的英国俘虏不选择逃亡，他感觉十分遗憾。对于这一点，我可以说，许多与这事的关系没有少校这样深的人，也有相同的看法，但事发时他们正在现场，对现场情况的了解比我们清楚。这位通州县官也告诉威妥玛，当这些英国俘虏被捉拿后，僧格林沁命令把他们解送到他的副将瑞麟的营地。县官一点也没有回避地承认，在这些俘虏中有两名在胜保的军营中被处决了。他并且主动提供消息说，今年4月他收到恭亲王的照会，指出任何人能够提供消息，导致发现这些俘虏的遗骸或其衣物的话，都可得到奖赏，并予升级。这个县官曾命令下属详细搜查现场地点，但并无所获。

在天津的时候，威妥玛先生和当翻译的王先生有一段很长的谈话。王对俘虏事件可称知无不言。他说去年9月天津谈判破裂之后两天，通州方面召他过去。由于联军正向通州推进，他被迫乘坐一顶轿子，绕一个大弯在白河的对岸前行。他在9月18日抵达通州，刚好和俘虏同一时候抵达。他在那里逗留了10天，然后收到命令前往海淀侍候恭亲王（海淀是近着圆明园的一个村庄，恭亲王在那里建有别墅）。10月1日，他见到恭亲王和文祥。他们两人没有一丝慌张的样子。文祥问他："我们应该怎样处理这些俘虏呢？是斩他们的头？还是释放他们回去呢？"王极力规劝不要采取第一项行动。到了第二天，他再次见到恭亲王和文祥，这时他们面露忧色，因为他们已经收到消息，如果不释放俘虏的话，联军便烧毁北京城。商议之后，他们决定在8日释放在北京的两个囚徒（即巴夏礼和洛奇），并就此拟定文件。他们让王阅览文件草稿，并估计一下若转为英文，意思是否清楚。这两名俘虏在8日当天未能释放，原因明显是这个行动需要得到热河方面的认可。战事结束两个月之后，僧格林沁带王到山东，做他的军需部主管，直至崇厚要求王转来天津海关当他的语言专家。王说僧格林沁的军队每个方面都一无是处，除了炮兵团。这个团僧王可称费尽心机，并投入一切他可调动的资源，以提高它的实力。

崇厚来探访威妥玛先生，二人谈论起政务，他讲得十分有道理，并引用中国一段古文，其大意是：当一个系统运作得太过长久之后，它便会有所损耗，这时便须修正调整，以使其持续下去。

他还说："我们的系统正是这样，需要更新调整，才能运作下去。"
这确是非常有理和一语中的的分析。

9 月 27 日

伊仑堡伯爵和他的普鲁士使团的成员今天和恭亲王会晤。这个
会面中方并不怎么情愿，因为普方并非循正式途径来北京。然而，
双方谈得非常和谐。听说普鲁士成员对恭亲王印象极佳。

今天，我第一次乘马出游城市的东面部分。我经过哈德门，
上了一条宽路向南走了大概四分之三英里，尽头是一条与它成直
角的东西走向的长街。我策马上了这条长街的东面，跑了很久，
最后走上一段路面非常恶劣的郊野路。我从这里出了东城门进入
郊区。

今天的策马闲游，加上本月 19 日我在西城区的步行观光，使
我相信城市城墙内的地方，有建筑的不及一半，而大概一半的地
方是以天坛和先农坛为中心的空地，其余的地方都种了植物。整
个城市的内围，天坛占了八分之一，而先农坛则占了六分之一。

今天听到的消息之一是，皇宫请了大批工人进行修葺工作。
另外，银圆的价格有所下降，跌至每元兑 240 铜钱，皇帝及其宫
室回京将会刺激银圆进一步向下。公众对官办银行的钞票已经完
全失去信心，没有人愿意接受。

9 月 28 日

雒魏林先生由于急于在北京建立医务传教团，现在正为英国
政府安排购买淳亲王府隔邻的府第。今年 5 月，普鲁士使团的人
员曾短暂居留此地。这座府第的主人是皇室成员，但属于较远的
支系。如前所述，他是淳亲王府原主人的兄弟。他住在距北京 40

里路的地方，每隔一段时间便进京料理事务。他昨天在王府和威妥玛先生会面，很快便谈到房屋买卖的事。威妥玛的意思是由英国出面租下这个宅子，然后再由英国转租给以雒魏林先生为代表的伦敦传教会。然而这个宅子的主人却建议英国购下这座王府。威妥玛问他需不需要征询恭亲王的意见，他说："没有这个需要。我事实上可以即时完成这宗买卖。"他开价 8000 两。威妥玛说如果他坚持这个价钱，交易便只有告吹。这个人立即不加考虑地说："但如果少过 4000 两，我不干。"威妥玛要求他再减一些，他央道："我们是朋友，为什么这样给我压价呢？而且我实在穷得很。"最后他同意接受 5000 元，"元"是英习惯的货币种类。但商议好价钱和其他交易条款后，他请求以等价的银两付钱，即 3700 两，因为他不熟悉墨西哥元，希望以本国货币交易。

9 月 29 日

中文老师徐师傅今天来使馆探望我们，向我们问好。他最近向使馆告了两个月的假，以处理他父母最后的下葬地。他拜访了普鲁斯先生和使馆的其他人员。一如既往，他言谈举止，从容不迫，确是一个儒雅的君子。

我今天在隔壁的府第见到昨天提及的售卖房屋的主人。他有贵族血统，但这一点使他沦为中国的一个不幸的阶级。这个阶级不准工作，因而不能自力更生，被迫依靠朝廷豢养，可惜现在朝廷的给养也并不十分可靠。他的外表高而瘦，黑肤色，有鞑靼人的五官。他穿着一般，随员也不多。

由于我非常渴望知道当马戛尔尼勋爵在北京的时候，他的使馆①的位置，赫德先生自告奋勇给我找寻。他去问文祥，文祥回答这个使馆在"四译馆"的地方。四译馆位处元大都内，毗连南城墙，距午门不远。我为了看看这个地方，便约同尼尔中校和宾桑先生今天下午到南城墙的墙头居高临下地眺望。但这个地方的外表和位置都不吻合斯当东书中的描述，我们最后的结论是，文祥只是随口回答赫德，他其实对此并不了解。

我们沿着城墙走了一段路，守墙兵对我们并无任何阻拦。这些守墙兵住在沿着内墙城垛而建的哨所里，每个哨所约距离300英尺。好些士兵看来都十分穷困。我们进入其中一个哨所参观，看到其环境和陈设的差劣情况，惹人同情，使我们在离开之前不得不施以救援。这个哨所内的男人，年老体弱，健康欠佳。室内除了碗筷和炕，可称四壁萧条，连家具也没有。炕上铺了一张席子，坐着4个3岁至8岁的男孩。这些男孩的父亲似乎是看守午门城墙坡道的那个年轻的汉子。他们都没有穿上衣，也都好像没有母亲。这个哨所的位置，在面对皇宫的入口处。这个皇宫平常没有用途，只在国家大典时才开放使用。但是这种赤贫的情况，竟然在天子脚下发生，使人难以理解。当我们离开的时候，屋内的人都希望我们能够短期之内再来。这个守墙兵的困乏，我们推想原因可能是，他首先未能按时收到粮饷，其次又没有富裕的亲戚给他们接济，他因此只能断断续续地把家当变卖，以换取生活所需。

9 月 30 日

我昨天和宾桑先生约好，如果获准的话，今天一起上元大都

---

① 马戛尔尼访华时，北京还没有设立英使馆。——译注

的城楼走一匝。我们如时在 12 时半出发，从哈德门和高粱河之间的一条坡道登上城楼。我们打算绕城楼走一圈，全程是 16 英里。我们朝西走，在这个方向看，北京是一片森林，没有房屋，唯一例外是城墙视野范围内的屋宇。这一片绿色，间或被皇宫黄色的琉璃瓦顶所打破。黄色的琉璃瓦顶在太阳光的照射下，发出夺目光辉。从皇宫这个方向望过去，清室大部分的主要宫殿，历历可见。正对南方，有四座巨大的红色殿宇，建筑在高厚的石基上，距离地面约有 25 英尺。石基呈椭圆形，周围有大理石栏杆。基座很大，好像一个大平台。这 4 座殿宇中，每一座的屋脊的末端都有金色的装饰。从我们面前数起的第三座殿宇，东西两边都有两个凸出的炮塔保护皇宫这部分。殿宇的顶部都各有同样大小的金色圆形物体。在这些建筑物的正中大堂的前面，有一块长形的木板，上面镂刻了一些金色的汉字，但是被严重地涂污了。据称这个有炮楼的大堂是一个接待客人的大厅，但从它的失修情况来看，似乎已有很长时间没有使用了。它的窗户是木格形的构造，但我从望远镜观察，窗户的玻璃似乎是由制造灯笼的透明材料所替代的。

皇宫面对午门的南面入口，有大的红色的折门，门上有金色的嵌钮。从这里有一条长长的宽阔的路引领到第一座高筑的宫殿。这条路通过一堵基础墙，墙有 5 个拱形的入口，中间的最大，旁边的较小。这些入口前面的路，有大理石桥和入口连接，桥上有栏杆，每一组栏杆之间都种了花卉。往前不远，在入口处的每一边，都有一根大理石方柱，柱上蹲有一只石狮子。过了保持得很好的外门，有一块蓝色的长方形木板，上面刻有金色的字。进入内院，在过道的两旁，排列着外面有纸窗的处理各种公事的房间。我们继续在城墙上往西走（这里墙头有 48 英尺宽），见到一些巨

大的石块，连接在机械装置上。这个装置是用来控制高梁河门闸
的升降的，但现在已经弃置不用了。这个升降闸体形庞大，其下
是木桩，降下后，水仍然可以流进流出，但人和货却不能出入。
由于这个机械设备已经破烂不堪，我们难以推断它如何运作。

过了高梁河，皇宫车马处的黄色屋顶、淳亲王府和俄使馆的
绿色屋瓦便进入眼帘。俄使馆的屋顶色彩浅淡，我们只能根据飘
扬在它上面的国旗来察觉它的存在。在这里我们也看到那竖立着
纪念活佛的石碑的小山、皇宫的假山、钟楼和鼓楼，以及远处的
近着平则门的喇嘛碑。除了这些及皇宫的其他建筑物，从这里望
去的北京是一大丛绿色的树林，只是偶尔有一两个住所露出的屋
顶打破这单调的景色。

经过午门之后，那总数共有 7 座的高筑的宫殿的中轴线，便
正正地向着我们站立的位置。这些宫殿的屋脊飞檐所构成的景象，
动人心弦。中轴线两边的较低矮的建筑物，其黄色的瓦顶在树林
中若隐若现，构成一幅多彩多姿的图画。

我们继续向西走，将近到了午门和南城门（顺治门，也称宣
武门）靠西的城墙的中间的时候，皇宫的屋顶开始消失，代之而
出现的是一座伊斯兰教清真寺。这寺也是掩映在树林中，只能见
其顶部。在远处，日坛（它近着罗马天主教堂）那个蓝瓦顶的塔
及金色的圆球，现在是可以见到了。而正正在城墙下面的，是最
近由法国人翻新并由其管理的旧葡萄牙大教堂。教堂后面和它成
一直线的，是两个螺旋形的宝塔。

我们现在到了西城门。过了城门不远处，接近城墙的地方，
我们见到一大群残破了的建筑物——这是象坊（养象的地方）的
遗迹。这里曾饲养 54 头象，但现在只有 1 头仍然生存。信目望去
南方，触目是城市房屋的屋顶，由于附近树木较少，这里的屋顶

比在元大都所观察到的清晰多了。遥望元大都，皇宫的瓦顶是看不着了。我们再往西走，到了城门和西南角的中间的位置，这里纵目所视，除了接近我们站着的地方的城墙下面的屋宇，以及模模糊糊的两座樽形的喇嘛石碑外，什么也辨认不到，虽然天空是万里无云，亮日普照。当我们走近城楼的墙角时，通过树丛可以看到西面城墙的顶部，也可看到距离墙角不远的一座有着闪亮的绿色琉璃瓦顶的府邸。这是恭亲王一个弟弟的王府。这王府最近才建筑完成，外形很精致。我们向城市望去，可以看到盖了房屋的那部分市区的终点和市郊的起点。就在这里，靠近城市的这一面，有一个很大的墓园，内里有好些在中国南方极为常见的马蹄形的水泥墓穴。

下午1时45分，我们到达城墙的西北角。这里两面都有凸出的城堡防护，一如其他的城角一样。距离这里只有数码之遥的，便是城市城墙的北面部分和元大都西面城墙汇合的地方。城市的城墙，其高度只及我们现在站立的元大都城墙的一半多一点，就宽度而言则刚好是一半。这里城墙的维修状况似乎很好，只是生满了厚厚的野草。城墙上的垒道，像墙身一样，由大块的平坦的砖石铺成。

我们现在转向北面，和皇宫越来越远，因此它的琉璃瓦面和假山都变得模糊不清了。同样越来越不清的，是西面的城门，以及曾经提及过的白色的喇嘛碑，其中一个是纪念活佛的。我们的西面，是非常美丽的郊野景色，树丛密布，田野纵横，种的是青绿的高粱或其他谷物。西城墙的垒道，就以路面的砖石情况来说，保持得非常之好，可是上面却长满了大麦的穗和野草，其浓密的情况竟然可以让羊群在这里饲食。有许多处地方，草丛的面积相当辽阔，显示植物的巨大的自然生长力，即使遇着强劲的压抑，

⊙ 北京城安定门

也能够破土而出。垒道上砖与砖之间灰泥的距离只有三分之一英寸，而正是在这有限的空间中，野草茁然冒出。城墙上的许多地方，不论是外墙或内墙，都有小树在砖隙之间冲破障碍冒出来，并且生长得十分丰茂。这里的城墙比南面的远为狭窄，墙头只有30英尺宽，后者则有48英尺。

下午2时15分，我们到了平则门。在这里朝西面看，可以接连见到月坛和人烟稠密的城市近郊，以及远处的八里村的宝塔。在这里，那个住在接近上城坡道的哨所的守城兵邀请我们参观他的住所。拿我们昨天见到的那个宿舍来说，这个宿舍是舒适得多了。他让我们先喝一点冷水，然后捧出热茶。这个宿舍室内的布置符合中国人一般的习惯。正对门口的是客厅，客厅两边摆放着款待客人的座椅。客厅隔壁，一边是卧室，一边是厨房，而卧室在左边。从平则门望向远方，皇宫的屋顶一片模糊，但假山，亦即"景山"，却清晰得如在眼前。一条宽阔的街道从平则门向东伸展，道的北面可以见到一个白色的樽形纪念碑，其上有一环绿色的飞檐，宛如一张边缘有花饰的大伞。在这里还可以见到的是，皇龙寺的黄色屋瓦。这皇龙寺距离城门不远，寺门前有一段很长的回避墙，表示从这里到寺门入口处禁止行人进入，路过的人只能在墙的南面走①。

下午2时20分，我们离开平则门，以每小时4英里的步行速度，在半个小时又几分钟的时间内到达西直门。在这里，唯一吸引我们注意的，是在鼓楼和钟楼之间穿过的一条宽阔向东的大路。从西直门再出发，3分钟的轻快步行便把我们带到城墙的西北角。

---

① 在中国，拥有某些官阶的权贵人士的私邸前面，或某些衙门的前面，往往建筑起几码长的墙。从这堵墙到府邸或衙门的入口之间，属闲人回避的区域，路过的人只能在墙的外面走。

我们到达这里的时间是 2 时 55 分，表示我们在西面城墙，从一头走到另一头，刚好需要一小时（扣除在平则门哨所内休息的 5 分钟）。从这里望向西北方，较为突出的景物是圆明园的宝塔。

我们马不停蹄，立即开步向北面的城墙方向走。这里，城头上垒道的宽度，比起其他部分的为宽阔，约有 60 英尺。而在那些有凸出堡垒的地方，还要加上 45 英尺，即在城墙上个别的地方，走道竟有 105 英尺宽。堡垒上有升高的砖砌平台，用以架设枪炮，但这时并无任何武装。我们继续朝东直门的方向走，所见的城市景物只限于已提过多次的纪念碑、景山，以及在远处的一方黄色瓦顶。接近东直门的时候，我们立即见到城门后的莲塘，而到达这个城门之后，发现在东面也有一个相似的莲塘。这两个莲塘中间有一条路，可直接去到东直门。

在城墙西北角和东直门之间的那一段城墙并不是直的，而是向外作半月形弯出，原因是为了迁就在这里流过的一条河溪。城墙上的门楼，像其他的门楼一样，每一个方向都有 4 支高高的旗杆，固定在砖石砌的柱脚上，以便悬挂旗帜和灯笼。

3 时 15 分，我们开始向安定门进发。一路上所见的景色并无新意，都是鼓楼、钟楼、景山、活佛纪念碑等。唯一不同的是，鼓楼和钟楼是更接近了。在 3 时半的时候，我们到了一个位置，这个位置可以见到鼓楼、钟楼、景山三者连成一线。这也意味着我们到了城墙的中段。继续走 10 分钟，我们便到了安定门。在这里，我们见到许多联军曾经占据此地的痕迹。在去年的战斗中，我们的军队曾经捣毁这里的胸墙，造成炮口，以作侧翼防卫。联军破坏的地方，有些已被中方修复。

3 时 45 分，我们离开安定门，步行向东北城角。很快我们便来到一个非常宏伟的、有着黄色瓦顶的喇嘛寺。这寺给我的印象，可称不同凡响。近着这寺的是另一庙宇，那是元大都内的孔庙。在城墙的这个部分，我们很清楚地看到了地坛。上回交战时，我们的爆破队正是驻扎在这里，如果他们开炮的话，这座喇嘛寺和孔庙，以及那些密集的民居，将会首当其冲，受到严重的破坏。地坛外面有很高的墙，高墙内又有同等高度的内墙。这些内墙都是红色墙身，光亮的琉璃瓦顶，总共分成 3 个院落，每个内部都绿叶扶疏，浓荫中包含好几座庙宇。庙宇也是红墙绿瓦，在树影婆娑中呈现非常美丽的景色。在这里，我们也可以见到从哈德门往北的那条又长又宽阔的道路。

我们到了东北的城角，这里似乎有较多的空地。望向市区，树木较少，房屋也较少。在城角的地方，有一条河沟，河沟里有很多水。俄国教会的位置正在这里，而河沟在它的北部。自从巴鲁泽将军和他的使馆人员到达北京之后，俄国的教会组织便迁到这里了。城市北面这一隅之地其实给俄国人占用已有一段颇长的时间。他们在这里有好几座独立的建筑物，以及一个上面安装有十字架的朴实无华的小教堂，整个教区都给高墙围着。

我们在下午 4 时 10 分抵达东北角，并在这里立即向南走，约10 分钟后到达东直门，亦即北面两个城门中靠东的那一个。这里有一条宽阔但非常破烂的道路向西延展。左面，或者说这路的南面，有一组外面有墙围着的小型建筑物。这组建筑物没有什么标志，它们是贡院，进行科举考试的地方。

下午 4 时 30 分我们走到东面的另外一道城门——朝阳门。这城门最近刚经修葺，以期带来好运。我们在年初的时候以为它的修葺是为了迎接皇帝返京，现在知道事实并非如此。我们在这里的城头向下望，离开那向西走的大路不远处，是怡亲王的王府。在与中方谈判时，额尔金勋爵正是驻扎在这里。像淳亲王府一样，它的屋瓦是绿色的，四面都是树木。城的外面是人烟稠密的市郊，去往通州的那条石板路便是从这里开始的。

离开这个城门后，我们继续向东南角进发。途中经过观象台，它的瞭望塔比城墙还要高 12 英尺。在这里，我们可以很清楚地看到正在维修的贡院。这个贡院有 1000 个小房间，考试时考生在这里可称与世隔绝。在外面的门上，刻着意思是这样的话：经书饱读，自有功名。贡院里面，则挂着其他的话语，其意思是：通过科举考试，进而学会治理国家。

5 时 10 分，我们到达西南角。这里元大都的城墙和城市的城墙接轨，有如我以前描述过的西面的情况一样。我们向着哈德门的方向走，见到法国使馆后面那座寺庙的绿色瓦顶及皇宫的黄色屋瓦。5 时 25 分，我们到了哈德门，当时钟指着 5 时 30 分的时候，我们便回到了那条我们在 12 时 30 分登上城楼的坡道。这环绕元大都城墙一匝的旅程，花时刚好是 5 个小时。

从这次徒步旅程中我收集到的数据是，城墙的宽度在不同的区域，共有五种不同的大小。从西北角到东直门，城墙的宽度是 60 英尺。北面城墙的其余部分，平均超过 50 英尺。南墙是 48 英尺，东面的是 42 英尺，而西墙则是 30 英尺。用以建筑胸墙、外墙和内墙的灰砖，其体积是 19.5 英寸长、9.75 英寸宽、5 英寸厚。元大都城墙总长 16 英里，加上 9.5 英里的城市的城墙，总合长度超过 25 英里。若要绕城市一匝，须走 13 英里路的城墙，其中 3.5 英里是元大都的城墙。

第十五章　天主教修会及其他

10月1日

今早当普鲁斯先生在安定门一带策马漫游时，他见到了胜保从热河返回京都的情况。胜保坐在一乘轿舆上，由10个左右没有武装的随从陪同。普鲁斯先生形容胜保大个子、圆脸、粗骨干，有浓黑的须髯。

10月2日

关于我前天在元大都城头行走一匝的事，威妥玛先生今天告诉我，他去年冬天来到北京时，和艾德坚先生也曾在城墙上走了一段路。但当他们准备在某处下城时，哨所内的守城兵阻止他们下来，要求他们返回原处落城，理由是守卫不想负起他们上城的责任，因此要求他们从哪里上来，便从哪里下去。为了这事，威妥玛曾经找过文祥，要求准许随时可以上城行走。文祥说他无权批准，并补充说："连我自己也不能随便上去。我知道的是，若有人走上城头的话，守城兵要负责任，可能受到责罚。不过，如果这事没人向我们正式举报，我们不予理会。然若这事惊动了都察院的话，那么负责的人便要受到弹劾。我们也要正式立案办理。"在这种情况下，我们还是尽可能不要走上城墙为好。如果我们把城楼当作散步场所的话，便可能连累守城兵或其他负责的人，使他们受到严厉惩罚。

10 月 3 日

普鲁斯先生拜访恭亲王，文祥和恒祺出席陪见。他们全都穿着白色衣服，翻起的袖领则是浅蓝色的。恭亲王官帽上的红色顶戴已经除去，也并无什么装饰。说到布拉巴桑少校的事，以及作为一个父亲的心情，文祥说："是的，我们在中国非常看重父子、兄弟和夫妇的关系。"其他的关系，例如母女、姊妹等，虽然他没有明说，相信也包括在上述的关系中了。

10 月 4 日

与尼尔中校参观隆福寺，寺的所在地是在那条通往朝阳门的街上，每月逢九及十、十九及二十，和二十九及三十日都有庙会。庙会就像某种卖物会，在这些日子里，各种各样的物品，无论是新的或旧的，都摆放在摊档上任由人们参观购买。今天是阴历三十，正是庙会日，摆卖的摊档开设在这占地广阔的寺庙的各个院子里，售卖各式各样的东西，其中包括古董、旧书、西洋火器、望远镜、等等。我买了一只北京小犬，这是北京特有的，付了 2.5元。这种狗只似乎价格分歧很大，例如有另一只狗，外表看来没有我这只好，可是卖主却叫价 20 元，一分也不让。我们是骑马到隆福寺的，"小的"乘驴陪伴我们。这条驴属于使馆，但他现在差不多已据为己有，而他的职责亦确乎有这个需要。这条驴颈上挂了一个响铃，我问"小的"这有什么作用，他说中国人习惯在马上挂铃，使马儿跑得快些。我们看到这条驴伴着铃声，确是走得很快。

10 月 5 日

今天我和尼尔中校探访罗马天主教修会。这个修会我在 3 月
29 日的日记中曾介绍过，并说它的建筑进展得很快。特别值得一
提的是，修会已建起了一个钟楼。钟楼和城墙差不多一样高，从
这里可以饱览城市的景物。中方对建这个钟楼曾表示反对，理由
是除了景山上的寺庙、皇宫和喇嘛寺，城市不许有其他高的建筑
物。然而，由于这个反对的声音是在建好这个大楼之后，教会对
此相应不理。

这个教会属于圣多玛士（St. Thomas）教派，此次探访修正了
我的某些关于耶稣会传教士被逐及其教堂被破坏的错误观念。教
堂事实上是耶稣会传教士离开之后才拆卸的，因为它对中国人无
用。我以前的想法完全错了。关于耶稣会在华的没落，我今天核
实的情况如下：雍正皇帝登基之后，决意压制耶稣会在华已经建
立起的影响力。他召集教士到朝廷，向他们作出训示。他说他父
亲（康熙皇帝）对耶稣会优礼有加，但耶稣会的教义含有毒素。
它扰乱了中国人的社会生活，使父子反目，夫妇成仇。它把男女
混集在一起，有违礼义。而且，女人在黑暗的地方向神父作出所
谓的忏悔，这种行为更不能被接受。因此，他决定禁止耶稣会继
续在中国传教，然而基于耶稣会传教士在华生活已久，他们仍然
可以留在北京。

事实似乎是这些教士被允许留在他们的修会内（即现在由罗
马天主教会管理的修会）直至 1826 年。这时还有一个教士仍然在
这里生活，其他的不是已经逝世，便是离开了北京。这个教士向
皇帝请求离去，获得批准。清帝赐给他 5000 两，作为赔偿其教会
物业的金钱。这之后，这些教会产业便归清政府所有。去年 10 月

北京谈判时，这些物业属于一位皇太子，他通过皇帝的赐赠而取得物业的主权。在与法国的和谈中，法国人要求中方必须退回以前耶稣会的产业，但中国政府说，而且也是据实说："不，我们付了 5000 两从耶稣会那里买了这些产业。"但法国方面也答得很巧妙："是的，但这里以前有一座很好的教堂，现在给拆毁了。请把它恢复过来，我们退还你的金钱。"中方说这并不可能，于是在法军的武力威压下，唯有无偿地将产业交回。这样取回耶稣会的地权，可以说是一种激进的外交方式，但绝对不是公平的方式，因为中国政府从原业主唯一剩下来的代表购下这些产业，自然有权以它认为恰当的方式加以处理。

耶稣会修会在华的源起，是由于它的法国教士从印度的修会取得了金鸡纳树皮，治疗好了康熙皇帝的重疟疾。为了表示谢意，康熙在城内拨出一块土地送给这些教士，并且差遣建筑师和工人给他们筑起了一座外形美观的住所。之后不久，这些教士向清帝表示，他们的住所比上帝的安身之地还更优美，并不适宜。他们请求皇帝在他们住所旁边拨出一块地，让他们建筑一座教堂，以侍奉上帝。清帝答应了，这便是该座大教堂的来历。而在此之前的几年，葡萄牙耶稣会已在城市南部建了一座教堂了。

司牧灵神父带我们参观修会旁边的建筑物及其邻近的土地，他说这是从前耶稣会传教士制造玻璃的地方，这也是耶稣会的产业。自从传教士团恢复在北京居留后，他们曾向中国政府申请重新整理这座建筑物和邻近的土地。但中方对他们说这块土地是朝廷划给他们的先人以为皇帝制造玻璃的，如果他们的目的也是这样，则他们可以领回土地，否则便难以应命。

我们在修会周围走了一遭，顺道看了看学生上课的情况。拉丁语课正在教形容词的第三种语尾变化。我们看到黑板上，一边写着拉丁语的罗马字母，另一边则写着与其相对的汉字。教师是中国人。

今天早上普鲁斯先生在离开使馆前，向我提到中国政府正在查问城外一个庙宇被拆毁的事。参与其事的是几个中国工人，据称在场的还有两个洋人。中方对此十分恼火，文祥告诉威妥玛先生，对于这亵渎神灵的事，他的最低限度是要斩去这些工人的手。奇怪的是，一个小时之后，当我和司牧灵神父及尼尔中校参观修会时，我见到那里有一堆旧的建筑材料。我立即想到这或许和普鲁斯先生提到的事有关。果然如此。教士在城外买了一所旧房子，打算把它拆掉，以得到建筑材料作其他用途。有理由相信他们所雇用的工人，利用为修会工作的特殊身份，把附近一座旧庙拆毁，挪走建材。司牧灵神父说修会的六部马车，中午前运载建筑材料进城的时候，被中方扣留了。

10 月 6 日

威妥玛先生上一次在总理衙门的时候，见到一份在香港编印的中文日报。这份报纸看来是衙门定期订阅的刊物，而且是仔细阅读的刊物。文祥见到威妥玛，拉着他，请他注意报上一些欧洲人刊登的广告。这些广告在兜售价值不菲的玉器，并保证是圆明园之物。文祥说这份报纸是专为中国人发行的，但居然刊登这样的广告，这是非常伤害中国人的自尊心的，对此他感觉十分遗憾。

今天我们讲及肃亲王，据说他是八个享有永久爵位不变的亲王之一，其他的贵族，其爵位则一代一代地降下去。这些亲王之所以能得到这个殊遇，是因为他们的家族在征服蒙古时立下大功。

10 月 7 日

元大都北面的道路正在维修之中，皇城内的一些城门也是如此。皇宫内活动频繁，一切的迹象都反映皇帝快要回家了。政府亦已宣布，科考将于本月十一日开始，地点是近着观象台的那个大堂。

10 月 8 日

下午我沿着和南城墙平行的那条街道，在高梁河和午门之间行走。我留意到所有的房子都在门前挂起一个招牌，其上的文字似乎都差不多，却看不见有什么贸易在进行的迹象。我后来知道这是售卖人参的地方。人参在中国是非常重要的药物，其性质和龙胆近似。中国人对人参特别看重，认为它具有特殊的强身健体的功能。但为什么这条街这么独特，全都在经营人参呢？原来人参从朝鲜大量输入中国，而朝鲜人每年来北京所居住的旅馆都集中在这条街上，因此形成这个特殊的景象。

10 月 9 日

皇家海军的贺布上将、斯塔佛利准将、纪普逊海军上校（Captain Gibson）和莱德尔先生（Mr. Ryder）这个下午从张家湾抵达北京。

威妥玛先生收到恒祺写的一封信，说清室的祖先灵位将于本月第六日和第七日（公历 10 月 11 日及 12 日）从热河行宫隆重迁回首都。所有的街道将要封闭，并架起屏幕，禁止人们观看。行列所经过的街道，将有卫士把守。信内要求使馆对各人员作出训示，在这两天内避免前往元大都的北面。这些灵位是当联军进迫北京，皇室仓皇逃往热河时从圆明园移走的。这强烈显示中国对已死之人的重视，因为他们宁愿撤走灵位，却留下了大量珍贵而可带走的物品不理。恒祺说，超过 800 万两的珍宝被挪走或破坏，这相当于我们的 300 万英镑了！

10 月 10 日

据说明天开始的科举考试，考生有 6000 人之多。这是进士级的考试，其资格相当于我们的文学硕士。考试进行时，考生将被关起来，直至答完卷。

一部分的祖先灵位，以及先帝的妃嫔，今天入城，过程颇为肃穆。其余的将于明天到达，在路上的时间比原来估计的少一天。

10 月 11 日

普鲁斯先生今天外出时，跟一辆中国马车碰在一起。他的车的弹簧缠在对方的车里，无法解脱。拉车的骡子受到惊吓，拼命逃跑，把车的前半部分，包括普鲁斯先生在内，拉脱了。他大力握紧缰绳，但仍免不了被抛落地上。侥幸的是，他除了扭伤一条腿，别无大碍。

下午我和贺布上将策马到观象台去。我们出示了普鲁斯先生的名片后，便获准进内。在观象台下面的守卫室里，我发现了一幅古旧而奇怪的地图。它以麦卡托式投影图法标示，其数据很明显是由耶稣会传教士提供的。贺布上将从他应用天文学的实际知识出发，对各种天文仪器展露很大的兴趣。这些仪器，正如我以前提过的，包括大型的铜象限仪、中星仪、浑天仪，以及一个上面刻着浮凸的行星的非常精美的天球仪。

离开观象台后，我们向北走，从朝阳门出市区，以免碰到奉

灵回京的队伍。由于贺布上将非常渴望见到我军进入北京城之前
的据点，我便带他绕过城墙，转到墙的东北角，这里便是士兵布
阵的地方。他对拣选这个地点驻兵，表示十分惊讶。回到使馆后
我和威妥玛先生谈到这件事，他告诉我英军布防在那里并非预定
的计划。当时联军正向圆明园推进，打算完全避开北京城。为了
达到这个目的，左翼的英军拐过城的东北角，可是在地坛北面的
旧工事附近，在浓密的森林中，他们发现了蒙古兵的前哨基地。
为了驱赶这些蒙古兵，第 60 来复枪团派出一个支队前往执行任务。
然而这个调动却引致他们大大地向右偏离，结果和法军失去了联
络（法军一直向圆明园方向挺进）。由于多次尝试都未能和法军恢
复联络，英军只能在原地等候。至于英国的骑兵团，也同样是在
右边越过了法军。这个解释驳倒了去年流行的为人们所相信的说
法：法军为了抢先到达圆明园，故意撇下英军不理。

10 月 12 日

我和贺布上将及斯塔佛利准将骑马到葡萄牙坟场。我们走的
路线跟上月 12 日我和尼尔中校同往这个坟场时的一样。在路上，
我留意到了在石板路旁边有好几个园子在种植烟草。坟场附近的
儿童已经见惯了洋人，他们在后面跟着我们，希望为我们牵马得
些赏钱。我在上一次对坟场的描述里，忘了提到在对着入口的大
理石供桌的前面，摆放了 5 个佛教祭器：两个烛台、两个花瓶和
一个放在中间的香炉。在利玛窦和汤若望的坟墓前面（这两个坟
墓都由皇帝钦赐建造），也置放了同样的祭具。这显示了耶稣会对
中国已有的宗教祭式的让步，这种情况一直持续到今天。作为一
个例子，让我引述某些罗马天主教徒向我表达的感觉。他们在外
国使节进入北京之前的不久参加一个崇拜，地点在葡萄牙大教堂

（如果我没有记错的话，那是耶稣受难日崇拜），当他们见到主礼者施放爆竹，拿出香烛作为圣饼向神奉献时，都表示奇怪和难以接受。

10 月 13 日

下午我们在一家古董店的时候，东主拿着纸和笔过来，要求我们把英文中的数字从 1 到 100 念给他。他一面听，一面用中文把读音记下来。完了之后，他把纸翻过来，向我们读出他以前学过的法文数字的 1 至 100。

10 月 14 日

关于修会购买旧建筑材料的事，中国政府释放了拘留的马和车，但却扣留了货物。北京的法律禁止人们在未有官方批准之前拆卸北京方圆 40 里之内的任何屋宇，无论这屋是怎样的残旧或破落。修会曾经向一个下级官吏提到拆旧房子的事，以为这已经是足够的通知了，但事实证明不行。

美魏茶先生（Mr. Milne），他以前曾在中国南方当教士，已被任命为英使馆汉文副使。他今天带同两个翻译学生到北京。这两个学生分别是嘉托玛先生（Mr. Gardner）和史特奈先生（Mr. Stronnach），他们刚从英国抵达中国，另外还有两名学生将于短期内报到。这些学生全都在美魏茶先生的监督之下，学习中文。美魏茶是一个很有能力的汉学家，我完全相信他能胜任此职。

下午我和尼尔中校外出时，越过了一些刚由皇宫出来的车马。车上装载了一捆捆的黄色丧服，估计是送去热河给仪仗队穿着的号衣，以便皇帝遗体运回北京时用。

10 月 16 日

天津今天传来消息，捻军对芝罘发起进攻，当他们从烟台市的山区冲下来的时候，英国炮舰"无畏"号向他们发炮攻击，把他们迫退。退走时，叛军烧了一个村庄。消息传出时，正是火势最猛烈的时候，中方要求增援。于是炮舰"快速"号和150名法军被派到当地协助防守。芝罘距天津300英里，是新增加的一个条约港。

10 月 17 日

今天日落的时候，我从法使馆返回英使馆。当经过肃亲王府和法使馆之间的小巷的时候，我见到一些小童在玩马拉车的游戏。一个儿童扮马，身上绑了一对长的高粱茎作为马的套具，口里咬着一个木嚼子，另一个童子则用绳做马鞭在后面驱赶。

布尔布隆夫人在外面行走的时候，附近的妇女见到她，都总是用她们惯常的方式向她打招呼："吃过饭吗？"这显示她们对洋人姊妹的友善，也是她们性格中好的一面。然而她们对西洋男人的态度，却非常小心，从来没有在路上主动问他们吃过饭没有。

崇纶及恒祺今天来使馆，一方面问候普鲁斯先生，另一方面提到皇帝回銮的问题。他们转达恭亲王的深切请求，在皇帝回宫当天切记避开皇帝所行经的路线。

下午在街上有人叫兑钞票，像我们英国国内售卖旧报纸一样。纸币的价值已经跌得不成样子了。我经过一家打制马蹄铁的店铺，见到铁匠正为一头骡子安装蹄铁。为了使骡子平静，铁匠用一条细长的绳索缠着它的鼻子，而绳上有一个绞子，可以根据情况放松收紧。这个夹鼻的方法，似乎可以对控制骡子的野性产生作用。

工作时，铁匠先用凿子修削骡子的蹄甲，然后像我们的铁匠一样钉上铁蹄。

在大街两旁所建的屋舍中，不时见到一些专门医治手足毛病的铺子。手术进行时，好奇的行人都驻足而观。一如在南方所见到的一样，医师所用的主要工具是一个细小的凿子。北京的这个行业，医师的手势是这样的轻巧和纯熟，可和南方的媲美。我相信中国人是世上最巧手的手足治疗师了——这也是他们唯一专精的外科手术。

持续了7天的科举考试，现在宣布结束了。最近在天津完成的较低一级的省试中，有人在家门前挂了一个牌子，写了他考取到功名的朋友的名字。这说明通过科举考试所取得的功名，在人们心目中的崇高地位。这其实是一种评价个人能力的失实的形式，我们西方也正步其后尘，但令人高兴的是，并非没有反对的声音。

10 月 19 日

威妥玛先生今天和文祥会面，在他们所讨论的众多事情中，提到了辅币问题。威妥玛先生尝试说服文祥，指出如果把银两化成较小的单位的话，会方便很多。但文祥回说："要改变我们的辅币制度，永远难以收效。设想我们尝试这样做的话，人们便会立即认为政府要从中渔利。所以，任何改变都是没有用的。"想不到中国人对政府这样欠缺信心，即使施行实质上对他们有益的政策，他们也会投下怀疑的目光。

谈到中国人的变戏法和欺骗手段，雒魏林先生提到他在上海时见到的一件事。有人展出一只禽鸟，它有着鸡的身体与鸭的嘴和足蹼。这只怪物非常生动地走来走去，十分有趣。出于好奇，雒魏林捉住了它仔细检查，发觉它原来是一只鸭，只是被巧妙地粘上鸡毛，只露出眼睛、嘴和脚而已。

马日坦先生尝试通过司牧灵神父的安排，希望和一些中国基督徒藏在屋内窥看皇帝入城的情况。但司牧灵神父说这不可行，因为和他合谋的基督徒势将被他们的邻人所鄙弃。他们的屋子会因此被拆掉，他们本人亦会被放逐，实际情况可能比这更坏。偷窥皇帝是很严重的罪行，会受到很严厉的惩罚。原因据说是：北京是国家的首府，这里聚集了十八个行省的人，品流复杂，其中可能有刺客。守在街道两旁的士兵，当皇帝经过时，无须转身，与宫廷的女眷经过时不同。在后述的情况下，他们必须转面回避，例如那天孝淑皇太后^① 入城时便是如此。

胜保被朝廷谴责，因为他在没有命令之下，擅自离开所属地区前去热河。他被训示立即返回山东，继续执行清剿乱匪的任务。

10 月 20 日

美魏茶先生今天向我们讲述他最近在天津听到的一些洋人的粗暴行为。有一个年轻的英国军官抱怨说，他很想找机会和中国人交手，好让他们尝尝西洋拳的滋味。然而无论他怎样挑衅，架总是打不起来。

另外，几天前一个中国人不幸溺毙。其情况是这样的：他正坐在河堤上，一个在附近巡哨的英兵警告他离开，但这名英兵除了口头警告，还向他抛掷一块砖头。这个人受击后失去平衡跌下河里，结果浸死了。至于美魏茶先生目睹的事件，有如下：一个中国人负重走在一个洋人的前面，这个洋人正在骑马前行，中国人有点阻挡这个洋人的去路，洋人没有让这个中国人走到一边，

---

① 见 278 页注。——译注

反而顺势用马鞭的手柄重重地打在中国人的头上。这个人被打倒在地，并给自己背负的重物压着。这个洋人像一个懦夫，也像一个恶棍一样，理也不理，扬长而去，而且跑得很快，让人无法辨认他以追究此事。

中午前，尼尔中校、圣约翰（Mr. St. John）和文翰两位先生，以及我，骑马到圆明园所在的那个地区去。我们从西直门出城，所走的路线跟我们那天去碧云寺一样。到了一个村庄前面的桥时，我们见到这个村庄有一堤道可以走到河的岸边，于是便下到这个堤道沿河而行。河堤的对岸，有一条杨柳道，全长超过一英里，每隔约 12 英尺便种植一棵杨柳树，其景观颇为壮丽。顺着河堤走了两英里，我们到了一个水泊，这是圆明园中的一个湖泊。在到达这个湖之前，我们见到一道高耸而非常独特的一孔桥，横跨在河上。这桥高度约 30 英尺，每边阶级有 40 步，每步的深度逐渐增加至 0.5 英尺为止。在桥顶，两边阶级的接合处有一道 3 英尺长的曲面的大理石过道。桥的宽度是 20 英尺，两旁有非常美丽的大理石栏杆。桥的附近，堤道这一边，是一大片稻田。这片稻田分成许多部分，每部分都有约一人高的泥墙围着以储存水分。

过了桥，我们继续沿河前进，直至到了河流进入湖泊之处。这里的岸边，长着浓密的芦苇。再往前不远，我们到了一道非常精美的十七孔石桥。这座桥连接湖上的一个小岛，岛上有一处被破坏的庙宇的遗迹。我下马走上这道桥。桥由大块的石头建成，两旁有高大的大理石栏杆，栏杆上在等距离处装饰着许多石狮子，每边有 60 只之多。这些狮子每只都姿势不同，神态各异。在桥的两端，则各有一只大狮子。岛的周围大概有五分之一英里长，也是以大理石栏杆围绕，像我刚才经过的桥一样。栏杆之内是一个高台，里面有一堆烧焦了的瓦砾和木块，范围很大。这堆破烂是

⊙ 圆明园湖附近的小桥

在第二重的栏杆里，和第一重有石阶连接。这是去年联军留下的痕迹。

在桥的堤道的末端处有一个圆亭子，再远一点的一个石座上，横卧着一只铜铸的牛，身上雕刻着细细的满文。从这里望过湖面，在东北方向有一个风光如画的小山凸出在湖边。当地人把这山叫作万寿山。山呈浅褐色，有深绿色的树丛在这里、那里点缀着。山顶上有一组塔形的、其下有石拱门的建筑物。在这组建筑物下面接近山脚的地方，是另一座石砌的建筑物，但我们看不见它有明显的入口。这座建筑物只有三面，第四面（即后面）是山坡。在建筑物的两旁，掩映在树林中的，是一些屋宇和亭阁。建筑物的后面，则可遥见那座上有高耸的宝塔的山。

这地方的人告诉我们，不能再往前走了，因为那座上面有建筑物的山，在圆明园的范围之内。因此，我们决定从位于圆明园入口之处的海淀村返回北京。我们顺着堤道走回，在走到高桥之前，农人给我们指出一条小路，说这条路会把我们直接带引到海淀去。我们按指示而行，果然不久便到了海淀。这个村子看起来气宇不凡，所有的屋宇都颇有规模，似乎属于富贵人家。这里是进入圆明园内园之前的地方，我们踏上了那条直达北京的石板路。圆明园接近海淀之处，其入口两边都有一只大铜狮。这里的围墙，很多地方都破了，这恐怕是联军抢掠圆明园时造成的。

我们沿着石板路前进。这条路 14 英尺宽，其位置是在一条 42 英尺宽的升起的堤道的中央，一直通往西直门，所用的石料是大块的扁石，路面情况维护得非常好。

10 月 21 日

今天早上普鲁斯先生收到莫理逊领事（Consul Morrison）从

芝罘寄来的信，信中详细描述了黄河区域的捻军向芝罘推进的情况，以及两个美国传教士花雅各（Holmes）和巴克（Parker）被杀害的事件。用莫理逊的话说，是这两个美国人"由于受到不能解释和致命的冲动所激发"，竟然离开城市去到数里之外的郊区会见捻军，央求叛军不要进入接近芝罘的那个乡村，因为他们和家眷都在那里居住。结果他们受到了凶残的对待，其尸体在捻军撤退时被发现。

莫理逊对于捻军的令人发指的行为，作了感伤的描述。这些叛军势力不小，他们在乡间到处肆虐，破坏庄稼。我们的干预只限于保卫芝罘的主要民居地烟台市，以及外国人的居所而已。

10 月 22 日

昨天威妥玛先生和总理衙门的主要官员会面，洽商购买使馆隔邻的府邸，条件差不多讲好了。恭亲王说没有人反对这一交易，因为物业的业权确由现业主所拥有，他完全有权把它出售。在这种情况下，我们准备明天付款。

在白河上航行，似乎仍然不能摆脱所有的危险。从河西务开出的贺布将军的舰队，其中一艘船碰到河中的铁桩。除了救起船上的人，其他的东西都随船沉到河中了。

这个下午，法国海军总司令卜罗德上将（Admiral Protet）从天津到达北京，探访布尔布隆先生。他是从芝罘过来的，在这里他指挥法军击退了叛军。他给我们描述岸上发生的惨绝人寰的事。在一个他巡视的乡村里，他见到 40 具被屠杀的儿童的尸体，全部被肢解。此外，他也见到那两个传教士的遗体。遗体已变形，难以辨认，而且有被火烧过的痕迹。

10 月 23 日

今天中午，威妥玛先生、圣约翰先生和我前往隔壁的府第，为英国政府办理它在中国的第一个土地物业洽购手续。购买物业的款项，总共 62 锭像鞋子形状的银锭，总值 3700 两，由使馆的下人装在箱子里扛来。物业主人是康熙皇帝的一个直系亲属，他正在大殿的边厢里等候我们。和他在一起的有一个白发苍苍的老绅士，他是业主的叔父，准备为物业成交作见证。

交易的钱都堆放在桌子上。每一锭银上面都有一个印记，并用墨笔写下它的重量。在场还有一个钱币鉴定人，他小心翼翼地检查每一个银锭，并向威妥玛先生读出重量，威妥玛则把银锭的数量加起来。计算的结果是数目正确无误，还多出一分银。接着钱币鉴定人自己进行计算，他把各银锭的重量用特殊的记号飞快地写下来。正当鉴定人在处理数目时，卖主对威妥玛说他认为银款没有问题，现在可以开始交易的文字部分。他拿出一份土地物业出售契约，其中关于他的部分他已经签署。接着他的叔父拿起笔来在相关的部分签名，并写下他的职衔和爵位，最后他写下了一个十分复杂的字，据知这是他的私人名号。总括来说，他的签名和名衔加起来共有 11 个字。他写好之后，他的在桌子另一边站着的侄儿把契约递给威妥玛，并且好像因为物业能够脱手而显得十分高兴。

仆人现在拿出一个四方盒子来，这是一个印台，即装载着含着朱砂汁液的棉料的盒子。于是各人拿出印章，在印台上蘸了朱砂墨，然后在契约上他们签名的下方盖了章。此外，他们也在私人名号之下印了章。叔父的章是椭圆形的，而侄儿的是四方形的。卖主接着坐下来，在契约上写下日期，然后在上面盖章。在契约的背后，他抄下了准备好的收据，同样的也在上面签了名和盖了章。盖章的时候，他说根据国规，现在的章应该是蓝色的（因为现在是国丧期间），但由于这项交易的特殊性质，他还是采用惯常的颜色办理。

他的字写得非常工整，当威妥玛先生夸赞他的字迹的时候，他称自己的文才不足道，不敢自满，并说他"不过是一介武夫"而已。在契约中，他被称为"奕坤（译音）、满洲皇族、镶白旗人、辅国将军"。交易完毕后，由于他知道洋人的习惯是握对方的手而不是握自己的手，于是他一一和我们握手，而他的叔父也和我们照握如仪。最后，依照中国人款客的习惯，他坚持送我们出门。

10 月 24 日

天气现在变得非常可人。太阳十分和煦，空气也清新凉快。然而，冬天是静悄悄的越来越近了。使馆和供应我们院子花草的园艺商新签了一个合约，由后者搬走这些植物，并给它们保暖以度过严冬。园艺商取价是每盆 0.5 元，保证生存，如死亡的话，则赔一盆新的。今天，园艺商来搬走植物，一共 42 盆。他保证春天来的时候，送回同样数目的健康盆栽。

卜罗德上将和两个陪同他来的海军上尉今天在使馆吃晚餐。后两人兴高采烈地告诉我们，他们路过假山时，见到门户大开，于是直奔进去，一口气走上假山。后面有一大群官差追赶着他们，直到山上的一座小庙。官差们央求他们下山，并对他们的合作似乎满心感激，离开时给他们奉茶以表示感谢。像这样的事件，更加证明在这个时候，如果可以的话，确有需要限制外人来京。试想：一个英国人见到巴黎杜乐丽皇宫打开门便冲进去，或一个中国人擅自越过哨所侵入白金汉宫，情形会如何？

10 月 25 日

今天我向人们询问城市的卫生情况，发觉现在流行一种温和的黄疸病，而在此之前——即 9 月份，北京基本上卫生情况良好。这种黄疸病的出现，颇为特殊，因为现在的时令不应流行这种病。针对这种病，当地人使用一种类似墨角兰的中药，叫茵陈，方法是煎服。煎熬时，这药像大部分的其他中药一样，发出一种像广藿香一样的气味。我再探问牛痘的情况，发觉我以前得到的信息合乎实情。首先它基本上是一种儿科病，其次预防方面，种痘和通过吹气方法接种两者都有人使用。我特别询问这两个方法之中，哪一个更为普遍和效果更好，他们告诉我是后述的方法。这种方法是把痘痂研成粉末，置入小儿的鼻孔里。雒魏林先生告诉我，上海用以下便宜的但听起来令人毛骨悚然的方法给儿童预防：和天花病人睡在一张床上、或穿着患过病的儿童的衣服，或沾染病人的疥疮等。在北京，我没有听过这些事情。

10 月 26 日

今天，阴历二十三日，是"皇舆起驾回宫"的日子，而在 11 月 11 日，年轻的祺祥皇帝将返抵北京。

天气仍然晴朗温和，比去年这个时候为好。自从 9 月 30 日开始，滴雨未下。

10 月 27 日

今天的官报宣布僧格林沁在山东的剿匪行动取得了重大胜利，这让他有机会恢复他以前的官位。他去年与联军作战时，因为接连在大沽和其他地方失利而被降级。他现在被重新任命为"御前大臣"，并发回了黄腰带（皇上赏赐之物）。天气现在有所转变，早上有雨，日间阴凉有云，气温是华氏 55 度。

10 月 28 日

狄仁杰神父病得很重，要我去看看他。今天早上我骑马到他的修会。我发觉他有轻微发热。他和衣躺在炕上，像中国人的习惯一样，他的床褥也是中国式的，可见这群刻苦而努力的教士，是怎样竭力去融合到他们所传教的人群的文化中去的。房间里一个瓦锅烧得很旺，空气里充满了硫黄和炭的气味。这些气味是这样的浓烈，不到 5 分钟，我的嘴里也好像尝到了这些化学品的味道。我请求司牧灵神父立即把这个瓦锅拿走，否则狄仁杰神父不可能在这种环境下痊愈，他照做了。我留意到中国的基督徒见到司牧灵神父的时候，都单腿跪下，有如见到长辈或重要的人物一样。

下午当我前往法使馆的时候，我第一次见到街道上几乎每一家店铺都挂出一面黄色的三角旗，旗上有黑色的字。我后来才知道这是民团的旗帜。民团的职责，是对某一街道执行类似警察的工作。他们把滋事分子赶走，并派人轮流纠察监视各胡同的情况。这些胡同分为"生"胡同和"死"胡同，其意是两头通的胡同或一头堵死的胡同。这些民团是政府认可的，有督办监察的职责。而督办正在城内贴出告示，要求民团成员在使用火器时，须万分小心，以免造成意外。

进入皇宫的道路，现在正全面修葺。堤道上的沟洼被填平了，其法不是运来新的泥石加以填补，而是把凹陷的部分荡平。完工之后，路面平滑得可以打滚球。工人在需要修补的地方架起了路栏，禁止行人入内，马和车都须在皇舆行将通过的堤道的另一边行走。

中国南方的邮件昨天抵达，运邮件来的轮船是"扬子"号。它本来由广州的海关监督租下，以运载他的家具从广州到大沽，包船费是一万元。这位监督因为祖母逝世而须回家奔丧。按礼，他需要守百日之丧。然而从广州到上海的航程，使他饱受晕船之苦，到了上海之后，他便弃船改行陆路。至于他的行李和一部分家具，则仍然随船而上。他行将闭门守丧，为此他将花费不少金钱，2500英镑只是众多支出的第一项而已。

"瞪羚"今天为即将开幕的医院刻造了一个招牌，上面綮了一些文字，其意是：此医院由英国慈善人士创立，以为病者赠医施药。雒魏林先生正忙碌地作出各种安排，我毫不怀疑这家医院将会十分成功，因为北京人并不抗拒外国的医疗技术。

10 月 29 日

今天傍晚的时候，我和尼尔中校步行到午门，以观看日落时士兵的闭门仪式。看过后，我们都对这仪式的隆重和程序的繁复印象深刻。其情形如下：还差 15 分钟到 6 时的时候，守卫开始鸣锣。锣是铁造的，悬挂在哨所门外的一个木架上。守卫起初缓慢而有节奏地打锣 5 分钟，然后逐渐加速，而当接近闭城的时候，锣声还有第三、第四和第五种的变速。最后锣声停止，另一个守卫走到城门拱道的一面，以又高又长的腔调喊出城门快要关闭的警告。看到人、马、车的流动随着口号的叫喊由密集到疏落，到最后只有一个孤零零的乞丐赶过城门，这景象十分有趣。关好城门之后，士兵们收队穿过拱门，并一起高喊："一——切——妥——当！"至此，关门流程全部结束。

10 月 30 日

黄疸病在北京的中国人中仍然传播甚速，但在洋人中迄今只有一个病例。我今天研究过了当地人使用的恢复皮肤颜色的方法：在病人的肚窝处涂抹用面粉制成的糊液。程序是，他们使用一张涂过了蜡的棕色的厚纸，把它卷成筒状。病人对着火卧下。主其事者把纸筒的一头对着病人肚窝已涂抹了面糊的部分，另一头则尽量靠近火，直至纸热得拿不住。此时检查纸上的蜡，其颜色已经变成和皮肤一样的黄色了。他们对病人不断重复这个程序，直至病液的颜色全部从皮肤上清除。对于这种奇异的外科美容术，我的情报人说得神乎其神。

10 月 31 日

皇帝将于明天入城。进入皇宫的各个通道都已修复得近乎完美了。从皇舆进入的西直门起，所有街道的中央部分都被保护起来，在皇帝通过之前任何人都不准入内。

第十六章　祺祥政变

11 月 1 日

假如好的天气会带来好的运气的话，那么没有比今天祺祥皇帝进入北京时的天气更吉利的了。今天的天气从日出到日落，都是阳光普照，晴空万里，不冷不热。皇帝经过市区进入皇宫时，是在 12 点到 1 点之间。他是坐在皇太后的怀抱中乘一辆密闭的轿子入城的。

大约正午的时候，我骑马沿着皇帝要经过的路线而行。在皇宫东面的入口，除了一群穿白色衣服的仆人在匆忙地工作，我看不到有什么特别的地方。然而，这附近的街道，却比平时多了很多人。向北的街道，其中间的堤道仍然被拦着。由于此时堤道两边仍然开放，人和车可以通行无阻，我于是随着人流向前走。到达皇宫东北角的时候，我见到有一排白衣士兵，站在皇宫北面入口的护城河的桥上。这里摆放了大量的手推车和行李，也有许多连成一串的骆驼，每串有 30 至 40 头之多。

我绕往假山的北面，见到引向皇宫北面入口的那条道路的尽头处，两边都摆设了路障，但交通仍然正常。沿着这条道路向北走，我发现一群群的人集结在旗营附近，而士兵们则三三两两坐在地上。走出北门，这里也有群众集结，左右两边都架了路障。通往北面鼓楼的道路聚满了人，整个城市都充满了节日的气氛。我顺着这条路而行，经过无数的人群，但完全没有遇到妨碍或滋扰。抵达鼓楼之后，我走过了一个设在路尽头的路障。这条路斜斜地通往西直门，中间的堤道亦已准备好了封路的措施。整条道路都有士兵在巡逻，他们穿了白色的衣服，手里持着放在鞘袋里的剑，很明显是等候皇帝到达的消息，然后清场。我拍马直奔东直门，这里亦已架设了路障，把守的士兵也穿了白色的服装，配了弓箭。由于已经看过了皇帝入城的安排，同时不想陷入清场时的混乱，于是我从城市的东面返回使馆。在接近东直门的路上，我碰到了一队骆驼，约有 70 头，它们正运送帐幕及架营设备进城。

皇帝到了皇宫几小时之后，我和尼尔中校步行到皇宫东面的城门。在路上我们碰到了一群群的士兵，他们似乎刚完成操练回来。在皇宫入口附近的对面有一些饭店，前面站着许多马儿，马身上挂了装饰，马的主人在店内吃茶和休息。很明显，他们走了很远的路程。现在，所有的路障都清除了。

11 月 2 日

下午钟大人来淳亲王府，为使馆人员昨天在清帝进城时避开城市区域的行为，代恭亲王向普鲁斯先生表示谢意。当时使馆内只有文翰先生懂得汉语。他觉得钟大人好像还有其他的话要传达，但不愿意说给文翰知道。钟似乎很想见到威妥玛先生，但由于威妥玛不在，他说明天再来，希望那时能在宿舍见到他。

11 月 3 日

钟大人昨天想跟威妥玛先生说的，原来是一则极不寻常的消息：恭亲王和他总理衙门的同僚进行了一场政变。皇帝已经发出了谕旨，中止各赞襄大臣的工作，并把他们拘捕了。他们的罪名是去年的时候处理对外事务不当，有失国体。以下是事实的细节。

前天当皇帝入城时，恭亲王到城外去迎接他。在路上他遇到了这些赞襄大臣，他们反对他去见皇帝。然而恭亲王说，如果他们拦阻他的话，他便带同他的军士硬闯。结果他继续前进，见到了皇帝和皇太后，并和他们一道返回北京。当所有的人都到达北京之后，在赞襄大臣的会议上，恭亲王到来，向他们读出下述的谕旨。这道谕旨由恭亲王的亲弟醇亲王代皇帝草拟。他以恭亲王密使的身份带同此文件前往热河，并取得了皇太后对文件内容的同意。谕旨的大意如下：

谕示所有王公贵族大臣知悉：去年海疆生事，京师告急，皆因主管其事的王公大臣推行失当的政策所致。载垣、穆荫尤其未能履行职责，平息与外人的纷争，彼等竟在情急之下，诱捕英使，使朝廷在外人面前信誉尽失。当圆明园及海淀区陷入敌人之手的时候，先帝仓皇出走热河，其悲痛的心情，难以言状。当主理外国事务的亲王、大臣抚平外国，解决纷争，首都恢复安静的时候，圣上屡次谕示载垣等拟写文告，昭示天下圣銮行将回京。然而载垣、端华、肃顺等互相串联欺骗圣上，隐瞒人人皆知的事实，讹称洋人态度言行，飘忽难测，阻其回宫。先帝因此焦虑万分，昼夜难安，形销骨立。而北地风寒，圣上龙体日差一日，至本年第七月第十七日龙驭归天，而为上宾。朕呼天抢地，五内如焚，悲痛无状。复念其所以如此，盖因载垣等人包藏祸心，对上掩饰真相，此不仅令朕愤怒异常，亦为全国臣民所不齿，因而朕决意于登基之日，予以严惩。然而姑念其为先帝最后任命之大臣，朕仍加强忍，希冀他们痛悔既往，幡然更新。可惜未能如愿。

本年第八月第十一日（公历 9 月 15 日），朕召唤载垣等八位赞襄大臣来见，是时御史董元醇上疏，请两宫皇太后垂帘听政，数年后待朕成长可以治事时，再由朕亲掌政务。此外，亦建议于最高级之亲王中，选一二人为军机大臣，以及在大臣中推一二人为帝师。以上之议，切中朕之本意。固然，自本朝以来，从未有母后临朝之事，然而国之大政，最要者莫如谋人民之福，墨守成规，并不可取。古语曰："因时制宜。"朕因此亲向载垣等明示，着接受该御史之恳请，并昭告天下。讵载垣等胆大妄为，竟提出异议，有违臣子之职责。而最后被迫拟旨之时，虽表面服从，实内藏反机，竟在拟旨中删改朕意，并明示天下，试问居心何在？朕作出之建议，载垣等每称不可行，云不敢负最高之责任。然而，其一切表现，实与握最高权力何异？

朕年幼，皇太后对国事亦不谙熟，因而载垣等对朕强加己意，尽情欺瞒，但彼等何能，竟置国家于其股掌之上？而若朕仍对此等辜负先皇圣恩的不义之徒予以容忍，则朕何以对先帝之灵，又何以符百姓的属望？

现削去载垣、端华、肃顺之爵职，罢免景寿、穆荫、匡源、杜翰、焦佑瀛的军机大臣身份。命恭亲王奕訢会同大学士六部九卿、翰詹科道按律核奏，以定各人之罪及应当的惩罚。

至于皇太后召见臣工礼节及办事章程，亦着上述负责官员详细考虑，呈上报告。

特谕

（译按：据英文本回译）

恭亲王向各现场的军机大臣宣读完这个圣旨后，没有让他们提出意见，而是问他们是否遵从。众人表示遵守，于是恭亲王让他们离开军机处。但这些大臣却径直前往皇宫提出反对，这成为逮捕怡亲王（载垣）、郑亲王（端华）和肃顺的直接原因（肃顺当时正护卫皇帝梓宫从热河到北京）。以下是拘捕他们的谕旨，这道谕旨在前一个晚上草拟，亦即在两个亲王到皇太后处抗议之后草拟，并于昨天发布给新任命官员。谕旨大意如下：

兹因载垣、端华、肃顺三人于皇帝离开热河行宫前，喧宾夺主，罔顾其为本皇室奴仆的地位，现着醇亲王奕譞拟旨，免去载垣及其余两人之爵位。

是日，皇太后欲召见恭亲王奕訢，着其带同大学士桂良、周祖培，以及军机大臣、户部侍郎文祥来见。载垣等竟斗胆阻其入宫，声称内宫不宜召见外臣，其胆大妄为，已到极点。前旨已夺其职位，但仍未解其罪。

现着恭亲王奕訢、桂良、周祖培及文祥即宣谕旨，免载垣、端华、肃顺之世袭爵位，逮问议罪，交由宗人府联同六部九卿、翰詹科道，严加审讯，并予重罚。

钦此

（译按：据英文本回译）

这个谕旨发出不久，紧接着便补充以下的谕示：

命睿亲王仁寿、醇亲王奕譞逮肃顺解京。

着各亲王、大学士、军机大臣、六部九卿、翰詹科道详加考虑由贾桢、周祖培、沈兆霖及赵光等所呈上之奏章，该奏章吁请皇帝临朝视事，统领百官，订定典章制度，以治国事。各体官员亦宜考虑胜保之上疏，该上疏请两宫皇太后垂帘听政，简亲王辅政。着各人秉正研究前朝太后垂帘事迹，并以其结果尽速实告。

钦此

以下是贾桢等人联合呈上的奏章的大意：

臣贾桢（第二大学士）、周祖培（第四大学士）、沈兆霖（户部尚书）及赵光（刑部尚书）谨此跪奏，为社稷之利益，为我皇永葆江山，为振兴道德压抑邪恶，谨呈：

本朝圣明君主，代有递嬗，母后临朝，向所未有。御史董元醇之上疏，圣上已予以明白答复，臣等未敢置一词。然治国大权，置于奴仆之手，实不足为训，盖必将为其剽取；同样不宜者为过分受礼教之约束，使治国权力遭践踏而生滥用。

主上幼年登基，先帝遗诏委任怡亲王载垣及其他七人为赞襄政务大臣。两月以来，所有朝廷政令及任命，皆为赞襄政务大臣所定，并附有"御赏"及"同道堂"之钤印，以示内廷同意。此等政令在首都内外均一体知照，各皆遵守。臣等默察赞襄政务大臣之所为，若合符节，并无僭越。

然而赞襄者，其意是处在下位者对上级之帮助，本身并非执权者。而若事无大小均由赞襄事务大臣按其意旨而定，定后始交皇帝允许，造成定案，如此则赞襄者并非真赞襄，而系执行真正决策权力者。若任由此情况长期存在，则京师内外不免有所怀疑及忧虑。

今天之赞襄政务大臣，实为此前之军机大臣。然而以前的办事章程，是大臣先向皇帝禀告及作出建议，再由皇帝裁断，然后大臣拟旨，而所拟者为皇帝之意向，复由皇帝朱批。在此情况下，握大权者为当今圣上，他人无法僭越。

此制最适目前之情况，一则太后可自宫中散发其影响力，二则两宫亦应持有管治权力，以显其尊严。此外，朝廷大臣亦由此而有奏疏之中心，以及旨命之所从。如此，则可建立政策咨询及决定之渠道，亦可树立政令及任命之源。此举将使摄政并非虚文，而政府亦有可为。试比较过去朝代之先例与近代情况，则不难达成正确之结论（此奏章接着举出汉朝、隋朝、宋朝及明朝的母后垂帘听政的情况）。由于圣上只得十龄，国家治理由母后襄助，并向朝臣发出指令，未尝不可。圣上天资聪颖，须先研读诗书，数载后，将可亲临视事。然在此之前，国都之外匪患尚未平息，国都之内亦有叛逆，国邦何以自救？道德何以重整？

治国之要必先抚平百姓，稳定人心。若治国无首，则人心不能安定，祸患必随之而至。

至于皇太后召见臣工之礼节及办事章程，是否一仍旧贯，抑有所更新，臣等切望圣上昭示政务大臣予以详察，奏请圣上裁定。

（译按：以上均据英文本回译）

关于胜保的奏章，以下是威妥玛先生所写的撮要："由于现在清廷的权力落在赞襄大臣之手，一般人认为不可接受，他（胜保）

自问有责任请求皇太后掌握此一权力，并在最高爵位的亲王及皇帝的近亲中选一人作为辅弼。此举在于重新体现国家的主权及安定民心。他认为如果皇帝驾崩的时候有这样的人（即和他有血缘而又能干的亲王）在场的话，这人必然会被任命为赞襄大臣之一。他指出现在这个执行皇帝或皇太后权力的班子，虽然采取一切步骤使所有谕旨都像是皇帝发出的，但它始终没有皇帝的权威。这些赞襄大臣拒绝了御史董元醇的奏章，正好说明他们私心自用，引起人们的反感。一个早上的时间便把国家的最高权力转移到臣仆的手里，惹起了人们的不满，这不满仍然继续着。当街道上的民众阅读皇帝的告示时，他们说：'这不是我们皇帝说的话，这不是母后皇太后和圣母皇太后的旨意。'现时有一个情况，便是人们不服从由赞襄大臣所发出的政令，因为不知道这些政令是否得到皇室授权。这不只让百姓莫知所从，更令人担心的是外国人的想法。如果这些外国人知道真实的情况，又知道一些正确的原则，有可能会被粗暴对待，而采取相应的行动的话，那么后果可能不堪设想。外面的叛乱必须剿平，但更重要的是防范宫内发生更大的危险。胜保最后恳求也把他的奏章呈给皇帝的叔祖惠亲王及皇帝的叔父惇亲王和醇亲王阅读。"

情况似乎是，胜保对赞襄政务大臣这群人一直怀有不满，因此他在奏章中所用的语气，相比贾桢等人的，更没有保留。这两份奏章送出的时间，是政变之前的几天。

11 月 4 日

逮捕肃顺的行动，由醇亲王执行。据说醇亲王虽然对整件事情所知不多，却自告奋勇担承这个责任。他带了一队蒙古兵马，在距离北京几英里的地方采取拘捕行动。当时肃顺正在护送皇帝梓宫返京的途中休息过夜，醇亲王和他的士兵强行打开他的房间，发觉他和妃嫔同睡在一张床上。听到他被逮捕之后，他说："皇帝已经死了，谁发出命令？"他没有挣扎，事实上也不可能挣扎，因为他已被醇亲王的武装人员包围。他在护送皇帝的灵柩时带了妃嫔同行，被认为是一种大不敬，受到猛烈批评。

取消赞襄政务大臣的职位，以及拘捕怡亲王、郑亲王和肃顺等人，这些举措在北京得到了广泛的认同。人们对这些措施感到高兴，因为这伙主战派一向敲诈勒索，给皇帝出坏主意，在过去好一段时间被人们所厌弃。中文教师张师傅今天对普鲁斯先生说，如果郑亲王是一个贼，那么他的兄弟肃顺便相当于20个贼。审讯立即开始，几天之内我们便可知道结果。这三个人被囚禁在宗人府内，没有人怀疑给他们定的罪名将会十分严重。

今天下午我和美魏茶先生步行前往进入皇宫的小门，这门距离淳亲王府并不很远。大概离这门30码的地方，有一块用汉、满、蒙、藏和阿拉伯文字的告示板，上书"下马处"。傍晚当我们回来的时候，见到天空被一大群乌鸦遮蔽起来，几乎不见天日。这些鸟雀在过去三个星期异常的多，尤其在日落的时候。在中国的这个地方，一年之中的某些时候人们喂饲乌鸦，并向它们敬拜。他们十分善待这些鸟雀，把肉挂到树上让它们享用，绝不捕捉或杀死它们。人们认为越能吸引这些乌鸦到他们的家里越幸运。

11月5日

皇帝的遗体今天中午进入北京。这之后不久，我步行到皇宫的东面入口。附近的街道挤满了人，而且还有更多的人从周围的区域涌过来，其中包括好些打扮得雍容华贵的妇女。皇城东门和皇宫入口之间的大街停满了车辆和马车。运载灵柩的棺材架要124

个扛工抬送，我见到附近有好多扛工在游动，他们穿了粗织的丝袍，袍上钉着一块里头绣着绿色和黄色图案的白圆布。他们头上戴着一般丧礼用的黑色圆锥形毡帽，但多了一条黄色的垂直的羽毛。他们看起来好像经过长途跋涉，一副精疲力竭的样子。这里聚集了一大群的人，包括乘马的或站在地上的官员。由于天气已转冷，他们戴了没有装饰的冬帽，穿了白色的羊皮外衣，作为丧服。在皇宫的平地上，停放了一些高级的车辆。它们被蓝布遮盖着，附近站着许多皇室的侍从。一如本月 1 日皇帝进京的时候一样，饭店挤满了最近来京的人，门口拴着他们的马匹。街上人是这样的多，我很难才挤过去。当局对人们的观看殡丧行列，似乎没有设立什么限制。那个被称为"痘皮痞子"的古董商人，在看完游行之后，立即来使馆向我们讲述游行的场面是多么的盛大。

怡亲王、郑亲王和肃顺等人的被拘捕和审讯，成为人们欢呼和庆祝的原因。所有的阶层，无论是识字的或不识字的，都对这件事大为称赞。即使那些古董商人，当他们来使馆兜搭生意的时候，谈论的话题中关于政变的发展多于介绍他们的商品。他们竖起拇指，频频说"好"，并以手势表示犯罪者的人头可能不保——而照形势看，这并非不可能。

从我们所听来的故事中可知，情况大概是：恭亲王到了热河，皇太后对他颇为冷淡，怪他没有早些来。恭亲王和盘托出真相，皇太后发觉她回给他的一封要求来热河的信的答复，从来没有落到他的手上，反而他收到一封相反的回示。这使皇太后审察到这些赞襄大臣是危险的人物，她事实上是在群小的包围中。据说皇太后问恭亲王是否有办法可以摆脱他们，恭亲王说如果内宫仍然留在热河的话，他什么也做不成，但如果内宫回到北京的话，则他什么都可以做。

11 月 6 日

载垣等罪犯昨天开始被审讯，地点是在宗人府。结果是他们被告知皇帝已赐给他们丝帛，要他们自行了断。公开行刑似乎不大可能。

普鲁斯先生今天从恭亲王处收到了正式通知，宣布恭亲王已就任为议政王及军机大臣，同时文祥留任军机处。普鲁斯先生立即拟一回复，感谢他这个通知。此外，恭亲王也被任命为宗人府宗令，代替了怡亲王。桂良则承接郑亲王为钦天监监判。户部侍郎宝鋆也加入了军机处，而现在身在沈阳的蒙古贵族倭仁，也将加入军机处，他现在去了朝鲜宣布新皇帝登基。桂良和沈兆霖亦进入军机处。年纪仅次于恭亲王的醇亲王，被委为御前大臣之一及正黄旗的都统。恭亲王同时亦被任命为内务大臣。

皇帝发出一道谕旨，命所有的奏章都如旧用满文书写，但要附有汉文翻译，因为皇太后只懂汉文不懂满文，而她希望读到奏章以便知晓朝野发生的大事。

另一道谕旨则称皇帝自热河出发回京时，其时间和地点都与他父皇遗体运返北京时不同。他已到了另一个地方，但护送他父亲灵柩的队伍却遇到大雨，道路泥泞难走，他因此十分担心他父亲梓宫的安全。他禁不住派人去察看情况，来人向他回报，说一切正常，这个好消息令他心中大为宽慰，他因此拨出 1000 两赏赐有关人等，感谢他们在困难的环境下所作出的细心周到的安排。

还有一道上谕是回复已经解散的军机处的一个奏章的。该奏章指控在热河出发的殡丧行列中，那个负责带领御马的人竟然在路上使马儿受惊而让其逃脱。奏章建议重罚此人，皇帝批曰："准奏。"似乎中国的风俗是，皇帝死后，他惯用的马要陪着他的遗体，就像我们骑兵团长官的葬礼一样。

此外，一道最新发出的谕旨禁止闲杂人等进入皇宫，它要求立即恢复以前的严密措施以保皇室的尊严。

今天下午我和尼尔中校及美魏茶先生探访皇室象舍。这个象舍位于南城墙距离法国大教堂不远之处。它占地很广，其架构包括 6 排屋舍，每排有 8 个象厩，因失修关系其屋顶大部分都已塌下来。象舍的墙高大厚实，其墙是 6 英尺厚的砖墙。每一个象厩是 36 英尺长 18 英尺宽。在厩的一端是一个 18 英尺宽 8 英尺长的石台，距离地面 1 英尺。象就站在这个台上，一条后腿被铁链锁在石柱上。咸丰皇帝在位的时候，即距现在大约 12 年前，这里总共有 38 头象，现在只余下 1 头了。这头象产自云南，据看守它的人说，已经 100 岁了。它看起来很健康、很精神，我们进去的时候，它正在吃晚餐，食物是带着谷粒的稻草。照料它的有 3 个人，其中一个人给它发出命令，让它在鼻中发出像吹喇叭一样的声音。这些象的用途是在国家大典时，尤其是有皇帝出席的大典时，作为仪仗队的一部分，分布在皇宫的某些角落，以壮排场。在咸丰年间减少了的 37 头象，其实全都死了。看守的人说明年会补充几头新的大象。在两排象舍之间，有宽阔的空地，可供大象活动和演练。

离开象舍后，我们回家，途中经过一间孤零零的屋子，上面插了两面旗，旗上有字。美魏茶先生给我们翻译为"民团哨岗"，即是说民团巡哨时休息的地方，也可作为有事时民团集合之所。

11 月 7 日

今天早上皇家炮兵团的军牧必治先生、法兰治上尉（Captain French）、高兰特医生（Dr. Gulland）和史高定先生（Mr. Scholding）

和我一同去参观长城的某个部分。这部分叫岔头，约在北京往北去恰克图的路上 50 英里。通过美魏茶先生的帮助，我们在前一天晚上和车夫的领班讲好，他们提供六部车子和一些登山的驴子，接送我们往返，价钱是 45 元，并于 9 日下午 5 点钟之前送我们返回北京。我们在 8 时 45 分离开淳亲王府。离开时天不作美，吹起了寒冷的北风，尘土飞扬，在市区内行走简直使人透不过气来。

当我们转过皇宫东面入口前面的假山时，我们见到人们正在焚烧几大堆的纸糊物品，焚烧的地方是在那些临时用砖砌成的两尺英高的围墙内。周围站着 12 名官员，监督着焚化工作的进行。他们穿了白色的羊皮上衣，戴了没有装饰的冬帽。他们是内宫成员，所焚烧的东西和皇帝的丧礼有关。我们在旗兵营门前经过，见到聚集了很多人，原来这是派发军饷的日子。我们从后门离开皇城，直往鼓楼，再走上一条通往东直门的上坡路，在路上我们遇见了几头骆驼，它们驮着一个分拆为几部分的木亭子。这亭子呈黄色，很明显是皇室的物品，大概是皇帝和皇太后自热河回京时在途中做休憩之用。

10 时 15 分，我们从东直门离开市区，向正北方向走，经过连绵一英里的郊区，来到一条宽阔平整的道路。路的两边有房屋，屋之间相隔不远也种了树。在路和郊区接壤的地方，路的宽度竟有 150 英尺。10 时 30 分，我们来到了一道石桥，这里有个村子叫田村。路在这里变得狭窄起来，只有 30 英尺，而当我们离开村子后，它又变得逐渐开阔起来，直至我们到了一个岔路口。路的交叉点有一个庙，建筑在高地上，庙前有树，庙后有一个小的喇嘛碑。路从庙的两边绕过去，在庙后又连起来。之后路又开始扩阔起来，恢复到 150 英尺，但中间没有升起的堤道。此时风吹得很强劲，直接扑打在我们的脸上，使我们举步维艰。

我们继续向北进发，在 11 时 15 分进入秦各庄村。一道漂亮的石桥把这个村分为两部分。今天正是墟期，大街两旁特别是街尾的部分摆满了麻袋，装载着面粉、小米和玉蜀黍等作物。人多得很，简直使我们寸步难行。这村离北京 18 英里，在村的尽头处，路向右拐，然后便是一条直路。还差 20 分钟到 12 时，我们到了一个小村，叫五行湾。这里，正如所有的中国农村一样，人们收集我们在西方通过沟渠排走的肥田有机物。一点钟的时候我们来到了一座建筑得很好的石桥，桥的路面是石板路，两旁并有大理石栏杆。桥跨过一条流水淙淙的小河，在河的北岸约两英里处，我们见到了岔口的有城墙的小镇，还看到了它东南角上的宝塔。

1 时 45 分，我们踏上岔口的市郊路，并在一家客店小休，而向导也顺便喂饲他的牲畜。这家客店的房间舒适整洁，房间数目也很多。中国北方客店建筑的设计都大同小异，便是：一个长方形的庭院，入口和酒家都在前面，院子中后部分的两边是马厩，院子前的一半是较下级的旅客和仆人的住舍；有钱的旅客则住在院了的尾端，每个屋舍包括一个大的房间和几个较小的房间，所有房间都有炕和厚床垫。此外，各种家具如桌、凳、椅等，均一应俱全。这村距离北京 50 华里（17 英里）。店主告诉我们有一个和皇帝有关系的重要人物最近从热河回京时，曾在他的客店下榻。

3 时 15 分，我们离店向南口进发。南口是长城某关隘下面的一个村庄，距离这里有 45 华里。在这个村子的后面我们走过了一道壮观的六孔大石桥，这座桥跨越了从东北流过来的沙河。这里的景色非常优美，远方可见到高耸的山脉。离开村庄后，山景突然映入眼帘，同时路也拐向了西面。路上我们碰到一大群蒙古族人，他们领着一串骆驼迎面而来。此外，他们还赶着一大群羊。这些羊身体是白色的，但头和颈却是黑色的，面部有一条白色的斑纹。骆驼背负着成捆的柴，准备运送到北京去卖。

我们也碰到许多负重的骡子，运送着麻绳、拖绳等。再往前不久，我们经过了一个非常美丽的村庄。这里有一条小溪，叫美安河，沿着溪流在浓荫之中有好些独立的屋子。我们走过这条小溪，之后路便变得非常曲折。5点钟的时候，我们接近山区，并踏上一条通往南口的石路。直到现在我们所走的乡间道路，两旁田地都有耕种。日落的时候，我们碰到回家的农夫，他们荷着锄头，赶着牛或骡子前行。现在天色已经阴暗了，我对今天以后发生的事的回忆，只限于怎样保持自己在剧烈颠簸的车子里不受伤，因为车子正在凹凸不平的道路上行走。这样崎岖的山路，我们需要走好几英里。

7点钟我们到了南口，住在一家和我们出京时逗留过的相似的客店里。我走到客店的饭厅，见到车夫正在里面吃饭。一切安排都令人满意，温度也适中，不冷不热，家具有桌子和长凳等。饭厅的几个角落都烧着炉灶，厨师正在用心烹调。可以看到，他们用了一切努力满足顾客的需求。天气十分寒冷，伙计们给我们温炕，很快炕便变得暖和起来。店主和他的伙计对我们招呼周到，并为我们准备了一顿美食。在这里，我有生以来第一次睡在热炕上，它无疑可以在天气严寒时代替几张毛毯，但我却不能说我喜欢它——很可能现在还未够冷到可以让我充分欣赏它的好处。事实上，我觉得有点不舒服，它影响了我的睡眠。然而，我的一些同伴却颇能享受它的舒适。这些炕可以在房间外面或里面烘热。以我的房间来说，则是在房间内烘热。这个方法不只可以暖床和暖房间，还可烧饭。房里火炉的砖砌部分有一个圆孔，上面可以放炉具煮食。

11 月 8 日

我们一早起来，用过了餐，8 点钟的时候便出发前往长城。我们乘着小马或骡子，把车留在客店。我们经过了南口村，村里有着一般的中国式房屋和商店，整体来说相当整齐和清洁。前一个晚上应该是下过一场大霜雪，因为道路上有半寸厚的冰。离开南口之后，我们便开始踏上长城的上山路，山路的两边都可看到宽阔的城墙，连着有射击孔的胸墙，凸出在山之上。城墙每隔一小段都有一个四方形的塔，好像长城的内岬一样，保护着南口这一方的关隘。过了这堵墙之后，横在我们面前的是一条崎岖的斜坡，左右和前面都是高山。马和骡子都有点步履维艰，尤其是路上的霜雪，使它们不止一次失足滑倒在地上。我们现在所走的路线似乎是山的一个干河床，一条小溪在涓涓流淌。

离开南口之后，吸引我们注意的第一个景物，是一个俯瞰着深谷的古瞭望塔。瞭望塔附近有 5 个金字塔形状的建筑物，其本来是红色的外墙涂抹了灰泥。在路上我们赶过了好几串骆驼，它们正在运载着茶叶出关。另外，我们也碰到了好些羊群入关。关隘的路越来越往上延伸时，路也越来越难走。9 点钟我们来到了一个村庄，它建在斜坡的两边上，向导说它的名字叫嘉树底村。村子附近，有些牛在吃草。离开这个村子后，我们到了另一个有城墙围着的村子，叫居庸关村。我们从一个防御工事的边门进入，拐了一个角，再穿过另一道门便到了大路。这个村子临着一条流水淙淙的河，叫山水河，这条河恐怕便是我们在山下见到的那一条河，因为沿途没见到有任何的支流。

我们随着大路而行，直至村镇的入口。这里有一个漂亮的大理石拱道，40 英尺长，两边有一些神怪图案的浮雕，内容是一群巨大的神祇坐着演奏乐器，并把他们的脚放在凡人的肩头上。这个村镇四面都有城墙围着，城墙和南口村的极为相似。墙依山而建，一路展延到山上，望之不尽，而有些墙更以近乎 80 度的斜度跨越山脊。我们从一个 60 英尺厚的门道离开这个村镇。这里的城墙大部分由红色的石砌成，胸墙则是砖建。城墙的高度约 25 英尺，每隔一小段距离便有一个四方形的塔。墙的宽度约 12 英尺（不计胸墙），而胸墙分外层和内层，只有外层有枪眼。我们队里的一个人认为从墙的外形看，这便是长城，因而建议我们应该回头。向导说这墙是连接到"万里长城"的。居庸关村这个小镇距离南口 14 华里，过了这个镇不久便是深谷的另一部分，这部分沿线都有城墙守护着。城墙依山势而建，在群峰之间时隐时现。

11 点钟，向导指出我们要去探访的长城的那一部分。这部分的长城在我们面前一直向远方伸去，而从外表看它和我们刚见过的城墙没有实质的分别。11 时 15 分我们来到一个狭窄而垂直的关道，其上约 40 英尺的高处有个一壁架，壁架上置有一个小小的庵庙，庙内有一个神像。可以见到，这个神像曾经油漆得十分艳丽，现在却颇为残旧了。过了这个狭窄的关道之后，我们来到一个塔座，它周围有 5 个金字塔形状的建筑物，正如我前面描述过的一样。在这里我们遇见一群蒙古人驱赶着一串准备出售的骆驼。此外，他们还带着一些形态很好、很健壮的小马和几大群的羊，也是准备出售的。近着这塔座的是一些简陋的房屋和一个小庙。庙里有一个女神像，它站在当眼处，过路的人都可以看到。当我们走近这座庙时，刚巧一个和尚出来敲挂在庙前木架上的一个钟。

上山的路现在非常陡峭，就在这里我们碰到一个出殡行列。棺材走在最前面，由 4 个扛夫挑在肩上。棺材用油布遮盖着，以免风吹雨打。几个看起来有身份的人跟随在后面，他们或是坐在山舆上，由人扛抬，或是坐在绑紧在骡背的座位上。同一时候，我们也碰到一群人用骡子搬运已经拆散了的车子。此外，还见到农夫们拿着箩筐四处收集肥田料。

11 时 45 分，我们到了一个叫青龙寨的村子。这里，左面有一个进入关道的开口，但旅行的人通常不走这个开口，而是穿过这个村子，因为这个开口的路多石且陡直难行。12 时 5 分，我们似乎已到了这条关道的尽头。四处张望，我们好像被群山包围着。山巅上便是长城，它每隔一小段便有一个四方塔。沿着关道再往前，在我们的右手面出现了一段长的城墙，在群山上蜿蜒起伏。我们接着到了一个小城门，门道破破落落，它把我们引进一个围院，围院几面都有阔大的墙和上面的主墙连接起来。过了围院后，我们来到一个四方的城楼，城楼之下有一个宽阔的拱道。走过拱道，呈现在我们面前的是迥然不同的景色——辽阔的平原，远处是白雪皑皑的高山。我们现在是到了长城外的一个山岬，其建筑是为了保护岔头的关隘。600 多年前成吉思汗成功冲过这道关隘，却在居庸关这一内关上被阻挡了，据说那道大理石拱门便是为纪念这件事而兴建的。

长城这部分的城墙比起居庸关的远为壮观。它由 4 英尺长 18 英寸厚的石块建成，胸墙和垒道则是砖砌。从城墙上向关外望，是一片由高山包围着的高低不平的野地。距离城墙约一里的地方，可见到岔头的小镇。遥望这个方向，除了山坡上几块孤立的梯田外，附近完全没有庄稼。南口方面，只见它的城墙向山上延伸，没有尽头。在正前面，我们的视线被高山挡着。城墙上每隔一段距离（其实际距离据地势而异）便有一个石建的四方塔，略微凸出在城墙外。在其中的一个塔里，我数到了 48 条中国的旧式枪支被遗弃在地上。墙的高度（包括胸墙在内）有 26 到 50 英尺，由墙所在的斜坡位置决定。内胸墙和外胸墙之间的墙的宽度是 14 英尺，逐渐向墙根部分扩阔。墙的两面都是很陡的斜坡。墙的垒道铺以四方的砖石块，就像北京城墙上的一样。如果地面的斜度不超过 45 度的话，那么垒道是整块平铺，否则便筑起石级，每级是 1 英尺高 2 英尺宽。面对塞外的主胸墙有 2 英尺宽的炮孔，每个炮孔相隔 7 英尺。主胸墙的高度是 6 英尺，厚度则是 1.5 英尺。内胸墙是 4 英尺高，厚度和主胸墙一样。两个主胸墙之间相隔 14 英尺，因此把它们的厚度加在一起，城墙上面的部分是 17 英尺厚。塔楼是长方形，其石墙是 9 英尺厚。每座炮楼有 4 组炮塔，两组在前，两组在后，但这炮塔的主要作用在于瞭望，因为它的建筑形式像一个哨岗，高 6 英尺，宽 2.5 英尺。墙的两边都有花岗石的水槽，突出在墙的外面，把垒道的水引走。城门后面的一个角落放置有一门 18 磅的炮，西方形式，中国制造，其上刻有文字，意思是"雍正二年铸，重二千斤"，即是说这炮造于 1724 年。在墙外面的地上，散布着陈旧的枪支。这里的城墙总的来说情况很好，但没有迹象有专人加以管理。我们沿墙走了一段路，并登上一些石级，在 1 时 45 分走下城墙。我们沿着来时的路径走出关道，于 6 时 30 分回到南口。回程需要 5 小时，行程 13 英里。

11 月 9 日

当天蒙蒙亮时（6 时 20 分）我们便从南口出发，路上遇到好些骆驼队向着关隘的方向前行。一走出南口，我们的路径是一条约 200 英尺宽的河床，河床中间有几英尺宽的水流着。6 时 45 分我们离开河道，进入一个叫隆福堞的村。10 点钟我们到达岔口，小休一个半小时，接着恢复行程。还有 20 分钟到 3 时，东直门已经在望了。我们在市郊多停留了几分钟，以便为车轮抹油。3 时

10分，我们入城，并沿着去时的路程回去。正当我们进入皇城的时候，一群乘着小马、穿了白羊皮外衣的中国官员出城。从他们审视我们的目光中，可以知道他们不习惯见到外国人。我们拐过了城外东北角的假山，见到工人们正在用席子盖搭一些寮棚，这应该和皇帝的葬礼有关。我留意到来回走动的人仍是穿了从热河运送皇帝遗体来京时同样的袍服和帽子，很明显，现在他们仍然不时地需要在葬礼中移动皇帝的灵柩。在过接近淳亲王府的一座桥的时候，地上一块石头翘起了我的车，使它侧翻了。车内的物品全倒在我身上，我挣扎了好一会儿才能抽身出来。接着要松脱马儿，才能把车抬起扶正，这是十分困难的事。幸而中国的车夫对处理这些事故非常熟练，在几乎没有什么损坏的情况下把一切东西都弄好了。北京马车的一个特点是有凸出的车轴。这个特点的好处是当车倾侧的时候，能减少车的震荡力，但另一方面它使车翻侧在它的上半部分，扶正时十分困难。

大约4时30分当我们返抵英使馆的时候，见到威妥玛先生站在前院里。他看起来好像有些重要的消息想告诉我们。当我们问他有没有新闻的时候，他说："有，肃顺昨天被斩首了，就像一个普通囚犯一样。他的兄长及怡亲王被赐丝帛，已经奉命自杀，地点是在宗人府的牢狱中。"我在11月7日离开北京的时候，审讯正在进行，因此我不期望这样快便有结果。事实是，那天下午判决便有了，并且立即通知犯人。原先的判决是，犯人将被用最耻辱的方式处死——凌迟，但是这并非真正的意思，凌迟的刑罚只是提供一个机会给皇太后行使赦免特权，以示她的慈悲。凌迟将改为枭首（肃顺）或自尽（怡亲王及郑亲王）。

11月7日下午，当刑部批准把凌迟改为其他刑罚时，威妥玛先生正在总理衙门，文祥和崇纶都在那里。当他们最初知悉犯人被判凌迟时，他们都面露恐怖神色，并如我在以前提过的中国人的习惯一样，笑了一笑。但他们随即收敛笑容，变得非常严肃。崇纶用满语对文祥说了些什么，文祥似乎不解，崇纶改说："人死了就是死了，怎样处死不重要，最紧要的是快。"崇纶这个说法，确实代表了他的思想和心理倾向。恒祺也在，但他对犯人的命运没有怎样表示同情。这有政治的因素，因为据说他曾是肃顺的人，所以他一直都不大愿意评论最近的政治事件。但他现在对仇外派的失势显得满意，并公开指出对外修好的重要性。至于这有多少是他真实的意见，又有多少是他怕被人视为是仇外的一伙，则很难说。从他在广州海关任上自外贸所捞取到的利益来看，我认为以前者居多。

对犯人的判决及其刑罚的宽减，是在 11 月 8 日早上由皇帝指派的刑部的王公大臣通告给犯人的。对于这个令人难堪的任务，皇上派定的人是睿亲王和醇亲王。这是一个微妙的暗示，让他们好自为之，因为他们被怀疑曾是肃顺的人。所谓赐丝帛，只是一个譬喻的说法，实际上没有丝帛送给他们。当皇帝命令赐死他们后，他们被立即收禁在宗人府的监牢里。这里将准备他们的后事，而所有必需的器材也预备好了，随时可用。他们站在一张矮凳上，让他们的助手调校好绳索，一切就绪后，行刑者挪开凳子。就是这样，怡亲王和郑亲王在本月 8 日被夺走了生命。这种处死的方法的好处是，死后家财不充公。如果是公开斩决的话，财产便会被没收。被判斩首的犯人会受到严密的监视，以防他们自杀。他们衣服上的金属钮子被全部除去，以免他们吞下造成窒息，中国人有时用这个方式自杀。怡亲王和郑亲王的爵位都绕过了他们自己的儿子而由侄儿继承。

肃顺是在昨天下午 2 时在菜市口被斩首的。知情者说肃顺在宗人府出发往行刑地之前，被带到自缢的牢房观看他的兄长和怡亲王的尸体，让他在死之前知道这两人的命运。那天早上北京的市民便知道当天有斩决，因为一早便有约200名的官兵被派到那里清场。于是在执行处决之前的几个小时，人们便从城市的各个角落涌出来，在肃顺经过的路线等候。雏魏林先生便是混杂在人群中的一个。他尽量走近行刑的地点，并见到肃顺在他面前经过。他说肃顺由一架普通的车运送，没有篷盖。两名刽子手坐在另外一架没有篷盖的车里，走在他的前面。他穿了白色羊皮上衣（吊唁皇帝的丧服）坐在车的底板上，一脸满不在乎的样子。他外表强壮结实，似乎是个身长膀粗的人。当车在路上走，跌进一个洼沟令他踉跄一下的时候，他回转头来让车夫小心驾驶。人很多，使雏魏林先生无法走近以看清楚行刑的情况。

从另外一个消息渠道我大概知道的情况是，当肃顺从车上走下来的时候，他立即被一群官员包围。刑部一个副侍郎向他宣读判决，但肃顺到最后仍是非常倔强，否定这个判决的有效性。中文老师张师傅说："他听到圣上的名字的时候，没有跪下叩头。他没有像君子一样接受斩首的判决，而是到最后仍然发出抗议的声音。"据说临死之前，肃顺说如果在离开热河的时候他知道后来发生的事的话，哪怕是一点点的风声，他绝对可以倒转事件的结果，把那些阴谋害他的人一一扳倒。他的行刑跟其他的人一样，即用一把大刀把头斩断。但完事之后，一个行刑者立即把头缝回他的尸身上，连同尸体被放进棺材里交回他的家人。他死时47岁。当他被褫夺职位之后，北京人便不再尊称他的爵号，而是用他的小名，就如我们的公爵被人称为约翰或詹姆士一样。

11 月 10 日

今天朝廷颁布一道谕旨，改变了以前由怡亲王等赞襄大臣所定的祺祥年号。新的年号由恭亲王等建议，叫同治。这个建议已被接纳，小皇帝以后便称为同治帝。

母后皇太后据说是一个是非观念很强的人，但识字不多。皇帝的亲生母亲则受过教育，而肃顺被认为最可恶的地方，是意图在她们之间拨弄是非。恭亲王被形容为十分和蔼、诚实、心地好、愿意接受意见，以及不贪财，北京人却不认为他有特别的智慧。至于他的兄弟醇亲王，人们也不认为是一个有学问的人，但饶有勇气，精力过人。除了醇亲王，恭亲王还有一个哥哥和两个弟弟，但都乏善可陈。怡亲王本是一个相当有能力的人，但不愿负上责任，这是导致通州谈判失败的主要原因。郑亲王嗜权，但他才智不足。肃顺的问题在于他有无穷的野心。从各方面得到的消息来看，他在咸丰帝统治期间取得了很大的权力和影响力，使他从不考虑他有失权的一天。皇太后强调委任赞襄大臣的遗诏是伪造的，她说，遗诏中所提及的时间，皇帝已病得说不出话，而她那天一步也没有离开皇帝的病床。

11 月 11 日

恒祺今天早上来使馆找威妥玛先生，他帽上已恢复了顶戴。他来的目的是宣布皇帝的登基大典已于今天清早举行过了。他还说，新的总理衙门也将于今天正式办公。这确实值得我们的留意，因为一直以来中国负责外事办公的衙门都给人一种草率、随时可以结束的感觉。现在，总理衙门是在一座新的建筑物里，并与其他政府部门同在一条街道上。这意味着以后中国处理对外事务的地方是在政府的正式架构内——这无疑是向正确方向走出的具有诚意的一步。

今天皇上发出另一道谕旨，把一些和前赞襄大臣关系密切的官员降级，特别是吏部尚书陈孚恩和前两广总督黄宗汉。"前者在去年（1860年）秋季没有恪尽责任劝阻皇帝出狩热河，目的是奉承载垣等人。此外，他和载垣等人保持特别密切的关系，此可从他是唯一一个在伪造遗诏后，被载垣等召往热河面授机宜的人可知。黄宗汉则在今年春天在皇帝面前议政时极力反对圣上回銮，声称十分危险。此外，当听说运送皇帝遗体返京时，他极力反对，并散布谣言称首都局势不安。"谕旨还说皇帝宅心仁厚，除了以上的人，他不打算再惩罚任何人。毫无疑问，许多人和赞襄大臣有牵涉，但他希望目前所做的已有足够的警告作用。在另一个上谕中，皇帝训诫百官应该从篡权者的下场取得教训，同时也警告皇族中人，即使像怡亲王和郑亲王爵位那样高的人，犯了错一样也会受到惩罚。

11 月 12 日

皇帝今天宣布："根据先帝恩旨，鉴于恭亲王去年作出的巨大功绩，朕奉两宫皇太后之命，封赏恭亲王爵位世袭罔替，免于每传一代便降一级。但恭亲王坚决辞让，声泪俱下。在此情况下，两宫皇太后暂从缓议，待朕亲政之年，再行办理。现先赏恭亲王领取双俸，以示优礼。"还有一道上谕是赐给惇亲王、恭亲王、醇亲王、钟郡王和孚郡王等各亲王的。上谕指出他们不用向皇帝叩头，除非在国家大典的时候。同时，在以后所有政府公文中，只称他们的爵号而不使用其名字，例如奕誴、奕訢、奕譞、奕詥、奕譓等。恭亲王拒绝接受世袭罔替的赐赠，被认为是一种政治表演，避免给人指责他最近的打倒各赞襄大臣，是为了个人的政治利益。

毫无疑问，如果恭亲王这一帮人不是和外国使节建立了友好的关系的话，又如果他们不是对英国和法国在北京强行设立使馆的真正动机有了信心的话（这可直接从到现在为止外国人在京居住所展现出的和平友好精神见到），他们不敢采取这么大胆的行动。整体来说，过去几天的不幸事件，若仔细加以评估的话，应该有利于中国的和平与贸易发展，亦可视之为一个保证，以示新政府决心完全承认和忠实履行已签订的条约义务。

第十七章　天津

11 月 12 日

英国《宪报》几个月前宣布调我为第 31 团的军医，这段时间我不时要去天津执行医务。由于必治先生（Mr. Beach）和他的同僚正准备由水路返回天津，我于是决定和他们同行。我今天中午过后不久便离开淳亲王府，约于下午 4 时 30 分经过一个河边的市镇抵达通州。当我的车队一出现，一个守卫便出来把我领到必治先生的船上去。必治先生一行比我早离开北京，以安排船只。当我的行李被搬运上船时，有官吏在旁监视。搬运完毕后，船夫表示立即开船，以免被官吏"勒榨"。于是我们的船队（总共有六艘不太小的有篷的船）慢慢在河上众多拥挤着的货船、客船和舢板缝中驶离这个市镇，顺流而下行了几里，然后才抛锚过夜。船夫估计从这里到天津的距离是 320 华里，即 170 英里，比陆路要多走 27 英里[①]。客船非常舒适，有高架的床位，也有煮食的设备。

11 月 13 日

我们破晓时分开船。由于遇着顶头风，今天的行程已算不错的了。白河在通州附近这一段，看来似人工运河多于天然河流，因为两边的郊野景色都给堵死了。这里满目都是高粱收割后的残

---

① 此处英里数有误。原文如此。——译注

株，而除了偶尔见到一两个村庄，风景完全没有异样。突然，船夫觉察到了天气有变化，一场大风暴就要到来。于是他们把船停下来，船头朝向陆地，把锚抛上岸边，每只船都用两个锚加以固定。所有的船都安排成一直线，船夫用大木槌把一个木桩打在岸边上，拿出更多的绳索，以绑紧那迎着风的第一只船。这些做好之后，船夫接着用绳绑牢船上没有篷盖保护的船竿和船桨，并在甲板上铺上席子以免受雨湿。所有这些防备都做好之后，大风雨夹着闪电便来了。船夫们躲进舱底里去。这场风暴持续了好几个小时，接近晚上的时候才稍为收敛。除了有些雨水从当风之处吹进来，我乘坐的船基本上没有雨湿。天黑时，一个船夫从甲板下面钻上来，走进我的船舱和我攀谈。他问我的岁数、是否已经结婚，并详细询问我所穿的衣服的价钱，他有时也作出一些猜测。大约 7 时，在狂风中，我摸黑（常常要避开甲板上的席子）挣扎前往餐船用膳。在那里我见到必治先生团队 4 个人中的 3 个，他们也来吃晚餐。

11 月 14 日

正午时风势已经减退得可以起航了。我们这时距离河西务 40 华里。船行约一英里后，我们到了一个在河的右岸的小村，叫牌坊村（译音）。在这附近，我们越过了好些载满木材沿河而上的船只。它们由纤夫协助拉船，每船依据大小由四至六名纤夫拖引。纤夫两人一排，胸前拦着木板，绳索则绑在船的前桅上。下午 2 时 30 分，船夫扬起了帆。帆由轻的白布铺在一个竹的框架上而成，可以拉起放下。帆卷在桅的上面——这是一个非常精巧的设计：只需从上面降下帆，几秒钟之内便可调控帆面的大小，同时也不需要帆结。当我们接近河西务时，河岸陡然高了很多，其中一处竟有 20 英尺高。岸边的冲积土堆在下层的板岩之上，其中一小部分的岩石露出在水面之上。下午 3 时 30 分我们到了河西务。船夫在这里停船休息，到岸上一家食店补充一下物资。这食店有各种补给品、熟食和生食供应给路过的船只。我也随着船夫上岸，到处浏览。我见到一个欧洲人沿着河岸走过来，我们并不认识，却有一种"他乡遇故知"的感觉，我们停下来交谈了一会。原来他是琼斯先生（Mr. Jones）其中一个新来的翻译学生。他正前往北京，他所乘搭的船只和我们所乘坐的一样，正在河西务暂停休息。

下午 4 时 45 分，我们离开河西务。大概半小时之后，我们见到了一个令人陶醉的日落景色：只见一团金黄色的耀目光辉由渐渐西沉的太阳放射出来，其色泽不断变异，从鲜红到浅红，最后凝结为暗紫。彩色染红了天上的云层，并在云隙之间透射出一丝丝的艳红。白河的河水也像涂了胭脂一样，白里透红。我一生之中，从未见过像这次在 11 月的白河上所见到的这样美丽的日落。此时和风微微吹起，扯满了帆的船滑翔而进，我们便在月光下这样走了几小时。

当风力转强时，船夫把船停住，借着岸堤的保护度过夜晚。白河上的船夫都是健硕的汉子，他们日常吃的只是家里烧的高粱馍馍，饮的只是菜汤，然而虽然他们的工作劳动量大，且长期日晒雨淋，这简单的饭菜却能把他们保持在最佳状态中。

11 月 15 日

今天我们一早便扬帆出发，9 时 30 分我们经过在河的北岸、距离天津只有 7 里的摩手松村（译音），最后于上午 10 时抵达天津。这里的河面上拥塞着各种大小的舢板，一直挤迫到河的上游，可见航运已经恢复旧观。这比起一年前军事行动刚完结时是完全不同了。

从天津上岸，我立即感觉到在北京的生活，是已经宠坏我了，使我难以适应一个普通的中国城市的情况。狭窄的泥路、走在这道路上所扑面而来的不断变化的浓郁气味，和北京宽阔优美的街道比较，简直不可相提并论。在北京，无论天气怎样恶劣，总可以找到一条干净的道路行走。

法国士兵已经撤退，代表占领军的三色旗今天最后在天津上空飘扬。明天，欧玛利将军（General O'malley）将登岸，正式结束法军占领天津的日子。新悬挂的旗将是一面代表一小队海军队伍的军旗。这个队伍由波盖尼上尉（Captain Bourgoine）统领，是驻守北大沽炮台的海军步兵团的一个分队。

11 月 16 日

上午9时，法国的欧玛利将军登岸。皇家炮兵团向他鸣放15响礼炮致敬。法国领事馆对面的河面（这个领事馆由法国征用一些民房改建而成）集结了一批载满木柴的中国船只，每只船的船尾都挂着一支小的法国旗。它们行将开往北大沽炮台以运送补给物给当地的卫队。

我今天从吉布森先生那里（他现在是英国驻天津副领事）知悉，天津和北京之间的道路并不安全。最近有两户中国富有人家在那里被马贼劫掠了。此外，两天前，海关监督崇厚也拒绝了在没有护卫的情况下给普鲁斯先生运送钱银和物品。此事拖延到他听说有两个洋翻译学生来了，并且他们会由水路前往北京，这时他说问题有解决的办法了，因为这些学生是洋人，而贼人不大可能骚扰有洋人乘坐的船只。

巡捕长张统领曾经对吉布森先生表达了他的忧虑。他怕英军撤走之后，天津会受到捻军的骚扰，因为这个城市的外围环境并不平静。几天前的一个晚上，他深夜探访吉布森先生，原因是一个巡城的差吏在西城门的土堡垒附近（所谓"僧格林沁防线"）见到一大群人集结。这群人约有二百之众，携带着灯笼火把，张认为这是秘密会社的活动。这些会社在北方甚为猖獗，他们举行集会不是一个好兆头。因此他来找吉布森先生，和他交换并核对消息，吉布森刚好对这事有所听闻。艾恩斯利医生在下午接近傍晚的时候曾出外打猎，回来的时候经过上述地点，正巧见到一群人聚集在田野中。他们看起来是种田的人，手里拿着尚未点燃的灯笼，正在忙碌地收集散落在地上的高粱茎。吉布森提出说这些午夜集会可能只是农人们在收集草料焚烧而已。但张统领不以为意，因为这不是烧草茎的时节。他坚持认为这是政治集会，但承认那个巡捕有可能夸大数字，或被误导以为人数很多。

本月 13 日的北京官报今天送到了天津，其中有胜保写的一份奏折，据说所用辞藻十分华丽。奏折的主题是军队改组的重要性，其中详细披露从前在怡亲王、郑亲王和肃顺当权时，由于政治的全面腐败，导致军队吃不饱，穿不暖，粮饷不足，设备差劣，变成毫无组织的散兵游勇的情况。胜保表示他对这些人所犯下的罪行切齿痛恨，其下场罪有应得。他最后指出由于这些人贪污腐败，军部的弹药库差不多是空无所有了。

11 月 17 日

从我见到商店所陈列的洋货数量来说，天津的对外贸易比我 3 月离开时大有进展。买卖旧酒瓶的生意已成为一种行业，整个城市可见到许多摊档，在售卖各种啤酒、杜松子酒和白兰地酒的酒瓶。

11 月 18 日

今天我在市区内闲逛的时候，见到街上有人炒栗子。他们所用的器具是一个像气锅形状的泥炉。炉的前面有一个开口，从这里可以放进干草或其他容易燃烧的材料。炉子上放了一个圆的铁锅。炉里的火便是要烧热这个锅，烟从炉后面的一个小烟囱中通出去。栗子放在铁锅中，掺和着沙子一起炒。一个人负责放进燃料并保持火力，另一个人则不停地用铲子搅拌沙子和栗子。这样，沙子和栗子逐渐烤热，或更准确地说，烘热。整个过程非常缓慢，而栗子的外壳却因此能保持完整，不致爆裂。

我经过一家制造轮子和马车的工场，见到一个火车的车厢正被解体分拆。这是从英国出厂的属于军部火车团的火车，作长途运输之用。这些火车的货厢似乎已被中国人整批买下，由于他们发觉这些车厢的木工部分情况很坏，车厢本身又并非容易改作其他用途，于是决定把它们解体，以取得有用的铁和木材。这些车厢以很便宜的价钱出售，差不多是以先令的价钱买到英镑的东西。车厢运来中国的时候，原是为了某种特殊用途，现在却变为普通载货之用。在中国作战时，我们不止一次见到这些车厢离开它的母体，在凹凸不平的道路上行走。

为了减轻军队的负担，几个星期前皇家炮兵团、军部火车团和锡克骑兵团曾经举行过一次售卖马匹的活动。中国人买了很多牝马，准备送到乡间繁殖骡子。至于雄马，他们似乎兴趣不大，除非价钱低到他们可以买来屠宰作肉食用。从我们听来的故事中可知，公马在许多情况下都是被弃掉的。有一匹公马，名字叫"独眼龙"（因为它瞎了一只眼），被一个识货的非作战军官以 1 元的价钱买下来，随即以 250 元转卖给一个商人。大部分马匹所能卖到的价钱，我敢说都是微不足道的。目前几乎每一个军官都有两至三匹马，而非特委军官，甚至普通士兵都各有马匹，加起来为数不少。军需处官兵团的士兵，数目有十六七人之多，几星期以来每人都领养了一匹马，但后来发觉养马的开支比买马的价钱还多得多，最后把它们全部卖了。据说卖得不错的价钱，赚到的钱足可让他们享受一顿有香槟酒的晚餐还有余。

最近有一群童丐集结在军医院附近，当瞧见有军官出现时，便立即排队敬礼，其敬礼的姿势就连吹毛求疵的人也找不到可以挑剔的地方。敬过礼之后，这群童丐便立即恢复其本色，喊出："chow-chow; cashee, cashee."其意是没钱吃饭，请施舍金钱。

天津的大盐商兼最有影响力的社会领袖张先生今天造访吉布森先生，说有十分重要的事跟他商量。他提出捻军进展快速，现在距离天津西面只100里而已。他说叛军力量相当大，应该加以压制。张问英方是否可以派出一团人和几条枪到当地以阻挡他们前进。自然，吉布森说此事超出他的权力范围。他建议张知会恭亲王，由后者决定是否向外国使团商讨军事援助。我觉得张的请求并非不合理。我们现在给中国人维持海面上的治安，防备海盗劫掠，对此我们不认为有何不妥，那么，为什么不可以把这一援助伸展到岸上呢？而且，我们派了军队占领一个和平的中国城市，我看不出把这些军人派去拦阻叛军入侵会造成更多的伤害。此外，我认为中国有特殊的理由要求英国提供实际的援助，以维护条约港附近区域的平静。

无可怀疑的是，清政府现在在它的人民的眼中权威尽失，之所以如此，完全是由于自1840年至1842年鸦片战争期间一连串的军事失败。在这些军事接触中，中国武力不济，连番受辱。中国人对其政府最看不起的统治区域，是洋人最多出没的区域，并由此逐渐扩及全国，到现在动乱四起，犹如一场瘟疫。张老板说他听闻明年春天英军会撤出天津，如果属实，叛军必然会进犯这个城市。4天前叛军攻下了直隶西面220英里的一个边界市镇。他说天津的民众对这件事有很大的忧虑，他们认为英国应该出面干涉，这样对叛军会有阻吓的作用。只要叛军知道西方国家的态度，则他们或会放弃进攻天津的念头。张老板还说，对叛军迟早会侵犯天津的忧虑，已经对商业造成很大的影响。商人因为害怕与内陆的交通被切断而不愿再购入英国的产品。如果天津被直接威胁的话，贸易势将完全瘫痪，即使我们的大沽驻军可以防止天津落入叛军之手，其结果也是恶劣的[①]。张老板是天津的舆论领袖，本人拥有二品官衔。他出身寒微，目不识丁，但为人非常通达和谨慎细微。他本来只是一个菜馆的打杂员，却部分通过社会服务，部分通过购买官位，再加上朝廷赞赏他的道德人格和乐善好施的行为，而让他取得了今天的地位。

11 月 19 日

今天早上我在军医院为士兵进行体格检查，在31团的士兵中发现一个形容枯槁、完全没有牙齿的老人。他是最近才在英国应征入伍而被派来中国服役的。这名兵员提供了一个很好的例子，证明报章所写的，也是为社会大众所相信的，说什么英国士兵的入伍者都是体格完美，"千挑万选"（如果我没有记错的话，这是

---

① 张老板这个预测，于1862年初英军撤离天津时很快得到证实。捻军进迫天津时，吉布森先生带同一些中国军队予以阻截。他希望用他当年参加苏格兰志愿炮兵团所学到的军事知识教训他们。然而他不幸在此役中身受重伤，眼窝附近中箭，仅以身免。叛军最后被寇尼上尉（Captain Coney）所率领的一队有纪律的中国军士击退。寇尼上尉隶属第67团的一个支翼，当时正派驻大沽炮台。寇尼因协助退敌有功而被中国政府颁发勋章。

他们的用语），是多么的胡说八道。如果这些衰朽的人，在某些热情而充满想象力的卫生家举荐而又被军部录取入伍的话，他们便会成为现代的麦修撒拉①，而国家长俸名单的分量将可媲美我们的国债。以下是这名有趣的新丁的一些个人资料：

兵团中人们以"吹笛手老谢利"（Old Jerry, the Piper）称呼他。有空的时候他喜爱吹奏爱尔兰风笛，以娱乐他的同袍，而这似乎也是他当兵后的唯一贡献。他是突伯那利人（Triperary），像林铎克勋爵（Lord Lynedoch）一样，在 42 岁以非常成熟的年龄参军。在他以前的整个生涯中，从未做过粗活。他从青年时期开始，生活都没有什么节制。19 岁时，他被一匹马朝面上踢了一脚，失去了所有的门牙。他最早的一份职业是邮差，但因为工作时喝醉酒而被解雇。那已是 18 年前的事了。由于他有一点音乐才能，参加了一个巡回演出的马戏团，负责吹奏。他在那里工作了两年，又因为酗酒而被赶走。这之后他便没有固定的职业。他从一个亲戚那里学到了替马打烙印的技艺，但他的主要收入的来源仍是音乐，然而整个期间他都疯狂地饮酒。他入伍时报称是鳏夫，之前已结婚 15 年。他曾有 7 个儿女，健在的只有一个。他长期患病，入伍前的两年，他曾有 3 个月的住院记录，入住的医院是都柏林的哈维克医院（Hardwick Hospital），所患的病是风湿。

他报名参军的那天，是 1859 年 5 月 18 日，地点在都柏林。这一天，他其实是和两个朋友一起在北滩（North Strand）的一家酒吧饮酒，恰巧该地有一个军士招募处。他自己已经喝醉了，至于他的朋友是否也都醉了，他不能肯定。然而知道的是，他们三人同时报了名，并被第 91 团收编为新兵。他依稀记得他是在酒

---

① Methuselah，圣经中非常长寿的人。——译注

吧内报名的，但忘了他是否收过钱，虽然他一点也不怀疑他已经收了入伍费。第二天他醒来的时候，发觉自己身在艾尔伯军营（Allbourgh House）中。他完全回忆不起他是怎样从酒吧去到军营的。招募他的是第 56 团的一个二等兵。当他酒醒过来后，这个士兵告诉他他已经入伍了，现在立即要去见医生接受身体检查。这个士兵给他喝一些饮料以镇定神经，并告诉他应自报年龄是 29 岁。接着他被送到那个负责审批的医生处，以决定是否合乎录取资格。他否认已婚，因为他的妻子已经过世了。医生问了他好几个健康问题，他都给出满意的答案，因为当时他自我感觉良好。然而，他当时的头脑并不清晰，因为虽然他脚步站得稳，酒精仍然在他脑子里作祟。他照吩咐报称 29 岁，不过他说如果不是醉酒的话，他不会撒谎。他还说他从来没有当兵的念头，因为他自认是一个"完全无用的人"——这是非常自谦的评语，但似乎离事实不远。

入营三天之后，他被送去布里斯托（Bristol），在那里停留了一个星期，然后再转到在彭布鲁船坞（Pembroke Dockyard）[①]的第 31 团总部，从这里他再被遣送到查塔姆（Chatham）。他一向身体都没有什么大的毛病，直至 1859 年，那年他感觉右边身体剧痛。他往医院检查，住院一个星期之后，为他治疗的年轻军官让他出院，也没有给出病因。他说他仍然觉得不妥，而护理员也向医生指出他的肋骨处有一个流脓的水泡。可是这个医生仍认为病人可以出院。水泡表皮的痛楚使他不能扣紧上身的军衣。他不能上班，于是向第 31 团总部的主管佩沃斯上尉（Captain Provost）诉说，佩沃斯上尉则向主管第 2 临时旅的斯提沃特上校（Major Stewart）

---

①　自从发生 1854 年六里桥（Six Mile Bridge）事件之后，第 31 团便没有再在爱尔兰招募兵士了。六里桥事件是指该团的一个分队，在现司令官伊格尔中校（Lieutenant-Colonel Eager）指挥之下，向一群暴徒开火，打死了数人。

请示，最后决定给他 21 天的休假时间。休假期间，他回到都柏林，目的是为他唯一的孩子，一个 18 岁的女儿，添置一些东西。

休假完毕后，他返回查塔姆。这时他感觉非常不妥，全身都感到痛楚。抵达军营时，他便被立即送到比特炮台（Fort Pitt）医院。他身上又长出了水泡，留院七八天之后便给"另一个年轻的英国医生"批准出院了。此时他仍然感到非常不适，不能执行职务。他出院的当天，是一个又冷又湿的日子，病房的主管也认为他不宜出院。第二天早上，他再被送进另一所医院，"不是工程兵医院便是警卫军医院"，他认为是前者（这有可能），但总之不再是比特炮台医院。他在这所医院留了一天，第二天下午出院。负责他这个病人的医官告诉主管这所医院的军官（属中士级官阶），他会写一封给第 2 临时旅的司令官，而未有这封信之前，不要把病人送去其他地方。由于不能值勤，又不愿再被送进医院（因为他不认为自己真正有病），他于是向佩沃斯上尉申请告假 4 天，名义上是有事前往美特斯顿（Maidstone），结果被批准。但他没有真正去，而是留在军营。

4 天之后他销假，并尝试当值，但发觉非常吃力，而且感觉身体很有问题。之后的一个月，他整个人完全垮掉了，被送进警卫军医院。他病得很重，一边身体痛得很厉害。他晚上不能卧下，要用枕头垫着身体。在这期间，他身上出了水泡，而且据他说共有 16 次之多。他在医院大概一个月（可能多些或少些，因为他对时间的观念非常模糊），由于他没有病历记录，我没有办法核实他说的话。

这次离院的时候，他的健康状况是好得多了，但仍是不理想。他回到军部，由这时开始，他的记忆力便发生了问题。他记不起是在进医院之前或之后（但他相当肯定他进过医院）的一个星期被告知将被派往中国服役。他在1860年7月登上了"白星"号，在整个航程中他都身体欠佳，不停地服药。然而，他总算能够完成大部分的看哨和警备工作。

船到了香港之后，他在九龙登岸，并与其他7个同胞住在一个帐篷中。他这时没有什么病征，除了肋骨部分抽搐作痛，而这似乎是无法医好的了。然而，他仍然被送到香港的总医院去（同被送去的还有一个患夜盲症的人）。在这里他留医两个月。出院后他被配给例常职务，并在摩利军营（Moray Barracks）随第44团操练。几天之后，他原属的军团中有几个士兵从广州来九龙（这些士兵曾在广州警队中执勤），于是他和另外几个人一道和这些士兵编配在一起进行操练。在这期间他报称不适达五六次之多，但医生没有送他入院，只是给他开出一些芥末膏药涂搽而已。

1861年5月，他和第31团一个分队上了英舰"史芬克斯"号（Sphynx），向天津出发。在航程中他染了病，主要是因为在守夜的时候着了风寒。此外，他也会无缘无故突然感到阵发性晕眩，这毛病他在来华的船上也曾发生过。几天之后，他向天津总部报到，接着便被分派到大沽炮台，与驻守该处的分队一同执行职务。

在这里他服役两个月，便报称腰部疼痛，并接受了几次治疗。8月底，他随同第8连被押回天津，因为他在大沽酗酒而受到监禁28日的内部处分。自从返回天津之后，医院的记录显示他曾经在以下的日子接受过治疗：9月4日至6日、9月26日至28日，以及9月30日至10月19日。他外表看起来像45至50岁，并报称不能用力，用力时会感觉气促和严重心跳。用听筒检查，确认情况符合，送院治疗①。

这个例子彰彰明甚，已经无须再加解释。如果这个人在克里米亚战争，或甚而在印度叛乱的紧急情况下被征召入伍，那还情有可原。可是，现在（1859 年 5 月），当我们和全世界都保持和平的关系的情况下，我们竟然花费精力征募这个又老又残的东都柏林乐师，让他在垂暮之年参加英女皇陛下的陆军队伍，给我们制造出无限的麻烦及作出无谓的支出，实属不智。尤其特别值得注意的是，国家一年多以前已经宣布，在挑选军士时，将会十分小心，以期在所收录的新人中，将是在所有职业中最为健康精良的。然而，言犹在耳，一年多之后发生这件丑事，不能不说是卫生当局的严重疏忽。在今天这个"激情主义"时代，从最容易发生谬误的地方——医学统计，所证出的科学幻象，却最为大众所接受，而且仍然像泡沫一样随处飘扬，距离爆破的日子仍然颇为遥远。

为什么军队中的死亡率这么高？我们实在无须奇怪，因为许多年来，人口中的渣滓大量地被纳入我们的军队里。谁否认这个

---

① 这位"精英分子"以后在中国的情况如下：我让他住院超过两个星期，而当他可以出院时，我特别告知该团的主管军官，时机适宜的时候送他回国，离开行旅，而在此之前则只分配给他轻一些的责任。于是史宾斯上校（Colonel Spence）只分派给他一些类似勤务兵的工作，让他做一个军士长的听差。但即使这样简单的工作他也未能适应，被再度送回医院。留院一段时期之后，军部试着再找一些轻松的工作给他，让他协助来复枪训练的工作——在靶子上画记号。但是他只做了一个很短的时候，便要求停止，说弯腰画记号这事对他来说太吃力。由于他一点用处也没有，加上经常酗酒生事，我们除了要他长期住进医院之外，似乎已无计可施。然而即使在医院中，他也是个麻烦人物，经常对其他病人发怒。1862 年 4 月，团总部前往上海执行军事行动，他和医院其他病人被一道移交给留驻在大沽炮台的分队。两个月之后，他返回上海的总部报到。这之后，他被医务委员会召见，决定遣送他回英国。我最后知道的是，他在 1862 年 7 月 12 日在上海黄浦江边和其他的伤残军人被送上英国兵船"紧急（Urgent）"号回国。

事实，便请他解释何以有这个被招募的士兵：四十有余、弱不禁风、口中无齿，这便是这个第 31 步兵团编号 500 的下等兵杰热米阿（M. Jeremiah）的写照。无疑，军队中的卫生情况存在缺点——这种情况在某种程度上必然如此，正如任何大群人的组合无法避免的——然而，人们所诟病的，并非和这个缺点有关，因为与军士中的新丁从小接触到的不良因素比较，这些卫生缺点的影响实在微不足道。况且，既然我们可以成千上万地产生出健康的老人（那些领取养老金者），他们暴露在我们所提到的缺点和各种气候下起码 21 年以上，那么，常识告诉我们，这些缺点并不如我们所说的那么有杀伤力。因此结论是——而这个结论并非不合理：新入伍者的健康情况，整体来说，在英国兵营接受训练时是有进步的，而他们的食物供应亦足够和定时（我相信起码对那些单身士兵是如此），虽然有报道说他们被那些煮得过度的牛肉和菜汤所造成的"令人恶心的影响"慢性侵害。事实上，如果所有英伦三岛上的贫穷阶级每天都能够享受到这些被鄙夷的食物的话，则他们将会十分幸运，他们的健康亦将有所保证。低下阶层的食物供养，即是说让他们免于饥饿的制度化方法，被降到次要的位置；空气，而非食物，成为今天的大问题。真正的公共健康科学，以愚见，尚未开始，而这个科学所赖以建立的合理基础，应是那些有助于压制社会贫穷和罪恶的措施。

皇家调查委员会（Royal Commission）在 1858 年所指出的毛病，并不是那些卫生家所云的什么新发现。这其实一早已被我们充分知道，只是我们没有赋予现在人们突然给予的重要性而已。这重要性，根据我的经验，是夸张了，而在某些方面来说更是全面错误的。有问题的募兵制度、传统和法定的对疾病的取向、气候的影响，等等，或事实上几乎每一项最寻常和最容易导致疾病的元素，都被引用来支持一个幻想性的理论，说疾病的原因一般上都可以消除，因而疾病的预防是在人力的范围之内。

普通卫生原理原本是医学构成的一部分，也是医科教育的基本环节，但是医学界竟任由它分离出去，以一个新的名义"卫生科学"在社会上出现，好像一个什么新的事物一样。然而医学界对此竟然处之泰然，不吭一声，我对此感到非常困惑。根据卫生调查委员会的规章，以及对业外人士的意见的重视程度来看，似乎要理解这门"新"的学科，对疾病的自然历史的实际知识一点也不需要。事实上，只要花点时间阅读一下从前医学家所写的书籍，特别是那些陆军或海军军官在上世纪末本世纪初所写的书籍，我们便可发现现在那些吸引这么多人注意，以及为那么多人加以利用以自肥的卫生原理，已经在这些书籍里被详加讨论，而其重要性亦早被并入医学的守则中。就个人来说，对于"卫生"这玩意儿，本人是有一定的发言权的，因为我在 1858 年前已在为政府服务，而在此之前的几年，西澳洲囚犯事务处（Convict Establishment）的医官就因为宣布军队中存在卫生问题而引起社会上的轰动（此事可查殖民地事务处的档案以资证明）。我还可以补充的是，那些医官宣布此事时，当局立即加以肯定，而卫生家们（如果我没有记错的话）也附和说这是十分罕有的现象。

至于这名士兵（因为他的缘故，我在以上作了这么长篇的评论）自述的在查塔姆所受到的待遇，我想说的是，虽然士兵们自报生病我们要小心监查，不可尽信，但以这名士兵来说，他的叙述是这么简单和带有诚意，我倾向于认为它大体正确。而就他所描述的遭遇，我只能推论说为他治疗的医官过于年轻和缺乏经验，并以自己善于揭发伪装的病人而敷衍其事。如果这推论是事实的话，那么它便可提供证明，即使我们用中国式的科举制度选取年轻的医生进入军部做医官，也不一定会带来专业效果。对于这个士兵何以能够被派到中国这个地方，在这种气候下执行作战任务，我真是不能解释。

11 月 20 日

几天前我们从中国南方得到消息，在澳洲金矿工作的安分守己的中国人，遭到了令人震惊的残忍对待。事实上，当地的采矿工人对中国人的勤劳、俭朴、节制和守法有礼已长期积蓄了高度的不满。9 月 26 日的《中国邮报》（China Mail）刊登了以下的一篇文章，我认为其中的意见十分恰当：

在中国的英国人当接到以下的消息时，必然会感到十分遗憾：在澳洲羊地（Lambing Flat）金矿工作的中国外劳遭到了可耻的暴力对待。本刊许多时候被不少有知之士严重责难，因为我们要求人们暂时不要由于在中国某些地区和农村有外国人被华人虐杀，而认定中国全体人民都是嗜血和奸狡的动物。现在，一大群迁移到英国土地的奉公守法的中国人，被集体地血腥袭击，而攻击他们的是我们的同胞。很明显，像这样的事情应该让我们想想，是否因为我们的国家中有一小部分人犯了残害他人的罪而责备全国人民呢？

在我们与中国人交往的历史中，像这种发生在澳洲中国人身上的无缘无故的暴力还未出现过。而如果在阅读这个评论时，正直的英国人会感觉特别汗颜的话，这是因为在过去 20 年里，我们（这里是指我们的一部分人）高喊西方的文明和人道精神必将有一天对中国人的思想产生深远影响。我们以全国人民的名义，反对对任何前往我们的属地并遵守当地法律的中国人加以虐待，一如我们很有信心地相信，中国整体值得尊敬的人民不会认同任何对外国人的无端的野蛮行为。而这次又是我们，正如以前曾经发生过的，为在与中国人民（起码是一部分中国人民）交往中所做出的丑恶和野蛮而感到震惊；但这次有点不同的是，现在我们要诅咒的，是我们的国人，而我们也不能给他们找出任何辩护的理由。这与中国人不同，他们的许多暴力行为，我们都能给出一些合理的解释。

我们今天见证的丑恶和残忍的攻击比起野蛮时代的蛮人还更丢脸。这些身在异邦的穷人，他们作客他乡的目的，无非是为了改善他们的生活，一如成千上万的在中国的英国人一样而已。然而他们却突然地被侵犯，他们有限的储蓄、帐篷、毛毯、床褥，连同不值钱的细软，全部被夺去了，或弃诸地上，烧成灰烬。而那些侥幸逃过行凶者的子弹的，都一无所有，无家可归，随处露宿。经过这么多年对我们兄弟吹毛求疵的指责之后，这是我们常被赞美的眼神中一丝可怕的光芒。我们是十分聪慧、优越和善良的人，我们全都是这样。因此，我们的自满实在难以接受这个严重的打击，尤其是这个打击所来自的地方正是我们长久以来最自豪之处。现在是时候了，我们应该检讨指控中国人为凶残民族的判断。那些可怜的人，在澳洲羊地被迫到处流浪。他们被抢掠，被刺伤流血，无处藏身。他们所受的痛苦和巴克及花雅各所受的更多。但给他们施加痛苦的人，不是异教徒，而是允诺保护他们的基督徒，而这些基督徒正致力于遏制异教徒的君主，免其作恶。这两种野蛮行为的性质有所不同，我们需要就实际的情况加以考虑。

这是最近在天津听到的关于外国人对中国人的暴行的其中一宗而已，还有一宗与苦力买卖有关，发生的地点在广州附近。据说秘鲁人承包了一条法国商船运载中国劳工到南美。当船员和苦力买手在岸上到处捉拿或设局引诱苦力时，他们受到中国人的反击。于是他们捉了 40 个无辜的渔民做人质，并把他们囚禁在一艘帆船上。这些渔民可能认为唯一避免被掳掠去外地的方法，便是自杀，于是他们凿沉了帆船，最后全部溺毙。这个法国商船的船长被递解回法国，因海盗行为而接受审讯。

11 月 21 日

自从回到天津之后，我见到虽然现在仍然是国哀期间，但许多人已经剃了头到处走动了。我问吉布森先生这怎么解释，他告诉我剃头这事已经成为当地巡捕的一项丰富的收入来源。那些认为长头发不方便或希望定时剃发的中国人，跑到他们居住地区的巡捕头处，交出费用，便可以剃头。换句话说，收了钱后，巡捕头便什么也看不见，否则他会很快发现那个不守规矩的人，向他敲诈一大笔金钱。如不付钱的话，便会被"绳之以法"。

11 月 22 日

摩尔根先生（Mr. Morgan），天津的领事，刚游览了万里长城回来。他所参观的长城那一段，是在罗文峪区域之内，距天津东北约 100 英里。这里的城墙和北京的一样，都是石的城根和砖砌的墙，两边则是斜上的高山。在城门的地方有一个小的城堡，驻有一个 100 人的满族守备团。他们是旗人的后裔，在那里已经聚居 200 年。每一个旗兵传承下来每年有俸银 58 两，将官则有 120 两。城门的墙上挂着一个标语牌，提示守城士兵缜密监察，防止坏人出入。指示挂上这个牌子的是御林军的一个官员,叫崇伯(译音),他是直隶省内一段长城的守备军总司令。

11 月 23 日

文翰先生从北京回来,我今天收到他以下的一份日记。这日记是他最近探访长城古北口(通往热河)关隘的记事,也包括他自古北口回程时参观明陵的记述。明陵是上一个朝代皇帝的葬地,也是外国游客喜欢探访的地方。

(文)11 月 3 日。早上 7 时乘马离开北京。大概一小时之前我的中国小厮、狗儿查理,以及两车补给品和枪械,每车由两匹驴子牵引,已经先出发了。我在前往八里桥的半途上赶上他们。那些驴子见路便走,就是不依正确的方向前进。抵达通州的时候,我把驴马留在客栈休息,前往衙门找知县萧大老爷拿取通行证。萧不在,但他的副手给我拿出证件,在不足一小时之内我又起程出发了。

我们的路线稍为靠北,跨过一道桥,过了一条流向天津的运河,然后向东而行,一直到了白河岸边。在这里我们搭乘横水渡过河。过河前,首先卸下驴马,由人把车推到渡船上。码头一带,人声鼎沸,熙来攘往,许多运货车争相过河,车上主要载着活猪、谷物和一瓶瓶的酒,酒瓶用柳条编织、内置油纸。过河后我向东策马而行,经过的地方尽是平平无奇的郊野之地。我从桥上过了一条小溪,沿途越过不少货运车。将近黄昏的时候,我们到了燕郊,这是一个小村落。我们在那里的一个客店过夜。从北京到通州是 40 华里,而从通州到燕郊是 20 华里,即是说我们今天只走了 20 英里的路程。

（文）11月4日。今早天气晴朗而寒冷。破晓的时候，我们离开燕郊。随着太阳的出现，也吹起了东风，整天不息。我们的路程是向东而去，经过一个深耕密植的平原。如果不是步行或骑驴的人流和载货车流不断，我们根本不能分辨道路和田野。车上运载的货物主要是猪、酒、陶器和谷物。过了一个叫夏店的村庄后，我们到了唐山脚下一个有城墙的小镇，叫三河县。事实上我们今天整天都是在唐山北面，即我们的左面，打转。离开三河县之后，我们在一个村庄的入口之前不远处过了一条小溪。这条小溪我相信便是三河。在群山之中，我留意到一个高峰，其上有一庙宇，峰下有一塔。这座山叫盘山，颇引人瞩目。

下午约4时半我们到了蓟州，一个有城墙的小镇。我们在市郊一家客店度宿。我的容貌颇引起当地人的轰动，他们群集在店门前，有些更是爬上窗户，戳破窗纸，以看清我的"庐山真面目"。当我走出店门的时候，他们就像小孩子一样四散奔逃。最后我把查理绑在门外，虽然它全无恶意，但荒野之民不能觉察，倒把他们挡在一段距离之外。这里的山寸草不生，非常荒芜，无可观之处。我走出客店打算画一幅画，可是选好地方后，却发觉忘记带画笔。

（文）11月5日。早上天气晴朗，无风，我们仍是在破晓时分出发。我们穿过一些耕种得很深密的田地，田地两旁都是高山。大约1点钟我们到达石门，在山峦起伏中我们见到好些黄瓦顶的建筑物，以及一个巨大的白色陵墓，这是东陵的一部分。东陵是本朝的墓园。傍晚时候我们抵达遵化州,这是一个坐落在宽阔的、有耕种物的干涸的河谷里的一个市镇,外面有墙保护。我们住进一个客店里,和以往一样引起不少人的讶异。晚饭后一个更夫叩门要求见我,我拒绝了。不久后,府尹李大老爷的拜帖被送进来,并附上一个信息,说他明天想拜会我。我对他的仆人说不必麻烦他前来,因为我住的客店并不适宜款接他,倒是我愿意明天早上10时到他的衙门拜访他。

(文)11月6日。今天早上有两个官员来见我,但因为我还未起床,所以没有见着他们。大约10点钟我跨上马前往衙门见府尹,一路上跟随着一大群人。当我递进名片等候的时候,人们从上到下打量我一番。好在等了一会儿,我便被请入公堂后的内院,我见到李大老爷站在院子的左方等候着我。他向我微微一躬,令我感到不知谁是主人。他领我进入他的住所,在这里他正式向我弯腰请安。他让我坐在他的左边,亦即上宾的位置,然后打开话题。他首先谈到长城,很明显北京方面已经为我此行的目的和他通过声气。由于我并不能够完全明白他说的话,于是他传我的马夫来,作为中间人。李说他明白我说的话,很快我们便沟通得很好了。我请他不必到我的住处来探访我,可是他执意坚持,说这是中国人的礼貌。于是我们决定他回访的时间是12时。当我告别的时候,他亲自送我到院子,那里我的坐骑以及好事的人群正在等候。他在众人的目光中向我拜别,显示他的礼仪并不只是在密室中进行的东西。他建议我走到山上的那座庙宇去,在那里俯瞰长城。他说这比直接到长城浏览为好,因为通往长城的路途非常困难和危险。

我回到客店，正在收拾房间准备迎接李大老爷的时候，市县的长官也送来他的名帖，以示问候之意。李坐四人肩舆而来，并有一大群的随从。我让他上座，并给他尝我的苦艾酒。他非常欣赏这酒的味道，并接受了我的礼物——一瓶苦艾酒和几枝雪茄。他问我的衣服用什么材料造成，以及我吃的都是什么食物。此外也问在英国最多人使用的是什么式样的钟表。我向他展示一把左轮手枪及我的马具，他对此显示高度的兴趣。在他离开的时候，我也依照他们的礼仪一路送他，直到他的肩舆等候的地方。他是一个白发的老者，头上戴着蓝顶戴的官帽。

当我正准备参观附近的一座寺院并在那里观看长城的时候，一个老人走进来。他说没有什么特别事情，只是想看看我的样子。不久，有两个坐着矮小马儿的汉子来找我，要陪我到寺院去。他们是李大老爷差遣来的人。当我和他们在路上进发的时候，我见到沿途有差吏赶走看热闹的人。从寺院里我看到长城的远景，但看后意犹未尽，于是策马向着长城前行。约走了5分钟，到达长城脚下。通往长城的道路颇多乱石，但情况不算太差，马儿可以应付。我在长城下的一个村子歇下来，并绘了一幅素描。长城这部分的城墙由砖砌成，其上有胸墙、炮眼和给火绳枪穿过的洞，像其他的中国城墙一样。这里城墙的高度据我的估计是30英尺，宽约15英尺。每隔一段距离便有砖砌的炮台，台上有窥孔，而最高的地方建有塔楼。长城这美妙的建筑必然花了很多人力，它在群山峰顶上蜿蜒而行，有些地方看似无路可达。山石大概是红色的砂岩石，环境相当荒芜，唯一见到的植物是3棵树。整个游览颇称愉快,天色也晴朗清澈。群山环抱,峻岭悬崖,衬托着清澈的蓝天,景色十分美丽。在返回遵化的路上,还多了两名马背上的公差陪伴,这样便总共有 4 个人护送我返回客店了。

回到客店后,一个吃醉酒的人(这在中国北方实属罕见)走进我的房间,单足跪下,说我是一个伟大的人,并竖起他的拇指以示我是怎样的高贵。当我正在想办法摆脱他的时候,有人送了一个大盒子来,里面装满了葡萄、栗子、苹果、梨子,等等,此外还有一头尾巴肥大的活羊,这是府尹给我的礼物。我接受了这些水果,谢退了活羊,因为很难带着它到处走。明天我打算让仆人带同我的拜帖和一些红葡萄酒前去见府尹,感谢他的款待和礼物,并向他辞别。我本来想亲自拜见他,但是我那个似乎很懂礼的小厮说这样做的话,府尹势将回访并亲自送我起行。于是我还是决定用第一个方案,这个方案李府尹只需差一个人带回谢帖便可以了。

(文)11 月 7 日。小厮今早完成任务回来,先后把我的拜帖送给府尹和地方长官。府尹还给我送去两瓶红葡萄酒,并请求我给他一些英国钱币的标本。于是我送他先令辅币和 3 便士币各 4 枚。这些钱币他会分给他的儿女作为纪念品。他之所以希望认识英国钱币,源于他下属所给他的报告。我昨天曾给他的下属展示过一枚 3 便士钱币。在遵化这地方,一般平民不接受墨西哥元,因此我只能通过官方取得现钞使用。遵化据悉距离北京 300 华里。

当行李杂物被搬上运载车之后,我开始转回石门,路程约 40 华里。风刮得很大,也很寒冷。这个行程并不令人愉快。我住宿的那家客店，不能保密，因为它两边的纸窗都有许多被手指戳破的洞，这自然是那些好奇者的所为，目的是偷窥我。

（文）11月8日。我破晓之前便起床，整装前赴蓟州，路程60华里。接着再往段甲岭，也是60华里。沿途每隔一段路，路边便有一桶水，以便旅客让驴马补充水分。我们大约正午的时候到达蓟州。今天正逢墟期，街上满是人。日落的时候我们到了段甲岭，这是一个小村庄，我们在这里过夜。

（文）11月9日。向牙子勺（译音）进发，路线先向西斜，然后转北横过一条颇宽的山谷，经过三四条小河，景色颇为美丽，但却说不上动人。我们现在正离开大路，中途没有客店可以打尖，因此要尽可能赶路。在路上我们遇到一个窄沟，行李车几乎过不去。进入牙子勺山谷的通路相当易走，两旁是大块的岩石。在高高的山顶上有一座庙宇，看起来像一个小堡垒。由于没有客栈安顿马匹，我找到一个人给我引路上山到那寺庙去。上山路径非常陡峭难走，到了峰顶的时候我差不多精疲力竭了。住持（没有剃发，留了长辫）欢迎我，并带我参观住宿的地方和神像。有些神像显而易见是陶制的，年代十分久远。从庙宇看出去的景象可称动人心魄。我俯视我刚走过的那个山谷，景色十分秀丽。然而除此之外，其他的所有地方都只是光秃秃的山峰而已。这里的岩石主要是红砂岩，泥土一般是沙质，间或是黏土。这天我们经过了三四个砖窑。

（文）11月10日。日出之后起行。今天我们的行程偏向北面，在山径中蜿蜒而进。道路上许多地方都布满碎石，有如海边一样。这里的山带虽然棕黄一片，而且十分荒芜，却养活了许多小红牛和大群的猪。大概中午的时候我们涉水过了一条河，名叫南河。这条河流往通州，很有可能的是在它流入通州之前分作了3条小溪，正是我由通州向东行时所经过的。在我们涉水过河之处，河宽不足8英尺，水深约1英尺。抵达穆家峪的时候，我们在一家回族人客店打尖。当我让小厮（他是一个罗马天主教徒）给我拿出一片火腿的时候，我有点不明白为什么他的表情极不自然。当他拿出火腿的时候，他告诉我，我们现在所处的地方很特殊，如果人们知道我们是在吃猪肉，我们就可能会因为宗教原因受到攻击。因此当有人进入房间的时候，他便把火腿藏得严严实实。

离开此地之后，我们走上了那条特别为皇帝从热河回北京时所平整的路，我们享受了一段没有颠簸的旅程。虽然如此，我们仍不时要离开这条御路，因为不少路段的主人正开始把皇道改回耕地。我们进入一个宽阔的山谷，这里住民很少，但我们在路上遇见很多人，主要是黧黑面孔、风霜满面的蒙古人，头戴很特别的兽皮帽。他们有些乘坐骆驼，有些骑马。我们遇到一大群短角的牛，很明显是属于赶着它们的两个坐着小马的蒙古人。此外，也有许多粗糙的牛拉车，轮子上没有轮胎，大部分是一头牛拖一辆车。这里的环境相当荒凉，没有植物，泥土带红色。我们的右手边（东面）有一条河，我们沿河走了好长一段时间。抵达石峡的时候，我们便在这个在郊外的有城墙的小镇留宿过夜。我们入住的客店由山东人开设，里外都管理得很好。这里有很多驴子，骑者不分男女老少。

　　（文）11 月 11 日。从浓雾中我们出发前往古北口。我们走过一个山谷，路面情况很好，因为不久前才为圣驾经过而修葺过。这里的山并不是很高，呈现一片红色。我们经过一座楼房，据说是皇帝从热河到北京途中的休憩之地。这屋在一个围场之内，建筑得酷似一个庙宇。将近古北口的时候，山谷豁然开朗。我们见到一些蒙古人的营地，其中一个营地有骆驼在山上吃草，而另一个营地，则有一群骆驼在围成一圈卧着，中间堆放了一袋袋的货物。人们住的帐篷是圆锥形的，由一张巨大的席子铺成。席子上连着一块布，布放下来的时候，可遮掩帐篷的入口。这些帐篷约 6 英尺高。

　　我们过了一条河，河上的桥靠一些中间堆了石块儿的柴捆支撑着，非常特别。我们接着进入一个狭小的山谷，便到了长城。这里的有些地方只有一堵胸墙。我们经过一个高大的城门（门身用铁皮包着），到了一个在山坡上的小村庄。我们再穿过一道砖砌的内门，这是一个吊门，宽度仅容两部车子通过。我们到了山顶，从这里所俯览到的风光十分优美。下面是一个河谷，河水潺潺流动。这内门是这一方的门，像北京的城门一样，另一方也应该有一道内门，但不及这面的门大。

　　当我到达古北口的客店时，那里的人为了看我，造成很多麻烦。于是我差遣小厮携同我的护照和名片去见当地县官。那位县官回敬我他的拜帖，并派来一些差吏把人群赶得远远的。在差吏到来之前，店主根本无法控制人群，只好任由他们拥塞在客店的

⊙ 古北口（Koo-Pee-Koo），古代长城的重要关隘，是北京通向内蒙古的重要通道。选自乔治·休·温德姆绘制的一幅素描

院子里，以及在窗纸上随意戳洞。他唯一可做的是戟指大骂，但这于事无补。这段长城由砖石造成，有30尺高。在这里我碰到一些持有武器的旅客，这很为罕见。就以我来说，自从离开北京之后，碰见拿武器的人不超过12个。

（文）11月12日。我和仆人策马出古北口，到长城另一面城墙的出口。我们在哨所停下来，和那里的守城长官——一个暗蓝顶戴，另一个则是白色顶戴的官员——说了一会儿话。他们的随从士兵有20人之多。他们问我是什么人，有没有通行证。我拿出通行证给他们检查，他们看后让我过去。我经过两道城门，都是平顶的且门扇厚重，十分坚固。从长城外回望长城的景色，风光很好，向北望也是这样。一串串的骆驼从关外入城，交通颇为繁忙。古北口附近和周围的山颇为高耸，而昨天因为大雾，我误以为山势不高。我曾尝试购买蒙古人用来做衣服的皮革，但不成功。由于无论我往哪里走，都摆脱不掉那些吊着我脚跟的人群，于是我只好调转马头作回程。路上我碰到一个蒙古王子，他自己独坐一部由两匹驴子拖拉的车，后面跟着他的妻子和其他家人的车队。他的随从包括约40名武士及两名喇嘛僧人。所有的人都乘马并全副武装，配备长剑或火绳枪。我停下来让他们走过，尽量不挡着他们的路。可是我的车队没有停下来，使他们极为愠怒，最后蒙古车队被迫停止前进。于是我拍马向前，截停我的车队，让王子先行。他的随从中竟有三四人离开队伍走来看我。告别古北口，我们大概走了30华里之后，便在一家孤零零的客店停下来，准备过夜。由于附近没人，我可以安心，不怕人们窥视。昨天晚上的居停，整夜都不停地有喂牲畜和响铃的声音。今天晚上却颇为清静。

（文）11 月 13 日。今天整天都下大雨，所以走了 30 华里之后，我便叫停，在一家路边的客店过夜。

（文）11 月 14 日。早上出发，遥见远方山带较高之处覆盖着皑皑白雪。道路非常泥泞难走。我们的路线伸向西面，并向下进入一个颇为美丽的山谷。过了一个有城墙的镇（此镇叫密云）后，我们停驻在一个叫十里堡的小村里。由于客栈规模太小，我和两个仆人只能一起挤在一个房间里。今天我们走了 60 华里。

（文）11 月 15 日。我们在破晓的时候离开客店，朝西进发，山在我们的右面。这里的郊野树木很多，到日落的时候我们的路径经过一些大的苹果园和梨园。我们在距离昌平 8 华里的地方的一个小村庄停驻〔昌平是可怜的德诺曼（De Norman）和安达臣（Anderson）遇害的镇〕。这里的景色越来越怡人，极目平原，郁郁葱葱，唯一不足的是因为没有山峦起伏而稍觉单调。

今天我们见到的特别的景物是明陵。明陵范围很大，周边约 6 英里。进入明陵的陵谷的正式入口是昌平镇，这是一个美丽的小镇。在这里你首先会经过一条阔大的石甬道，然后再进入另一条甬道。甬道红墙绿瓦，和北京皇宫南面的入口并无不同。接着我们到了一个寺庙，这个庙有四道拱门，分别朝东、朝南、朝西和朝北。院子中间有一块极高的石碑，由一只石龟背着，也像北京所见到的一样，只是这里的比北京的大得多。在这座建筑物的每一角对开不远的地方，有一条雕刻了龙的石柱，柱顶上伏着其他趣怪的动物。再往北走，是两条静身的石柱，在道路两旁，是巨大的动物和人物的石像，计有12只站的和2只卧下的骆驼，以及同样数目的象、马和狮。此外还有8个文臣、4个武将，全部都是庞然巨物，每一个都是由一块大石雕凿而成。我骑马走近其中一个人像，发觉我的高度仅及他的胸部而已，虽然我已经坐在一匹15掌高的马上了。石像排列，从前门到另一道门，全长10华里。我的马儿在走过人像的时候，表现得若无其事，却不敢越过那些四脚怪兽。引向陵墓的其余路径都不好走，而且撒满碎石，经过的桥有些部分亦已塌陷。

我探访了永乐皇帝的陵墓。陵前有一条长满了野草的石板路。永乐皇帝的陵园共有5个院子，包括一个没有围墙的外院，很像一块公园的宽大的空地。陵园有一个巨大的礼堂，由3层的石级引上，石级旁有大理石的栏杆。礼堂的面积是74步长34步宽，屋顶由60条木柱支撑，每条木柱的圆周是12英尺（两人不能合抱），高度则是50英尺。木柱没有油漆，但屋顶则有绿色和金色的装饰，像淳亲王府的一样，事实上它们的建筑格局也十分相似。在第4个院子里，有一个祭坛，其石制供桌的面积是22英尺乘5英尺。祭坛后面便是一个大的陵墓，由一个圆顶的甬道进入。这个陵墓的上层有70英尺高，下层有一块巨大的石碑，石碑之下我相信便是永乐皇帝安息之地。

在这个陵区范围之内，总共有13个明朝皇帝的墓园，全部的设计都像我刚才所描述的一样，而永乐帝的墓似乎是各墓之中最大的。我的小厮告诉我，乾隆皇帝把这些陵墓的部分建筑材料移

⊙ 北京附近明皇陵前的石像生

走，给本朝皇帝建陵使用。清朝的帝陵由士兵守护，对外不开放。

我沿着昌平镇的城墙回到住宿的村庄去，打点好行李，继续出发，向东走了 20 华里，直至唐山村。这个村有温泉，属清皇室所有。村子距离北京只有 50 华里，亦即 17 英里。

以上结束了文翰先生给我的旅游日记，并且他十分慷慨地授权给我任意运用。我可以补充一句的是，文翰先生是自马戛尔尼勋爵之后第一个探访古北口的英国人。这部分的长城正是斯当东在他的关于英国访华使团的书中所描述的，马戛尔尼勋爵从这个关口出长城往热河朝见乾隆，并受到正式的接待。房布兰和迪克两位先生和他们的随从在本月 7 日从北京到岔头关隘，他们是第一次探访长城这个部分的英国人。这地方和罗文峪、遵化及古北口的长城段有所不同，因为岔头是关内的一个支脉，没有守卫，守卫都被派到前一个关口去了。

至于明陵的存在和保留，反映清政府对一个已经被消灭的和被倾覆的朝代的君皇葬地的保护，这可真叫我们汗颜。我们在大革命时期中的野蛮行径，在对待法国皇帝的骨灰中暴露无遗。同样在我们的国土上，我们的疯狂竟然挑引起那些不顾后果的暴徒把愤怒施加在那些无辜的文物上，把那些神圣的石制建筑最高贵的样本肆意破坏。相形之下，中国人对待耶稣会的教堂、坟茔和纪念碑所表现出来的精神都比我们远为实用和文明。

在 11 月的其余日子里，以我所知没有什么值得记录的事，除了一件。11 月 26 日，第 67 团的军士列队操往郊外，要见识一下格兰特（Grant）的巨大炉灶。这个炉灶由 6 匹马拖拉，800 人的伙食就在士兵操进时准备好。据说效果良好，无与伦比。但我怕

⊙ 永乐皇帝的陵墓

的是，有点像在海特沙滩①训练火枪队一样，对战地行军来说，是太过"文明"了。

---

① Hythe Sands，英国休假的地方，环境优美。——译者

第十八章　回京渡年

天津 12 月的天气，一开始便清澈明朗，略带冰霜。白河的船只已经开始稀少，在城镇附近我仅见到 3 艘船在游动。12 月的第二天，河上结了一层薄冰，但第二天在猛烈阳光照射下又消失了。阳光这几天每天都露面。可是到了第五天，一个中国男童遇到不幸事故。当第 31 来复枪团正在操练的时候，这个男孩因为走得太近而被子弹打中心脏。他被送到医院，但抢救无效，于当晚死亡。接着出现了动人的情景，可怜的母亲和姐姐在他遗体旁，抱尸大哭，呼天抢地，悲痛异常。来复枪团尽力筹措了一些金钱，以补偿他们的损失。

第六天，崇厚设宴款待他的外国海关官员，其中为首的是克里斯科斯基少校（Major Kleiskousky），以前属比利时炮兵队。崇厚让他的外国客人坐在对面，而他的中国友人坐在两边。王也来赴宴，并且充当翻译。宴会备极豪华，所有的菜肴都用金属盘子盛放，下面用火温着以保持暖和。在谈话中崇厚说到如果政府派他出访英国的话，无论是作为大使或特使，他都乐意接受。从克里斯科斯基少校处我得知在 1861 年夏天这段时间，有 140 艘外国船只在天津报关，这些都是从白河转过来的贸易商船。今天我也收到北京来的一封信，其中一个消息是皇帝大赦了所有涉及最近那次因叛国罪而被判刑的人犯，除了礼部尚书。这个尚书被重罚，不仅被抄去大量金钱，还被发放到伊犁去，那是中国政府处罚犯人的地方。总理衙门增加了两个新人，一个是顺天府府尹，一个是户部侍郎。

12 月 10 日

今天我在吉布森先生的住所的时候，埃特金牧师（一位新教教士）推门进来。他刚探访过北京附近的煤矿。他一向以为中国人在地面采矿，因此他对中国矿穴这么纵深而吃惊。以他参观的那个最深的矿穴来说，最长的木板斜道全长 4800 英尺，最短的有三分之一里，坑道的设计无疑是为了矿工把煤石拖上地面的。埃特金牧师说矿工很随便地把探照灯用白布绑在左耳上。坑穴口建了屋子，屋内的炕其热度是这样的高，人无法睡在上面。我在 9 月 11 日的日记曾提到，坑穴口的高温可能是为了通风。矿工没有采取什么防火措施，他们提着没有遮掩的火把来来去去。这个方法似乎有效地防止在矿穴底的空气变得浑浊而容易燃烧——这显示中国人熟悉气体力学，并非我们所认为的他们对此一无所知。

记得卢涌泉吗？他即以前在本日记中经常出现的"小的"，他在埃特金牧师的帮助下去了英国。我问起他，埃特金牧师告诉我卢在 1857 年的上半年由威廉森先生（Mr. Williamson）带去英国。他有一段时间住在阿尔特洛森（Ardrossan）①，在那里他结识了一位苏格兰女士。这女士送了一张相片给他，他把它视如珍宝，仔细收藏。他没有信奉基督教，因为他未能深信教义，但是对宗教持开放态度。他在苏格兰的时候经常到教会去，虽然他从来没有

---

① Ardrossan，在苏格兰。

表示有入教的愿望。他参加埃特金牧师的教会，目的是想随他返回中国。

12 月 14 日

白河完全冻结。晚上一艘从山东开来的大船，在结冰的河上硬是被拖过市镇。16 日，当张知县乘着肩舆连同他的随从在大街上下来的时候，碰到几个差吏在押着两个犯人。张叫停他们询问原因。这两个人中的一个手臂受伤被包扎着，正流着血，另一个则面部有伤口和淤肿。当差吏向知县大人报告案情的时候，这两人垂头跪下，一副谦卑可怜的样子。他们的脖子都缠了铁链，其作用主要是象征他们是犯人而非限制他们的行动。当知县离开后，他们立即爬起来，嬉皮笑脸地继续前行，对于自己被押着在街上示众好像完全不当一回事。这两人属于劳动阶层，样子并非凶恶，被捕的原因似乎是打架。

12 月 17 日

我在街上见到一个乞丐。他展露手臂，臂上插了一把刀，刀锋入肉数寸，血冷凝在手臂上。他在向人们乞钱，展示他的手臂以唤起人们的同情心。

12 月 19 日

人们从冰上过河，雪橇交通已经开始。那天我路过查令十字街（Charling Cross）的时候，见到一个中国人展示几百双英国鞋和短筒皮靴叫卖。他索价不高，有几个士兵正在围观选购。这一回我在街上见到的新事物是，一个失明的中国人在沿途卖艺。他用一个像五弦琴的乐器演奏，并在他巡回各占领军驻地的时候学到了马塞曲、"到叙利亚去"（*Partant pour la Syrie*）、*The Second Figure of the Lancers*、第 60 来复枪团进行曲等。所有这些乐曲，他都表现得行云流水、一气呵成。

12 月 25 日

下午我步行往距离市镇约一英里的江边的外国人居住地，这块地是从中国政府购来的。我见到几百个工人正在动工填高地面，所需高度约 5 英尺，原因和白河平原上所有高建的村落一样，目的是应付白河常发生的河水泛滥。用以填高的泥土材料是从附近挖来的，费用以每车计。压土的工具是一块平底圆身的大麻石，4 英寸厚，45 英寸圆周，重约 125 磅。麻石的周边被切削去一些空位，绑扣着 8 条双重的粗麻绳。打土时，8 个人围成一个圆圈，每人分拿两条麻绳，然后一起把圆石提高约两英尺，大力摔下。我认为这是一个非常有效的压土方法。

12 月 26 日

今天一位意大利神职人士，多明尼哥神父（Dominico），由罗马天主教军牧布尼奥里牧师（Burnioli）陪同来参观医院。这位神父在中国传道已经 18 年，其中有 10 年在陕西省度过。他穿着如同中国人一样，蓄了发辫，行为举止和中国人几无分别。事实上，布尼奥里牧师过去 4 天和他在一起，彼此用拉丁语交谈，一点也不知道多明尼哥神父是他的乡里。多明尼哥神父说陕西人非常驯善，不会作乱。因为这个缘故朝廷征税特别重，结果引发了一个小规模的乱党在那里生事。这省的人口数量，据上次人口统计是 2100 万人。但这个数字被认为较真实为低，因为人口多的家庭都会少报，害怕引起官方的注意要抽他们的壮丁。基于省内人口食指繁多，耕地不能维持，几年前农作物失收，那里的人受到很大的痛苦。神父说他自己曾经 3 天没有食物，他也亲眼见到人们剥下树皮来吃。

在这庞大的人口里，有 13000 人是基督徒，但神父对那里的基督教前景并不看好。他说很难令中国人入教做基督徒，而要他们真正信仰上帝，更是难上加难。今年曾有传言，每一个当地人如果入教的话，可以领到 20 元。于是成百上千的人蜂拥而至，纷纷登记成为教徒。但后来知悉这是谣言之后，他们又纷纷离去，和教会划清界限。最近一个清朝官员拿住了一个基督徒，指他造反，因为他持有的经书和该官员正在镇压的乱党发行的书一样。官员把两本书放在一起，说："这是你的书，这是乱匪的书，你们是一伙的。"基督徒解释说表面上这两本书似乎一样，但在熟悉基督教教义的人眼中，这两者有很大的分别。这种解释最后说服了官员。神父说一般中国人认为太平军是基督徒，这个印象在太平军于 1854 年进攻北方各省时，因它丝毫不侵犯信仰基督教的人而大为加强。然而，自此之后太平军的势力便江河日下了。

1858 年神父被拘禁为阶下囚，罪名是和南方的外国人结盟，并给他们提供情报。他被北方的省政府递解出境，并由两个官差押往上海。这件事十分奇怪，也不符合人们所指控的说中国人不尊重生命，因为北方的边远省份其实很容易以间谍或勾结与中国敌对的国家的罪名而予以处决。神父也说陕西蕴藏着大量的高质煤，等待开采。那里矿脉深入地层，他认为如果能够使用机器采掘并快速地把矿石运到岸边的话，那么它可以是世界首屈一指的矿场了。①

---

① 请参看 1862 年 1 月 2 日的北京日记。

12 月 27 日

恭亲王今天下令停止发出前往长城遵化一段的准许证，原因是一群英国军官昨天在参观完这段长城后擅自进入东陵区域，并侵入附近的皇家狩猎场。据说他们之前已被警告，不得进入有关区域，可是他们充耳不闻。该守区的统领把这事报告给北京当局，今天崇厚便收到总理衙门的指示，训令天津处理通行证的负责官员不得在该段长城的通行证上签名，以及把有关决定通知英国领事。

今天下午白河一片欢乐，许多军人和平民在这里溜冰。一群群的中国人在这里集合，兴致勃勃地观看溜冰的人造出各种花巧动作，尤其喜欢看到有人跌个四脚朝天。天飘着雪花，军队调来囚犯清雪。

12 月 28 日

法国领事费内惹先生（Monsieur Frère）今天向我提到他从中国高层人士得来的消息，中国有一群人仍然倾向于已被推翻的赞襄大臣的主张，而恭亲王和他的同僚如果不是因为他们和外国人的良好关系，以及估计从这个关系中可能得到的援助，他们不大可能站得稳，即使在他们的据点北京也是这样。事实上，他们的举措得到普罗大众的拥护，但是就我所看到的朝廷的文件而言，上层阶级并不认为这个政变可取，而对于严惩被囚者，更以为没有足够的理由。

12 月 29 日

直至昨天下午，在市区的对面仍然有两三条河道保持开放，供渡船行驶。可是今天这些航道完全给冰封了，只有雪橇可在上面行走。这水上航道几天前曾发生惨剧，一个乘载着三个人的雪橇从天津上面的一个村下来。雪橇由一人驾驶着，他站在雪橇后面用一条尖的铁篙把雪橇往前撑。他们不知道这儿以前曾有河道，现在只是结了一层薄冰。在驾驶者未来得及转弯时，雪橇滑上了冰层，它的重量压破了冰块，三个人随即坠下河中被水流冲走，再也见不到踪影了。驾驶者在雪橇滑上薄冰之前的一刹那跳离雪橇，得以逃过大难，很可惜的是他未能及时制止雪橇向前。

12 月 30 日

消息传来，僧格林沁在山东西北面的冠县被打败。这个战败和我们西方的战败观念非常不同，它有着中国的特色。据悉，敌我双方根本没有接触。僧格林沁守着一个阵地，他的左面和右面都有捻军。捻军逐渐抢到他的后面，截断他的支援。于是他转移到另一个阵地，这便是所谓作战失利了。事实上，中国的战役，除了很少的例外，都只是限于战略行动，这是何以中国的叛乱无法制止的一个主要原因。官军从没有对叛军施以真正的打击，即使有时克服了一个城镇，也多数是因为城内有人叛变而已。

晚上我出外用餐，回来的时候进入第 67 团医院所在的那条里弄。闸门的哨兵例行盘问："谁？""朋友。""过吧，朋友。一切正常。"过了闸门后，我突然想到假如我是中国人，言语不通，遇到盘问时怎么办呢？我向哨兵提出这个问题，这个聪明的守卫答："这么说，先生，我们照例盘问他们，但通常是没有答案的，但最后也只得让他们过去。"这是一个例子，显示军人在执行职务时只是一副机器，照章工作，而不思考实际情况。

我收到了一个邀请，内容是希望我在北京过新年，于是我申请了几天假期。今天下午我告诉一个中国小厮（他是助理医官莫费特的僮仆），给我雇请一部车明天早上来，以能在晚上之前抵达河西务，后天闭关前进入北京。他按吩咐做了，并回报说车子明早6时来接我，这大约是天晓前一小时。

12 月 31 日

今天早上车子如时来到我的住处。仆人把我的被褥和旅行袋放上车，之后我便单独和这个车夫出发。我没有携带枪支或其他武器，因为我对这个车夫绝对信任，虽然我对他所知不多，也不确定以前是否见过他。在穿过天津市区的时候，所见到的是一片热闹景象。随着天晓，各种商品源源不断地运进来。到了7时20分的时候，我已身处在大运河和白河交汇处的渡口。我从一道由船构成的浮桥过了河，并告别了天津郊区。

今天天气很好，气候宜人，亮日在天，城郊铺了霜雪。河也已结了冰，人们扫开雪造成通道给雪橇行走。还差15分钟到12时的时候，我们到了杨村，车夫停车打尖，并给驴子上粮草。车子由两匹驴子拖拉，一匹在车把中间，一匹在车把外围，一匹在另一匹驴子的稍前面。当我站在客栈的院子观望的时候，第一次在中国看到斗鸡。战斗中的两只鸡身形体重差别很大，为了拉近彼此实力起见，大的那只鸡要负重，其法是在它的一只脚上用绳绑了一件鞋形的东西。围观的中国人好像对此兴致勃勃，在我离开的时候，两只鸡仍是缠斗不休。

我们在12时20分离开杨村，5时抵达河西务，停宿在一家大的客店里，那里的院子喂饲着30头以上的驴子。车子摆放在客人房间外面的对面，驴子则拴在车后面的饲槽边。驴子整个晚上都这样露天站着，似乎对寒冷的天气无动于衷。每个房间都有一个炕，其上有铺垫，另外有一张小桌子，以及一个放盥具的家私。我一到客店，立即有店小二出来引我到一个房间去，并且从车上卸下我的床铺，铺好在炕上，另一个小二则开始烧炕。他们给我准备了一顿非常可口的晚餐，由于中国人吃茶不下糖，他们派人出外给我购些糖回来。这事不久便办好了，送来了两包包得很精致的糖。小二问我带进来的各种物品的名称，并把一切东西都处理得妥妥当当。他们在我睡前送来账单，以便我明天一早出发。

1862 年 1 月 1 日

我们早上 5 时离开河西务，这时天色仍然暗晦。7 时经过安平村，我们见到很多人进村。他们背着柴草、残枝、玉蜀粟头、玉米秆等，很明显是作为燃料之用。

12 时我们到了潞县，在一家客栈停下。这里我的车夫遇到一个相识的马车夫，两人在饭店的一张小桌子坐下来一起吃早饭。第一道食物包括酸白菜、杂豆和另外两种酸菜及一盘汤。侍应同时拿出两铜壶酒，放在两碗热水中烫热，两人用细小的瓷杯饮酒（这杯小得如半只鸡蛋这么大）。开始用餐的时候，他们先举起酒杯向对方点头行礼，然后才放到唇边。他们饮酒的时候，是小小的呷，同时一边吃着菜。之后送来第二道菜，我的车夫要的是蛋饼，他的朋友要的是一盘看起来很可口的通心粉。第二道菜也包括薄饼，有如苏格兰的烤饼或印度的肉饼。第三道菜像是蔬菜的大杂烩，其中的成分我不能分辨。这顿饭共吃了 45 分钟，他们吃得很慢，谈得很多，而且小口小口地吃，好像要慢慢消化他们的食物一样。

我们 1 时 10 分离开潞县，出村之后在左前方远远见到通州的宝塔。下午 4 时我们看到了外城的东城门，半小时之后我们从哈德门进入元大都，4 时 45 分抵达英使馆淳亲王府。返回北京吸引我注意的第一件事，是商店门前重新挂起红色招牌和其他装饰，显示皇帝的百日国哀期已经结束，剃头亦已恢复为国仪了。

1 月 2 日

今天下午布尼奥里牧师和多明尼哥神父（我在上月 26 日提过他们了）来探访普鲁斯先生，以取得他的名片作为进入观象台的通行证。多明尼哥神父重复关于陕西有大量煤矿的话，他说陕西煤比英国煤质地较为柔软，但燃烧的效果绝不逊色。陕西煤在矿穴口的价钱是半个铜钱一斤，即约 3 先令 6 便士一吨。他也对普鲁斯先生讲述陕西附近特别是西面的叛乱情况。前年，一个当地的富人叫张乐行的，自愿为他的区域缴纳所有粮饷。去年，在省总督唆使下，陕西省政府希望张再度奉献。但张拒绝了，于是官方对他强敲硬索。为了报复，张加入叛军，加强了叛军的实力。他现在是带兵威胁天津的叛军首脑，唯一的目的是推翻现政府，至于推翻后由谁接替，他却没有明确的主张。

至于天津盐商张先生提出的请外国派出军援压制叛军的问题，他上奏朝廷后，北京有消息说普鲁斯先生已经向恭亲王表示，英国愿意从驻天津的部队中，派遣军官用欧洲的军事方法组织和训练中国的士兵。恭亲王对这个建议非常欢迎，并立即表示接受。

下午我参观雒魏林先生的教士团药局，发觉他仍然未能够开设他计划中的医院，目前只能限于门诊，病人每天来诊所就医。这里环境十分挤迫，男女分开治理。在男性病人中，我发现有几个是因为眼膜长期不透光而完全失明的。这些病人虽然已是无法医治，但诊所仍然让他们每天都来，而雒魏林先生只是在形式上给他们每只眼睛放一些硝酸汞药膏，以及在每一边太阳穴涂抹一点碘酊而已。这样做是不想告诉病人他们已无药可治，因而不来药房，但我认为这是错的。如果这样做的目的是在北京找到立足之地，在开始的时候便在居民中传播西方医术无所不能的观念，这或许是对的。但以我个人来说，却倾向于采取相反的方法，对于那些无法医好或减轻病情的病，绝不开药，因为北京人很快会知道，新近传入北京的西医，并不是万能的，有许多疾病他们也是束手无策，像他们自己国家的医术一样。

我反对让无法医治的病人，特别是盲人，来医局就医的另一个理由，是不想让这些不幸的患者怀抱虚妄的希望。尤其是这些希望给他们造成不便，他们也可能负担不起治疗费，因为每天要从老远的地方赶来，幻想能够取回作为人最珍贵的东西。此外，药局统计人数的方式，也有可商榷之处。他们的方法是这样的：每天开始收症的时候，在桌上放两个碗，其一载满豆粒，另一则是空的。当有人来诊病的时候，一个男孩（他既是派药的人，也是统计师）便把一颗豆粒从这碗挪到那碗去。当每天诊症完毕后，那原来是空碗中的豆粒数目便是当天求治的病人数。自然，这是一个简单而有效的统计方法，因为该男孩非常专注这项工作。但问题是，每天都重复这个程序，同一个病人便会重复再重复地计算，不知情的人便以为既然平均每天有 500 人来诊治，那么一年便应该有 365 个这样的数目。由于这类药局在中国是新创，因此正确的统计数字应该十分有意义，所以我认为有点可惜的是，一开始便没有用更为正确的方法以估计这个药局的成效，尤其现在看来这药局是十分成功的。雒魏林先生所投入的心力和热情，可称无与伦比。

当我在药局的时候，有个小孩需要切除指头上的脓疮。这是一项非常痛苦的手术，可是这小孩竟然不哼一声便完事。假设换上欧洲同样年纪的小童，情况将会大为不同。在女性病人之中，我注意到了一个上了年纪看起来颇有地位的女士。她戴着一顶红顶戴官帽，卷起的部分露出了皮毛。这种穿戴的目的是显示她丈夫的阶级，其道理和我们西方妇女把她们逝世丈夫的爵位附在她们的姓名后面一样。中国的老人似乎喜欢怎样装扮便怎样装扮，年轻人则没有这个特权。

1 月 3 日

文祥和恒祺今天来使馆祝贺我们的新年，像他们过年互相探望的习惯一样。他们的新年 5 个星期之后便到了。恒祺非常热烈地欢迎我，并胜利地指着他已经痊愈的面额。

在夏天时干涸了的运河和沟渠，以及在城墙外面的河渠，现在都注满了水，而且已经结了冰。他们在冬季开始的时候，把皇宫内一个水塘的水注入这些沟渠里，其目的是制冰以供夏天之用。另外一个目的是给市民大众嬉戏，因为可以在上面溜冰和走雪橇。我走到元大都南面城墙的护城河去，见到那里很多人在溜冰，人数之多令我讶异。他们优美的旋转动作，也令我大为赞赏。他们的溜冰鞋很像我们的，不同的地方只是前面弯起的铁的部分是长方形的，而捆绑的方法是用皮带而非纽扣。溜冰者以每个小时计算租用溜冰鞋，好几次有人向我招徕生意。这里的雪橇和我在天津所见的大不相同，它的整个形态像一块升高约两英尺的台板，由包着铁皮的木板在下承托。这些雪橇由人拉动，当雪橇滑行时，驾驶人坐在前面，而当雪橇开始慢下来时，他又再站起来发力加速。

我今天听到一宗发生在北京的稀奇的命案，是美魏茶先生转述给我的。一个男人发现他的妻子和情夫偷会，趁他们没有防备，把他们杀了。他把两个人头带到衙署，宣称他杀了人，并备述杀人原委。为了证明他所说属实，以及他杀人有道理，知府进行了一个奇特的水力测验。他命人把两个人头放在一桶水中，同时转动两个人头。答案就在人头停止转动时出现。如果两头相对，就表示这两人确有奸情，杀人者所说并无虚假。但假设两头相左的话，这人便要赔出命来。看来，心灵受创伤的丈夫要行私刑的话，是一件相当危险的事。

1月4日

淳亲王府南面和俄国使馆交接之处的一块空地，近日变成了蒙古商旅的市集和旅馆。北京现在有许多蒙古人在售卖冬季商品，这些商品包括皮毛已经被剥掉的冷藏光羊（皮毛是把羊放在开水中烫而整体剥下）。在我站在那里的时候，有好几匹骆驼到达，每匹装载12只这些冰羊。另一种冷藏的从蒙古地区大量运来的动物是黄羊，这是一种长着山羊面孔而有弯角的羊。这种羊连皮毛出售。牛油和毛毡在这里也可以买到，牛油像干酪那样坚硬，它是连着皮一起卖的，有一种油脂的香味。这两个使馆交界的地方出现了一个汉人的临时市场，这自然和蒙古人及其货物的到京有关。

今天下午当我和尼尔中校在午门上面的城墙散步时，我们见到皇宫南面的城门被打开，一队人马走出来（以骑马的居多），午门前面的城堡门接着被打开。由于我们知道这门只为皇帝使用，我们自然驻足而观，想看看会发生什么事。然而，当大队在我们下面经过时，我们所见到的只是一个小小的塔形金色物体，放在一乘轿里，由8个人抬着。轿的前后左右约有30名官员护卫着。队伍向着外城的大街走去，方向是天坛和先农坛。回到使馆后，我从威妥玛先生处得知这是护送先帝的灵位往天坛去。灵位是人的象征，因此要大开中门让它经过，如同皇帝一样。

1 月 5 日

今天我穿过皇城的时候，遇到一群蒙古人骑着骆驼在奔驰。这些人中有一个蒙古亲王，他戴着特殊形状的毛帽，顶上有蓝色珠子。蒙古人好玩而乐天，他们看外国人就如他们的同类一样，因为彼此在北京都是异乡人，而且不懂当地的方言。他们中有一个人走近尼尔中校和我，以和蔼的态度自我介绍是"蒙古人"。蒙古女人有点像印度妇人，她们穿戴颜色艳丽的头饰。当我们向着安定门的方向走时，她们其中一个乘车经过我们，伸出头来向我们笑，这和中国女人的拘谨和害羞有如天壤之别。

先帝的遗体现在安放在假山上的一个庙宇里。假山下的周围有一团军人把守，这些军人住在圆锥顶的茅屋里，他们的武器（包括火绳枪、长矛、弓箭等）堆放在茅屋的入口处。我去年11月参观长城时，曾提过的假山附近正在搭建的那座由篷席盖成的庙宇仍然存在，而且不时有打斋念经的法事，作为葬丧仪式的一部分。明天少皇帝将要瞻仰他父亲的遗体。

美魏茶先生告诉我在今天的官报里，有一个训斥兵部尚书的公告，因为这位尚书向恭亲王赠送了一些金条，意图行贿。公告说皇上公开这事，目的是让众人皆知。另外有一个告示，是关于一个富户被人潜入屋内偷窃的。犯案者有4人，其中3个被明令斩首，并让把他们的首级挂在午门外面。至于第四人，因为是皇族后人而处理方式有所不同，他被带到他的墓前自我了断。此事由一个专案小组负责，如果犯案者无胆自杀的话，则由该小组的头目动手。

⊙ 蒙古人和他们的骆驼

1 月 6 日

今天早上再次去参观蒙古人的临时居停，并窥望其中一些帐篷内的情况。帐篷内除了一些卷起的羊皮包裹以显示物主睡觉的位置外，可称一无所有。数十名污秽但健壮的蒙古人匆忙地走来走去。他们穿着羊皮外衣，裤子也用同一种材料造成，其制作方式正如某英格兰民歌的歌词一样："毛在外面，皮在里面。"有一个蒙古王子骑着一匹白马走来，他戴着红顶戴的帽，到处张望。他是一个老人，面上有很多痘子。他看起来很有历练，而且行动谨慎。蒙古有 40 位王子，其中有 28 名已经到过北京参见少皇帝。

今天，我见到有人在元大都南面的护城河掘雪。掘起的雪非常纯洁，工人用一种尖头的重型铁锹把雪栽成方块，然后储藏在外城那边的大壕沟里，以便夏天取用。

下午我和尼尔中校探访俄国使馆。崇纶和恒祺刚好也在那里，向巴鲁泽将军贺年。恒祺一如既往向巴鲁泽将军介绍过去他面部的疮，并夸赞我的医术是如何的高明。尼尔中校则再次尝试找出马戛尔尼勋爵大使馆的确切位置，但不知道是否因为这点历史的意义不大，所以即使我们向最可能提供消息的方面查询，也仍然不得要领。崇纶和恒祺都未能提供什么消息，当时崇纶年纪尚幼，记不起发生过什么事，可是他却清楚记得在 1816 年见过阿美士德勋爵的大使团，并说不知道什么缘故接见英使发生了误会。事实上是清帝那时正坐在圆明园一个宫殿里的龙座上，等待接取英皇的御书，可是有人向他说大使已经离开了。崇纶所提到的这个误会很可能便是阿美士德勋爵拒绝一到圆明园便立即觐见清帝，并向他叩头。中国政府强调马戛尔尼勋爵曾接受了这个觐见仪式，因此阿美士德勋爵有先例可援。事实上马戛尔尼没有如他们所说行跪拜之礼，但他做出一些近似的动作，因此时隔多年之后，中国人把这种敬礼的行动当成正式的跪拜，也并非不可能的事。

瑞麟已经 70 岁，但看起来比实际年龄至少年轻 15 岁。恒祺也是，虽已年登 60，但外表只像 45—50 岁之间。崇纶外形肥胖，样貌有点鄙琐，恒祺则短小精悍，有绅士作风。文祥外表最惹人喜欢，风度翩翩。他个子矮小，身段适中，谈吐举止给人一个精明的政治家的印象。

冬日的北京，从元大都城墙望去，和几个月前被浓密的树叶遮蔽起来相比，好像除去了面纱一样。这里的习惯和我们的一样，会给街道起个名字，除非该街道地位特殊。有一条街道，近着使馆的，叫"喜鹊胡同"，另一条引往观象台的，叫"猴尾胡同"，而一条近着朝阳门的，也是怡亲王王府所在的街道，则叫"烧酒胡同"。恒祺名片的背后，其地址是这样写的："近皇宫西北角树旁之大闸府第"。这又是中西众多习惯不同的例子的其中一个：我们把地址放在名片的正面，中国人则放在背后。

1 月 7 日

少皇帝昨天清早瞻仰了他父亲的遗体。他所经过的街道两旁都站满了士兵。仪仗队行进时所擎举的约 400 面旗帜和其他器物，则在完事后约于正午时送回淳亲王府隔邻的太仆寺保存。

我在北京的 6 天里，天气都非常晴朗怡人。气温在晚上降至华氏 10 度，在日间屋内温度升至约华氏 20 度，而在阳光底下可高至华氏 70 度。例如今天，气温从昨天晚上的华氏 10 度上升至今天早上 9 时的华氏 22 度。

第十九章　枭首之刑

1月9日

尼尔中校在天津有公干，我和他在 1 月 8 日早上一起离开北京前往天津。我们骑马，另外有三部车随同我们出发，其一载着尼尔中校的仆人和行李，其二是我的行李，第三部车则坐着泰莱下士（Corporal Taylor）。泰莱隶属第 31 团，曾被调派到使馆当文员，已有几个月的时间，现在回到他的团队去报到。上午约 9 时半，我们离开外城的范围，在正午的时候我们抵达张家湾，停下来休息了一个小时。

下午 4 时 30 分我们到了码头，在一家客店过夜，并享受了一顿很精美的中式晚餐。晚上我们睡得不好，因为受到很多声音的骚扰，原因是车夫们整个晚上都在守夜，以防盗贼来临。第二天早上 8 时出发，走了 3 个小时到达河西务，在这里我们停下休息直至下午 1 时。当我们正准备出发的时候，尼尔中校的仆人面露惊惶的神色对尼尔说，距离河西务大约 18 里的丛林地带，集结了一群马贼。尼尔派人把他的名片送往县官处，问此消息是否属实。县官回说道路上有贼，他已派出士兵前往驱赶。于是我们上路，途中迎面遇到这群士兵。他们约有二十之众，坐着一部大而没有篷的车，各人手里拿着火绳枪或长矛，正在返回河西务。下午 4 时我们到了杨村。天气严寒，我们睡在暖热了的炕上，丝毫没有睡在陌生的床上的感觉。

1 月 10 日

天气并不令人愉快。整天刮着北风，吹起了沙尘雾，使我们前进得十分困难。我们离开杨村的时间是上午 8 时，抵达天津是12 时半，很高兴到了旅程的终点。

1 月 13 日

中国工人告诉医院同仁，不久后将有人被执行死刑。于是我和玛凯非医生（Dr. Macarthy）前往行刑地点观看。途中我们经过了衙门，门外集结了一大群人。官员让我和玛凯非进到内院，那里似乎是招呼等级较高的中国人的地方。衙门的前面有一部分打开，但屏风阻挡了向内的视线。人们告诉我审判已经在 10 时开始，审判完毕后接着便是行刑。等了一些时间后，院子突然有骚动，两个犯人被带出来。他们站在衙门外面一座建筑物的前面，靠着墙，由一个差吏看守着。两人都被判死刑，正在和看守着他们的官吏急促地说着话。两个官员从院子内走出来，进入一个旁边的办事房。几分钟之后他们出来，后面跟着一个低级官吏，臂膀上挂着两件大红色的布斗篷。不久，一群差吏涌进院子，他们手持长杆，杆的末端有 4 个铁钩，用以长距离地抓着犯人，或把他们从墙边或屋顶上钩开或钩下来。几分钟后大门打开，人们可以进入衙门里面听执行死刑的最后判决（犯人几天前已经初审定刑）。当人群站好，而差吏也清出了一个场地之后，屏风被移开，我们见到一个审判官坐在一张长椅上，旁边和后边都站了一些官员。审判官左面较前的地方，站着另一个官员，手里拿着一个上面绣着龙纹的丝绢包裹，里面是一面卷起的小旗，这是死刑的象征。这个器物的出现，有如我们法庭内法官的黑纱帽。

犯人现在被带出来了。差吏除去他的脚镣手铐，这花了好几分钟。完事之后，他被命令跪在判官的前面。判官没有什么话语，只用毛笔蘸蘸朱砂墨，然后在一张 3 尺长的纸张上签名。这纸是双叠的，像一个袋子，其上早已写下了一些很大的字。然后开始捆绑受刑人，这捆绑的方法非常系统化和有效。首先脱去犯人的上衣，用一条长绳放在他的脖子后面，绳的两端绕过他的臂窝，然后再回到他的后面。犯人伸开手臂，绳缠着手臂从上到下至手腕。之后，双臂被反绑在背后，在手腕的地方打结，打结后余下来的绳再反绑到颈后的绳索去。经过这样捆绑之后，无论怎样强壮的人，都难以松脱。那张 3 尺长的纸，裱在芦苇秆上，穿过他颈后的绳索，纸上写了他的名字、犯案性质和刑罚。这个死囚是个凶眉怒目、身躯健壮的青年，涉及的罪行是在大运河以下 130 英里的地方打劫。

捆绑完毕后，犯人被扶起来，步行去施刑的地方。由于他被绑得严严实实，只能慢慢移动。行列开始形成。先前介绍过的那两个官员现在穿起了大红的斗篷，戴了同样颜色的头罩，像僧人一样。他们把头罩盖在官帽的外面，样子很奇特，也很阴阳怪气。红衣官员先行引路走往大门，跨上马，走出大街，领着死囚直赴刑场。我和玛凯非医生抢先前往行刑地点，以避开四面八方涌到的随着行列前进的人群。在往刑场的路途上，我见到两旁都站满了人，要看死囚的样子。我们在大队到来之前抵达行刑之处，那是在西城门外、刚刚越过城郊民居的一条交叉大路的中央。这里已经摆放了一张桌子和一张椅子，桌子上放置了一个有垫子的篮子，以作摆放和运走人头之用。几分钟之后一个官员率先抵达，他携带着纸墨笔砚等书写用具，并把这些物品放在桌上。行刑前刑官先在判决书上画上记号，然后执行处决。这时已经集结了一大群人，而刽子手，

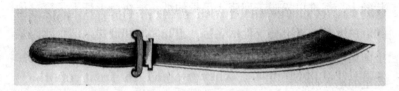

⊙ 刽子手用的刀

总共有 4 人，亦已抵达现场。他们其中一个，从服饰和外表看，似乎是刽子手的头目。他在桌子前约 30 英尺的地方站定，手里拿着行刑的大刀。这是一把很重需要两手操作的弯刀，上面染有血迹，有一两处缺口。他见到我们的时候，向我们拱拱手，并让我们检视这把刀。这把刀之所以能够斩下头来，归功于它的重量多于它的锋利。

那穿红袍戴红帽的两个官员，现在乘着马到了。跟随着他们的是潮水般的人们。差吏们，无论是骑马的还是徒步的，正忙着把人群赶开，以在行刑手的周围空出一些地方来。只见人群像浪涛一样，前推后拥，好不容易才拦出一个空间。人们的兴奋难以压抑，每个人都不想失去观看行刑的机会。就在这样推迫挤压之中，我发觉我们竟然被推近了那个不幸的犯人。他背后的纸条已经被拿走，同时亦已被画了朱砂押，这意味着他现在是被交到刽子手的手上了。他本来松开了的上衣，现在不见了，光着上身跪在地上。那个持着大刀的行刑头子，现在把刀交到操刀者手上。这操刀者站在犯人的左面，一个用绳捆扎的马笼头现在紧套在犯人的头上，他的头被大力拉前和身躯成直角，另一个协同者则坐在囚犯后面的地上，紧紧抱着他的身躯，并且尽力后拉，犯人的脖子这样便被绷得很紧。现在众人各就各位，并调校好位置。刽子手双手举起刀，盯着那伸出的脖子，正要砍下去的时候，马笼头突然松脱了，要重新系上。那囚徒以为一闭眼便不再张开来，谁知竟然还在人间。他责骂行刑人的助手不小心，并让他们赶快办好。他的表现并无太过异常之处，我见他呼吸急促，面容严肃、沮丧。绳索很快重新绑好，刽子手一击之下，头颅滚落地上。助手立即把它拾起，放进竹篮拿走。这个断下的头将会带到罪案现场，公开示众，以儆效尤。

　　头颅被斩下后，有好几秒钟犯人的身躯保持单独地跪在地上，稍向后倾，然后倒在左面。刽子手把大刀交回看管官员，从身上摸出一串馒头，约有5个，每个有橘子那么大。他把这些馒头蘸满了从断头尸躯不停地涌喷出的鲜血。这显示那人的灵性生命虽告结束，但生物的生命，即低等的生命，仍然在肉体中恋栈不去。尸体的心脏仍然跳跃，血液仍然流动，虽然它的精元之气很快便泄去了。那个刽子手，样子严肃，表情冷酷，蓄有灰色的胡子。他那样子好像饱经风霜，神情沉郁多于凶恶。他把馒头蘸满血后，便离开现场。这些馒头将会在阳光下晒干，然后小片小片地售卖。这种称为"血馒头"的东西，被视为是医治一种叫"重症"的病的最后的灵药。这"重症"我怀疑是肺衰竭，在华北非常罕见，而只有被斩首的犯人的血才有此功效。当刽子手搁下尸体离开后，人群的推拥更是有增无减。差吏现在也已经撤走了。一如之前我们在犯人仍有生命的时候难以避开被身后的人推到他的前面一样，现在我们也遭遇很大的困难抵挡后面的人挤迫我们到他的无头尸体的面前。那些看不到行刑的人，现在都蜂拥上前看犯人的情况。我们好不容易挣扎出来，回到大街上，并在回家的路途上追上了那些行刑的官员。那个刽子手的头子手里拿着那沾了血的大刀，招摇过市。那个操刀的大汉也是一样，公然拿着那串血馒头在街上走着。他们进入了一个巷子，走入一个好像看守所的屋子里，那串馒头便挂在所外的一颗钉子上。

1月14日

　　两天前我们收到在牛庄的领事米道斯先生的申请，要求为领事馆设置军队守卫，因为现在那里的外国人感到安全受到威胁^①。今天，斯塔佛利准将发出命令，命杰布上尉（Jebb）带领第 67 团 30 名士兵出发，到牛庄履行守卫职务，中国方面派出一名官员引路。旅程估计需要 15 天，走的是旱路。交通工具方面，每 15 人派出一部车，另派两部车装载武器火药，包括 5000 发炮弹及 3 部车运送补给品。助理军医莫费特也受命随队出发。

1 月 15 日

牛庄特遣队今天正午出发。和这有关的是，我们见到了一宗反映中国人注重亲情、忘我无私的小事例。事缘莫费特有一个仆人，年约 14 岁，是天津人。他最初拒绝跟随莫费特到牛庄这么远的地方，但是后来改变主意，条件是在他派到牛庄的两个月期间，薪金加倍，而且先行支付。此外，他还要一件羊皮上衣。当莫费特如数付他金钱之后（此数是 12 元），他把这分给他两个已经结了婚的兄弟，他自己分文不取。他说他的兄弟有需要，他自己没有。他所需要的只是那件皮衣，以作保暖之用。

1 月 16 日

我今天从皇家炮兵团的卡费上尉（Captain Cave）那里听到了一个关于中国人报恩的故事（卡费上尉是英军占领天津后的宪兵司令）。上年冬季部队进驻天津后不久，一个中国人从乡下来到兵

---

① 一个军官最近向我提到，他同一个领事馆翻译到广州一家糕饼店吃东西。当结账的时候，这个翻译向老板建议掷毫决胜负，一是免费，一是双倍付钱。这个老板即时答应了。掷毫结果，翻译胜出，于是拍手离去。但军官不喜欢吃了人家的东西不付钱，叫翻译结账才离开。翻译说老板不会收钱，不信可试试。于是军官拿出钱来，但老板坚持不收。他说他是公公正正地输了，所以应该服输，收钱是会给人笑话的。

营，携带着 5 大袋枣子及对外国人的感情。他找到了卡费上尉，上尉由于职位，成为天津人最熟悉的外国人之一。这人告诉上尉他父亲曾经到过南方，在那里的时候得到了一名外国医生的长期照料，生命得以大大延长。父亲死前严令这个儿子，有机会便要向外国人表达善意。现在这个机会来了，可惜的是除了这些枣子，他没有其他的方法实现他父亲的遗命。这些枣子是他的果园种植的，远近驰名，但他运送这些枣子，要走 200 英里的路。出于感谢，卡费上尉接受了几颗枣子，并说他不能够接受这么贵重的礼物，因为它的价值不会很小。但这人坚持要上尉全部接受，并说如果不这样，他父亲的灵魂不会安适。这件令人感动的事反映出中国人对父母命令的尊敬。

卡费上尉也向我提及他最近和天津提督乐善的一次谈话。乐善在批准外国军官训练中国军队的时候，说他不知道从哪里找钱支付给这些外国人，因为他和他的军队已经一年没有得到军粮了。乐善是 8 月 21 日清军防守北大沽炮台的司令。在那次战役中，当联军进攻后方的大沽炮台时，他要面对联军快艇的正面袭击。据盐商张先生说由于他的奏章生效，所以情绪高涨。他说中国的士兵在欧洲人的训练和领导下，将会在两个月之内敉平叛匪。张先生享有贩盐专利，政府预期在有需要的时候他会垫付金钱，因此他为自己的主张而大撒金钱，并非不可能。由于张的许多爱国行为，皇上赐给他不少礼物，这些赠礼他挂在会客室的天花板上，远离普通人的视线，以免凡人的粗陋眼光玷污了这些宝物。

1 月 17 日

几天前一个赌馆发生打斗，打斗者现在被罚在白河岸边示众。示众时，他们的右手腕和右足踝被铁链连在一起，左手被绿色的布包扎起来，而且有被木板重重打过的痕迹。他们晚上返回监狱，由于行动不便，只能一拐一拐地走，并且走几步便要停一停。

1月18日

卢涌泉今天自北京来到天津。他已经辞去了使馆的职位，原因是自从皇帝返回北京后，银圆贬值。他似乎认为天津比北京更能让他发挥才干，但真实的情况是，"小的"从淳亲王府多月来的大规模装修工程中盘剥到不少金钱，现在工程已近尾声，他发觉每月12元的薪水令他的生活捉襟见肘，因此渴望凭着他丰富的外务知识，可以在天津找到一份好差事。今天下午他来探访我，并带同尼尔中校的仆人，此人是天津人士。他想就他母亲的一些健康问题问我，此刻他和他母亲住在一起。

1月20日

我们从大沽方面得到消息，海面结冰只距离岸边一至二英里，这情况和去年这个时候大不相同，那时结冰的海面范围很大，连绵许多里，眼望不尽。同一天我接受了英军高级医官的职责，因为军医边顿医生（Dr. Bindon）和埃特金牧师及其他外国人参观长城去了。天气现在变得非常寒冷，在22日的晚上气温降至零下2度，早上9时稍微回暖至7度，下午2至3时又降至零下5度。这个时候由于有强风的关系，寒冷的感觉特别尖锐。驻军部队就营房的通风装置开始吵嚷，他们特别不满最近才在营房装设的大通风窗。由于确实没有办法，他们最后只好向将军请求把通风口封闭，将军立时答应了。

1月23日

崇厚来领事馆会见斯塔佛利准将，商讨英军撤防时中方怎样防卫天津的问题。斯塔佛利在一两天之前已经得到普鲁斯先生的授权和中方讨论此事。崇厚建议中方派出200名军人，其中40人为炮兵，接受欧洲式的军事训练。当这些军人得到足够训练之后，回过来教授一万名中国士兵。准将把这建议转告普鲁斯先生。事实上这个建议和英方差不多已决定的方案不谋而合，这便是在冬季结束部队撤出天津之前，由英国军官训练一定数量的汉人和满人将士。

1月26日

我们发现有超过一吨的子弹从弹药库中被偷走。贼人所用的方法是钻地道，而且是在哨兵的眼皮底下进行。这宗盗窃案和数年前发生在香港的另一宗盗窃案同样大胆。在该宗盗窃案里，第95团的一个特遣组的士兵在睡觉时，贼人从哨所中搬走所有武器，不可思议的是作案时门外有一名哨兵正在巡逻。

1月27日

这个下午我在西城门附近散步，不经意地经过了13日行刑的地方，我注意到有些麻绳遗留在地面上。一个小孩见到我望着这些麻绳，走过来用生硬的英语跟我说："两个，砍头。"他用脚踢开了地上的一些沙尘，让我看下面染了血迹的泥土。我曾提到的在13日被判处死刑的犯人，在得到皇帝对判决的批准后，今天被行刑。

1 月 28 日

我今天知道了在天津售卖开水是一门生意。穷人情愿买开水也不要自己花钱烧，因为他们用以暖炕的轻质燃料如稻草、树枝、玉米秆等，烧水时不像木炭和熟煤这么好用。煤由于要加上运费，是穷人用不起的昂贵东西。中国的新年即将到来，现在满街上可以见到运送礼品的苦力。他们把装载在圆盒内的肉类、糕点、水果等，一盒叠上一盒，用竹篙分两头挑在肩上，在街上走来走去。这些礼品有几批今天被送到医院，作为新年贺礼，送礼者是一些商人或在医院附近居住的人。就送礼这个行为而言，中国人和其他东方人有实质上的不同。其他东方人在送礼物给他人时，都冀望换来更为贵重的回礼。但中国人送礼便是送礼，如果你认为他要取得好处，他会觉得你侮辱他，而坚决辞退所有回礼物品。

1 月 29 日

今天是中国年前的最后一天，街道上拥挤着人群，令人寸步难行。在通衢大道上，有人坐在桌子前，摊开红色纸张，在上面写善颂善祷的语句，以便人们购买回家在新年时张贴在大门上。商店挤满了人，采购、年画、彩灯等各种装饰，为即将来临的节日作准备。

下午我步行到郊外，回来的时候已近傍晚，只见街上张灯结彩。一些大户人家的门前还悬挂了明亮的玻璃画箱，其中的画一般都是关于家庭的景象。

晚上一到，便有人燃放鞭炮。约 11 时，我和一群人外出看热闹。街道上有很多人在游动，并拿着点得亮亮的灯笼。商店全都开门营业，灯光明亮，有几家商店还挂起了水晶灯。门两边的地上插了火把，点着牛油火炬。中国人家里必有的神位被打扮得焕然一新，并点起了灯烛。商店也是一样。总的来说，这儿的街道有如我们在默剧中见到的仙境。

全城的乞丐空群而出，其中有一帮全部匍匐在地上，由一个首领带着。这首领用一块扁平坚硬的东西（像中国人所穿的木屐）不断地大力拍打他敞开的胸部。我们去拜访我们所认识的一些商店，老板见到我们都十分高兴，并要我们接受他们的款待。我们也见到好些达官贵人，一身官服，花翎顶戴，探访他们的友人，一如苏格兰人新年"第一脚"（first footing）的风俗。装饰最华丽的商店是丝绸店和鞋店。河岸两边华灯高照，人们熙来攘往，银币兑换店忙得不可开交。然而一切秩序井然，没有人闹事，只有互相的恭贺和问候。

1 月 30 日

今天早上阿钟（译音）和医院的一众仆人来向我这个高级医官拜年。他们递上拜帖，并且每个人都按照新年礼节向我打躬作揖。阿钟是广东人，能够说些洋泾浜英语，他代表所有在场的人祝我新年快乐。

日间我在市区打转，从一头走到另一头，并沿大运河的岸边往上走了一段路。不少船只都被冰雪冻结着，但它们都装饰得彩色缤纷，以配合节日的气氛。商店都不开门了，路上行人极少，一切商业活动都暂时停止。似乎这里的风俗是在新旧年交替的时候做些必要的结账事务，然后新年当天的大部分时间都在睡。

晚上大约 9 点钟的时候，我听到打锣声，表示发生了火警。我们走出领事馆观看，见到河的对岸距离医院不远处起了很大面积的火头。白河被火光照得通红，而一群群的中国人站在结冰的河面上观察火势的进展。消防员匆匆地在河面上钻孔取水，防火队从四面八方涌至，他们敲着锣，挥舞着旗，并推来了打着灯笼的救火车。我们从由船构成的浮桥上走下结冰的河面，想看看他们怎样凿开两尺厚的冰块。只见他们用粗重的矛枪形的刀，像我在北京所见过的一样，切开冰块，速度快得令人惊奇。我们走到河的对岸，见到火势相当迅猛。城镇的一面已被吞噬，另一面也受到很大的威胁，看来火是要烧到岸边去了。我们走进了一条巷子，那里有一个谷仓或是货仓，里面摆放了很多有价值的东西，而火正稳定地向这个方向燃烧过来。我从一张梯子爬上屋顶观看，发觉这仓房已难逃被焚毁的命运，除非把它外围的一部分拆掉以隔绝火源。

当我站在屋顶的时候，一部救火车抵达，随即开始向着我的方向喷射，因为他们在我的后面看到火光，而附近没有火头。天气冷得厉害，是华氏 14 度，在我从屋顶逃下来之前，已被水喷着了，虽不算浑身湿透，但也湿了大部分。很快在 5 分钟之内，我的衣服满是冰块。于是我返回河的对岸，告诉斯塔佛利准将那边的情况。他立即命令皇家工程兵团和第 67 团马上出动全面救火，他也亲自督师，带领斯坦佛中尉（Lieutenant Stanford）及工兵团拯救谷仓，卒底于成。事实上，如果工程兵团不是在这个时候参加救火的话，法国在天津最近占领的地区全都会变成灰烬，因为当火一烧到谷仓之后，便无法拯救它的命运了。斯坦佛中尉和他的工兵团的贡献非常值得赞赏，他们要拯救谷仓，不惜把自己置于危险的境地。他们把谷仓当成自己的财产一样（甚或有过之而无不及）。第 67 团在另一个火场参与救火，他们成功地帮助当地的救火队控制住火势，虽然阻止不了有一条街道被火吞噬。

1 月 31 日

卢涌泉今天来向我拜年，祝我节日愉快。他装扮得非常时髦，穿了一件浅蓝色的丝锦袍，外面罩着一件棕色皮毛短褂，头上戴着毛边红缨黑丝帽。整个来说，就他的阶级而言，是打扮得非常豪贵的了。但无论他装扮怎样，我要记下一笔的是："小的" 不像一个上等人。

第二十章　西式军操

2月开初的时候，我从北京接到一封信，述及当局正运送一块巨大的白色大理石到郊外。这块巨石由一个有6个轮子的货车运载，出动了600匹骡马牵拉，采自距北京60英里的一个矿场，现在正被运往东陵，为咸丰帝的陵墓做石雕。据悉，它将原石雕凿成一头象。这块石的体积是15尺宽、12尺厚和12尺高。运载车的两边系上粗大的绳索，牵引的骡马被配置到绳索上，其长度达四分之一里。大理石上面插了一面皇旗，运载车上坐着一个监运官和几名助手。其中一个助手拿着一面锣，车停下来的时候他便敲锣，给马夫发出讯号准备起行。其他的锣声渐次沿着绳索响起，然后在一声号令之下，所有马夫扬起马鞭，骡马开始拉动巨石。队伍的前面有一个人擎着一面大旗指引，所有的命令都由这面大旗发出。已经有好几块大石被拖运到东陵去了，陆续还有其他石块会搬送过去。我想中国一个皇帝的薨逝所涉及的花费，必然是很可观的。

2月5日

街道上售卖的灯笼，其用色和设计都是有特别意思的。入夜的时候，我碰到一长列的儿童，他们手里拿着各种形状趣致的灯笼在街上游行。

今天有一个穷人为了得到人们的同情，在街上展露他已死去的儿子的尸体。尸体上布满痘子，显然这孩子是死于天花。这个穷人因为无钱安葬儿子，希望人们发善心以助他完成心愿。

2 月 6 日

今天下午我在河边散步时，在与大运河交汇的地方，观赏到了令人叹为观止的杂技。一个年约 14 岁的小童用缝衣针表演杂技，其造诣可称出神入化。开始的时候，他把十余根缝针刺在一块木板上，让围观的人检视。我检查了其中的一根，发觉和普通的缝针并无分别。检视完毕后，这小童把针一根一根地放在嘴唇上，然后用舌头卷入口里，好像把它吞进肚里去了。他走近围观的人们，张开口，让人们看清他口内已无东西。接着他拿出一个水晶球，大概核桃大小，用牙咬着，然后慢慢没入嘴中，又好像把它吞进肚里一样。完了之后，他又把嘴张大，水晶球已不知去向。接着他装腔作势，把水晶球吐了出来，又吞了下去。这个吞吐功夫他一连做了几次才停止。接着他拿出一根长线，穿入鼻孔，由口部吐出线端来。他拿着线的两端，前后拉动，最后把整条线拉出。他把线再放进鼻孔，慢慢吸入，直至完全消失，好像把整根线吸进肚里一样。接着他又拿出水晶球，吞入肚里，又吐出来，说时迟那时快，他随即从口里扯出那根线来，线上连着所有的针。这真是十分高超的技艺，他竟可以在嘴里藏下这么多的东西！尤其难得的是，在表演的整个过程中，他不断说话。这确实非常不容易，危险也不少。雏魏林先生提到上海的一个同样的表演，那些穿好的针竟滑进表演者的咽喉，并且卡在那里。5 天之后，表演者被宣告死亡。

2 月 7 日

直隶省的总督率领钱粮使和巡抚，由长城古北口的总兵陪同，今天抵达天津。他们此行的目的是和英国方面商讨防卫事务，并视察海防情况，因为有消息说太平军最近在沿岸的推进相当快速，清朝当局对这颇为担心，害怕他们由海路进犯北京。这个军防视察团明天将去大沽，接着会探访北塘。知悉英军将会继续留守大沽炮台一段时间，他们显得如释重负。

2月8日

埃特金牧师和他的一行人，在探访长城后今天回抵天津。他们去的长城是岔道所在的那一段，回程时取道明陵和昌平。边顿医生给我叙述他们探访过的一个在北京西北面距离煤矿场不远的钟乳石山洞。这个山洞在高山之上，据说曾被深入探险15华里（5英里），直至被地下水阻挡。也据说其尽头处已架起围板，防止人们进内，因为曾经有两个人越过围板后再不见他们回来。山洞的入口处十分狭窄，进洞时需带备火把。

这次探访长城还有一段小插曲，可以显示狗回溯它的行踪的能力是多么令人惊奇。队伍中有一人叫麦可（Mr. Mackie），他是中国海关官员。他携同一只苏格兰特里尔犬（terrier），但在北京的北面这只狗遗失了。可是6天之后它竟然能够寻路返回其主人在天津的家中，虽然既疲乏又饥饿。这真是非常神奇的事，因为它要走过一大片从未见过的郊外，同时还要辨别许多看起来相似的道路。

2月9日

天气突然回暖起来，今天河里的冰融化了不少，雪橇要在水中滑行。直隶总督和他的同僚的大沽之行被延后，因为明天他要会见斯塔佛利准将。

⊙ 用于建造皇陵的大理石

2 月 10 日

午后不久直隶总督和斯塔佛利将军会晤，就他打算探访大沽的事和将军商议。原来他希望军防视察团先参观附近的海防设备，然后向英国递交一个建议。将军拿出香槟款待他，他不明白为什么这饮料会冒出泡沫来。他只饮了一小口，当将军劝他再饮时，他推辞了，说："这酒本身是寒的，但葡萄却是热的。"意思是寒热混在一起，对身体不好。将军看到姓张的巡捕差头站在门外，请他进来坐，但他说在总督大人面前他不敢坐下。最后他走到房中的一个角落，站在那里。

天气持续晴朗，工人在努力切割冰块，用的方法非常简单有效。他们使用一种类似鹤嘴锄的工具，这工具有一个木手柄，尖端是颇重的铁凿。首先，工人切割出一块大约 20 英尺长、5 英尺宽的冰块，当这冰块和整体完全分离后，一个工人站到这块浮冰上，用上面所说的工具把冰块分割成各 2 英尺宽的较小冰块，这个工作做得很快。工人站在冰块的一端，在上面横刺了一条约一寸深的坑道，然后用锄在坑道内用力一撬，冰块便应声断开。这时旁边拿着长钩的工人中的一个便把长杆置放在冰块之下，把它的一头升起，其他人便用钩把冰块拖到冰面上。这冰块接着被碎分为 2 英尺见方的小块，然后运送到冰窖收藏。运送时，工人用绳套着冰块，逐块拖到河边不远收集的地方。冰窖大约 100 英尺长，50 英尺宽，20 英尺深。冰从一个下坡道滑下冰窖，并整齐地从底部向上排列。当冰窖藏满冰块后，人们便会在上面盖上席子，再在上面撒一层厚的泥土。天津的冰业由 3 家人向政府承办，他们对英国投机商人干涉他们的垄断非常不满。冰在中国和外国所签订的条约中并不占一席位，因此中方会反对把它发展为一种出口商品。

⊙ 冰凿

2 月 11 日

今天一个从大沽来的军官向我们报告说，现在从炮台顶部已经可以见到海面结冰的边缘，预计 14 天之内船只便可恢复和大沽的交通，比去年早了好几天。

下午我趁着有强烈的阳光，乘雪橇沿河直到天津南面的炮台。走了两分钟便到达外国人的居住区，再走 8 分钟便到了炮台。我们 1860 年 8 月抵达天津时，这些炮台相当完整，可是现在破损情况十分严重。木造的许多部分已经被我们或附近的村民拆除了。在岸边那个准备建立外国人居住区的地方，搭建了一个海关，前面竖立了一支旗杆。崇厚差遣了一个外籍官员负责管理，其职责是在货物正式进入天津海关之前在这里先行检查。

皇家工程兵团的哥顿上尉（Captain Gordon）最近曾探访过张家口段的长城，张家口是岔道之后的另一个关口。今天晚上他告诉我这次旅行中一些有趣的事情。哥顿上尉由吉布森先生和第 67 团的卡丹中尉（Lieutenant Carden）陪同。我在 11 月 8 日所探访的南口似乎是一个收费站，政府垄断了所有经过这个关口的货运和行李服务。哥顿等人的行李在这里要交付有关人员，磅重，然后搬上驴马过关，一如巴查（Pacha）垄断经过埃及的货物一样。他们自己的载货车是空车过关，即便如此，道路仍然相当难走。我们在长城岔道所见到的雪山，正是在张家口的范围内。从岔道到这个雪山，要两天半。到这里之后，吉布森先生试图给这个关的守将传递崇厚给他带的一封信，请求这位将军协助他前往恰克图（恰克图是他此行的真正目的地）。可是递信人把信归还给他，说将军没有拆信，因为他和崇厚没有什么关系，同时这封信是写给他的上一任将军的。

张家口这里驻扎着相当多的部队,约有 2000 人。这个边防小镇在一个山谷里,紧贴长城之内。长城在这里是 17 英尺高,用碎石砌成,像一个斜坡的样子。这个关口其他的部分只有 4 英尺高,因此它只可算是一个名义上的关口,或只是一条边界而已,真正的长城在岔道。沿着长城每隔一段便有一个瞭望塔,和中国其他所有的城墙一样。吉布森先生最后决定继续前往恰克图,而哥顿上尉和卡丹中尉则返回天津。为了避免过南口时有麻烦,他们绕道保定府,这样做亦只是在路上多走 3 天而已。他们发觉所有的山脉都高不可攀,于是被迫向南行,直至芝罘,那里的高度他们可以应付。在途中他们探访了山西首府太原。山西距离天津不足 200 英里,他们在山区行进时经常见到露出地面的煤矿,证明 12 月 26 日多明尼哥神父所言不虚,山西的煤矿确是十分丰富。他们最后到了保定府,再由此返回天津。在去往张家口时,他们在通州路上碰到约 500 名蒙古骑兵,正前往山东支援僧格林沁。

2 月 12 日

阳光每天都更强一些,海河比去年提早解冻是大有希望了。过去数天,在中国人中流传说上海已被叛军占领。这个传言历久不息,但总督说他没有确切的消息。他说在这个谣言满天飞的时候,他不会重视这些流言,除非他收到可靠的情报。我认为上海已被占领的说法不可信,虽然很有可能的是太平军已进占上海的外围,并严重威胁这个城市。叛军短期内最重要的目标是抢占上海。

2 月 13 日

今天是中国新年的第十五天,人们庆祝花灯节。但鉴于皇帝死去不久，今年的庆祝方式会十分简单，因此今天晚上不会像除夕一样，家家户户都挂出色彩缤纷的灯笼了。然而，灯笼的销售却没有因此而受到影响。

今天接到消息，1 月 15 日离开天津的第 67 团一部，经过 12 天的旅程后，抵达了营口（通商口岸牛庄的都镇）。

2 月 14 日

天津的军火工人正忙于打造军器，今天我花了好些时间观看他们用手作的方式费力铸造火绳枪。正如我指出的众多中西不同一样，他们塑造枪管的方法，是以枪管迁就子弹，而非以子弹迁就枪管。他们先把枪管扭弯成所需形状，然后把它烧得通红，焊接在一条铁棒上。焊好后，整个枪体非常坚牢结实，但十分笨重，它的优点是不会爆裂。枪管内不平滑的地方，工匠用一根 4 英寸长的方头圆铁棒伸入揩锉，直至圆滑。然后工匠扩大管道，以使子弹可以滑入。管道工作完毕后，工人把枪身固定在一块斜板上，用一把大锉把它磨得乌亮。之后，造枪的部分宣告完毕，枪被送往木匠处安装枪托和火绳盒。

2 月 15 日

今天我碰到一个中国小伙子，他留了很长的头发在背后，随风飞扬。他留发是为了纪念他的 4 个兄弟，这些兄弟被法军在张家湾东面、通州之下不远处的一个村庄杀害了，还有两个兄弟活着。他的长发像女人的一样在两边肩头上垂下来，看起来非常古怪。

下午我第一次在中国的空中看到一只巨大的龙形风筝。风筝是从一个有钱人家的院子里放出来的，位置在市郊的一条大街上，这条街我们英国人称为"皮毛街"。这只风筝在几百英尺的高空上飞舞，给人以一条有着白色腹部的青色巨龙在空中盘旋的异样感觉。它的长度超过 100 英尺，头部塑造得栩栩如生。这只龙形风筝造得特别好，吸引了许多人观看。

2 月 16 日

今天在街道上我见到有一个人在给人看面相，他似乎希望在双眼位置之上拥有一种他没有的能力。坐在桌子后面的相士给他施起功来，并在他的脸颊上涂抹了一些油腻腻的东西，这东西把他刺激得十分不舒服，使他挤眉瞪目。这相士还给他检查面相，并在纸上写下他推算出来的这个顾客的内在特点。

2 月 17 日

今天听说直隶总督巡视海防的情况后，已经返回衙门。他有意建议英军多留驻天津一年，中方负责一切有关费用。

来自大沽的最新消息是，融冰已开出了一条航道，现在炮艇已经可以在两块冰之间行驶，直至法国驻守的北大沽炮台。这个炮台比英国防守的炮台（南大沽炮台）更接近河口。

2 月 18 日

河面上的冰不断融化，有些地方雪橇行走已经不容易了。我前往一些冰窖观察，发觉它们都放满冰块了，现在正在盖上席子，并在上面撒一层厚土。

清早，我在街上碰到一个大型的出殡行列。城市里的一个高官不能出席，他派出他的座舆作代表。我留意到了抬棺的杠夫，他们所戴的圆锥形黑毡帽上一向有的羽毛被除了下来，这自然是和皇帝逝世所规定的礼仪有关。

2 月 19 日

11 月 10 日和 26 日的英国邮件今天收到了。从芝罘到这里，费时 10 天。在寄来医院的信件中，有些中文信是给伙食承包人阿钟的，其中一封是他在南方行医并且相当成功的哥哥寄来的。他的哥哥有 5 个男孩，但阿钟说除了一个之外，其余的都不够聪明承继父亲的事业。阿钟在 1860 年的夏天随远征军自香港出发，这些年来做工积累了一些钱，他打算把一半积蓄平均分给他的父亲和哥哥，其数大约 300 元，余下的他准备存下来，在香港做些生意。他现在的物质生活是比以前好得多了。他离开香港的时候，只是一个普通仆人，现在已晋升为买办阶级。他是一个十分诚实和可敬的人，中文的读和写都非常娴熟，也精于计算。

2 月 20 日

春天的气息是愈来愈接近了，河边的船夫现在都忙于为他们的渔船和舢板填隙，以便河面解冻时第一时间出海。

我今天步行到了天津南炮台，并登上其中一个炮座观察。我上一次从这里观望出去是在 1860 年 8 月，那时是一片青绿，长高的小米茎摇曳生姿，连绵不尽，只有三两花园或果园穿插其中。然而寒冬把这景致一扫而空，代之以灰蒙蒙的大地，穿插其中的是坟茔和在高地上的村落，有如小岛漂浮在泥土颜色的大海上，像我们在扬子江河口所见到的一样。

2 月 21 日

和斯塔佛利将军前往一所为中国人而设的医院 ①，观看林培利医生（Dr. Lamprey）进行的眼部手术，手术包括几宗白内障切除和一宗肿瘤切除。手术过程中，我们听不到病人发出的任何痛苦呻吟，最多只是急促的呼吸声，显示他们仍然有剧痛的感觉，只是不像一般人那样呼叫出来而已。

2 月 22 日

一个寒冷而阴沉的日子，这日子因正午从芝罘送来的 12 月 10 日英国邮件，其中包含了阿尔伯特亲王（Prince Albert）在 12 月 14 日死亡的信息而更为阴沉。这消息来得突然，令人惋惜。

斯塔佛利将军在中午前收到崇厚转来的普鲁斯先生写给中方的一封信的摘要。这封信告诉中方英军会在春季撤出天津，但继续留守大沽。倘若叛军发起攻击，英军会还击。"这说明，"崇厚加注了这些话，"英国人憎恶太平天国的程度，和我们一样。"斯塔佛利将军告诉我，他最近的一次就训练中国士兵的事和崇厚会面时，崇厚非常关心的一点是，应该尽快训练他的士兵学得举枪致敬的仪式。当他探访斯塔佛利将军时，哨兵便是以此仪式向他致敬，所以他非常渴望清朝的士兵也可以这样向他行礼。

第 67 兵团的汤玛士上校（Colonel Thomas）今天会晤崇厚，并巡视了他要负责训练的中国军队。这队士兵操到崇厚的衙门，给汤玛士上校检阅。汤玛士上校对这群士兵的外形十分满意。可是他对校场附近的一所据说是给士兵疲倦时休息的简陋屋子很觉惊愕。

---

① 这个医院在上年设立，专为中国人看病。主其事的（治病及手术）是第 67 团军医林培利医生及助理医官莫费特。

2 月 24 日

训练中国士兵的程序今天开始，地点是在河的北岸的一处空地，直接主持训练的是第 67 兵团的中士和教官，而监察整个训练活动的是汤玛士上校。许多本地人围拢上来观看，整个城市的人对此都十分赞许。天津人对他们的军队正在接受"顶呱呱"的欧洲军事训练，好像打了一支强心针，蛮有信心地认为他们可以抵抗叛军的入侵。听说这群士兵的初次表现非常令人满意。他们十分镇定，理解力强，对各种要求都掌握得恰到好处。

2 月 25 日

今天午前我独自行往河的对岸，径直到了训练中国军士的操场，地点是在万福寺的背后。在这里我见到了 6 队每队 12 人的士兵在努力地练习"向右转、向左转、向后转、稍息、立正"等动作。每队由一个 67 团的教官领导，而另外有一个英兵站在队伍之前作示范。此外，还有一个中国军官和这个士兵站在一起，一边听口令一边做出动作。我对中国士兵的进步，他们整齐快速的动作，以及他们严肃认真的态度，惊叹不已。目前接受训练的 78 名士兵中，有 26 名是满族人。有一个蓝顶戴的监督在观察及留意训练细节，但他本人并不参加训练。这些士兵全都是精壮聪慧的小伙子，他们唯一的问题似乎是穿着的长袍对欧洲式的转身动作有所妨碍。他们的解决办法是把它束在腰上，看到训练队伍中混杂着花翎顶戴，确是一大奇景。

最特别的景象，应该是崇厚除下他所有的官服和装饰，穿了普通衣服，没有骑马乘轿，站在地上。这是我第一次看到和听闻一个官位这么高的中国人，这样纡尊降贵地在众人面前徒步行走。

他穿了一件浅蓝色的丝质长袍，外罩一件深蓝色毛边马褂，足蹬黑缎鞋，后面有 4 个侍从跟着。他平常戴着红顶两眼花翎的官帽，今天却戴了一顶有红珠子的卜帽，帽檐围以一圈珍珠。他站立在校场里好一段时间，兴致勃勃地观看士兵的操演。第 67 团的副官克林先生（Mr. Kileen）在现场作总监察。当士兵休息的时候，崇厚请第 67 团的信号手再把中国士兵刚做过的步操演习一次，以便他看看还有什么地方需要改进。

练习又开始了，不久第 67 团和清兵的信号手都撤出，中国士兵要在没有协助的情况下依照英文口令操练了。但他们表现之佳，出乎我的意料，尤其可贵之处是他们在昨天中午之前，还未听过任何英语。这群士兵来自首都北京，是专门挑选出来派到这里受训的。

队伍休息的时候，军官们利用这一空间到各自队伍的教官和信号手之间穿插，以学习怎样在快步操中保持步伐一致。其中一个军官，头戴一眼花翎水晶顶戴，特别惹人注目。他外形英武，表现得好像非常渴望要把每一个动作都做得圆满的样子。

校场距离崇厚的衙门大约半里路，因此他来回都走路。从我们所探听到的消息可知，崇厚无疑比他的同等级的国人对外国人有更敏锐的观察力，而他通过和外国人的交往，更增加了他对外国事务的认识。就这方面而言，我几天前从史坦福先生（Mr. Stanford，香港连卡佛公司的代表）处得到一个示例。史坦福先生将于短期内从英国接收一艘火轮，其排水量 700 吨，将沿岸边行驶。崇厚听到这个消息后，立即表示希望通过英领事，把这艘火轮包下来作为海关船只在渤海湾内巡行。这艘船将由轮船公司负责管理和防卫等事务，中国方面只负责提供烧煤。我觉得崇厚这个想法对我们也有好处，因为它会开拓煤炭贸易，让山西省成为东方的一个重要的供煤地①。

今天下午，当我步行前往南炮台的时候，碰到了一群少年，总共有 12 名，他们踏着 5 英尺高的高跷在路上行走，有些肩上挂了一个鼓，敲出有节奏的声音。其他的有些拿着锣，也在敲打着。这似乎是中国人的一种运动，因为这些小童不像江湖卖艺人，而他们所行走的路线也是人烟稀少之地。只见他们又跑又跳，有时单跷跃起，并把另一跷垂直举在背后。他们的平均年纪大约 12 岁，不仅四肢，连头都充满活力。他们怎样爬上高跷的呢？原来他们集结在城外一个饲料仓的外面，逐个走上一堆等高的干草堆上，在那里绑扎高跷。他们绑扎的方法，和我们家乡的江湖艺人一样。无论是在中国的南方还是北方，我都从未见过小孩子玩这种游戏。

2 月 26 日

下午我到皇家炮兵团的营地看中国士兵操练。这群士兵是在大队中分派出来随卡尼中尉（Lieutenant Cane）学习炮兵操练的。目前他们的训练跟步兵的一样，进度也同样令人满意。现在他们的各种动作已经做得十分稳定和流畅了，而且不须有人做示范，只听英语口令便成。唯一和昨天不同的是，他们现在分成两列，并且在操练中加进了快步操和慢步操。此外，他们帽上的花翎也已经除去了，一是因为这妨碍他们的操练，二是因为这些羽毛也很容易刺到后面那排的人的脸上。有一个蓝顶戴的少校级军官，吸着烟杆看着别人操练，因为他年纪太大，不能参加练习。有趣的是我见到一个衙门里头的人，卡尼中尉告诉我这个人每天来操场几次自行参加操练。他站在距离大家不远的地方，小心地观察

① 可惜的是，崇厚的合理和可行的想法被许多人批评为要建立奢侈无谓的"中英船队"，最后这个计划无疾而终。

士兵的动作，然后模仿，并立即在记事本上写下英文口令的译音，以及用满文解释有关的动作。天津城墙可以望见皇家炮兵团操场的部分，站满了当地人，兴味十足地观看他们的同胞操演。

接受第 67 团训练的中国士兵，在第一天便听了汤玛士上校的讲话。他说他要他们"立正"的目的，是要他们留意教官的训示，以及准备接受下一道命令。中国队伍中的一个军官说他明白训练的要求，便是——"他们应该行动得如同只有一个心脏、一对耳朵和一双眼睛一样"。

2 月 27 日

今天大气中的电波十分反常，人和动物都明显受到它的影响。林培利医生告诉我静电仪的反应非常令人诧异，前些日子它几乎静止不动，但今天它的指针却摇摆得十分厉害，显示空中的电波不寻常地活跃。林培利医生发明了一个非常简单的静电仪，它的构造只包括几码长的电线，将电线连接到他住所屋顶的一根木柱上，电线的末端绑着两条交叉的铁线以吸引空中的电波。今天，只要把手指关节移近下面的铁线，便可引出火花。到目前为止，关于大气电流引发疾病的研究，仍然很少。人们对病原因素的关注，集中在陆地的释放物多于空气中的化电变动。

2 月 28 日

下午我前往观看接受步兵团训练的那批中国士兵的操演，发觉他们服从英语口令前进后退已是做得无懈可击了。第 67 团副官向我指出了 8 个人，这 8 个人他被迫要组成另外一队，因为他们拖慢了其他士兵的进展。他还告诉我，中国士兵在这短期内的表现，比英国士兵优胜多了。

第二十一章　僧格林沁防线

3月1日

今天当我在炮兵操场观看中国士兵操练时，遇到了王"大人"。他现在被聘为炮兵操练的翻译。我第一次见到他是在1860年8月21日。那时我们刚占领了北大沽炮台，他拿着休战旗过河来向额尔金勋爵递交直隶总督的一封信。他记得我。于是我和他谈起话来，并提到了僧格林沁。他向我描述僧的外形是"高大结实，双目炯炯有神，像路易·拿破仑一样"。他说在整个轰炸大沽炮台期间，僧格林沁都在那里，并站在大沽炮台中间的炮座上。王还说当他返回河的另一面时，他立即找到僧格林沁，劝他快走，因为抵抗下去是没有希望的。此话可信，因为我记得在休战期间曾问过他，僧格林沁是否在对面的炮台里。当时他回说："这不关我的事，我的任务只是给总督递信，并把回复带回给他，如果有的话。"很明显，他认为我是在试探他。

助理医官莫费特今天从营子回来，他已把第67团分遣队的医药用品送交驻在牛庄的炮艇的助理医官。从我们现在所得到的消息看，似乎没有需要再派出军队到那里了。事实上，整个警报是由一个英国人雇用的中国买办①所进行的商业投机活动所引起的。

---

①　买办是中国商人的一种，在中外贸易中扮演不可或缺的角色。他们是外国买家和本地卖家的"中间人"。他们一般也是外国公司的管账人。他们源自中国南方，衍生于中国和外国的商业活动中。

这个买办据云和一个中国商人讲好（其实是合伙），向一个英国商人供应豆荚块和豌豆块，说明用小船把这些货品送到停泊在外海的外国货轮去。但此举有违中英所签订的条约，因为条约禁止这两种豆类出口。这次走私行为最后失败，因为载货小船在驶向外国货轮途中失踪了。当中国商人和该买办结算他们的账务时，买办不能偿付他那部分的损失。中国商人最后向有关的英国商人索偿，由领事米道斯先生审判。但开庭时，中国商人没有按时出现。于是米道斯先生撤销此案。中国商人不忿，向当地一个民间会社求助。这个会社逮着这个买办，并把他扣留起来。接着他们传言给英国商人，要求他偿付买办所欠的金钱，否则会对买办不利。英国商人拒绝了这个要求，所持理由是该批货物在运送货轮之前已经遗失了。最后，其他和外商有关系的买办和扬子江上的中国南方商人联手解决此事。在他们的保证之下，买办被释放了。当他恢复自由后，他和他的债权人达成协议，从英国商人的货仓中提出 14 袋货物，偿还债务。据说这便是整件事的过程，亦是要求军事援助的唯一原因。

有消息说，河面的冰块融化已经到了大沽，而河道直到距离天津 20 英里的塘沽，也已经没有结冰了。近期有几次极大的涨潮，很可能有助于近海冰块的融化。可是天津附近仍然没有融冰的现象，交通依然在河面上进行，虽然雪橇没有从前那么多，但河岸上下都可听到木匠给大小船只填隙的声音。

3 月 2 日

今天下午（星期日）当莫费特在河边的村庄（接近即将兴建外国人住宅区的地方）步行的时候，见到两个英国人在胡乱射击村民的狗，目的是寻开心。当莫费特走近他们时，他们正射中了一只小狗。莫费特记下了他们的名字，准备交给宪兵司令处理。他做得对。村民告诉他这令人不齿的行为已经存在了相当的时日，由于现在村中已没有成年的狗，这些人便开始射击小狗。中国的农民对狗有特别的感情，他们相信灵魂的轮回，认为狗是动物中最好的，并将修行成人。

3月3日

今天很早的时候，中国的正规部队在西城门方向的"僧格林沁防线"内进行每年一次的大演习。大约有1000名士兵参加，他们做出的操练花式据说是原来的。欧洲式的军事训练开始在中国的街头见效。今天有几乘轿在我身边经过，我听到了一个扛工向其他人高声叫："向左，转！"孩童们也用他们在校场所听到的口令进行操兵游戏。

今天下午，世界历史上第一次——也可能是最后一次——在白河冻结的河面上响起了礼炮。那是向逝世的亲王致敬的炮声，每一分钟鸣一炮，最后一炮在日落降旗的时候施放。很多中国人聚集两岸，默默地观看。

3月4日

清早，我步行往城市的西面，向着僧格林沁防线的方向行进，希望看到中国军队一年一度的演习，可是见不到任何的迹象。然而当我转头回家时，在远处瞥见了一列长长的旗帜在西面的近郊蜿蜒前进。于是我改走这个方向，见到大约300名士兵在进行炮弹练习，所用的军器是需要两个人扛抬的长筒炮。

以下是队列的安排：排首的是一个乘马的军官，后面跟着一个打锣的士兵，然后是160名士兵，每两人抬一尊20斤重的大型长筒炮，总共有 80 尊之多。队列成双行前进，20 尊炮一组，每组前面有一支黑色镶白边的旗领路。每组更分为 4 个小组，前面也是有一支旗，模式一样，只是较小而已。在长筒炮行列的后面是弹药补充队，包括两个各自在手臂上挽着一篮火药的士兵，以及另外两个每个在肩上荷着一袋子弹的军士。在篮子里的火药，似乎没有什么特别的防火保护，只是盖了一些毛毯而已。在弹药队之后，是几个骑马的军官以及 50 名各持 14 英尺长矛的步兵。再之后是一群持着各式刀枪剑戟的士兵。步兵的军旗是白色的，镶以红边。所有人的军服都一样，主色是蓝色，边缘是白色，胸前和背后各有一块圆布，印着团队的名字。士兵都是当地人，每天军饷是 100 钱，没有军务的时候另找工作。事实上，这支队伍由村镇所维持，与乐善所领导的正规军有所不同。

队列操到"僧格林沁防线"之内一块特别为操练目的而平整的空地，这地靠近市镇北面接近河岸之处。当部队接近这块平地时，队列形式改为单行前进。到达平地后，队伍分成 4 组，每组40 人，排列式样是 5 行，每行 8 人。每组前面在地上插了它的旗号，至于最大的旗则放在其他旗的前面中央。操场上有一个尖顶的大帐篷，用蓝布盖成，中间开口。帐篷的正对面，是一块标靶板，黑色，四方，架在一个木座中间。这个标靶板可以上下滑动，在正中的位置是一个白色的长方形，其上鬃着 3 只牛眼。帐篷中坐着一个军官，正等候大队的到来。当队伍操进校场时，这名军官走出帐篷迎接带兵的司令—— 一位蓝顶戴的军官。他们一起走向帐篷，而在进入之前，他们颇花了些时间互相礼让。解决了这个问题之后，他们走到帐篷内一张桌子的后面准备坐下，而在此之前又互相谦让一番。

当火枪队的教官和负责军官安排一切细节的时候，士兵们已经分成小组，而矛枪队则另外安排在左面的空地上。所有这些完成后，士兵们放下武器，暂作休息，有些坐下来吸烟，有些则走到临时架设的摊档吃早饭。同一时间，编排在右边的士兵开始准备演习。抬运长筒炮前边的那个士兵放入炮弹，至于装火药和点火则是后面那个士兵的责任。他们使用火药时非常节省，我见到一个下级军官拿着一个小袋在各队之间派出少量的火药粉。在派出火药的同时，他也发出了慢燃火柴。

演习现在开始。拿着锣的那个士兵走到标靶附近，在火力线的右边站好位置。控制长筒炮的士兵，10人一组，排成单行，由军旗引路。他们走到标靶的正面，射程大概是300码，并在那里调校炮位。士兵们轮流发弹，每次一发。发弹时前面的士兵微弯着膝盖，用肩抬着炮筒。炮筒上接近炮口大概两英尺的地方绑着皮带，这一名士兵用双手抓紧皮带，固定长筒炮的位置，后面的士兵则蹲下，瞄准，发射。火药的力量很大，长筒炮所造成的反弹比我预想的厉害。我一直留在该地，见他们发了很多炮，但全都没有命中目标。最后一个炮弹打中了，锣"当"的响了一下，那个火枪教官立即跳起来，急着问打中目标的那个炮手的名字，并随即记在簿上。每发一弹之后，开炮的两个士兵转身向着帐篷内的军官屈膝行礼，并报上名字，然后归队。

这一壁在打炮，另一壁的矛枪队则演练刺术。至于刀剑手则两手持着武器，表演一连串奔腾跳跃的动作。整体来说，这个操场就好像一个大的武术展览场，但令我诧异的是整个程序非常有系统、有纪律、有秩序。在帐篷内的桌子上，放着好些木牌，上写着中靶士兵的名字。

3 月 5 日

大运河的冰开始融化分解了，河的两岸也有同样的迹象，人们已开出一条航道给城市对面的轮渡驶过来。

皇家工程兵团的哥顿上尉正忙于为天津设计一个防卫方案，以便当英军撤走叛军来犯时，中方有一个大概括的观念如何保卫这个城市。他建议在市郊建立一系列的防御工事，环绕这个城市，并由受过欧式训练的士兵扼守。"僧格林沁防线"由于太过辽阔（周围有 14 英里），作为外围防卫只可唬人，其实用价值令人怀疑。

3 月 6 日

今天在炮兵场地观看中国士兵练习时，我和王大人谈了很久，并从他那里点点滴滴得到一些资料，可作我本月 1 日和他谈话的续篇。他说僧格林沁 52 岁，在军界的历史只有 9 年。在这之前他是一个喇嘛，原因是蒙古贵族的传统是现存的长子要从军，次子则服务寺院。僧格林沁的长兄死了，因此他在 43 岁那年离开寺院，遵从蒙古族传统承接长兄的军职。王说僧格林沁勇敢，有学问，有能力，并说经过张家湾一役后，僧格林沁对英国的军力有非常高的评价。他现在对英国人的想法有所改变。从前他十分憎厌英国人，主要原因是，根据王的说法，他见到德高望重的桂良 1858 年在天津受到李泰国（Horatio Nelson Lay）无礼傲慢的对待（李泰国那时是额尔金勋爵的翻译）。

那年的中英条约没有很好地执行，主要是因为僧格林沁的不满。根据王大人所说，僧格林沁当时似对咸丰帝有很大的影响，而因为他表示有信心能够守住大沽，阻止外国船舰进入，他被授权进行防卫，在 1859 年 6 月制止英国和法国的大使从白河来北京。就皇帝个人来说，他是倾向于和平的，但先决条件是条约内容要有确实的改变。我问王如果正如中方所要求那样，由普鲁斯先生来北塘，而非由贺布上将强行进入白河，那么条约是否会被接受呢？王毫不犹疑地说："不。"并补充说："政府是会签订条约的，但要满足一定的条件。"大沽炮台在 1858 年被占领之后，政府花在巩固大沽防务的支出是 45 万两。他说 1859 年大沽炮台被攻击时，守兵有 5000 人。他估计在 1860 年的战斗中，中国士兵阵亡约 1000 人。在该年争夺北大沽炮台的战役中，中方有 400 名军士战死 ①。指挥守卫这个炮台的军官叫乐善，是一个蒙古族人。他在英军发起攻击之前的那个晚上来到炮台，声言不成功便成仁，结果他牺牲了。他的尸体在战事结束后，由中国人移走。

1860 年 8 月 12 日在新河被俘走的有：18 名广东苦力、第 44 团一名中士、布夫斯团（Buffs）一名士兵和马德勒斯团（Madras）一名工兵，他们被直接送往天津，再从天津转送大沽。途中一名英国士兵（布夫斯团的默斯 Moyse）患病死亡。这个不幸的人，出之于他的第 44 团同胞的幻想，以及泰晤士报记者的追求煽情新闻，被容易受骗的英国大众相信是因为不向僧格林沁叩头而被斩首。其实，他至死都没有见过僧王一面。王大人断然否认这个士兵在路上被残杀，因为恰恰相反，中方的命令是要把这些战犯丝毫无损地交回英方。1860 年 8 月在大沽的守军有 7000 人，其中 4000 是骑兵，有一半驻守在新河。在新河的战役中，他们损失 80 人，而在两天后的塘沽战斗中，死伤人数微不足道。

王大人把许多中英交往中所产生的问题，归咎到我们翻译人

---

① 这完全和我们在占领该炮台后清点的尸体数目吻合。

员的傲慢态度。他们一学到了中国语文之后便完全失去了自己，做什么事都耍出欺压的手段，说他们"懂得怎样处理中国人"。王的这个说法我深有同感，因为我曾经有几次亲眼看到这些事情的发生。

中国士兵的训练，进展得很好。现在他们可以整体地操前退后，排列成四人一组，并用英文数字从右向左报号。我在上月26日提到的那位少校，正在忙于做笔记，明显是在编写一部初级训练手册。此外，一批120名的中国士兵也已加入受训。

3月7日

市镇前面的河面仍然冰封着，但人们已经停止在上面行走了。今天有一只狗在冰上走，结果掉进一个洞里，幸好在被水流冲走之前爬了上来。

今天斯塔佛利准将把军队召集出来，进行旅级空弹攻击演习。参演的部队包括皇家炮兵团、第31团和第67团。中方的将军和现正受训的军官及士兵均在现场观看。他们对进攻阵式表示了很大的兴趣。他们尤其显得兴奋的是见到步兵行列前进，两旁辅以炮兵，炮兵发炮，步兵冲锋，并朝着败退的敌人开枪。他们认为冲锋及喊杀是沙场杀敌的最高境界。

3月8日

今天从北京收到的一封信中，得知罗孝全牧师（Reverend Mr. Roberts），南京的教士，天王的精神导师，给他的徒众责骂，被迫逃往上海。他的仆人在房间里被割下了头。据说罗孝全现在在上海把他从前认为大有希望的信众和他们的领袖，形容为世界上最大的恶棍，而他正致力于劝说贺布海军上将轰击南京。总的来说，事态似乎是向着我存在已有一段时间的感觉发展，即透过英国的援助敉平太平天国的叛乱。

这个下午冰块开始在市镇对外的河面消融，而到日落的时候，便差不多全部融化了。和去年一样，船只立即被推入河中。在天黑之前，河上各处都是船了。

3月9日

我在本月6日提及的那批120名中国士兵，被分配在第31团接受训练，负责监察的是该团的高尔德中尉（Lieutenant Gould）。他们大部分是普通士兵，穿着蓝色长袍，短南京棉布上衣，戴黑色红纽顶毛毡帽。有关方面已经去信北京申请多派200名官兵来，以便组成一个营进行营级训练。

3月10日

大沽传来消息，白河驶来了两艘解冻后最先抵达的轮船。它们是"扬子"号和"女神"号，后者正是我在上月25日提到的那艘崇厚有意把它包下来作为中国海关巡逻船的新汽轮。崇厚这个想法未能成功。

从上海传来的消息，太平军和清军在上海附近交战。清军得到一小股英军和法军（主要是海军）的协助，把太平军逐退了。太平军被迫撤出一个他们从前霸占的在上海附近的据点，死伤估计800至900人。这个数字我十分怀疑。我从1860年战役中所得到的经验是，中国军方往往把伤亡数字作荒谬的夸大。

3月11日

从白河坐"女神"号轮船来的乘客中，有200名南方来的中国人，他们是考过了省试之后来北京考会试的。由于外面天气恶劣，船未能驶过白河口的浅滩，因而乘客也暂时未能登岸。在乘客中有三位女士，有两位是天津教士的妻子，还有一位是上海来的帽子制造商人，名字叫韦特太太（Mrs. Wright）。她生意成功，发了财，打算在回英国之前来北方探访她的朋友恩诺森太太（Mrs. Innocent），后者是一位天津教士的夫人。

3 月 13 日

12 月 26 日的英国邮件今天抵达，传递了英国的命令：如果占领军没有必要留在北方的话，应立即撤离、解散。艾士特朗炮兵连（Armstrong Guns）将撤往印度，第 31 团返回英国，而第 67 团将连同半连炮兵团和半连皇家工程兵团守卫大沽炮台。米歇尔爵士立即返回英国述职，在华部队将由斯塔佛利准将指挥。

3 月 15 日

斯塔佛利将军今天早上出发前往北京，就安排撤军事宜和普鲁斯先生商讨。在上海，太平军已兵临城下，情况非常令人担忧，因此原计划返回英国或遣往印度的军队并非没有可能改驻上海。而从邮讯陆续传来的消息，这个重新调动似乎越来越有必要了。

我今早在城墙内的空地上观看马兵的弓箭练习。此地距离月坛不远。马兵逐个策马全速前进，站在马镫上向标靶射箭。新入伍的也在接受训练。他们所做出的动作一样，也是在马上奔驰和放箭，不同的是他们只是做模拟动作，有弓无箭。现在正是文试和武试时期，考生都希望脱颖而出，因此有许多练习活动。今天有人告诉我，蒙古士兵向长官致敬的方式，是做出拉弓的动作。

3月16日

阿礼殊先生（Mr. Alisch），在天津的一个普鲁士商人，今天向我提到有一个中国商人接触他，要向他购买60万吨英国铁，以作制造炮弹之用。情况似乎是，直隶邻近省份（山东、山西、河南）的富有商人，为了协助政府平定当地的叛乱，捐献炮弹，以表示爱国心。中国人对英国出产的铁非常有信心，认为比国内造的铁好得多。这反映他们以为外国炮火的威力，在于制造武器的金属，而非其整体构造和发射技巧。

3月17日

下午我在大运河岸边散步的时候，在接近东北面市郊的尽头处，见到了那天表演超卓的缝针杂技的小童和父亲在卖艺。他们今天表演的杂技，是父亲要惩罚儿子，把他的头斩下来，而且是在众目睽睽之下进行。父亲宣布此事后，儿子装得很惊慌的样子，跪下来请求饶恕，并逃避父亲的捉拿。父亲拿出一把屠夫用的切肉刀，用它削破一块木头，显示这是一把真刀。他用两条黄色的纸条对角地贴在刀身上，以作标记。之后，他把刀放在一块布的下面。接着他捉紧他的儿子，要他准备受死，死之前向观众叩头谢罪。他要儿子跪在一块布上，他则在布底下抽出那把切肉刀，抓紧儿子的发辫，把他的头按在地上，然后一刀斩下，看起来几乎把他的头斩断。鲜血喷涌而出，儿子抖了几抖，好像很痛楚的样子，然后一动不动。他躺在那里，就我们肉眼所见，切肉刀是三分之二斩入了儿子的颈部。父亲用布遮盖儿子的"尸体"，此时人们纷纷掷出金钱，以示欣赏这场逼真的演出。

父亲这时拿出一个圆铃，这个圆铃通常是连成一串挂在驴子或骡子的颈上，以催促它们前进的。他做出把这个圆铃吞下肚子里的样子，然后走近观众去，一边走一边跳跃，以让观众听到铃在他的肚子里发出叮当的响声。接着他大力呕吐，把铃从口里吐了出来。他把盖着儿子"尸体"的布扯开，儿子立即跳起来，张嘴而笑。他的颈部除了仍然有几点血迹之外，基本上完全无碍。

无论这个杂技表演得怎样天衣无缝，很明显方法只有一个，便是用来斩首的切肉刀，并非向观众展示的那一把，而是动了手脚的。这道具刀的中间被镂空，其大小可嵌入这小童的颈部，然后用膜料封口，外面涂以一层反光的金属颜料，中间再藏着一些血。刀上黄色封条的作用，在于掩饰刀的真假部分的接合处。这个杂技之所以成功，在于迎合人们对新奇事物的兴趣，至于因果关系则全然不顾了。

3 月 18 日

参观外国人居住区的建筑工地，那里工程正在紧张地进行。现在的工作主要是加高地基，以便在上面建屋。地基的泥土需要从相当远的地方运来，并需用钱购买。在挖泥的过程中，经常发现旧棺木。遇到这些情况，处理的方法是保持棺木原封不动，只挖走附近的泥土。完事后，在棺材之上建一坟茔。在挖掘中如果有坟墓挡路，工人会视为圣物而避开。

3 月 19 日

斯塔佛利将军今天早上从北京回来。普鲁斯先生已经制订了天津撤兵的计划。在白河上的部队将缩减，剩下原 67 团总部连以及原驻南大沽炮台炮兵连的半连。第 67 团的其余四个连被调驻九龙，哥凡（Govan）连被派往印度，而第 31 团则返回英国，但途中会先经上海前往香港。若情况需要，则留在上海。因为战争的可能性越来越大，斯塔佛利将军明天会前往上海，以决定在撤兵轮船抵达白河之前，上海是否需要接收天津的撤防部队。

3 月 20 日

观看一群新入伍的中国炮兵在阎王庙内练习射击。他们的进步使人感到意外。他们的练习内容，是处理固定在轮船搬运架上的 12 磅炮弹，包括把炮弹装入炮膛和发射。他们的整体表现，以动员的人数来说，并不比欧洲的炮手差。尤其突出的是，整个演练由他们自己的人指挥，并以英语进行。他们唯一出现问题的口令是 "Cease firing"（停火），这个他们念成 "Cease fooling"（不要开玩笑）。与训练新兵有关的，有一个叫张克文（译音）的人，他在军需部工程承建商卢达胜（译音）手下工作，刚巧今天下午来医院处理一些事务。我问他现在正受训的中国人会不会成为好的战士，他说："不会，they too muchee slo"，意即这些人太老才开始学。张先生所言，并非全无道理。

过去两天，天气阴沉，但整体来说气候还算温和。河上充满各类的商船，天津附近的大运河，情况也是这样。

3 月 21 日

一个晴朗可爱的日子，阳光充足，和去年我跟英使团启程前往北京时那个星期五一模一样。昨天晚上一场大火烧毁了"皮毛街"相当大的部分，包括几家古董店。许多有价值的东西都烧毁了，在大火中也发生了好几起大规模的劫掠。六个出了名的大贼被人看见进入一间起了火的屋子，装作救火的样子。巡捕赶到，以最有效的方法守着所有的出口，结果六个人全部在逃出之前烧死了。这几场大火相信会大大刺激建筑业的发展。从火灾后的修复和欧洲人居住区的兴建来看，这个夏天是不愁找不到工作的。事实上，比较起去年这个时候到处是乞丐的现象，今年乞丐是少了，反映对劳动力的需求是增加了。

3月22日

美国教士布洛哲牧师（Reverend Mr. Blodget）今天从山西省回来。他还带回了一些沥青煤和由沥青煤制造出来的焦煤的标本。这些沥青煤烧起来不冒烟，其矿藏在距离北京约400华里（133英里）的地方非常丰富。

3月23日

一队工兵和一批中国工人在哥顿上尉率领之下将前往大沽修复和改善那里的防卫设施，并为行将在夏天增加的守军准备住宿。北炮台将会由爱尔杰林（Algerine）轻步兵团第3团的150名军士守卫。这批士兵将于短期内自上海调来，而现在在这里驻守的海军步兵，将调派往交趾支那。

3月24日

河上的商业活动已是非常繁忙了。大量的货船来到本地，运来了欧洲的货物和中国当地的土产。阿礼殊先生今天向我提到他的两艘已到达并行将开往上海的小货轮，已有中国商人租用运送1200吨的货物，这是3倍于这些货轮的运载量，证明中国商人对英国船运的可靠性非常有信心。去年贸易刚开始的时候，当地商人很有戒心，不愿接触英国商船。现在这个顾虑是完全没有了，他们大胆地全身投入和英国人进行大宗交易。阿礼殊先生给我引一个事例。天津的一个银行家志德（译音）最近向他买了价值13000英镑的衬衫布料，并在收货3个星期之前付清费用。他只是看了5个价值6两银的样本，便作了这个购买决定。志德亲自前来完成交易手续，他说："你有你的领事，我也有我的；如果你不能够完成你的商业责任，我便会要求他们主持公道。但我有十足的信心一切会顺利，我没有顾虑，我现在就付钱。"让我说一句，这种商业信任和先期付款也是在华的外国大商人的惯常做法。他们许多时候把大笔的金钱交给中国买手，让买手到茶丝出产地购货，而除了相信这些人的操守之外，并无其他保证。就我而言，我从来没有听过任何滥用这些信任的事件发生。反之，我只有听过英国商人说他们经常把钱交到中国人而非自己国人的手里。

3月25日

关于我昨天提过的银行家志德，我今天听到他最近卖了一幅靠近外国人居住区的土地给一个英国商人。在交易之前，他提醒买主这块地可能有河水泛滥的问题。他说62年前他祖父那时候，这里曾出现有史以来最大的洪水，天津一带的平原水深6英尺。河水泛滥大概30年发生一次，而上一次是在28年前，破坏性很大。那次没有下雨，水浸完全是因为白河潮涨的关系。

3月26日

天空多云，但是午前的天气，以现在的季节来说，是不寻常的闷热。在正午的时候，气温高达华氏70度。接近下午的时候，吹起强风，逐渐发展成为天津常有的沙尘暴。突然之间，气温骤降，在还差10分钟到3点钟的时候，见到一朵深棕色的云很快地飘来。城市不久就陷入黑暗中。俄而强风大作，空气里充满微尘。

这些灰尘逼人而来，吹入所有的空隙里，触鼻是一种强烈的硫黄气味。还有 5 分钟到 3 点，我虽然坐在医院里一张靠着窗户的桌子前做文件，但光线暗晦，不能视物。同时周围的环境是这样黑暗，令人说不出现在是什么时间。几分钟之内，医院里里外外每一个部分都是尘埃，令人无法逃避。外面的空气令人窒息，人们无法冒着风向前行，即使是 100 码的短距离也不能够。我挣扎着去到林培利医生的宿舍，因为很想看看静电仪的表现。这台仪器显示负电，下面的导电铁线发出一连串的蓝色火花，在黑暗之中非常清晰。我把手指关节移近静电仪，感觉到颇为厉害的电击。从下午 3 时开始，天便暗下来，使我们平白少了 3 个半小时的阳光。到了晚上，更是完全黑暗，半点光线也没有。那些要在医院建筑物范围内活动的人，只能摸索着前进，靠的是他们对建筑物环境的认识以及触觉。

3 月 27 日

风暴整个上午都在狂吼着，一阵阵的风像飓风似的打来，似乎要把建筑物荡平。窗框和房屋内的间隔摇摇欲坠。房间的情况难以形容，所有东西都铺满沙尘，人也不能幸免。晚上气温降至华氏 25 度，早上 9 时，气温也只是华氏 28 度。和前一天同一时间比较，相差达 42 度。到接近正午的时候，风暴有所减弱。根据上了年纪的人说，记忆中自 1804 年以来，从未有过这样严重的沙尘暴。据说这些尘粒是从北京以北很远的地方吹来的。今天电流已转为正电，昨天则为负电。说来奇怪，风暴虽然这么猛烈，但没有一个病人受到影响。

3 月 28 日

天上的乌云已经散了，天气又好起来。但早上的风仍然相当强劲，好像另一场沙尘暴又要到来的样子。气温比风暴之前几天下降了很多，到了晚上甚至降到了冰点以下。

今天我经过一个铁匠的门口，得到机会见到中国人怎样炼钢。首先铁匠从火炉里夹出一块烧得通红的铁，把它放进一个满是碎炭的大铁锅里，下面加火以保持高温，但却未到燃烧的程度。当我在观看的时候，铁匠们正在打造伐木用的斧头。他们所用的工具、铁砧以及一般的安排，都极像我们的铁店。风箱是一个四方的箱子，里面是一个平放的活塞，由一个专人拉进拉出。

在中国，似乎没有叫作"垃圾"的东西。现在沿着整条的河岸都有玉米茎扎成的凸出物，以截获随水漂流的草和腐木。每天晚上我们都可以见到农民清理这些捞获物。

3 月 29 日

里察士先生（Mr. Peter Felix Richards），一个有冒险精神的商人，今天回到天津。他曾经涉足长城以外恰克图那个方向的地方。他提及在途中越过一个俄罗斯的军器运送团，正运送着 6 门高级铜炮和 1 万件小火器给中国政府。铜炮用红布小心翼翼地包裹着。他看到一些运送的枪支，外表很旧，木制部分似乎不经用了。他对此印象不佳。

大沽风暴的情形，我们今天收到了一些消息。所有炮台都感受到风暴的威力，无论是炮台本身或是河的出口处，破坏都很严重。在河口，超过 30 艘的船只受损。有一群军官在前一天坐船出发前往某地，赶上了风暴，结果船在河里搁浅。就整个情况来看，它就像一场飓风一样。

3 月 30 日

每天我们都会收到一些关于这场风暴所造成的破坏的消息。大约在天津一里之下、外国人居住区内的中国海关的对面，停泊着汽轮"兰迪斯城市（City of Nantes）"号。它在几天前载着货物抵达此地。在风暴之前，它平均吃水 18 英尺，但风暴过后，它变得吃水 7 英尺，原因是水里的沙堆突然间高了很多。还有一个更是匪夷所思的事例，由哥顿上尉今天告诉我，而这事是他亲眼看到的。在天津和北塘河之间，有一条 40 英里长的运河。它的宽度大概 18 英尺，河面交通一向相当繁忙。哥顿上尉昨天到过那里，地点是在距离天津 6 英里的地方。他见到运河整个儿都被泥沙堆积起来，河面上有许多船只，铺了厚厚的尘，干巴巴地躺在沙堆上，呈现出内河交通史上一个特异的景象。这个情况可能连绵很多英里，哥顿上尉本人也不能弄清它的终点在哪里。因此，一条在直隶省内很重要的商业动脉，一个晚上便消失掉了，而哥顿上尉估计，要恢复通航得重新疏导一次。此外，在这次风暴中有许多小货船被移离河道，因为它们被风沙吹起与海岸同高，而强风接着又把它们吹到背风的地方。

3 月 31 日

管理天文仪器的林培利医生有事到郊区去了，因此当沙尘暴掠过天津时，他不在这里。他虽然人在 30 英里之外，但他显然也感受到了风暴的威力。当他不在天津的时候，天象记录由助理医官莫费特缮写，内容如下："3 月 26 日，温暖的天气直到下午 1 时，然后开始转凉。约下午 2 时 30 分，天空突然出现了沙尘，遮蔽了日光，需要点燃蜡烛。静电仪显示负电。仪器上可见蓝色火花在铁线上掠过，直到导电球接触电池之处。当把导电线挪走的时候，可以见到铁线末端出现蓝色火星。3 月 27 日，气温从昨天 1 点钟起，下降了华氏 45 度。静电仪显示负电，其强度较昨天的为弱。尘雾持续。"

消息不断传来，对风暴所造成的灾害提供了更多细节。人命和财物的损失都并非轻微。有好几宗死亡事件是因为人在空旷的原野上，无法躲避沙尘的侵袭窒息而死。

第二十二章　告别北京

4 月 1 日

今天发生了一件事，颇能反映中国农民的诚实以及他们对外国人的好感。今天接近中午的时候，一名炮兵被发现醉酒卧在路边，地点约距离大沽两英里，旁边还有他的一匹小马在吃草。几个农民把人和马都送到天津去。这名醉酒的士兵被抬到一块门板上，并被紧紧拴着，以免在送往英军总部的途中翻滚落地。但是这个好心的行动做得过了分，他的胸口因被捆绑得过于严实，妨碍了他的呼吸，使他几乎窒息。农民似乎没有搜索过他的口袋，因为他的钱都原封不动。如果这个军人是在他的国家的话，他不大可能有这个好运。

4 月 2 日

我接到普鲁斯先生的邀请，请我在随军离开白河之前重访北京一次，因此我今天作了必要的安排，准备明天早上乘车出发。

4 月 3 日

今天早上天气很好，我一大早便出发，以期在天黑之前抵达河西务。白河在天津上游与各河流汇合之处，交通相当繁忙。在运往下游的货物中，我见到有好几只船载着一卷卷的席子。离开天津数里之后，我经过一个村庄，那里我见到人们推着独轮车运送着用树枝造成的干草叉。在前往通州的白河水路上，我超越了几个长达 300 约 90 米尺的木筏，这些木筏上面建了船舱，也有厨房。陆上的田野，秋天下种的谷物有些已开始发出芽来。农民忙于做活，他们把地的方式吸引了我。只见一个人站在耙的框架上，使其紧贴地面，然后由一头驴子和一头公牛拉动耕具。我如常在杨村打尖，在日落时到达河西务。车夫把我送到 3 个月前我在旅途最后一夜住过的那家客店，并得到和上次一样好的款待。

4 月 4 日

早上 4 时半天刚破晓的时候，我离开河西务。这时路上已满是驴子、骡子、车和行人了。在中国，旅行的人都带着睡眠的装备，把它背在身上。对于这种旅客，炕的好处是它所提供的热力，使他不需要这么多的被褥。我曾经在一个没有暖热的房间过夜，虽盖了半打以上的被子，仍然觉得没有什么暖和气儿。

从天津开始的郊野，全都被沙尘暴过后的沙覆盖着。许多地方都因沙堆挡路而不能通过。

上午 10 时半到达张家湾，距离北京还有 17 英里。我们在这里停留直至 12 时 15 分。1 时 20 分，我们到了口子。4 时 20 分，我们抵达北京，从西南城门进入外城，再走半个小时便到了英使馆。

4 月 5 日

北京应该是下雨的季节了，可是过了这个季节好几天仍是滴水全无。皇帝打算明天到天坛祈雨。但是现在这个仪式没有必要了，因为今早下了大雨，而且整天不息。

上月 31 日普鲁斯先生通过俄使馆收到外交部一封电报，日期是"伦敦，2 月 5 日"，通知他尼尔中校已经被任命为英驻日本代

⊙ 早春时节的使馆（原梁公府）

理公使，以代替因病回国的阿礼国爵士。

阿尔伯特亲王的死讯，今天正式通知了中国政府。文祥和恒祺立即来见普鲁斯先生致唁。他们穿着蓝色的素服，并在进入英使馆范围之前，由他们的助手为他们除去头上的顶戴和花翎。这是皇室的礼仪，和清帝逝世后的百日守丧期一样，唯一不同的地方是他们的服饰是白色。蓝色是哀悼外人的颜色，白色则是悼念亲人的颜色——皇帝是国之君，被视为百姓的亲人。

恭亲王近来曾到大使馆用早餐，他对馆内的一切都表露出很大的兴趣。他细心检视馆内的建筑，包括普鲁斯先生的卧室，并详询各种物品的用途。

英使馆靠近普鲁斯先生寓所的地方，正在打一口井，这个工程以 120 元的价格判给以前在本书提过的木工领班"瞪羚"去承办。这口井 30 英尺深，井底直径 7 英尺，井口则是 5 英尺。造井的过程相当巧妙和繁复。首先工人在地上挖一个大坑，20 英尺深，几乎到了地下水之处。接着，以这个坑为中心，用 1 英寸厚的木板造一个圆圈，直径 7 英尺，即等同井底的直径。之后在木板圆圈的外围建造一道 10 英尺高的砖墙，完成之后便像一个圆筒一样。砖用灰泥加以黏固。砖墙的外面铺以席子，并用绳索紧紧捆着。接着工人在墙的外面的地上打进木方。这些木方彼此距离很接近，并紧紧靠着圆筒墙，然后再用绳索团团捆扎起来。

接着，工人在圆筒墙内同样铺盖了席子，并用绳索从墙的外面穿入，从墙的另一面穿出，然后两端绑好。这样墙砖已是牢固非常，不会移位脱落，而整个结构亦是坚硬得像金属一样了。砖的部分做完后，工人开始挖掘圆筒墙内部的泥土，随着泥土被挖出移走，圆筒墙由于它的重量，徐徐落下。工人不断挖深，直至圆筒墙降至和原先的 20 英尺坑洞同一水平为止。这样，一口 30

英尺深的井便基本上挖好了。接着的工作便是加高砖墙，直至地面，而到接近地面的时候，逐渐收窄口径到 5 英尺。这部分的工程进行得很快。当砌砖工作完成后，工人在砖墙后面填土。一切稳妥之后，工人拆去绳索和席子，建井工作便大功告成。

纯公府的改建和装修现在已经完成，结构十分美观。建筑物的外面，用中法两国文字写着：法国公使馆。

4 月 6 日

阴霾已经散去了，可是天气仍然十分寒冷。前一天晚上霜露很重，今天早上附近的山都给雪花盖着了。

我在皇宫和景山一带随意散步，直走至邻近活佛碑的那个湖的大理石桥。这里和我上次到来的时候有一些细微的改变。绕着皇宫的渠沟现在都注满了水，桥的两面水平如镜，跟上回我来的时候水只浸到桥的北面不同。

皇帝的遗体仍然停放在景山上的寺庙里，寺庙的外墙被卫士的茅屋包围着。这些茅屋由草席搭盖而成，入口的地方摆放着刀枪弓箭等兵器。矛枪是 6 支架成一组，其中一组我看见了非常不雅的景象：一对湿鞋挂在两支枪上晾晒。和皇室丧礼有关的那个用席子盖成的庙宇，已经拆掉了。

普鲁斯先生今天收到了宁波领事夏菲先生（Mr. Harvey）的信，说太平军的一个头目正式通知他，天王已经发出命令立即占领舟山岛，夏菲已派出炮艇"茶隼（Kestrel）"号前往监视。这个消息和中国政府所表达的忧虑相符，他们正担心太平军会沿着海路进发，攻占大沽。

4 月 7 日

北京西北面两英里处的某个寺院最近发现一口大钟。这个消息吸引了大使馆组织一群人，包括布尔布隆夫人和巴鲁泽夫人乘马车前往参观。这个寺院叫大钟寺，它像其他寺院一样，包括好几个院落。大钟悬挂在后院的一个两层高的钟楼里。大钟是永乐年间所制（约 1400 年），当时造了八口，都是非常精致的艺术品。它的形状和普通悬钟无异，约 28 英尺高，底部圆周 38 英尺。钟身内外浮雕着中国文字，总数有 84000 个。钟楼内建有回廊，在这里可观赏悬钟上半部的雕刻，而在吊着大钟的横梁底下，挂着一个小钟。在佛教的大节日里，人们群集在回廊上，向小钟投掷金钱。小钟下有一圆盘收集这些奉献，作为寺院的收入。寺院的僧人非常有礼貌地接待我们，并捧出香茶和糕点奉客。他们的客舍十分整齐和清洁，欢迎客人人住。

当天稍后的时间，我在外城策马而行，经过了行刑的地方。在这两条繁盛道路交会的地方，展示着许多最近被斩下的头颅，但熙来攘往的人对此都似乎视而不见，无动于衷。这些头被放在木笼里，每三个笼为一组，吊挂在长木杆上。我见到总共有 20 组的木笼，每笼有两个或三个头。还有几个头没有放在笼里，而是一堆地吊在外面。粗略估计，这里的头颅总共有 100 个以上。情况是近来有许多囚徒被行刑，每次的人数有 40 之多。这是因为皇帝逝世，首都有许多个月没有执行死刑，积累了很多待决的死囚。行刑的刽子手是同一个人，他世袭刽子手和施刑者的职位，并每年得到稳定的俸禄。据说他十分精于斩头之道。他双手持刀，百发百中，一下便可把头斩断。像天津的斩刑一样，囚犯的颈部被大力向前拉着，身体则被向后扯紧。头斩下之后，刽子手把它拿起，高声唱出囚犯的名字。

有些死刑是慢慢进行，没有这样畅快的。这种死刑叫凌迟，近来也有执行。文翰先生告诉我，他的一个中国仆人，是一个基督徒，在最近一次去了教堂之后，回来兴奋地告诉文翰先生他见到了"活体解剖"（凌迟）的进行。他说的时候兴高采烈的样子，但我认为很难判断这个年轻人的真实感觉，因为中国人往往面带微笑讲述恐怖的事情。

4 月 8 日

和文翰先生一起骑马探访圆明园的东部和北部，这两部分是先帝咸丰起居和活动的地方，我以前还没有来过。在我们经过皇城向城外进发的时候，我们在高粱河东面的一处空地上见到驻扎了好些帐篷，同时也麕集了很多人。到了这片空地之后，我们才发觉原来是进行弓箭比试，在众多参试者之中，竟有好几个是一把年纪且地位颇高的官员。

我们走上了通往大钟寺的道路，往前直至见到那个有宝塔的小山。我们以这座山在我们的左边为标记前进，像我们上次前往圆明园时一样。过了大钟寺，往西北方向再走 2.5 英里，便遇到那条通往北京的石板道，在这里进入海淀区。我们把这条路撇在左面，踏上一条正北的路，不久便抵达圆明园南面的进口。这里有一间普通的中国人家的屋子，外面铺了格子板，像常见的庙宇一样。这便是圆明园的入口处。在这个屋子前面约 100 码，有一堵高大的红色的回避墙。和进口的两边成直角，各有一个哨亭，而在进口的前面立着一对形状生动和真马同样大小的铜兽。这对铜兽站在大理石的台座上，是一种传说中的动物，其样子介乎雄鹿、鳄鱼和公牛之间。在进口处和回避墙之间，是一片修剪得很平整的草地。这里，有深红色的砂岩墙围着，墙上有瓦砌的遮檐。

我们绕着这面墙往东走，到了东南角，再往前不远便是守卫圆明园的卫兵的营房。营房占地很广。我们继续沿墙往北行，不久便抵达 1860 年 10 月 6 日法军进入圆明园的大门。这门朝向东方，我们现在仍然可以看到这里受到粗暴对待的痕迹。曾经一度是园门的地方，现在已经用砖封闭起来了。在原进口的地方，每边站着一只大理石的狮子。靠近这里，有河水自墙底流出来，其进出有水闸予以控制。我们到了墙的北面边角，那里有好些沙丘，走上这些沙丘，可以看到墙内的情况。可是我们见到的只是浓密的树丛，以及树丛间透出的一些瑰丽的屋顶的一部分。我们接着往西再走一会儿，并登上山丘向内观望。这里我们见到近着墙的地方，有一座很宏伟的石砌建筑物的遗迹。这座建筑物富有意大利风格，夹杂着美丽的黄色、蓝色和翠绿色的琉璃瓦和砖石建筑。附近有一块很完整的塔形宝石，逃过了被破坏的命运。这块宝石形状修长，相当高，呈多种非常鲜艳的颜色。它坐落在一个有树林的小丘上，附近村民告诉我们它的名字叫西洋亭，而那座邻近它的建筑物叫西洋楼。在这附近一带，我们见到好几座美丽的建筑物的遗址，全都属于同样的意大利建筑风格，都是两层楼高，下面有柱廊。这些宫殿式建筑物明显是在耶稣会传教士的直接督导下建成。

当我们站在沙丘上向圆明园内部张望的时候，许多村民围拢着我们，他们想用我们的望远镜看一下。当我们正在顺从他们的要求的时候，文翰先生提醒那些靠近我们坐骑的小童站远一些以免给马蹄踢着。听到这话后，一个村民扭头向另一人说：“我说，这些人是好人。”这意味着他们以前和西方文明的代表接触时，印象并不怎样好。

在回程中，我们取道东直门较北的路径，这里我们见到好几座军营，那是联军兵临北京城下时军队驻扎的地方。看情况这些营房曾被军需部搬运团占用，因为墙上涂了CCC三个英文字母，字母下面则写了有关部队的番号。

在上月19日的日记中，我曾提到了天津收到的一则消息，俄罗斯正运送一批野战武器和几千小型军器到中国，已经到达北京几英里范围之内。就此事我今天晚上在俄使馆向巴鲁泽将军探问，他告诉我这其实是1858年俄政府答应送给中国的礼物，以酬谢中国割让阿穆尔河以北的土地。但到了运送的时候，中国和英法濒于交战边缘，俄政府认为这并非适宜运送军火给中国的时机，因此延后直至息争为止。这显示俄政府对我们的好意和设想的周到。

4月9日

今天我走过光禄寺车马处，它在淳亲王府隔邻，占地很广。这里有许多黄瓦顶屋宇鳞次栉比，内中放满了皇室出巡时所需的各种器物。所有的门户都严密地关紧，并加上签了名的封条以防人们擅自打开。窗户都有铁枝，并铺了铁丝网。我透过铁丝网可约略窥见内部的情况。屋的内部摆放着华丽的座轿、肩舆、有后轮的载货车、出巡时所有的器材和设备，以及出巡队伍的装饰。扛夫的制服也是放在这里，一捆捆地包扎起来。

稍后，我和美魏茶先生步行前往四译馆，这里正住着运送年贡的朝鲜使者。我们被热情地邀请进入这个地方。我们估计我们的衣着会被他们彻底地研究（因为这里的人一向都对我们的衣服质料很感兴趣），但最后我们还是得到非常文明的礼遇。这并非时常是这样的，因为朝鲜人有好几次表示他们不愿意满足外国人的好奇心。最近，雒魏林先生就曾被撵走。他见到四译馆的门打开，基于好奇心他不请自进，希望看看朝鲜人的礼仪和习惯，以及他们的马厩，结果被赶走了。

在四译馆内，我们发现有许多小马，人们正用黍粒和开水喂饲它们。我们参观他们的厨房，看到他们烹煮食物的方式，和中国人的一样，他们都很注重把食物切碎。其他方面，也同中国人的十分类似。为高级人士所煮的米饭，带粉红色，其所以如此，是他们用一种豆的外皮混掺着大米一起煮熟。朝鲜人的帽子是用黑色的马毛造的，在室内的时候，他们则戴一种用同一材料造的瓜皮小帽。他们不像中国人那样剃去前额的头发，但却同样蓄起发辫。这发辫在未结婚之前他们会垂在背后，结婚后则把它结起盘在头上。白色是朝鲜人衣服的主色，因此下人仆役等给人以污秽的感觉，但这个颜色在高等人身上，却显得高贵和整洁。朝鲜人的言谈举止，一般呈现粗朴耿直的特色，和蒙古族人颇相似。在四译馆旁边有一个庙宇，美魏茶先生说这是怡亲王的宗祠，现在仍然属于他们的家族所有。

现时在北京还有一个西藏地区的朝贡团，人数有三十之众。他们只是最近才到达，整个行程费时两年。他们在1859年离藏来京，当到了的时候，发觉局势很混乱，于是暂停前进。这个团现驻在安定门外的大喇嘛寺内。

4月10日

普鲁斯先生、布尔布隆先生和夫人、威妥玛先生、布维尔上尉和我去参观天坛。正如我以前说过的，天坛在中国城的南端，在先农坛的正对面。它幅员广阔，空地很多，占了中国城围墙内八分之一的面积。根据我从外城墙上所看见的园地和通道来说，我知道这儿的面积大得惊人，但是我却预料不到这里面的、我还没有看见的庭院是这么雄伟不凡、气象万千。我们从外门进入，从杉树夹道的甬路走过一个古木参天的宽大园地，到了第二个庭院，再由第二个庭院走到了正中那个而且也是最为突出的庭院。这个庭院中心的部分是高起的建筑，下面有大理石级引路，石级尽头是一个宽大的院子，其中心部分是一个三层高的圆形宝塔。这个宝塔的每一层瓦顶都铺盖着蔚蓝色的琉璃瓦，而上下屋顶之间的木建部分都精心地髹了颜色，并饰以金黄色的龙纹。宝塔建立在大理石的台座上，周围有石级可上。石级分成三节，每一节之间是一个细小的平台，就像我在去年 3 月 29 日介绍的光明坛的塔一样。每个平台都有大理石的栏杆，最上的一层，亦即宝塔所在的那一层，塔和栏杆的距离是 50 英尺。

我们从宝塔庭院的西门进入，从东门走出，到了一个非常平整的石平台，其宽度有 90 英尺，长度则约三分之一英里。接着我们到了另一个庭院。这儿有一个和宝塔庭院一模一样的大理石平台。这是大祭坛，皇帝便是在这里亲自向上天致送牲品的。环绕着祭台有一连串的铜香炉，而在中心的地方，有 5 个排成一列的大理石座。当皇帝向上天祷告时，这些石座将竖立着皇帝 5 个祖先的灵位。

在这大祭坛庭院的外面，有好些个小寺庙。在大树丛的掩映下，这些庙宇给人十分祥和的感觉。我们离开这个庭院，不久又到了另一个院落。在这里，有一个宰杀牺牲的屠房。整体来说，天坛这个地方有着浓厚的德鲁伊（druidical）特色[1]，而其气魄的宏大，让我们惊奇。天坛是中国最老的坛庙之一，它所进行的仪式，并不属于任何一种宗教。

---

[1] 即与神直接沟通。——译注

4 月 11 日

今天下午我和摩尔根先生（他昨天才自天津抵达北京）前往参观靠近安定门的孔庙。我们从西面进入孔庙，迎面是一个树丛，两旁竖立着一排排的大块的大理石板，板上嵌入刻着中举的人的名字的黑色石片。接着我们经过一个朝南的、有隆重装饰的、上面有 3 个拱形的门，进入了一个庭院。这个庭院的两边各有 3 个黄瓦顶、像庙宇形状的建筑物，被大树覆荫着。这些小建筑物犹如陵墓，每个内部都安放着一个由石龟背负着的大块碑石①。

我们横过碑亭之间的石板院子，来到"至圣先师"（孔子）的殿堂。殿堂前有石级可上，石级中间的部分，卧着一块巨大的大理石板，其长度和梯级一样，上面精工刻了一条龙。大殿的前面修葺得很好，并饰以绿底金龙。这些雕像上面盖着网，防止鸟雀接近。殿内地面上铺着绳席子，屋顶则饰以四方格子，像淳亲王府的一样。这些格子被髹成绿色，中间嵌着一条金龙。墙壁上有一个木龛，红色，没有任何装饰，置放孔子的牌位。这牌位也是木制，红色，用金色字写上了"大成至圣先师孔子之座"。龛的前面有一祭桌，其上放着大的铜制花瓶和烛台。殿的两边，和孔子牌位成直角的，是 4 个相同的木龛，供奉着其他 4 个圣人（包括孟子）的名牌。每个圣龛的前面也各有祭桌。这是中国的 5 个圣人。除了他们之外，在大殿的两端，各有一排 6 个，亦即总数 12 个贤人的牌位和祭桌。此外，孔庙其他引人入胜的地方，还包括它的恢宏的院子，以及其中分布在四周的黑色大理石板，在这些

---

① 这应该是碑亭。以下用此译名。——译注

石板上刻着孔子学说的精粹。

探过孔庙之后，我们再到相邻的喇嘛庙。喇嘛庙非常宏伟、漂亮，其建筑是依据一般的寺院设计而成。这里住着1000个以上的僧人。这个庙里最瞩目的，是一个72英尺高的女性佛塑像，塑像左手持着莲花枝，右手的食指和拇指则拈着另一个花枝。此外，她的拇指也挂着一条长的白巾。供奉这个大型塑像的殿叫佛阁。殿内有两个回廊，可从一个圆形的阶梯拾级而上。上面那个回廊，面对着佛像之处有一个牌匾，是皇帝御赐的。在回廊各处，都摆放着祭桌，其上竖立牌位。在大殿下面的墙上，挂着许多面具和华丽的衣服，这些都是跳祭神舞时的必要装备。

这里还有一个关帝殿。关帝是某个朝代的一个英雄，死后被奉为神。他在这儿被塑造成一个雄赳赳的武神。他坐在他的位置上，左右各有一个穿着金丝袍的巨大神祇护卫着。在关帝像的后面，悬挂着一些兵器，以弓箭为主，比真物为大。在墙的对面，站立着一个高大的武士，全身甲胄，正准备跨上他的战马。他后面的墙上，是各式各样的武器，其中我留意到了一把孤零零的欧洲军刀。在殿的另外一个部分，收集了一批战鼓、军旗和武器。我在前面提到过关帝，那是在去年夏天的时候，清兵对叛军打了一场重要的胜仗，皇帝传谕要赏赐关帝，多谢他的帮助。然而，我现在才第一次有机会见到关帝的"真面目"。

我在4月10日晚上收到第31团的史宾斯上校的信，告诉我天津传来消息，一艘大运兵船（应该是"罗神"号）已经停靠在白河上。这意味着我要提早结束北京之行，立即返回天津。但我仍多待一天，等候尼尔中校，因他已决定同一时间去日本。

在4月12日差不多正午的时候，我和尼尔中校出发前往通州。在通州，我们赶上了比我们早几小时出发的摩尔根先生。摩尔根先生比我们早期出发，以便准备船只，以及到北京附近的矿场为海军安排运送煤炭。波波日康上校（Colonel Boboricon）、俄罗斯驻嗳尔卡（Oorga）总领事和格连卡尔先生（Mr. Glinker）、俄使馆秘书，为尼尔中校送行，直至城外。我们接着走上向八里桥的路，并在快到八里桥的地方碰见那充满冒险精神的韦特太太，这位太太我在上月（3月）11日的日记已经提到过了。她坐在一部车上，她的朋友恩诺森牧师夫人则坐在另一部车上。两位太太都由恩诺森牧师陪伴着。她们正前往淳亲王府探访雷诺士太太——她们在上海结识的朋友。她们从天津上船，花了5天才到通州。这就是说，这里有两个欧洲妇女，她们在中国的首府在几乎没有什么特别保护的情况下，旅行了几里路，其间她们心里非常踏实，知道不会像她们在祖国的姊妹那样，有可能在乘坐火车时受到侮辱和滋扰。

下午4点钟，在沙尘暴中我们到达通州。这场沙尘暴在日间已开始酝酿，到现在是十分猛烈了。摩尔根先生已经找到了船只载送我们，但是虽然风势不算凶猛，但仍十分强劲，再加上满天沙尘，船夫认为不宜行船。我们于是上岸前往岸边的大王庙参观，这里的僧人，像老和尚一样，也是招待旅客的。我们享受了一顿非常美味的晚餐，由殷勤好客的住持给我们烹调。餐后我们返回船上，以便风势减弱时可以即时起航。

关于摩尔根先生采购煤炭的事，他成功找到一个商人承办他的买卖。这人以1.5元1担（133磅）的价格，把煤交运到通州去；如果交运到大沽，则要2元1担。同样品质的煤，在北京是2元1担，因为需要运输，到大沽时价钱加了一倍，是太厉害了。由于除了几英里陆路之外，整个行程可以经由水路，我看不出以这个价钱来说，皇家海军或商业船队需要购买很多的煤。北京周围 20 英里内拥有大量的煤矿，然而没有有效的手段加以开发。这显示一个国家的最有价值的天然资源，没有被好好地利用。从我们所听到的关于中国北部煤区的消息，这无疑是欧洲商人的良好投资机会，前提是这些投资不被列强的地理扩张主义所污染。

4 月 13 日

今天早上 4 点钟的时候，船自通州起航，但两个小时之后，由于风势的猛烈和视野受到尘雾的遮蔽而被迫抛锚。我们问船夫这是什么风，他说"老大北风"，并说这风在中午前不会停下来。船上各处的积尘都差不多有四分之一英寸厚，我们每人浑身上下都给沙尘弄得一塌糊涂，因此当我们在正午时自船舱内走出来的时候（这是我们最早能够离开船舱的时候），我们都被大家的样子惹得捧腹大笑。我们今天的行程甚慢，因为通州附近的河道迂回曲折，这"老大北风"有时推动我们前进，有时却扯着我们的后腿。

船夫们说得很对，就在正午的时候，风停了，我们靠潮水的漂动开始稳定地向前。起航后不久，我们遇到一艘逆流而上的大船。这艘船没有装货，它的货物都转到较小的艇上去了。据悉这样可以减少它的吃水深度而能够直到通州。当船到达通州的时候，货物便转回船上，并在船上出售。这是一个相当有趣和复杂的安排，但无疑有其优点。首先是卖不出去的货，可以存放在船上。这可节省存仓费，也可减少麻烦和损失（寄存在岸上货仓的货物，经常会有损失）。其次，船也可作为售货人的宿舍。

过了张家湾不远，我们发现河道上有许多木桩拦着，只留出一个狭窄的通道让船只行驶。这是"僧格林沁防线"的一部分。再顺流几英里路之后，我们到了第二道木桩防线。在这个防线的出入口，有人拦了一条绳，收了钱（大约是几元钱）才让船通过。情况似乎是附近一个村的农民曾参与浚通这个防线的河道，因此要求做些补偿。船夫告诉我们政府每年拨出金钱维修和开浚河道，但只有很少的一部分花在这个用途上，大部分的钱都进入官员的私囊。摩尔根先生提到僧格林沁建造这些防卫，必定用去许多金钱。一个船夫回答他："是的，金额是很大的，但这是百姓的钱。钱来自政府对百姓的征税。"

今天再无其他的特别事情发生，在接近傍晚的时候，船停靠码头过夜。

4 月 14 日

今天起航早，在大约正午的时候我们便到了河西务。在途中，我们遇到不少货船，装载着大捆的席子。船夫告诉我们，这些席子是在距离天津 50 英里的一个叫松洼的地方编织的，那里的商人雇用大批的男女从事这种手工业。在河西务的岸边有一个海关的房子，我们走进去，发觉关员们正在聚精会神地打中国牌，而从他们所展示出来的大捆金钱来看，他们的赌注不小。

我们只在河西务停了一会儿，便继续行程。在接近傍晚的时候，一艘船超越我们。一个童子向着我们尖声高叫："毛贼！"看来他对我们印象不佳。

日落后我们仍然兼程前进，在月光下驶过了杨村。这里沿着河岸排列着房屋，足有两英里之长。

4 月 15 日

早上醒来的时候，发觉恶风正在肆虐，我们被困在离天津 30 英里一个叫北仓的地方。此外，另一场沙尘暴也把我们困在床上，直至差不多中午的时候。风势接着转往正南，刚好是我们要去的方向的反面。由于我知道运兵船已经抵达，我开始担心会耽误旅程。我要求船夫们加把劲，以追上前面的船只。他们应允我的要求，但随即不得不放弃了，因为在这样的风势之下，实在寸步难行。在这种情况下，我们已无办法，只有等候风势减缓，或弃船上岸，让行李由小船运送，我们随后而来。我们采取了后一方案。可是当我们下午赶到天津的时候，出乎我们的意料，31 团已经开走了，而最迟开走的部队也正乘坐着"傲慢"号和"鼬鼠"号两艘炮艇向下游开去，准备转乘英船"众神"号前往上海。这些安排是因应斯塔佛利将军最近发出的一道命令而做出的。同时，部队出发的时候都已经做好野战的准备，这表明我们同太平军的关系是敌对的了。天津已派出一个特急信差到北京呼唤我回来，但很明显我们在路上没有遇上。

我唯一追上兵团的选择，是把行李留下，立即只身由陆路前往大沽（距离 36 英里），并在炮艇到达大沽之前追上他们。我因此雇用了两部轻车，在天黑两小时后和仆人从天津出发。我们在午夜的时候在途经的一个村里休息两小时，然后继续旅程，最后在黎明的时候见到了炮台。在这里，我很高兴登上了"鼬鼠"号。"鼬鼠"号是司令舰，它正要在南炮台对开的海面抛锚停驻。经过几个小时的补充物品之后，炮艇随着潮水转向而起锚，渐渐地，大沽各个炮台和白河的泥岸从我们的视野中消失了。"众神"号英船所停泊的地方距离大沽炮台甚远，我们根本看不见它。当我们驶到"众神"号的时候，天已黑了。海面风浪很大，炮艇不能驶近"众神"号，士兵只能坐小艇上船，一切总算顺利。于是运兵船开航驶往上海，开始另一项任务，便是与法军联手，帮助中国江苏省的军队把太平军驱赶出上海30英里范围之外[①]。

---

　　① 这个军事行动由威武不屈的贺布海军上将出于帮助中国的目的而策划，并由普鲁斯爵士和布尔布隆先生批准进行。

九州出版社好书推荐

【历史现场】

《中国近代史》，蒋廷黻 著

《激荡的中国》，蒋梦麟 著

《1911，一个帝国的光荣革命》，叶曙明 著

《1919，一个国家的青春记忆》，叶曙明 著

《山河国运：近代中国的地方博弈》，叶曙明 著

《千古大变局》，曾纪鑫 著

《喋血枭雄：改变历史的民国大案》，张耀杰 著

《沈志华演讲录》，沈志华 著

《周恩来在巴黎》，[日] 小仓和夫 著，王冬 译

《生命的奋进》，梁漱溟 熊十力 唐君毅 徐复观 牟宗三 著

《高秉涵回忆录》，高秉涵 口述，张慧敏 孔立文 撰写

《人间世：我们时代的精神状况》，余世存 著

《危机与转机：清末民初的道德、政治与知识人》，段炼 著

【历史与考古】

《中国史通论》，[日] 内藤湖南 著，夏应元 钱婉约 等译

《历史的瞬间》，陶晋生 著

《玄奘西游记》，朱偰 著

《瓷器与浙江》，陈万里 著

《中国瓷器谈》，陈万里 著

【钱家档案】

《楼廊闲话》，钱胡美琦 著

《钱穆家庭档案》，钱行 钱辉 编

《温情与敬意》，钱行 著

《两代弦歌三春晖》，钱辉 著

【饮食文化】

《中国食谱》，杨步伟 著，柳建树 秦甦 译

《故乡之食》，刘震慰 著

《南北风味》，王稼句 选编

《南北风味二集》，王稼句 选编

【怀旧时光】

《北平风物》，陈鸿年 著

《北平往事》，王稼句 选编

《人间花木》，周瘦鹃 著，王稼句 编

《把每一个朴素的日子都过成良辰》，晏屏 著

《读史早知今日事》，段炼 著

《念楼书简》，锺叔河 著，夏春锦 禾塘 周音莹 编

【书话书影】

《书世界·第一集》，Bookman 主编

《鲁迅书衣录》，刘运峰 编著

《中国访书记》，［日］内藤湖南 等著

《蒐书记》，辛德勇 著

《学人书影初集》（经部），辛德勇 编著

《学人书影二集》（史部），辛德勇 编著

《学人书影三集》（子部），辛德勇 编著

《学人书影四集》（集部），辛德勇 编著

【JNB 笔记书】

《红楼群芳》，［清］改琦 绘

《北京记忆》，［美］赫伯特·怀特 摄影

《鲁迅写诗》，鲁迅 著

《胡适写字》，胡适 著

【长河文丛】

《旅食与文化》，汪曾祺 著

《往事和近事》，葛剑雄 著

《大师课徒》，魏邦良 著

《书山寻路》，魏英杰 著

《旧梦重温时》，李辉 著

《四时读书乐》，王稼句 著

《汉代的星空》，孟祥才 著

《从陈桥到厓山》，虞云国 著

《寂寞和温暖》，汪曾祺 著

《城南客话》，汪曾祺 著

《天人之际》，葛剑雄 著

《古今之变》，葛剑雄 著

【大观丛书】

《活在古代不容易》，史杰鹏 著

《快刀文章可下酒》，邝海炎 著

《时光的盛宴：经典电影新发现》，谢宗玉 著

《你不知道的日本》，万景路 著

《私家地理课》，赵柏田 著

《壮丽余光中》，李元洛 黄维樑 著

《一心惟尔：生涯散蠹鱼笔记》，傅月庵 著

《悦读者：乐在书中的人生》，祝新宇 著

《民国学风》，刘克敌 著

《大师风雅》，黄维樑 著

【历史地理】

《中国历史地理·第一辑》，辛德勇 主编

《史地覃思》，陈桥驿 著，范今朝 周复来 编

《山海史地圭识》，钮仲勋 著，钮海燕 编

《山河在兹》，张修桂 著，杨霄 编